国家社科基金
GUOJIA SHEKE JIJIN HOUQI ZIZHU XIANGMU
后期资助项目

荆公新学及其兴替

Jinggong's New Learning and Its Rise and Fall

王书华 著

中华书局
ZHONGHUA BOOK COMPANY

图书在版编目(CIP)数据

荆公新学及其兴替/王书华著. —北京:中华书局,2021.6
(国家社科基金后期资助项目)
ISBN 978-7-101-15214-2

Ⅰ.荆…　Ⅱ.王…　Ⅲ.王安石(1021~1086)-哲学思想-研
究　Ⅳ.B244.55

中国版本图书馆 CIP 数据核字(2021)第 095995 号

书　　名　荆公新学及其兴替
著　　者　王书华
丛 书 名　国家社科基金后期资助项目
责任编辑　余　瑾
出版发行　中华书局
　　　　　(北京市丰台区太平桥西里 38 号　100073)
　　　　　http://www.zhbc.com.cn
　　　　　E-mail:zhbc@zhbc.com.cn
印　　刷　北京瑞古冠中印刷厂
版　　次　2021 年 6 月北京第 1 版
　　　　　2021 年 6 月北京第 1 次印刷
规　　格　开本/710×1000 毫米　1/16
　　　　　印张 23　插页 2　字数 380 千字
国际书号　ISBN 978-7-101-15214-2
定　　价　76.00 元

国家社科基金后期资助项目
出版说明

　　后期资助项目是国家社科基金设立的一类重要项目，旨在鼓励广大社科研究者潜心治学，支持基础研究多出优秀成果。它是经过严格评审，从接近完成的科研成果中遴选立项的。为扩大后期资助项目的影响，更好地推动学术发展，促进成果转化，全国哲学社会科学工作办公室按照"统一设计、统一标识、统一版式、形成系列"的总体要求，组织出版国家社科基金后期资助项目成果。

全国哲学社会科学工作办公室

目　录

代　序 ……………………………………………………………… 胡昭曦 1

绪　论 ……………………………………………………………………… 1

第一章　荆公新学学述 ……………………………………………………… 6

 第一节　王安石著述概论 ……………………………………………… 9

 第二节　王安石的哲学思想 ………………………………………… 31

 第三节　王安石训释"三经"之考辨 ……………………………… 51

第二章　荆公新学创立的社会历史背景 ……………………………… 56

 第一节　积贫积弱的北宋中期国力 ………………………………… 56

 第二节　消极怠惰的北宋中期政治 ………………………………… 67

 第三节　唐宋之际的社会转型和学风转变 ………………………… 68

第三章　荆公新学的发展历程及其学术渊源 ………………………… 75

 第一节　荆公新学的创立 …………………………………………… 75

 第二节　荆公新学的发展 …………………………………………… 79

 第三节　荆公新学的演变 …………………………………………… 82

 第四节　荆公新学的学术渊源 ……………………………………… 85

第四章　荆公新学与王安石变法 ……………………………………… 119

 第一节　新学为新法提供理论依据 ………………………………… 119

 第二节　新学为新法提供舆论支持 ………………………………… 124

 第三节　新学为新法培养合格人才 ………………………………… 127

第五章　荆公新学的治学特点及其学术贡献 ………………………… 131

 第一节　新学的治学特点 …………………………………………… 131

 第二节　新学的学术贡献 …………………………………………… 139

第六章　荆公新学的衰颓历程及其原因 ……………………………… 150

 第一节　北宋中后期的党争与学争 ………………………………… 150

 第二节　南宋时期的党争与学争 …………………………………… 202

第三节　新学衰颓的外在原因 ··· 248

第四节　新学衰颓的内在原因 ··· 259

第七章　荆公新学对先秦汉唐儒学的扬弃 ·············· 273

第一节　新学对先秦儒学的扬弃 ····································· 273

第二节　新学对汉唐儒学的扬弃 ····································· 289

第八章　荆公新学对儒学发展的影响及其在儒学史上的地位 ········· 310

第一节　新学对两宋儒学的影响 ····································· 310

第二节　新学对域外儒学的影响 ····································· 331

第三节　新学在儒学史上的地位 ····································· 335

结语　王安石在儒家道统中的地位 ···················· 342

参考文献 ··· 346

后　记 ··· 356

代　序

　　北宋神宗熙宁元丰年间的变法(简称熙丰变法,习称王安石变法),是宋代也是中国历史上的大事。"荆公新学"是这次变法的创始人和主要执行者王安石所创立的,是王安石推行变法的指导思想和理论基础,也是宋学中的主要学派之一,统治北宋后期思想界达半个世纪以上,对后世的学术思想具有影响,在中国儒学史上占有重要地位。

　　自北宋末年至20世纪上半叶,人们重视对熙丰变法的评价和研究,著述甚多,评论纷殊,大都对这次变法和"荆公新学"贬低乃至诋毁,以至对"荆公新学"的产生、发展和衰微缺乏全面梳理,对其学术地位缺乏公正评价。20世纪50年代以来,这种状况明显改变,学者在对熙丰变法重新评价的同时,重视这次变法思想理论的研究,80年代有学者论述了王安石在建立宋学中的突出贡献和荆公新学在北宋儒学中的应有地位,90年代又有学者明确提出"荆公新学"乃宋学中的一大学派,并对其辩证法思想及其与变法的联系进行了深入研究。进入21世纪以后,研究"荆公新学"的学者和著作增多,论析更为深入。笔者个人感到,对"荆公新学"的研究,已经取得明显成果,亦存在一些不足,主要是:第一,对什么是"荆公新学"尚存歧见,还需界定,以趋共识;第二,论者大多或为宏观的,或为局部的、静态的、个案的,缺乏系统的发展变化的探考论述;第三,多是侧重其哲学意义,缺乏对其学术思想全面探究,也缺乏将"荆公新学"与当时变法紧密结合的研究。

　　《荆公新学及其兴替》(以下简称《兴替》)是王书华博士的博士后出站研究报告,全过程地考察了"荆公新学"的创立、发展、变化及其社会背景,较为深入细致地研究"荆公新学"有关论著、学术主张及其特点,客观地论述了"荆公新学"在学术史上的地位、作用和影响,"荆公新学"与变法的关系,"荆公新学"与洛学、蜀学之间的关系,是第一部比较全面深入和客观研究"荆公新学"之力作。具有系统性、集成性和开创性,是本书的突出特点之一。

　　学界普遍认为,"荆公新学"是总括王安石学术思想的专业术语。有学者提出,所谓"新学",是指由王安石领衔修纂、熙宁八年宋廷颁布的《三经新义》所代表的一种"新经义"或"新经"即"新经学",皆是当时人们对王安石等编纂的《三经新义》的专称。反对者称王安石一派学术为新学,是指它不属于古老的正宗儒家传统。也有学者认为,"荆公新学"有其自身的发展阶段,宜与"金陵之学""王学"相区别,它在本质上应是"金陵之学"被北宋政府"官学化"的产物,是人们攻击其"官学化"进程的专称,它不能作为研究"王学"的总对象。《兴替》主张,"荆公新学"乃宋学中的一大学派,是"王安石创立的新学学派","不仅在理论上自成体系,而且在哲学、经学等诸多领域有着精深的造诣","达到了北宋中期学术发展的较高水平"。《兴替》还考察了王安石在世期间"荆公新学"的初创、发展和演变三个时期,分别划分出起讫时间,较详地论述了主要内容,明确地提出了各时期的主要标志和特点。认为,"荆公新学"创立于嘉祐、治平年间,其主要标志是《易解》《淮南杂说》《洪范传》《孟子解》《老子注》等著作的刊行,"主要特点是阐述儒家的道德性命之学";发展期是熙宁时王安石为相年间,"其标志为《三经新义》的颁行学官及其官学地位的确立";王安石第二次罢相至逝世为演变期,是"由相对醇儒向佛禅化演变","其标志是《字说》的修订并刊行"。《兴替》又对两宋时期新学的沉浮和衰颓进行了详细论述。这就对"荆公新学"的含义做出了新的界定,动态地从纵向梳理了王安石的学术思想。

在北宋中期就有学者批评"荆公新学"是"以佛老之似,乱周孔之真",意在将其与儒学传统分开。熙丰变法之后,反对者更一而再地攻击新法、诋毁新学;随着理学兴起和成为统治思想,更视荆公新学为异端杂学。清初撰成的《宋元学案》相承理学之脉,不为新学立案,"特立新学、蜀学、屏山诸略,以著杂学之纷歧",认为"荆公欲明圣学而杂于禅",于全书最后部分设《荆公新学略》一卷,明白地在学术史上把新学视为有别于儒学传统和理学学统。此后,反对熙丰变法者大多以"荆公新学"为政治专制的思想学说,很少从学术上加以正视和细究。这种情况自20世纪50年代特别是90年代以来,才有了明显变化,取得了不少成绩。《兴替》在此基础上,着力于学术思想的研究,用了较大的篇幅考论其著述和学说。对已知王安石的二十余种著作的成书时间、基本内容、版本沿革、存佚辑注、整理出版等逐一考订,对"荆公新学"的几种代表作和《王安石全集》尤下功夫,系统深入地论析"荆公新学"的哲学思想、经学思想,以及学术渊源、治学特点和学术贡献,从而展示出宋学中"荆公新学"这一大学派的完整形象、丰厚内涵和学术地位,否定了那些把"荆公新学"作为儒学附庸、理学异端或加以贬低乃至诋毁的评价,恢复了它的历史面目和地位。

勇于探索,占有更多资料,坚持历史的、辩证的和多学科综合研究的科学方法,切实论析,饶有创见,是《兴替》的又一突出特点。《兴替》在论析"荆公新学"的哲学思想和经学思想时,甚为注意同王安石的变法实践的联系。例如,"'有体有用'的天道观"是"要'修人事,以应天灾'",以推进变法;"'新故相除'的辩证法","是王安石变法革新理论的哲学基础";"'以思为主'的认识论",是王安石"看到了实践在认识中的重要作用";"'性情统一'的心性论",是"要求人们的言行当'理'(儒家伦理纲常)为善";"'权时之变'的社会历史观",是王安石的社会演进变革发展思想的集中阐述。对于王安石的经学思想,《兴替》着重考辨了王安石选择训释《诗经》《尚书》《周礼》"三经",以此作为统一人们思想的教科书,为变法提供理论依据,以助推行变法新政,并分析了王安石对《春秋》《周易》的态度及其与变法的关系。

《兴替》在史实辩证和学术论见上,还有不少创新之处。例如,在论述王安石的经学思想时,对"王安石诋《春秋》为'断烂朝报'"的"近千年的学术公案",进行了细致的长篇考辨,认为王安石确实不看重《春秋》,但并未公开非毁,所谓"断烂朝报"之说,是他批评陆佃、龚原对《春秋》的解释"阙文太多,导致不忍卒读","致使《春秋》被弄得像'断烂朝报'一样不好理解,来表达对《春秋》的轻视"。又如,《兴替》系统梳理了宋代政争和学争中"荆公新学"的浮沉、经受的三次批判与压制浪潮,揭示了新学、洛学、蜀学"三足鼎立"的局面,特别是扼要叙论了"苏轼、苏辙对新学的批判"和南宋前期蜀学的兴衰,使人们进一步认识到朱熹把蜀学视为"杂学"和《宋元学案》列《苏氏蜀学略》一卷的偏颇,有助于对宋代蜀学和其他儒家学派的深入研究和公正评价。再如,《兴替》首次全面分析了"荆公新学"衰颓的原因特别是内在原因,重点分析了新学在学术上的理论缺陷和牵强附会,在薪传上的后继乏人,尤其是王安石"误将统一经义用作统一思想",后来者"将其他学派视为异端邪说"。诸如此类的深探创进,本书中屡有所见。

王书华博士是2002年9月进入四川大学中国古代史博士后流动站的,是笔者担任合作导师招收的第三届博士后研究人员。他大学本科就读于中山大学哲学系,毕业后又在河北大学历史所和宋史研究中心师从漆侠先生攻读硕士、博士学位,具有扎实的哲学专业和历史学专业的基础,在河北大学又经历了宋史研究的专业训练和较多磨砺,特别是漆侠先生的严格要求、耳提面命,使勤奋敏思的王书华成为宋史研究队伍中的生力军。

《兴替》是王书华博士的博士论文的延展与拓进。在流动站的三年中,他一边坚持在河北人民出版社的本职工作,出色地推进《苏轼全集校注》的编辑工作,一边数次集中较长时间住在四川大学,广搜资料,反复思索,访师问友,置疑切磋,在深探和创新上苦下功夫,大大拓延了博士学位论文的广度、深度和规模。2005 年 7 月,他已经完成《兴替》初稿,并以此作为研究报告通过评审获准出站。

《兴替》是首次全面系统研究"荆公新学"之作,是一本具有较高质量的博士后研究报告和书稿,它将有助于宋学、宋史和中国古代思想史的深入研究。①

胡昭曦
2006 年 5 月

---

①本文原题为《全面系统研究之力作:〈荆公新学及其兴替〉》,收录于胡昭曦著《旭水斋存稿续集》(四川大学出版社 2017 年)。作为代序录于此,以示纪念。个别字词略有改动。

绪 论

两宋时期,王安石创立的新学学派不仅在理论上自成体系,而且在经学、哲学、文学、教育等诸多领域都有着精深的造诣。这一学派达到了北宋中期学术发展的较高水平,并且新学挟皇权雷霆万钧之力,统治北宋思想文化界达六十年之久,它对北宋中后期、南宋乃至元明的思想文化领域有着广泛而深刻的影响。

遗憾的是,由于北宋王朝的灭亡,南宋最高统治者为了开脱乃父乃兄的亡国罪责,将北宋亡国的责任归咎于以王安石为首的新党及其所推行的新政,并进一步归罪于荆公新学。其荒唐逻辑是,直到北宋灭亡,基本上是新党执政,新党属于所谓的变法派,而王安石是北宋变法派的祖师爷,因此北宋灭亡的责任非王安石莫属。而指导王安石变法的理论基础是荆公新学,因此,荆公新学是导致北宋灭亡的罪魁祸首,便成为南宋朝野自欺欺人的共识。南宋以来的封建士大夫大多对荆公新学随便加以歪曲乃至诋毁,最终将其排除在封建正统思想之外,使得荆公新学失去了其应有的政治和学术地位。

从北宋末年到清朝末年的近千年里,受理学主导的意识形态的影响,封建社会的政治家和思想家大都对王安石变法和荆公新学持否定态度。清代康熙、乾隆年间,出现了一位为王安石翻案的著名学者,他就是学识渊博、刚正不阿的江西乡贤李绂。李绂指出,《辨奸论》不是苏洵所作,乃邵伯温所伪托,《宋史》本传有许多失实之处,且对王安石的评价有失公允。其后,乾隆、嘉庆年间的蔡上翔作《王荆公年谱考略》,通过全面而翔实的辩诬,系统地为王安石翻案。1908 年梁启超著《中国六大政治家·王荆公》[①],成为一部经典性的王安石传记。"蔡上翔的《王荆公年谱考略》和梁

①梁启超:《中国六大政治家·王荆公》,上海广智书局 1908 年初版。1930 年上海商务印书馆出版时,改名为《王荆公传》。1935 年上海世界书局在印制《王临川集》时,又将此传附在卷首,改名为《王安石评传》。1993 年海南出版社印行该书时,改名为《王安石传》。2016 年上海人民出版社、商务印书馆均以《王安石传》为名印行该书。

启超的《王荆公》是两部代表性的翻案之作。蔡《谱》材料翔实，考证缜密，然而过度强烈的辩诬目的夹杂着乡邦之谊的情绪化色彩，使不少论断失之偏颇；梁氏之'传'从大处着墨，影响深远，但显有借古喻今、为戊戌变法申雪张目的印痕，也损害了其学术内容。"①

民国年间，关于王安石的研究取得了进一步的发展。1933 年，商务印书馆出版柯昌颐所著《王安石评传》，该书内容涉及王安石的政治、经济、军事、社会、教育、科举、外交及其经学和哲学思想，对于王安石与佛、老、扬、墨诸家学说的关系作了初步探讨，但该书基本属于资料汇编，学术创见乏善可陈。1947 年，郭沫若发表《王安石》一文，对王安石变法进行了粗浅的梳理，由于篇幅短小，文章着重介绍了王安石变法，对荆公新学只是一笔带过②。

新中国成立后，王安石变法的研究开始受到重视。随着对王安石变法研究的逐步深入，对荆公新学的研究也取得了令人瞩目的成绩。1958 年，侯外庐、邱汉生撰著《唯物主义者王安石》(《历史研究》1958 年第 10 期)一文，指出"王安石是宋代著名的变法者，同时也是一个唯物主义哲学家"，"他在政治上有雄大的志向，在哲学上也有很高的抱负"；荆公新学"代表了带有非身份性的色彩的庶族集团，而与那些坚持古旧等级身份的豪强地主(如司马光等)展开了学术的斗争"。该文从世界观、人性论和认识论方面，对荆公新学进行了初步探讨，并指出了新学所存在的局限性。

改革开放以来，王安石及其变法的研究成了学术界的热门课题。1979 年，漆侠先生所著《王安石变法》由上海人民出版社再版，增订了王安石执政前哲学思想的发展的有关内容，对王安石早期的哲学思想进行了较为深入的探讨。1980 年，王曾瑜先生发表《王安石变法简论》一文(《中国社会科学》1980 年第 3 期)，对王安石的各项改革措施进行了分析和评判，认为王安石科举改革目的是"要实行王学的思想专断，树立对王安石的信仰权威"，用荆公新学"一道德"，乃是禁锢思想的反动措施。1984 年，马振铎先生所著《政治改革家王安石的哲学思想》(湖北人民出版社 1984 年)一书出版，该书首次系统探讨了王安石的哲学思想，认为王安石的哲学思想是"北

---

① 王水照：《总序》，王水照主编：《王安石全集》第一册，复旦大学出版社 2017 年，第 5 页。
② 郭沫若：《历史人物·王安石》，人民文学出版社 1979 年，第 167—176 页。

宋中期政治、经济的产物"，"反过来又给北宋中期以后的政治、经济以有力的影响"，指出王安石建立起"下半截唯物主义、上半截唯心主义的哲学体系"，荆公新学结束了汉儒的章句注疏之学，开创宋儒性命之学的先河。1987年，邓广铭先生发表《略论宋学——附说当前国内宋史研究情况》（《宋史研究论文集》浙江人民出版社1987年）一文，认为王安石是宋学建立过程中贡献最突出的人物之一。1991年，邓广铭先生又发表《王安石在北宋儒家学派中的地位》（《北京大学学报》1991年第2期）一文，对荆公新学给予高度评价，"从其对儒家学说的贡献及其对北宋后期的影响来说，王安石应为北宋儒家学者中高踞首位的人物"，从而恢复了荆公新学在北宋学术界应有的地位。同年，杨渭生先生发表《王安石新学简论》（《中日宋史研讨会中方论文选编》，河北大学出版社1991年）一文，指出新学是"融儒、法、佛、道于一炉的新创作"，"富有开拓创新的时代精神"，"在宋学建立的过程中是树立了功勋的"。1992年，陈植锷先生所著《北宋文化史述论》（中国社会科学出版社1992年）一书出版，该书对王安石的义利观以及王安石对"惟上智与下愚不移"命题的讨论都进行了富有新意的探讨，他的探讨对深化荆公新学的研究具有启迪意义。1995年，漆侠先生发表《宋学的发展和演变》（《文史哲》1995年第1期）一文，对荆公新学做了提纲挈领的阐述。1996年，高纪春先生发表《宋高宗初年的王安石批判与洛学之兴》（《中州学刊》1996年第1期），指出"洛学是在批判王安石新学的过程中兴发起来的"。

21世纪以来，学术界对王安石的研究由注重对王安石变法的研究逐渐转入重视对荆公新学的研究。2002年由河北人民出版社出版的漆侠先生遗著《宋学的发展和演变》，将荆公新学作为北宋中期的一大学派进行探讨，特别是对荆公新学的辩证法思想做了较为深入的研究，指出"放眼熙丰一代的变法，王安石在辩证法思想方面不仅成就最高，而且起着带头的推动作用"，"以王安石为代表的变法派，正是在辩证法思想指导下，把巨大的社会变革付诸实践的"。该书指出，对于苏学、洛学与荆公新学之间的差别和分歧，"学术界几乎还未涉及，还需要开展这方面的研究"。2004年，李华瑞先生出版《王安石变法研究史》（人民出版社2004年）一书，对南宋以来关于王安石其人、其政、其学的研究进行了认真的梳理，该书资料翔实，纵罗百代，立场平正，见解公允，全面阐述了近千年间王安石变法研究的状况,是一部全面、系统评述王安石变法研究史的力作。

近年来,荆公新学的研究相继出现几部颇有创见的著作:一部是李祥俊的《王安石学术思想研究》(北京师范大学出版社 2000 年);一部是萧永明的《北宋新学与理学》(陕西人民出版社 2001 年);一部是刘成国的《荆公新学研究》(上海古籍出版社 2006 年)。李著对王安石的经学思想、儒学思想、子学思想进行了较为全面、系统的梳理,对王安石学术思想的研究做出了重要贡献。李著认为,王安石的学术思想在融合诸子、三教①的基础上,试图建立一种新的经学来统一人们的思想。王安石采取拿来主义的学术态度,对前代思想兼收并蓄,并认为王安石的学术思想"处于汉唐儒家经学与宋明理学之间的转折点上,在他之后,很难再找到像他那样在学术与政治之间都有重大建树的人物"。萧著认为,荆公新学的发展分为两个阶段,早期围绕重振儒家纲常、挽救价值失落的主题,重视对性命道德之理的探求;后期的重点在于为现实社会的改革提供思想指导和理论依据。萧著着重从新学与理学产生的社会历史背景及学术环境、治学方法及为学规模与次第、本体论构建的特点、社会政治思想等方面对新学与理学进行了比较研究。刘著对荆公新学的形成原因、成员构成、代表著述及其学术建构等进行了综合研究与系统考辨,资料翔实,观点新颖,是近年来研究荆公新学较有影响的一部著作。

虽然上述著述在荆公新学的研究方面取得了突破性的进展,然而,笔者认为,新学的研究依然存在着这样几个方面的不足:一、现有的研究没有很好地将王安石学术与变法的研究结合起来,也就是说,没有将王安石的学术思想与政治实践结合起来,同样没有将两宋时期的党争与学争结合起来进行研究,这就使得现有的研究如空中楼阁,缺乏现实政治、经济与社会的基础;二、现有的研究大多是一种静态的、哲学意义上的研究,没有将其放在中国儒学发展史的长河尤其是唐宋儒学复兴运动中,从纵向上、历史意义上对其产生、发展、演变及其对后世的影响进行深入研究;三、现行的

---

① 儒释道并称三教,在南北朝时已经出现。从官方到民间,通称儒释道为三教,则始于唐代。唐宪宗时正议大夫、行尚书刑部侍郎郑云逵说:"道儒释者,代谓之三教。"(陈尚君辑校:《全唐文补编》卷六一《唐故虢州刺史王府君神道碑》,中华书局 2005 年,第 739 页)实际上,道释二教是名副其实的宗教,而儒教则非严格意义上的宗教,因为它不具备宗教的基本要素,仅指孔子所创立的儒家学派。称儒学为儒教,则始于晋代。《晋书·宣帝纪》:"博学洽闻,伏膺儒教。"(房玄龄等撰:《晋书》卷一《宣帝纪》,中华书局 1974 年,第 1 页)本书沿袭其说,姑称儒学为儒教。

研究尚缺乏从横向上对荆公新学与同时代的其他学派的关系进行梳理和比较,关于新学与洛学、蜀学在两宋时期的学派斗争还有深入研究之余地和进一步开掘之必要。

放眼 20 世纪乃至 21 世纪初,学术界对荆公新学的研究可以做出如下概括:20 世纪 80 年代以前,国内宋史学界在学术思想研究上,存在两个偏向:一是以理学代替宋学;二是忽略了新学的历史地位。20 世纪 80 年代以来,经过邓广铭、漆侠等先生的大力呼吁,才开始认识并矫正这两个偏向,并力图恢复宋学的本来面目,即:贯穿两宋学术界的是宋学,荆公新学是宋学的一个支脉,且其在北宋中后期居于意识形态领域的主导地位;而理学则是宋学的另一个支脉,其产生于熙、丰年间,晚于荆公新学,在北宋年间它还是一个较小的学派,当时在学术界的影响也远远无法与新学相媲美。到了南宋初期,理学通过对新学的政治清算和学术批判,地位有所上升,与新学互有消长,逐步取得与新学平起平坐的地位。直至南宋中后期,经过几代理学家的努力,在宋理宗的扶持下,理学才取代新学,取得意识形态领域的主导地位和学术文化界的显学地位。

本书拟在前贤时杰既有研究的基础上,对荆公新学及其与同时代其他学派的关系,做如下几个方面的考察:(一)横向考察。注意考察新学与同时代的其他学派对同一问题看法的异同、各学派之间的学术争鸣以及产生这种异同和争鸣的学理依据与思想根源;(二)纵向考察。注意对新学的动态考察,重视不同时期新学的产生、发展和演变及其在中国儒学发展史上尤其是唐宋儒学复兴运动中的地位与影响;(三)综合考察。学术思想不可避免地要受当时的政治、经济、社会文化乃至学术思潮诸因素的制约和影响,而各种学术流派之间又互相斗争、互相吸收、互相影响,拙著力求对荆公新学与朔学、洛学、蜀学等并立的诸学派之间的学术争鸣和学派斗争进行系统研究,并对各学派在发展过程中学术地位的沉浮及其与宋代的政治、经济、社会文化的关系进行力求客观的探索。

第一章　荆公新学学述

王安石是北宋中期著名的政治家、思想家、经学家、文学家。作为政治家，王安石领导了北宋中期的变法运动，史称"熙宁变法"。作为思想家，为配合实施变法，他提出了一系列政治、经济、军事、教育、科举思想，为变法提供理论依据。作为经学家，王安石领导并推动了北宋中期的儒学复兴运动，创立了独具特色的儒家学派，史称"荆公新学"。作为文学家，王安石参与并推动了北宋中期的古文运动，其散文成就名列"唐宋八大家"之一。

需要指出的是，尽管王安石集政治家、思想家、经学家、文学家于一身，但在王安石的心目中，作为政治家的王安石是第一位的，而作为思想家、经学家的王安石是第二位的，作为文学家的王安石则是第三位的；也就是说，其学术创新和文学创作是为政治实践服务的，而在这两者之中，王安石更看重的是其经学成就。正如高克勤先生所指出，"王安石本人也以政治家立命，而耻以文士自名。他从小接受了传统的儒家思想，立下了建功立业的大志。因此，他的文学思想也表现出政治家的色彩，宗旨在于经世致用，重道崇经"。而就其对当时的社会影响来说，"作为北宋著名的政治家、思想家、文学家，王安石不仅以其文学成就彪炳千秋，而且更以其政治革新的剧烈和思想学说的创新而影响当时"[1]。这是我们正确认识和准确把握王安石其人、其政、其学的一把钥匙。

王安石，初字介卿，后易介甫，号半山，抚州临川（今江西抚州）人。生于宋真宗天禧五年（1021）十一月，卒于宋哲宗元祐元年（1086）四月，享年六十有六。元丰元年（1078）正月，封舒国公；元丰三年九月，改封荆国公，世称"荆公"。绍圣中，谥曰"文"，故又称"王文公"。

王安石自幼勤奋好学，刻苦读书，记忆超群，擅长写作。自少年时期起，系统接受了儒家教育。到青年时期，即确立了远大的人生理想，立志做稷、契式的人物，淑世济民，建功立业，自称"材疏命贱不自揣，欲与稷契遐

---

[1] 高克勤：《王安石诗文选评·导言》，上海古籍出版社 2002 年，第 1 页。

相睎"①。庆历二年(1042),时年二十二岁的王安石中进士甲科,从此正式步入仕途,开始了以内圣外王为理想的理论创新和政治实践。尔后,先后任职淮南判官、鄞县知县、舒州通判、提点江东刑狱等。嘉祐三年(1058)十月,王安石上疏仁宗皇帝,阐述改易更张思想,希图有所作为,却未引起仁宗重视。宋神宗即位后,于熙宁二年(1069)二月除王安石参知政事,议行新法;翌年十二月,与韩绛并同中书门下平章事;熙宁七年四月,首次罢相;八年二月,再次拜相;九年十月,再次执政不足两年的王安石,再次罢相。从此,归隐江宁,悠游林下,直至生命结束。

荆公新学是指王安石为核心的儒家学派。荆公新学,又名"王学""王氏之学""王氏新学""三经之学""新经学""熙丰之学""临川学派",是北宋中后期乃至南宋时期有着重大影响的学术派别。因王安石是该学派的创始人和学术领袖,故称王学、王氏之学、王氏新学;又因王安石是江西临川人,故又名"临川之学";又因王安石晚年封号为"荆国公",故又称"荆公新学";因为新学的代表作为《周官新义》《诗经新义》《尚书新义》,合称《三经新义》,故又称"三经之学""新经学";另外,荆公新学盛行于熙丰年间,故又称"熙丰之学"。

需要指出的是,荆公新学包含广义和狭义两个层次的概念。广义的荆公新学,是以王安石为核心的学术派别。作为一个学术派别,除了作为学术领军人物的王安石本人外,还包括王雱、吕惠卿、陆佃、蔡卞等一批儒家学者,这个学派是宋代儒学发展的重要一脉,它与传统儒学相较具有自身鲜明的治学特色和学术体系。狭义的荆公新学,是指作为学派核心人物的王安石个人的学术思想。由于资料所限,本书探讨的主要是王安石个人的学术思想,亦即狭义的荆公新学。

荆公新学是唐宋儒学复兴运动的产物,是宋廷南渡之前居于意识形态领域主导地位的思想学说,是代表宋学发展成就的重要一脉。它形成于嘉祐、治平年间,兴盛于熙宁年间,演变于元丰年间,断断续续统治北宋中后期思想文化界达六十年之久,对北宋中后期乃至南宋的中国社会以及思想文化的发展产生了重要的影响。

---

① 王安石撰,唐武标点校:《王文公文集》卷四十四《忆昨诗示诸外弟》,上海人民出版社1974年,第512页。

　　所谓"新学",本是司马光、程颢、程颐、苏轼、苏辙等人对王安石学术思想的特称,以区别于他们所服膺的传统儒家经说。"新学"一词,首见于元祐元年四月司马光所上札子。"臣窃详朝廷之意,盖为举人经义文体专习王氏新学,为日已久,来年科场,欲兼取旧学,故有此指挥,令举人豫知而习之。"①这里,司马光称颁行于熙宁八年六月、由王安石领衔编撰的《三经新义》为代表的经学著作为新学,而称此前通行的以孔颖达《五经正义》为代表的传统儒家经说为旧学。

　　此论甫出,即得到当时学术思想界的认同。作为旧党在思想文化领域领军人物的程颐也使用了"新学"这一概念,"杨时于新学极精,今日一有所问,能尽知其短而持之"②。旧党另一重要人物,作为宋代蜀学领军人物的苏轼,也接受司马光的说法,并为了与新学划清界限,自称其学为"旧学"。苏轼在为欧阳修《居士集》所作的序言中云:"欧阳子没十有余年,士始为新学,以佛老之似乱周孔之真,识者忧之。"③欧阳修卒于熙宁五年(1072),说明新学到元丰末年,已得到学术界公认,为士子所热衷修习。苏轼还赋诗称:"新学已皆从许子,诸生犹自畏何蕃。"王文诰注云:"新学以言王介甫新经之学也。"④苏轼还自叹:"嗟余老矣百事废,却寻旧学心茫然。"王文诰注云:"时新学盛行,故自以为旧学,其祝文宣王,则曰敢忘其旧,皆此意也。"⑤可见,苏轼使用"新学"一词,暗含与王安石的学术思想划清界限之意。

　　荆公新学的代表人物以王安石为核心,作为新学同道和后学的还有王雱、蔡卞、陆佃、吕惠卿、李定、陈祥道、龚原、耿南仲、郑宗颜、许允成、刘仲平、王昭禹、王逢原、唐耜、林之奇、方悫、黎宗孟、马希孟等。

　　荆公新学的代表作主要是王安石所著《易解》《淮南杂说》《洪范传》《老子注》《周官新义》《诗经新义》《尚书新义》《字说》等。此外,王安石的弟子也有一些学术著作,堪为新学增光添彩,主要有王雱所著《老子训传》《佛经义解》《庄子注》《孟子解》,吕惠卿所著《论语义》《周易大传》《尚书义》《周礼

①司马光撰,李文泽、霞绍晖点校:《司马光集》卷五十二《乞先行经明行修科札子》,四川大学出版社 2010 年,第 1092 页。
②程颢、程颐撰,王孝鱼点校:《河南程氏遗书》卷二上,《二程集》上,中华书局 2004 年,第 28 页。
③苏轼撰,孔凡礼点校:《苏轼文集》卷十《六一居士集叙》,中华书局 1986 年,第 233 页。
④苏轼撰,孔凡礼点校:《苏轼诗集》卷十七《次韵答顿起二首》其一,中华书局 1982 年,第 867 页。
⑤苏轼撰,孔凡礼点校:《苏轼诗集》卷七《游径山》,第 350 页。

义》《毛诗集传注》《孝经传》《老子道德经传》《庄子义》,陆佃所著《尚书解》《礼记解》《尔雅解》,蔡卞所著《毛诗名物解》,龚原所著《易解》,以及王昭禹、郑宗颜的《周礼解》,马希孟、方悫的《礼记解》等。

第一节　王安石著述概论

王安石一生学术著述丰硕,以儒学为主,兼及释道,然而由于北宋中后期的党争以及后世数百年的禁毁,其著作散佚颇夥。据《江西通志》卷八十《王安石传》记载:"荆公著有《安石集》一百卷、《后集》八十卷、《易义》二十卷、《洪范传》一卷、《诗经新义》三十卷、《左氏解》一卷、《礼记要义》二卷、《孝经义》一卷、《论语解》十卷、《孟子解》十四卷、《老子注》二卷。"[1]除此之外,尚有《周官新义》十六卷附《考工记解》二卷、《尚书新义》十三卷、《字说》二十四卷(一说二十卷)、《庄子解》四卷、《金刚经注》一卷、《维摩诘经注》三卷、《楞严经解》十卷、《华严经解》一卷、《熙宁奏对》七十八卷、《舒王日录》十二卷、《南郊式》一百一十卷、《建康酬唱诗》一卷、《送朱寿昌诗》三卷、《唐百家诗选》二十卷等二十余种著述。其中,影响较大的代表作主要有《易解》《淮南杂说》《洪范传》《老子注》《周官新义》《诗经新义》《尚书新义》《字说》等,这些著述反映了王安石的经学思想和哲学思想。兹根据现有资料,对王安石的主要学术著作予以考辨。

一、《易解》

《易解》,王安石著。尤袤《遂初堂书目》著录为《王文公易传》(不注卷数);晁公武《郡斋读书志》著录为《易义》二十卷,《玉海》同;《文献通考》著录为《王介甫易解》二十卷;陈振孙《直斋书录解题》著录为《易解》十四卷,《中兴书目》《宋史·艺文志》同。

关于《易解》的撰著时间,高克勤先生认为王安石撰成《易解》,当在嘉祐年间(1056—1063)[2]。金生杨先生也认为王安石撰成《易解》应在嘉祐年间,并且指出不会晚于治平元年(1064)[3]。杨倩描先生认为王安石撰著

①傅璇琮、祝尚书主编:《宋才子传笺证·北宋前期卷·王安石传》,辽海出版社 2011 年,第 736 页。
②高克勤:《王安石与北宋文学研究》,复旦大学出版社 2006 年,第 67 页。
③金生杨:《王荆公〈易解〉考略》,《古籍整理研究学刊》2001 年第 3 期。

《易解》始于宝元年间（1038—1040），终于嘉祐七年（1062）①。可见，三位学者在王安石解《易》的完成时间上所见略同，但对于起始时间则各持己见。

据《墨客挥犀》记载："舒王性酷嗜书，虽寝食间手不释卷，昼或宴居默坐，研究经旨。知常州，对客语，未尝有笑容。一日，大会宾佐，倡优在庭，公忽大笑，人颇怪之。乃共呼优人厚遗之，曰：'汝之艺能使太守开颜，真可赏也。'有一人窃疑公笑不由此，因乘间启公，公曰：'畴日席上，偶思《咸》、《恒》二卦，豁悟微旨，自喜有得，故不觉发笑耳。'"②按，王安石知常州在嘉祐二年（1057）五月，次年二月自常州移提点江东刑狱。可见，嘉祐二年王安石正在探研易理。治平元年，王安石在答韩求仁的信中说："某尝学《易》矣，读而思之，自以为如此，则书之以待知《易》者质其义。当是时，未可以学《易》也，唯无师友之故，不得其序，以过于进取。乃今而后知昔之为可悔，而其书往往已为不知者所传，追思之未尝不愧也。"③可见，治平元年《易解》已经完成并流传于世。

王安石早年即喜读《易》，作于康定元年（1040）的《上蒋侍郎书》开篇即称"某尝读《易》"④。在《答韩求仁书》中又称："当是时，未可以学《易》也，唯无师友之故，不得其序，以过于进取。"⑤可见，早年的王安石即喜读《易》，但由于缺乏师友切磋，谈不上有多大造诣。所以，在《答史讽书》中，自谦道："某于《易》，尝学之矣，而未之有得。"⑥这与晁公武的记载略同："介甫《三经义》皆颁学官，独《易解》自谓少作未善，不专以取士。"⑦既然"自谓少作"，表明《易解》系王安石早年所作。嘉祐年间，系王安石36岁到43岁之间，正值壮年，此间著述谓之"少作"，虽稍嫌牵强，但亦未尝不可。

王安石对《易解》不甚满意，未曾用以科举取士。到绍圣年间，随着绍述新政的实施和新学的盛行，王安石《易解》的学术地位随之上升，"故绍圣

①杨倩描：《王安石"易"学研究》，河北大学出版社2006年，第18页。
②彭乘撰，孔凡礼点校：《墨客挥犀》卷四《手不释卷》，中华书局2002年，第318页。
③王安石撰，唐武标点校：《王文公文集》卷七《答韩求仁书》，第81页。
④王安石撰，唐武标点校：《王文公文集》卷二《上蒋侍郎书》，第25页。
⑤王安石撰，唐武标点校：《王文公文集》卷七《答韩求仁书》，第81页。
⑥王安石撰，唐武标点校：《王文公文集》卷七《答史讽书》，第89页。
⑦晁公武撰，孙猛校证：《郡斋读书志校证·郡斋读书志》卷一，上海古籍出版社2011年，第41页。

后复有龚原、耿南仲注《易》,三书偕行于场屋"①。由此可见,熙宁、元丰年间,由于王安石对《易解》不甚满意,未曾颁行学官,用于取士;但到绍圣年间,王安石的《易解》与弟子龚原、耿南仲的《易传》并行于世,作为科举考试的辅助读物,为士子所修习。

王安石十分重视《易》,认为《易》完整地体现了圣人之道,"夫《易》之为书,圣人之道于是乎尽矣"②。所以,早年即开始研读《易》。在《王文公文集》中,存有《易泛论》《九卦论》《卦名解》《大人论》《致一论》《河图洛书义》③等论《易》篇章;在《临川先生文集》中,亦存有《易泛论》《九卦论》《卦名解》《易象论解》《大人论》《致一论》等论《易》篇章。耿亮之先生曾说:"王安石多次强调教化为本而政教刑政为末,不知王安石易学,不晓新学之性命之理。"④由此可见,王安石易学的内容多阐述道德性命之理,其治学特点是义理解《易》,属于宋代易学的义理学派。

该书今佚。今人王铁辑有《王安石〈易义〉辑存》⑤,刘成国辑有《王安石〈易解〉辑佚》⑥,杨倩描辑有《荆公〈易解〉钩沉》⑦,金生杨辑有《易解》262条的佚文⑧。

二、《淮南杂说》

《淮南杂说》,王安石著。《宋史·艺文志》著录此书为二十卷;晁公武《郡斋读书志》卷十二著录《王氏杂说》十卷,《文献通考》同。

该书作年,学界众说纷纭。邓广铭先生系之于庆历二年至五年,时王安石任"签书淮南节度判官厅公事"⑨。漆侠先生系之于皇祐三年(1051)

①晁公武撰,孙猛校证《郡斋读书志校证·郡斋读书志》卷一,第41页。
②王安石撰,唐武标点校《王文公文集》卷二十九《大人论》,第339页。
③陆佃撰《陶山集》卷九收有《河图洛书说》,内容与《河图洛书义》相同。其题下注云:"误载荆公集中。"可见,《河图洛书义》当为陆佃文。陆佃:《陶山集》二,《丛书集成初编》,中华书局1985年,第101页。
④耿亮之:《王安石易学与其新学及洛学》,《周易研究》1997年第4期。
⑤王铁:《宋代易学》,上海古籍出版社2005年。
⑥刘成国:《荆公新学研究》,上海古籍出版社2006年。
⑦杨倩描:《王安石"易"学研究》,第26—104页。
⑧金生杨:《王荆公〈易解〉考略》,《古籍整理研究学刊》2001年第3期。
⑨邓广铭:《王安石在北宋儒家学派中的地位》,《邓广铭治史丛稿》,北京大学出版社1997年,第178页。

至五年,时王安石任舒州通判①。高克勤先生认为:"此书撰写年代,可能开始于庆历初年王安石入淮南幕时。……此书的完成年代,当在嘉祐年间。"②

据王安石的弟子陆佃记载:"嘉祐、治平间……淮之南,学士大夫宗安定先生之学,予独疑焉。及得荆公《淮南杂说》,与其《洪范传》,心独谓然,于是愿扫临川先生之门。后余见公,亦骤见称奖,语器言道,朝虚而往,暮实而归。觉平日就师十年,不如从公之一日也。"③可见,嘉祐、治平年间,《淮南杂说》已经刊布。陆佃又云:"治平三年,今大丞相王公,守金陵,以绪余成学者,而某也实并群英之游。"④按,治平三年(1066),王安石丁母忧期间,闲居金陵,陆佃不远千里来到江宁,拜师王安石,研读儒家经典,从此成为王安石的门生。既然陆佃是在读了《淮南杂说》与《洪范传》之后,"心独谓然","愿扫临川先生之门"的,那么,《淮南杂说》的完成当不晚于治平三年。

据马永卿在《元城语录》中引用刘安世的话说:"金陵在侍从时,与老先生极相好。当时,《淮南杂说》行乎时,天下推尊之以比孟子。"⑤所谓"金陵在侍从时",指王安石任职知制诰期间;而刘安世乃司马光高足,故称司马光为"老先生"。考王安石与司马光的行踪可知,嘉祐六年(1061)六月,司马光迁起居舍人、同知谏院;同月,王安石任知制诰,直至嘉祐八年八月,王安石丁母忧,解官归江宁。在这两年多的时间里,王安石和司马光不仅是同僚,而且是彼此敬重、互相信任的好友。可见,《淮南杂说》行于世,当在嘉祐六年到八年。由此,我们可以把《淮南杂说》的刊布时间,进一步推定为嘉祐六年至八年。

既然名之曰《淮南杂说》,作之于任职淮南期间,自然毫无疑问。而王安石一生任职淮南共有两次,一次是庆历二年到五年,任职签署扬州判官;另一次是皇祐三年到五年,任职舒州通判。庆历二年,王安石进士及第后,即赴扬州任签书淮南节度判官厅公事。由于签书判官是一个比较清闲的

---

① 漆侠:《宋学的发展和演变》,河北人民出版社2002年,第319页。
② 高克勤:《王安石与北宋文学研究》,第76页。
③ 陆佃撰:《陶山集》卷十五《傅府君墓志》,第164页。
④ 陆佃撰:《陶山集》卷十六《沈君墓表》,第183页。
⑤ 马永卿辑,王崇庆解:《元城语录解》卷上,《丛书集成初编》,中华书局1985年,第6页。

幕僚职务,王安石便趁此机会刻苦读书。刚刚步入仕途的王安石求知欲非常旺盛,他一方面博览群书,向书本攫取知识;一方面不耻下问,重视社会调查和社会实践。他在给好友曾巩的复信中,透露了当时在扬州的学习与调研情况,"某自百家诸子之书,至于《难经》《素问》《本草》,诸小说无所不读,农夫、女工无所不问"①。扬州时期的王安石便有学术情怀与研究兴趣,于是焚膏继晷、刻苦读书。据邵伯温记载,"韩魏公自枢密副使以资政殿学士知扬州,王荆公初及第为签判,每读书至达旦,略假寐,日已高,急上府,多不及盥漱。魏公见荆公少年,疑夜饮放逸。一日从容谓荆公曰:'君少年,无废书,不可自弃。'荆公不答,退而言曰:'韩公非知我者。'魏公后知荆公之贤,欲收之门下,荆公终不屈,如召试馆职不就之类是也"②。据此可以判断,任职扬州期间,王安石读书废寝忘食,绝不是随便阅读而已,一句"韩公非知我者",表明王安石有着远大的学术志向,否则,不事张扬的王安石不会如此自负。另据司马光记载:"初,韩魏公知扬州,介甫以新进士签书判官事,韩公虽重其文学,而不以吏事许之。……介甫秩满去。会有上韩公书者,多用古字,韩公笑而谓僚属曰:'惜乎王廷评不在此,其人颇识难字。'"③可见,由于韩魏公不安排政事,王安石有大量时间阅读典籍,覃思古字,拥有远大志向的王安石岂肯虚度光阴,于是开始著书立说,着手写作《淮南杂说》。

作于扬州时期的《送孙正之序》,透露了王安石早年的政治志向和学术旨趣。王安石认为,一个君子应该像孟轲、韩愈那样特立独行,见解独到,而不应随波逐流,人云亦云;而要做到这一点,就必须具备远大的政治抱负和深厚的学术素养。"时乎杨、墨,己不然者,孟轲氏而已。时乎释、老,己不然者,韩愈氏而已。如孟、韩者,可谓术素修而志素定也,不以时胜道也,惜也不得志于君,使真儒之效不白于当世,然其于众人也卓矣。"④王安石明确表达了自己企慕孟轲、韩愈,希望能够实现"得志于君则变时而之道"的政治理想。身兼王安石的弟子与女婿双重身份的蔡卞在《王安石传》中

---

①王安石撰,聂安福、侯体健整理:《临川先生文集》卷七十三《答曾子固书》,王水照主编:《王安石全集》第六册,第1314页。

②邵伯温撰,李剑雄、刘德权点校:《邵氏闻见录》卷九,中华书局1983年,第94页。

③司马光撰,邓广铭、张希清点校:《涑水记闻》卷十六,中华书局1989年,第311页。

④王安石撰,唐武标点校:《王文公文集》卷三十六《送孙正之序》,第433页。

对《杂说》的内容曾有所透露："自先王泽竭,国异家殊。由汉迄唐,源流浸深。宋兴,文物盛矣,然不知道德性命之理。安石奋乎百世之下,追尧、舜、三代,通乎昼夜阴阳所不能测而入于神。初著《杂说》数万言,世谓其言与孟轲相上下,于是天下之士,始原道德之意,窥性命之端云。"①纵观整个中国儒学史,孔子较少谈论天道、性命问题,而孟子继孔子之后集中探研性命之理,此后,性命之学沉寂千年,直到北宋初年,学界才又热衷探讨性命问题,而王安石所著《淮南杂说》则集中探讨道德性命之理,故被学界视之为与《孟子》不相上下。可见,《淮南杂说》为王安石赢得了巨大的社会声望与学术声誉。

侯外庐先生疑《临川先生文集》卷六十五至卷七十即为《淮南杂说》②。高克勤先生则持不同意见,其理由有二:一是上述六卷中,包括《洪范传》,而《洪范传》与《淮南杂说》当为两书;二是上述六卷中包括《礼论》《礼乐论》《致一论》《性情》《性论》《原性》等文,而这几篇文章的主旨与《孟子》有明显抵牾之处,如《原性》指名道姓批评孔子③。笔者认为,这六卷中的作品目前尚难以明确系年,且对同一问题的观点有所不同,当属王安石不同时期的作品。面对北宋中期以来的政治危机和信仰迷失,作为封建士大夫,王安石出于维护封建专制的目的,希望重建封建伦理纲常和法度规章,而要重建道德伦理纲常,就要从收拾人心着手,所以在《淮南杂说》中王安石集中探讨了道德性命礼乐问题。以《礼乐论》为例,文中王安石对儒家心性之学的式微,表示了深深的担忧:"呜呼,礼乐之意不传久矣!天下之言养生修性者,归于浮屠、老子而已。浮屠、老子之说行,而天下为礼乐者独以顺流俗而已。"他不但深刻地洞悉礼崩乐坏这一现实社会问题,而且指出了解决问题的方法与途径,那就是借鉴佛道发达的心性之学,系统阐发儒家的心性之学:"故养生在于保形,充形在于育气,养气在于宁心,宁心在于致诚,养诚在于尽性,不尽性不足以养生。"④个人修养身心,要从尽性着手。可见,《淮南杂说》充斥着对道德性命之理的探讨,旨在重建儒家的道德性命之学。而要重建儒家的道德性命之学,无疑需要汲取先贤的思想智慧,

①晁公武撰,孙猛校证:《郡斋读书志校证·郡斋读书志》卷十二,第525页。
②侯外庐:《中国思想通史》第四卷上册,人民出版社1959年,第446页。
③高克勤:《王安石与北宋文学研究》,第76页。
④王安石撰,唐武标点校:《王文公文集》卷二十九《礼乐论》,第333页。

在先秦诸子中,《孟子》无疑是探讨心性问题最为集中的一部著述。于是,王安石借鉴《孟子》,撰著了《淮南杂说》。

皇祐三年,王安石到舒州任职后,在答长弟王安国的诗中曾称:"祗愁地僻无宾客,旧学从谁得指南?"①"旧学"二字,透露出一些玄机,此时的王安石正在从事业已开始的学术研究。这表明王安石任职舒州期间还在进行学术研究,而且这一研究早已开始。结合《淮南杂说》这一书名来看,说明庆历二年到五年,王安石任职扬州期间,即已开始这一学术研究,至少已经着手研究准备。据此判断,《淮南杂说》的撰著,始于庆历年间,定稿于皇祐年间,嘉祐年间得以刊布。《淮南杂说》给他带来极大的学术声誉和社会声望,以至于有人把王安石与孟子相提并论。

三、《洪范传》

《洪范传》一卷,王安石著。现存于《王文公文集》卷二十五、《临川先生文集》卷六十五。蔡上翔将其呈进御览时间系于熙宁末、元丰初②。漆侠先生将其系于嘉祐六七年间③。高克勤先生则认为《洪范传》撰成于治平三年前,"删润缮写"于熙宁初年④。

据王安石的弟子陆佃记载:"嘉祐、治平间……淮之南,学士大夫宗安定先生之学,予独疑焉。及得荆公《淮南杂说》,与其《洪范传》,心独谓然,于是愿扫临川先生之门。"⑤说明该书与《淮南杂说》同时流布于嘉祐、治平年间。又据王安石《进洪范传表》云:"臣尝以芜废腐余之学,得备论思劝讲之官,擢预大政,又弥寒暑,勋绩不效,俯仰甚惭。谨取旧所著《洪范传》删润缮写,辄以草芥之微,求裕天地。"⑥另据《续资治通鉴长编》记载:熙宁三年冬十月甲戌,"安石尝进所著《洪范传》,上手诏答之"⑦。由陆佃记载可以判定,《洪范传》流布于嘉祐、治平年间;由《长编》记载可以判定,王安石

①王安石撰,唐武标点校:《王文公文集》卷五十三《到舒次韵答平甫》,第602页。
②蔡上翔:《王荆公年谱考略》卷二十,上海人民出版社1973年,第270页。
③漆侠:《宋学的发展和演变》,第319页。
④高克勤:《王安石与北宋文学研究》,第67页。
⑤陆佃撰:《陶山集》卷十五《傅府君墓志》,第164页。
⑥王安石撰,唐武标点校:《王文公文集》卷二十《进洪范传表》,第245页。
⑦李焘撰,上海师范大学古籍整理研究所、华东师范大学古籍整理研究所点校:《续资治通鉴长编》卷二百十六熙宁三年十月甲戌,中华书局2004年,第5257页。

将《洪范传》上奏神宗皇帝在熙宁三年十月。

　　嘉祐四年(1059)，王安石针对当时学术界"佛教乱俗"的批评，一针见血地指出："方今乱俗不在于佛，乃在于学士大夫沉没利欲，以言相尚，不知自治而已。"①面对由于士大夫沉没利欲而导致的"家异道，人殊德"的社会风气，王安石希望"一道德以同天下之俗"②，而在当时天命论大行其道的情况下，当务之急是重新阐释天人关系，用新的理论武装人们的头脑，改变人们关于天人关系的迷信观念。在王安石看来，"《书》言天人之道，莫大于《洪范》，《洪范》之言天人之道，莫大于貌、言、视、听、思"③，因此，要规范人们的貌、言、视、听、思，无疑应该从修习《洪范》入手，所以王安石着手对《洪范》进行训释。治平元年，王安石指出："先王之道德，出于性命之理，而性命之理，出于人心。《诗》、《书》能循而达之。"④王安石认为，先王所谓的道德出于性命之理，而性命之理出于人心，认识这一切的途径在于研读《诗》《书》。王安石希望通过为《洪范》作注来阐释蕴含其中的道德性命之理，希望借助《诗》《书》的阐释来发掘先王德道德性命之理，从而用以规范人们的身心修为，扭转因士大夫沉没利欲而导致的信仰迷失、道德滑坡的社会现实。据《王荆公年谱考略》卷九载，嘉祐八年八月，王安石母吴氏卒于京师。鉴于这个缘故，嘉祐八年王安石大约是无暇顾及著述事宜的。治平二年七月，王安石丧服除，英宗即三番五次召其赴阙，王安石以生病为由推辞不就。同年十月，朝廷再次颁布任命诏书，"复以王安石为工部郎中、知制诰"⑤，但王安石并未应命，仍然留居江宁。王安石之所以屡不应诏，主要是因为此时的王安石沉迷于著书立说、聚徒讲学的立言事业中。弟子陆佃云："治平三年，今大丞相王公，守金陵，以绪余成学者，而某也实并群英之游。"⑥治平三年的王安石尚在金陵讲学，治平四年闰三月除知江宁府，王安石旋即上任。既然陆佃是在读了《淮南杂说》《洪范传》之后，"心独谓然"，才决定投奔临川先生门下的，那么《洪范传》的完成当不晚于治平三年。

①王安石撰：《临川先生文集》卷七十三《答曾子固书》，王水照主编：《王安石全集》第六册，第1314页。

②王安石撰，唐武标点校：《王文公文集》卷七《答王深甫书》，第85—86页。

③王安石撰，唐武标点校：《王文公文集》卷二十九《礼乐论》，第335页。

④王安石撰，唐武标点校：《王文公文集》卷三十四《虔州学记》，第402页。

⑤李焘撰，上海师范大学古籍整理研究所、华东师范大学古籍整理研究所点校：《续资治通鉴长编》卷二百六治平二年十月甲午，第5004页。

⑥陆佃撰：《陶山集》卷十六《沈君墓志》，第183页。

四、《三经新义》

《周官新义》《尚书新义》《诗经新义》,合称《三经新义》。《三经新义》的编撰是由于宋神宗对当时意识形态领域的混乱状况十分不满,希望用新经义统一思想、培养人才、敦厚风俗,从而命王安石主持编撰的。《三经新义》的编撰,始于熙宁六年(1073)三月,竣于熙宁八年六月,历时两年有余。该书颁行后,学术界提出一些不同意见,于是,王安石于元丰三年(1080)八月做了修订。

熙宁六年三月,宋神宗"命知制诰吕惠卿兼修撰国子监经义,太子中允、崇政殿说书王雱兼同修撰。……已而又命安石提举"①。七年四月,新法遭遇挫折,王安石罢相,出知江宁府,仍兼提举经义局。期间,王安石重新诠释《周礼》,完成《周官新义》。八年六月,"王安石上《诗》、《书》、《周礼义》序,诏付国子监置之《三经义解》之首"②。元丰三年八月,王安石上《乞改三经义札子》二道,对其"考正误失"③。

《三经新义》为荆公新学的代表作。其中,《周官新义》由王安石亲自训释,《尚书新义》在王安石的指导下由其儿子王雱撰写,《诗经新义》则在王安石指导下,由王雱、吕惠卿、陆佃、沈季长等弟子撰写,并经王安石亲自审定。因此,《三经新义》体现的是王安石的经学思想。

(一)《周官新义》。原名《周礼义》,后称《周礼新义》《周官新义》。《遂初堂书目》著录此书为《王文公周礼新经》(不注卷数),《直斋书录解题》著录为《周礼新义》二十二卷,《郡斋读书志》著录为《新经周礼义》二十二卷,《文献通考》《宋史·艺文志》同。王安石在《周礼义序》中开篇云:"士弊于俗学久矣,圣上闵焉,以经术造之,乃集儒臣,训释厥旨,将播之学校,而臣安石实董《周官》。"序末又云:"谨列其书为二十有二卷,凡十余万言。"④晁公武《郡斋读书志》卷二云:"右皇朝王安石介甫撰。熙宁中,设经义局,介

---

① 李焘撰,上海师范大学古籍整理研究所、华东师范大学古籍整理研究所点校:《续资治通鉴长编》卷二百四十三熙宁六年三月庚戌,第5917页。
② 李焘撰,上海师范大学古籍整理研究所、华东师范大学古籍整理研究所点校:《续资治通鉴长编》卷二百六十五熙宁八年六月甲寅,第6514页。
③ 王安石撰,唐武标点校:《王文公文集》卷二十《乞改三经义札子》,第237页。
④ 王安石撰,唐武标点校:《王文公文集》卷三十六《周礼义序》,第426页。

甫自为《周官义》十余万言，不解《考工记》。"①陈振孙《直斋书录解题》卷二云："王安石撰。……熙宁八年，诏颁之国子监，且置之义解之首。其解止于《秋官》，不及《考工记》。"②四库馆臣《钦定四库全书总目》卷十九云："《周官新义》十六卷，附《考工记解》二卷。宋王安石撰。……《周礼新义》本二十二卷，明万历中重编《内阁书目》尚载其名，故朱彝尊《经义考》不敢著其'已佚'，但注曰'未见'。然外间实无传本，即明以来内阁旧籍，亦实无此书，惟《永乐大典》中所载最夥。盖《内阁书目》据《文渊阁书目》，《文渊阁书目》即修《永乐大典》所征之书，其时尚有完帙，故采之最详也。考蔡絛《铁围山丛谈》曰：'王元泽奉诏为《三经义》时，王丞相介甫为之提举。《诗》、《书》盖多出元泽及诸门弟子手。《周礼新义》实丞相亲为之笔削者。政和中，有司上言，天府所籍吴氏资，多有王丞相文书。于是朝廷悉藏诸秘阁，用是吾得见之。《周礼新义》，笔迹如斜风细雨，诚介甫亲书'云云，然则《三经义》中，惟《周礼》为安石手著矣。"③可见，在《三经新义》中，只有《周官新义》为王安石所亲撰。

该书今佚。现有辑本《周官新义》十六卷，附《考工记解》二卷，系四库馆臣从《永乐大典》中辑出，计天官五卷、地官二卷、春官四卷、夏官二卷、秋官三卷。关于《考工记解》，《四库全书总目提要》卷十九云："安石本未解《考工记》，而《永乐大典》乃备载其说。据晁氏《读书志》，盖郑宗颜辑安石《字说》为之，以补其阙。"④中华书局曾依据《丛书集成初编》影印此书。台湾学者程元敏辑有《三经新义辑考汇评——周礼》，华东师范大学出版社2011年出版。大陆学者杨小召校点有《周官新义》，四川大学出版社2016年出版。

（二）《尚书新义》。《遂初堂书目》著录此书为《王文公书传》（不注卷数），《郡斋读书志》著录为《新经尚书义》十三卷，《直斋书录解题》著录为《书义》十三卷，《文献通考》著录为《新经尚书》十三卷，《宋史·艺文志》著录为《新经书义》十三卷。王安石序云："熙宁二年，臣安石以尚书入侍，遂

①晁公武撰，孙猛校证：《郡斋读书志校证·郡斋读书志》卷二，第81页。
②陈振孙撰，徐小蛮、顾美华点校：《直斋书录解题》卷二，上海古籍出版社2015年，第44页。
③纪昀、陆锡熊、孙士毅撰，四库全书研究所整理：《钦定四库全书总目》卷十九，中华书局1997年，第236页。
④纪昀、陆锡熊、孙士毅撰，四库全书研究所整理：《钦定四库全书总目》卷十九，第236页。

与政。而子雱实嗣讲事。有旨为之说以献。八年,下其说太学,班焉。……又命训其义,兼明天下后世,而臣父子以区区所闻,承乏与荣焉。"①晁公武《郡斋读书志》卷一云:"右皇朝王雱撰。雱,安石之子也。熙宁六年,命吕惠卿兼修撰国子监经义,王雱兼同修撰,王安石提举而雱董是经,颁于学官。用以取士,或少违异,辄不中程,由是独行于世者六十年,而天下学者喜攻其短。自开党禁,世人鲜称焉。"②陈振孙《直斋书录解题》卷二云:"侍讲临川王雱元泽撰。其父安石序之曰:'熙宁三年,臣安石以尚书入侍,遂与政。而子雱实嗣讲事,有旨为之说以进。八年,下其说太学颁焉。'雱盖述其父之学,王氏《三经义》,此其一也。初,熙宁六年,命知制诰吕惠卿充修撰经义,以安石提举修定。又以安石子雱、惠卿弟升卿为修撰官。八年,安石复入相,新传乃成,雱盖主是经者也。王氏学独行于世者六十年,科举之士熟于此乃合程度。"③由此可见,该书是王雱依傍王安石的经说编撰而成,虽非王安石亲撰,但曾经王安石修订,同样反映的是王安石的经学思想。

该书今佚。台湾学者程元敏辑有《三经新义辑考汇评——尚书》,华东师范大学出版社 2011 年出版。

(三)《诗经新义》。《郡斋读书志》著录此书为《新经毛诗义》二十卷,《直斋书录解题》著录为《新经诗义》三十卷,《文献通考》同;《宋史·艺文志》著录有《舒王诗义外传》二十卷。王安石序云:"《诗》三百六篇,其义具存,其辞亡者,六篇而已。上既使臣雱训其辞,又使臣安石等训其义。"④大约是王安石公务繁忙,抽身乏术,虽然神宗下令由王雱训其辞,由王安石训其义,但是,王安石还是把这一工作交给了他的弟子。熙宁五年正月,神宗谈及当时经术人人乖异时,命王安石若有所著可以颁行,君臣之间有如下一段颇有意思的对话:"安石曰:'《诗》,已令陆佃、沈季长作义。'上曰:'恐不能发明。'安石曰:'臣每与商量。'"⑤《诗经新义》完成后,王安石上札子

---

① 王安石撰,唐武标点校:《王文公文集》卷三十六《书义序》,第 428 页。
② 晁公武撰,孙猛校证:《郡斋读书志校证·郡斋读书志》卷一,第 57 页。
③ 陈振孙撰,徐小蛮、顾美华点校:《直斋书录解题》卷二,第 29 页。
④ 王安石撰,唐武标点校:《王文公文集》卷三十六《诗义序》,第 427 页。
⑤ 李焘撰,上海师范大学古籍整理研究所、华东师范大学古籍整理研究所点校:《续资治通鉴长编》卷二百二十九熙宁五年正月戊戌,第 5570 页。

云："臣子雱奉圣旨撰进《经义》，臣以当备圣览，故一二经臣手，乃敢奏御。"①陈振孙在《直斋书录解题》卷二中谈及《诗经新义》时说："皆雱训其辞，而安石释其义。"②晁公武在《郡斋读书志》卷二中云："右皇朝熙宁中置经义局，撰《三经义》，皆本王安石说。《毛诗》先命王雱训其辞，复命安石训其义。"③可见，该书由王雱训其辞，由陆佃、沈季长释其义，依据的是王安石的经说，最后又经王安石亲自审定，所以，《直斋书录解题》径称"王安石撰"。

该书今佚。大陆学者邱汉生依据吕祖谦《吕氏家塾读诗记》、李樗《毛诗详解》及朱熹《诗集传》、杨简《慈湖诗传》等辑录王安石《诗义》佚文二百七十四篇，编为二十卷，称之为《诗义钩沉》，1982年由中华书局出版。台湾学者程元敏辑有《三经新义辑考汇评——诗经》，华东师范大学出版社2011年出版。需要说明的是，程元敏先生所辑《三经新义辑考汇评》，王水照先生在编纂《王安石全集》时，悉数收入其中，由复旦大学出版社2017年出版。

五、《字说》

《郡斋读书志》著录此书为二十卷，《文献通考》同；《宋史·艺文志》著录为二十四卷。王安石在熙宁年间所作《字说序》中说："而许慎《说文》，于书之意，时有所悟，因序录其说为二十卷，以与门人所推经义附之。"④张宗祥先生认为，"二十卷当为荆公手撰，四卷当是门人所推经义。"⑤据此可以推断，《字说》初稿为二十卷，另有门人经义四卷作为附录。该书颁行后，学术界有一些批评意见，于是，王安石又对《字说》进行了修订，"谨勒成《字说》二十四卷，随表上进"⑥。可见，《字说》的初版与修订版分卷方式不同，《字说》修订版将初版中的门人经义四卷纳入正文，不再作附录处理，这样就由初版的二十卷厘为二十四卷。绍圣元年（1094）十月，国子司业龚原

①王安石撰，聂安福、侯体健整理：《临川先生文集》卷四十三《论改诗义札子》，王水照主编：《王安石全集》第六册，第823页。
②陈振孙撰，徐小蛮、顾美华点校：《直斋书录解题》卷二，第37页。
③晁公武撰，孙猛校证：《郡斋读书志校证·郡斋读书志》卷二，第67页。
④王安石撰，唐武标点校：《王文公文集》卷三十六《字说序》，第428页。
⑤王安石撰，张宗祥辑录，曹锦炎点校：《王安石〈字说〉辑》附录，福建人民出版社2005年，第164页。
⑥王安石撰，唐武标点校：《王文公文集》卷二十《进字说表》，第236页。

奏:"赠太傅王安石,在先朝时尝进所撰《字说》二十二卷。其书发明至理,欲乞差人就王安石家缮写定本,降付国子监雕印,以便学者传习。"①张宗祥先生认为,"倘二非四字之误,则附卷或又有合并矣"②。如果《续资治通鉴长编拾补》记载无误,《字说》在二十卷的初版与二十四卷的修订版之后,可能还存在一个二十二卷的删节版。

《字说》的编撰,大约始于治平年间,完成于熙宁年间,并在熙宁末年颁行,故又名《熙宁字说》。《熙宁字说》颁行后,遭到了学术界一些文人士大夫的批评甚至嘲讽。元丰年间,王安石归隐江宁后,对其进行了重新修订。可见,《字说》的撰著和修订,时断时续,历时二十年左右,故王安石很看重此书,"常自以为平生精力尽于此书"③。所以,《字说》堪称王安石毕生心血的结晶,是王安石最重要的代表性著作。

王安石在《进说文札子》中云:"臣在先帝时,得许慎《说文》古字,妄尝覃思,究释其意,冀因自竭,得见崖略。"④嘉祐八年八月,王安石丁母忧,解官归江宁,直至治平末年,王安石一直隐居江宁。在江宁期间,王安石一边招收生徒,传授经义;一边研究经旨,著书立说。王安石认为,教学当自文字始。为了满足教学的需要,他开始对文字进行训释。王安石的弟子陆佃赋诗云:"蒋山鳞鬣苍嵯峨,参伐可扪斗可摩。建康开府占形胜,千樯万舳来江舸。忆昨司空驻千骑,与人倾盖肠无他。有时偃蹇枕书卧,忽地起走仍吟哦。诸生横经饱余论,宛若茂草生陵阿。发挥形声解奇字,岂但晚学池中鹅。余初闻风裹粮走,愿就秦扁医沉疴。"⑤由此可见,陆佃师从王安石期间,曾聆听王安石"发挥形声解奇字"。又据陆佃回忆:"治平三年,今大丞相王公守金陵,以绪余成学者,而某也实并群英之游。"⑥陆佃师从王安石研习经典始于治平三年。可见,到治平三年陆佃从学王安石时,王安石的文字说解工作已经颇有进展,深得陆佃等人赞赏。

熙宁六年三月,为使北宋政权达到"同道德之归,一名法之守"的目的,

①黄以周等辑注、顾吉辰点校:《续资治通鉴长编拾补》卷十一绍圣元年十月丁亥,第452页。
②王安石撰、张宗祥辑录、曹锦炎点校:《王安石〈字说〉辑》附录,第164页。
③黄庭坚撰、刘琳、李勇先、王蓉贵点校:《宋黄文节公全集·正集》卷二十七《书王荆公骑驴图》,《黄庭坚全集》第二册,四川大学出版社2001年,第733页。
④王安石撰、唐武标点校:《王文公文集》卷二十《进说文札子》,第237页。
⑤陆佃撰:《陶山集》卷一《依韵和李知刚黄安见示》,第3页。
⑥陆佃撰:《陶山集》卷十六《沈君墓表》,第183页。

宋神宗命王安石领衔编撰《三经新义》。经过一年多的艰苦工作,到熙宁七年六月,《三经新义》完成,王安石将其进奉朝廷。经过朝廷审议,熙宁八年六月,下诏将《三经新义》颁行学官。七月,朝廷又下诏以新修经义付杭州、成都府路转运司镂板刻印。随即颁行全国,用作学校教育的统一教材和科举考试的标准答案。《三经新义》颁行后,宋神宗希望将《字说》一并颁行,"顷蒙圣问俯及,退复黾勉讨论,赖恩宽养,外假岁月,而桑榆愈眊,久不见功。甘师颜至,奉被训敕,许录臣愚妄谓然者,缮写投进。"①在宋神宗的催促下,王安石将《字说》初稿进奉神宗,并作《字说序》云:"而许慎《说文》,于书之意,时有所悟,因序录其说为二十卷,以与门人所推经义附之。"②可见,《字说》正文二十卷,由王安石独立完成,附录四卷由其门人完成。同时,王安石上《进说文札子》云:"如蒙垂收,得御宴闲,千百有一,倘符神指,愚所逮及,继今复上。"③大约不久之后,王安石所上《字说》初稿得到宋神宗的首肯,于是,王安石对《字说》再加整理,"退复自力,用忘疾恚,咨诹讨论,博尽所疑,冀或涓尘,有助深崇。谨勒成《字说》二十四卷,随表上进以闻"④。将定稿的《字说》二十四卷再次呈奉神宗皇帝,并上《进字说表》,详细地阐述了对文字的基本认识、训释文字的意义和训释文字遵循的规则。在《进字说表》中,王安石还说:"臣顷御燕闲,亲承训敕,抱疴负忧,久无所成,虽尝有献,大惧冒浼。"⑤张宗祥先生在按语中指出:"此表为初进《字说》时表文,《宋史》未载年月,近人柯敦伯著《王安石详传》,列于元丰五年。按表中有'顷御燕闲,亲承训敕',是去职未久,恐非元丰五年时事。安石在熙宁七年四月罢知江宁,八年二月复召还同中书门下平章事,此表当是罢知江宁时所上。"⑥张宗祥先生所言有理,《进字说表》当为熙宁七年罢知江宁时所作。王安石为《字说》作序,名《熙宁字说序》,见于《临川文集》卷八十四。王安石之所以把《字说》命名为《熙宁字说》,表明熙宁年间已经完成

---

①王安石撰,唐武标点校:《王文公文集》卷二十《进说文札子》,第237页。

②王安石撰,唐武标点校:《王文公文集》卷三十六《字说序》,第428页。

③王安石撰,唐武标点校:《王文公文集》卷二十《进说文札子》,第237页。

④王安石撰,聂安福、侯体健整理:《临川先生文集》卷五十六《进字说表》,王水照主编:《王安石全集》第六册,第1064页。

⑤王安石撰,聂安福、侯体健整理:《临川先生文集》卷五十六《进字说表》,王水照主编:《王安石全集》第六册,第1064页。

⑥王安石撰,张宗祥辑录,曹锦炎点校:《王安石〈字说〉辑》附录,第162页。

《字说》的编撰。岳飞之孙岳珂曾说："王荆公在熙宁中,作《字说》,行之天下。"①因为熙宁八年六月,《三经新义》颁行天下,而《字说》是《三经新义》的辅助读物,是配合《三经新义》的教学需要而编撰的,所以《字说》的颁行应该稍晚于《三经新义》。据此笔者判断,《字说》的颁行应该在熙宁八年六月之后。

　　《字说》颁行后,遭到了学术文化界一些士人的批评甚至非议。元丰三年八月,王安石带病完成了对《三经新义》的修订。在《乞改三经义札子》中,王安石说："幸蒙大恩,休息田里,坐窃荣禄,免于事累,因得疾病之间,考正误失。"②而王安石在给吕惠卿的一封信中,交代了《字说》修订的大致时间及当时的身体情况。"闻有太原新除,然不知果成行否?……某今年虽无大病,然年弥高矣,衰亦滋极,稍似劳动,便不支持。向著《字说》,粗已成就,恨未得致左右。"③据《续资治通鉴长编》记载,吕惠卿除知太原府先后有两次:第一次始于元丰五年(1082)八月壬戌(卷三二九),终于元丰五年十月癸酉(卷三三零),为时仅两个月;第二次始于元丰六年十二月壬辰(卷三四一),终于元祐元年闰二月庚寅(卷三六八),为时两年有余。可知,此信写作必在元丰五年八月到元丰六年十二月之间。具体何时所写,笔者倾向于元丰五年八月或者稍后。文中"太原新除",表明系吕惠卿首次出知太原时所写。如果说仅凭"新除"二字下判断,理由尚不充分的话,那么,王安石当时的身体状况可作佐证。元丰三年,王安石修订《三经新义》时,"因得疾病之间,考正误失",也就是说,王安石在元丰三年身体状况欠佳,是带病进行《三经新义》修订的;而王安石在给吕惠卿的信中称,"某今年虽无大病",也就是说,在修订《字说》时王安石没有大病,可见《字说》的修订不应系于元丰三年,而应系于元丰五年。南宋王应麟在《玉海》卷四十三中将其系于元丰五年,"元丰五年,王安石表上《字说》二十四卷"④。詹大和《王荆文公年谱》也采纳了这一说法。元丰五年,"是年《字说》成,进《表》系衔观文殿大学士、集禧观使、特进、上柱国、荆国公"⑤。由此判定,《字说》的修

---

① 岳珂撰,黄益元点校:《桯史》卷二《犇麤字说》,《宋元笔记小说大观》,上海古籍出版社 2001 年,第 4342 页。
② 王安石撰,唐武标点校:《王文公文集》卷二十《乞改三经义札子》,第 237 页。
③ 王安石撰,唐武标点校:《王文公文集》卷六《再答吕吉甫书》,第 70 页。
④ 王应麟撰,吴秀成、赵庶洋校证:《玉海艺文校证》卷九《熙宁是正文字》,凤凰出版社 2013 年,第 420 页。
⑤ 詹大和等撰,裴汝诚点校:《王荆文公年谱》,《王安石年谱三种》,中华书局 1994 年,第 8 页。

订完成,应当系于元丰五年。这次修订,王安石对《字说》进行了删改补充,将熙宁版《字说》二十卷本修订为元丰版《字说》二十四卷本。

该书今佚。近人张宗祥辑有《王安石〈字说〉辑》五卷,由福建人民出版社 2005 年出版。今人张钰翰辑有《字说》五卷,收入王水照先生主编的《王安石全集》中,由复旦大学出版社 2017 年出版。

六、其他著述

(一)儒家类

《礼记要义》:二卷。赵希弁《读书附志》卷上云:"右荆国文公王安石介甫所著也。"①朱彝尊《经义考》卷一百四十一载:"《礼记要义》二卷,未见。"②此书今佚,作年不详。

《礼记发明》:一卷或二卷。赵希弁《读书附志》著录王安石《礼记要义》二卷,今佚。朱彝尊《经义考》卷一百四十一载:"王氏安石《礼记发明》一卷,未见。"③此书今佚,作年不详。

《论语解》:十卷。晁公武《郡斋读书志》著录此书为《论语解》十卷,《文献通考》同;《宋史·艺文志》另著录有王安石《通类》一卷,列王雱著《论语解》十卷之前,内容未详。晁公武《郡斋读书志》卷四云:"右皇朝王安石介甫撰,并其子雱《口义》,其徒陈用之《解》,绍圣后皆行于场屋。"④王应麟《玉海》卷四十一著录《论语说》。马端临《文献通考》卷一百八十四《经籍考十一》云:"王介甫《论语解》十卷,王元泽《口义》十卷,陈用之《论语》十卷。晁氏曰:'王介甫撰。并其子雱口义、其徒陈用之解。绍圣后皆行于场屋,或曰用之书乃邹浩所著,托之用之云。'"⑤明焦竑《国史经籍志》卷二亦云王安石为《论语解》十卷。可见,该书明朝尚存,今佚,作年不详。

《孟子解》:十四卷。晁公武《郡斋读书志》卷十著录王安石《解孟子》十四卷,王雱《解孟子》十四卷,许允成《解孟子》十四卷,并云:"右皇朝王安石介甫素喜《孟子》,自为之解。其子雱与其门人许允成皆有注释。崇、观间,

①赵希弁撰,孙猛校证:《郡斋读书志校证·读书附志》卷上,第 1094 页。
②朱彝尊撰:《经义考》卷一百四十一《礼记要义》,林庆彰主编:《经义考新校》,上海古籍出版社 2010 年,第 2610 页。
③朱彝尊撰:《经义考》卷一百四十一《礼记发明》,林庆彰主编:《经义考新校》,第 2609 页。
④晁公武撰,孙猛校证:《郡斋读书志校证·郡斋读书志》卷四,第 136 页。
⑤马端临撰:《文献通考》卷一百八十四《经籍考》,中华书局 2011 年,第 5420 页。

场屋举子宗之。"①明焦竑《国史经籍志》卷二作王安石《孟子王氏解》十四卷。可见,该书明朝尚存,今佚,作年不详。

《左氏解》:一卷。《遂初堂书目》著录此书为《王文公左氏辨》,《直斋书录解题》著录为《左氏解》一卷,《文献通考》《宋史·艺文志》同。陈振孙《直斋书录解题》卷三云:"《左氏解》一卷。专辨左氏为六国时人,其明验十有一事。题王安石撰,实非也。"②该书今佚,作年不详。

《孝经解》:晁公武《郡斋读书志》卷三云:"右皇朝王安石介甫撰。"③赵希弁《读书附志》卷上云:"《孝经义》一卷。右荆国文公王安石所著也。凡十七章。"④该书今佚,作年不详。

《群经新说》:十二卷。赵希弁《读书附志》云:"右荆国文公王安石之说也。"⑤该书今佚,作年不详。

《论五经疑难新说》:三卷。赵希弁《读书附志》云:"右荆国文公王安石之说也。"⑥该书今佚,作年不详。

《杨子解》:一卷。赵希弁《读书附志》云:"《杨子解》一卷。右荆国文公王安石所解也。"⑦王安石对扬雄很是敬重,称其为孟子以来第一人,"杨雄者,自孟轲以来,未有及之者"⑧;"孟子没,能言大人而不放于老、庄者,杨子而已。"⑨该书今佚,作年不详。

(二)道家类

《老子注》:二卷。《郡斋读书志》著录此书为二卷;《文献通考》同。晁公武《郡斋读书志》卷三上云:"右皇朝王安石介甫注。介甫平生最喜《老子》,故解释最所致意。首章皆断'无'、'有'作一读,与温公同。后其子雱及其徒吕惠卿、陆佃、刘仲平皆有《老子注》。"⑩熙宁三年(1070)二月,司马光在给王安石的信中说:"光昔从介甫游,介甫于诸书无不观,而特好孟子

---

① 晁公武撰,孙猛校证:《郡斋读书志校证·郡斋读书志》卷十,第 420 页。
② 陈振孙撰,徐小蛮、顾美华点校:《直斋书录解题》卷三,第 60 页。
③ 晁公武撰,孙猛校证:《郡斋读书志校证·郡斋读书志》卷三,第 127 页。
④ 赵希弁撰,孙猛校证:《郡斋读书志校证·读书附志》卷上,第 1100 页。
⑤ 赵希弁撰,孙猛校证:《郡斋读书志校证·读书附志》卷下,第 1213 页。
⑥ 赵希弁撰,孙猛校证:《郡斋读书志校证·读书附志》卷下,第 1213 页。
⑦ 赵希弁撰,孙猛校证:《郡斋读书志校证·读书附志》卷上,第 1143 页。
⑧ 王安石撰,唐武标点校:《王文公文集》卷七《答龚深父书》,第 86 页。
⑨ 王安石撰,唐武标点校:《王文公文集》卷七《答王深甫书》,第 83 页。
⑩ 晁公武撰,孙猛校证:《郡斋读书志校证·郡斋读书志》卷十一,第 471 页。

与老子之言。"①司马光于嘉祐四年迁度支员外郎判勾院,次年王安石也奉诏回京,入为三司度支判官,二人成为同僚。嘉祐六年六月,司马光迁起居舍人、同知谏院;同时,王安石任知制诰;直至嘉祐八年八月,王安石丁母忧,解官归江宁。期间,二人不仅是同僚,而且堪称好友。由此可见,王安石在嘉祐年间即喜好《老子》,其《老子注》或作于此时。

该书今佚。彭耜《道德真经集注》、刘惟永、丁易东《道德真经集义》和李霖《道德真经取善集》存有若干注释。20世纪以来,关于王安石《老子注》的辑佚版本共有四种。第一种是蒙文通《王介甫老子注佚文》,该本原载于四川省立图书馆1948年出版的《图书集刊》第八期,当年是以冯璧如女士名义发表的。据蒙默考证,此本系其先君蒙文通辑本。经蒙默重加核校,后载于巴蜀书社2001年出版的蒙文通《〈道书辑校〉十种》一书中。第二种是严灵峰《辑王安石老子注》,载于《无求备斋老子集成初编》中,台湾艺文印书馆1965年出版,但该本仅从彭耜《道德真经集注》中辑录王注,过于简略;1979年10月严灵峰在前书基础上整理出版了《老子崇宁五注·王安石老子注》,成为目前内容最多的王安石《老子注》辑本。第三种是容肇祖《王安石老子注辑本》,中华书局1979年出版,该本体例最善,所辑佚文皆标明出处、页码,该本虽辑自彭、刘、李三书,然亦遗漏数条,且误将李霖本人的几处解释系于王安石名下,所用《老子》及王弼《注》本,与王安石注文颇多抵牾。第四种是罗家湘辑校《王安石老子注辑佚会钞》,华东师范大学出版社2013年出版。本书《老子》经文取吕惠卿《道德真经传》之《道藏》影印本为底本,略以郭店简《老子》甲、乙、丙三本,马王堆帛书《老子》甲、乙二本参校;王安石《老子注》则将蒙文通、严灵峰、容肇祖诸贤所辑各条文字与原书一一对照,标明卷数页码,略加按语②。该本为目前内容完备、辑校精审之佳本,颇便使用。

《庄子解》:四卷。赵希弁《读书附志》云:"《庄子解》四卷。右荆国文公王安石所解也。"③该书今佚,作年不详。王安石著有《庄周上下》,另征引《庄子》颇夥。其早年对庄子颇有微词,晚年对庄子颇加赞赏,甚至认为庄

①司马光撰,李文泽、霞绍晖点校:《司马光集》卷六十《与王介甫书》,第1259页。
②王安石撰,罗家湘辑校:《王安石老子注辑佚会钞·前言》,华东师范大学出版社2013年,第11页。
③赵希弁撰,孙猛校证:《郡斋读书志校证·读书附志》卷上,第1143页。

子的思想在"通性命之分"方面是接近圣人学说的。"庄生之书,其通性命之分,而不以死生祸福累其心,此其近圣人也。"①不仅如此,他还认为庄子之道从大归上与圣人之道是相同的,但对庄子以其道"矫天下之弊"颇为不满,认为有矫枉过正之嫌。

(三)佛教类

《维摩诘经注》:三卷。《宋史·艺文志》著录为王安石注《维摩诘经》三卷。王安石《进二经札子》云:"臣蒙恩免于事累,因得以疾病之余日,覃思内典。切观《金刚般若》、《维摩诘所说经》,谢灵运、僧肇等注多失其旨,又疑世所传天亲菩萨、鸠摩罗什、慧能等所解,特妄人窃借其名,辄以己见,为之训释。"②元丰七年(1084)春,王安石患病,两日不能言。罹患沉疴,使王安石日趋孤寂的心境更趋于消沉,皈依佛门的意志更加笃定。元丰七年六月病愈后,王安石一方面向宋神宗陈报,把半山园改作僧寺,并敦请神宗赐名"报宁禅寺",同时把在上元县境内购置的几百亩土地割归太平兴国寺所有。另一方面,王安石游览佛寺,覃思内典,诵诗说佛。七月,苏轼自黄州北徙汝州,路过江宁,拜见了退居此地的王安石。据《西清诗话》记载:"元丰间,王文公在金陵,东坡自黄北迁,日与公游,尽论古昔文字,闲即俱味禅悦。"③元丰七年,王安石在浆养病体之余,以阅读佛经、批注佛经打发时光,他曾赋诗描述病中读《维摩经》的情况,诗云:

> 病与衰期每强扶,鸡壅桔梗亦时须。空花根蒂难寻摘,梦境烟尘费扫除。耆域药囊真妄有,轩辕经匮或元无。北窗枕上春风暖,谩读毗耶数卷书。④

元丰八年(1085),反变法派执政,推行多年的新法逐一被废,王安石不胜愤懑,只好借读《维摩经》打发时日、排遣郁闷。诗云:

> 身如泡沫亦如风,刀割香涂共一空。宴坐世间观此理,维摩虽病有神通。⑤

---

① 王安石撰,唐武标点校:《王文公文集》卷八《答陈柅书》,第93页。
② 王安石撰,唐武标点校:《王文公文集》卷二十《进二经札子》,第242页。
③ 丁传靖著:《宋人轶事汇编》卷十《王安石》,中华书局2003年,第492页。
④ 王安石撰,唐武标点校:《王文公文集》卷七十一《北窗》,第764页。
⑤ 王安石撰,唐武标点校:《王文公文集》卷七十四《读维摩经有感》,第786页。

《元丰诗汇》将该诗系于元丰八年,李德身《王安石诗文系年》同。可见,王安石注《维摩诘经》当在元丰八年。

王安石之所以注《维摩诘经》,从玄觉禅师第三语可以窥其端倪:"其相应者,心与空相应,则讥毁赞誉,何忧何喜? 身与空相应,则刀割香涂,何苦何乐? 依报与空相应,则施与劫夺,何得何失?"①可见,面对变法遭遇挫折和自身年老多病,王安石是用"万法皆空"的观点聊以自慰,对于王安石变法,讥毁也好、赞誉也罢,对于王安石其人,刀割也好、香涂也罢,对于身后之名,褒也好、贬也罢,这一切如泡沫、如风霜、如雷电,似过眼烟云,不足挂齿,"细思扰扰梦中事,何用悠悠身后名"②。王安石通过注释《维摩诘经》,意在消除对变法事业的执着,摆脱人生的种种烦恼。该书今佚。

《金刚经注》:《遂初堂书目》著录此书为《王荆公注金刚经》,《郡斋读书志》著录为《金刚经会解》一卷。晁公武《郡斋读书志》卷十六云:"右后秦僧鸠摩罗什译,唐僧宗密、僧知恩、皇朝僧元仁、贾昌朝、王安石五家注。"③王安石晚年嗜读佛经,尤喜《金刚经》,曾将《金刚经》推荐于人,云:"惟佛世尊,具正等觉,于十方刹,见无边身,于一寻身,说无量义。然旁行之所载,累译之所通,理穷于不可得,性尽于无所住。《金刚般若波罗蜜》为最上乘者,如斯而已矣。"④王安石之所以喜爱《金刚经》,在于其大谈性理之学。可见,王安石训释《金刚经》,意在摆脱晚年身体的病痛与精神的苦闷。联系前引《进二经札子》,知王安石撰著《金刚经注》的时间当与《维摩诘经注》相仿佛,刘成国《王安石年谱长编》将其系于元丰八年,笔者所见略同。该书今佚。

《楞严经解》:十卷。赵希弁《读书附志》云:"《楞严经解》十卷,右王荆公安石所解也。"⑤王安石之所以疏解《楞严经》,是因为经中阐述的"视生如梦、视色如幻"的观点,对于疗治王安石自身疾病所带来的身体痛苦,以及由于变法失败、家庭遭际所带来的心理痛苦,具有镇静止痛的作用。元丰五年,王安石的女儿吴安持妻曾寄诗乃父表达对亲人的思念。诗云:

①普济著,苏渊雷点校:《五灯会元》卷二《永嘉玄觉禅师》,中华书局 1984 年,第 93 页。

②王安石撰,唐武标点校:《王文公文集》卷七十五《春日即事》,第 799 页。

③晁公武,孙猛校证:《郡斋读书志校证·郡斋读书志》卷十六,第 777 页。

④王安石撰,聂安福、侯体健整理:《临川先生文集》卷七十一《书金刚经义赠吴珪》,王水照主编:《王安石全集》第六册,第 1286 页。

⑤赵希弁撰,孙猛校证:《郡斋读书志校证·读书附志》卷上,第 1164 页。

　　　　西风不入小窗纱,秋气应怜我忆家。极目江山千里恨,依然和泪
　　看黄花。①

王安石以《楞严经新释》送给女儿,劝女儿读经以解忧。诗云:

　　　　秋灯一点映笼纱,好读《楞严》莫念家。能了诸缘如梦事,世间唯
　　有妙莲花!②

可见,《楞严经解》大约完成于元丰五年。王安石《题自书楞严经要旨后》
云:"余归钟山,假道原本,手自校正,刻书寺中。时元丰八年四月十一日,
临川王安石稽首敬书。"③沈季长字道原,乃王安石妹婿。由此可以判断,
王安石完成《楞严经解》的时间大约在元丰五年,而刊刻时间在元丰八年四
月。该书今佚。

　　《华严经解》:据《宋稗类钞》记载,"宋保国出观荆公《华严解》,东坡曰:
'《华严》八十有一卷,今独重一何也?'保国曰:'公言此佛语至深妙,他皆菩
萨语耳!'东坡曰:'予于藏经取佛语数句杂菩萨语间,取菩萨语数句杂佛语
间,子能识其非是乎?'曰:'不能。'"④可见,王安石还著有《华严经解》,只
不过《经解》仅一卷。作时大约与上书相先后。该书今佚。

七、诗文类

　　现存王安石的文集主要有两个版本系统,一是绍兴二十一年(1151)王
安石曾孙王珏于杭州刊刻的《临川先生文集》一百卷本,世称"杭本",存宋
刻残帙及宋刻元明递修本;一是绍兴年间于龙舒刊刻的《王文公文集》一百
卷本,世称"龙舒本",存两部宋刻残帙。这两个系统,龙舒本除宋刻本外,
几无他本沿袭,而杭本则自宋以来可谓独行天下⑤。

　　《临川先生文集》:今本一百卷。《宋史·艺文志》载《王安石集》一百
卷,《直斋书录解题》同;《郡斋读书志》著录为一百三十卷,《文献通考》同;
焦竑《国史经籍志》亦作一百卷,而别出《后集》八十卷。

---

①惠洪撰:《冷斋夜话》卷四《舒王女能诗》,《宋元笔记小说大观》,第2190页。
②王安石撰,唐武标点校:《王文公文集》卷五十四《次吴氏女子韵二首》之二,第618页。
③王安石撰,聂安福、侯体健整理:《临川先生文集》附录一《王荆公介甫正书楞严经要旨》,王水照
　主编:《王安石全集》第七册,第1826页。
④丁传靖著:《宋人轶事汇编》卷十二《二苏》,第613页。
⑤聂安福、侯体健:《临川先生文集·整理说明》,王水照主编:《王安石全集》第五册,第3页。

《临川先生文集》版本颇多，仅就所见胪列如下：一为绍兴十年，桐庐詹大和刻本，黄次山为之序；一为绍兴二十一年，王安石曾孙王珏在杭州刊刻，并为之序；一为淳熙十五年，钱塘钱象山刻本，陆象山为之序；一为明嘉靖二十五年，象山应云鹫刻本，临川章衮汝明为之序，陈九川为后序；一为嘉靖三十九年，德安何中丞刻本，临海王宗沐为之序；一为万历四十年，荆公玄孙凤翔荆岑者，又刻于金陵，是为光启堂本，丰城李光祚为之序。今上海涵芬楼四部丛刊内，影印明嘉靖中象山应云鹫刻本，最称精善。

由于王安石诗文散佚颇夥，故后人屡有辑佚。清代学者劳格《读书杂识》，曾辑出《临川集》中未收诗文篇目；陆心源又加增补，辑成《临川集补》一卷，刊入《潜园总集·群书校补》。清末，日本宫内省图书寮藏残宋本《王文公文集》，存七十卷，先文后诗，与宋、明各刻本皆不同，日本汉学家岛田翰据此辑出《临川集》未收诗文，得佚诗佚文四十七篇，为遗文一卷，收入《古文旧书考》。1918年，著名学者罗振玉将以上两种辑本合为一帙，题为《临川集拾遗》付梓。1959年1月，中华书局上海编辑所编辑出版《临川先生文集》时，即用明嘉靖三十九年（1560）抚州复绍兴十年詹大和桐庐刊本为底本，并用铁琴铜剑楼藏宋绍兴刊本、缪氏小峣山馆刊本，及清绮斋本《王荆文公诗笺注》、嘉业堂本沈钦韩《王荆文公诗文集注》《宋文鉴》《宋诗纪事》《四库全书考证》等校勘，校语附记在每卷之末①。在罗本的基础上，又据朱孝臧《彊村丛书》本《临川先生歌曲》、唐圭璋《全宋词》卷三十九增辑王安石词七篇，编为《临川集补遗》一卷，附于卷末。由王水照先生主编的《王安石全集》收入由聂安福、侯体健整理的《临川先生文集》，该书以《四部丛刊初编》影印本为底本，校以中华书局上海编辑所1962年影印的《王文公文集》（简称"龙舒本"）、《宋集珍本丛刊》所收宋刻元明递修本（简称"宋刻本"）以及应刻本、光启堂本、听香馆本、小峣山馆本等，个别文句还利用了他校法；该本将"龙舒本"溢出"杭本"的作品，作为《临川先生文集》的散佚作品，单独附后，以示源流，而其他来源的辑佚作品另行编排②。

《王文公文集》：一百卷。此书为现存王安石文集的最早刊行本。清末，日本宫内省图书寮发现此书的宋椠本。1962年，中华书局上海编辑所

---

① 王安石撰：《临川先生文集·编次说明》，中华书局1959年，第1页。
② 聂安福、侯体健：《临川先生文集·整理说明》，王水照主编：《王安石全集》第五册，第3页。

用傅增湘从食旧德斋原藏本（现存上海博物馆）所摄玻璃片，缺卷以国家图
书馆藏日本宫内省图书寮藏本照片补足，影印出版，使得传本几绝的宋龙
舒本《王文公文集》重新面世。1974 年，上海人民出版社又据此编辑出版
了唐武标校点的《王文公文集》。龙舒本《王文公文集》与《临川先生文集》
同为一百卷，但编次迥异，互有缺漏。前者先文后诗，后者先诗后文。前者
古诗部分之五七言古诗、律诗部分之各体律诗和绝句，都杂厕在一起，且目
录和正文题目互有出入；后者则经过整理，整齐划一，不少诗巧立名目，不
如龙舒本尚存旧题。前者缺后者所收诗一百八十余篇，后者亦缺前者所收
诗七十二篇，此七十二首诗又见于南宋李壁的《王荆文公诗笺注》中。两本
文章互相缺漏亦有数十篇①。今人秦克、巩军以《王文公文集》为底本，加
以标点，取名《王安石全集》，作为王安石作品的普及本，由上海古籍出版社
1999 年出版。

第二节　王安石的哲学思想

　　王安石一生崇尚变革，其哲学思想亦强调为变革服务，因之，其思想亦
复杂多变，大致可以分为三个时期：主政州县时期，以儒道思想为主，司马
光称其为"特好孟子与老子之言"②；熙宁为相时期，以儒为主，受法家影响
颇深，陈师锡称其为"学本出于刑名度数而不足于性命道德也"③；退居江
宁时期，受佛教禅宗影响，逐渐流入佛老，苏轼称其为"少学孔、孟、晚师瞿、
聃"④。王安石的哲学思想，在天道观、心性论、社会历史观和认识论等方
面都做出了独具特色和深入细致的思考，其哲学思想的典型特征是富有辩
证法色彩。

一、"有体有用"的天道观

　　在王安石的哲学体系中，道、天与太极三者含义相同，是指客观的物质

---

① 秦克、巩军：《王安石全集·前言》，王安石著，秦克、巩军标点：《王安石全集》，上海古籍出版社
　1999 年，第 8 页。
② 司马光撰、李文泽、霞绍晖点校：《司马光集》卷六十《与王介甫书》，第 1259 页。
③ 朱熹撰、郭齐、尹波点校：《朱熹集》卷七十《读两陈谏议遗墨》，四川教育出版社 1996 年，第
　3660 页。
④ 苏轼撰、孔凡礼点校：《苏轼文集》卷三十八《王安石赠太傅》，第 1077 页。

存在,并作为新学的基本概念,构筑新学的哲学大厦。

王安石哲学思想的出发点是道。"道"原是老子哲学思想的核心范畴。老子认为,"有物混成,先天地生。寂兮寥兮,独立而不改,周行而不殆,可以为天下母。吾不知其名,字之曰道,强为之名曰大"①。又说:"道之为物,惟恍惟惚。惚兮恍,其中有象。恍兮惚,其中有物。"②在老子那里,道是先于天地而生的;或言之,在有天地之前,就有道的存在。又说:"天下之物生于有,有生于无。"③老子认为,宇宙的本源是道,道无形象之殊,无上下之分,又无边界之别,故有"惟恍惟惚"之谓。王安石从老子那里借来"道"这个范畴,作为自己哲学体系的根范畴,但他只采用了老子"道"范畴的外壳,抛弃了老子"道"的"惟恍惟惚"的神秘内核,为老子"道"这个范畴注入具有唯物元素的"气"的内核。

王安石一生探研的重点就是"道本"。何谓"道本"?"夫道者,自本自根,无所因而自然也。"④又说:"道则自本自根,未有天地,自古以固存,无所法也。"⑤道自本自根,即道法自然,以朴为本,以器为末,以元气为体,以冲气为用,所以,道即朴,亦即元气。在王安石看来,"朴"与"元气"异名同实,都是"冲虚杳渺"的基本物质。道含元气或朴,元气生发阴阳和五行之气,"朴散则为器"⑥。王安石吸收《易传》"一阴一阳谓之道"的观点,认为道之流行从作为太极的元气开始,元气裂分为阴阳两仪。"阳以圆为形,其性动。阴以方为体,其性静。"⑦圆者天之象,方者地之象。"天阳而动,地阴而静。"⑧天地、阴阳既相克又相匹,构成对立统一的存在。在这种对立统一的存在物的运动变化过程中,产生自然万物。

道法自然,自然即天。从天的本质属性来看,天具有唯一性和无限性。"天从一、从大,示从二、从小。从二、从小为示,而从一、从大不为神者,神无体也,则不可以言大;神无数也,则不可以言一。"⑨这是王安石对天的本

---

①王安石撰,罗家湘辑校:《王安石老子注辑佚会钞·二十五章》,第49页。
②王安石撰,罗家湘辑校:《王安石老子注辑佚会钞·二十一章》,第45页。
③王安石撰,罗家湘辑校:《王安石老子注辑佚会钞·四十章》,第63页。
④王安石撰,罗家湘辑校:《王安石老子注辑佚会钞·二十五章》,第50页。
⑤王安石撰,罗家湘辑校:《王安石老子注辑佚会钞·二十五章》,第50页。
⑥王安石撰,罗家湘辑校:《王安石老子注辑佚会钞·二十八章》,第52页。
⑦王安石撰,唐武标点校:《王文公文集》卷三十一《议郊祀坛制》,第359页。
⑧王安石撰,唐武标点校:《王文公文集》卷三十一《议郊祀坛制》,第359页。
⑨王安石撰,杨小召点校:《周官新义》卷一《天官一》,四川大学出版社2016年,第22页。

质属性的独特解释:就时间而言,天是"一",具有时间上的唯一性;就空间
而言,天是"大",具有空间上的无限性。天既具有时间属性,又具有空间属
性,而时间属性和空间属性则是物质的基本属性。至于神,既没有时间属
性,也没有空间属性,所以神不具备物质属性。王安石认为,天的本质属性
是其所具有的物质属性而非精神属性。"夫天之为物也,可谓无作好,无作
恶,无偏无党,无反无侧,会其有极,归其有极矣。"①因此,天是自然的、物
质的,沿着它自己的道路即"天道"运行着,是没有任何意志、任何目的的,
因而也不具有任何精神属性。就其本质意义而言,王安石的天道观属于唯
物主义的范畴,而非唯心主义的范畴。

　　从天与道的关系来看,王安石认为,"天与道合而为一"②,天与道不可
分离。道就是天,道不但是万物产生的根源,"道者,天也。万物之所自生,
故为天下母"③。而且,道对万物具有决定性的属性,万物的产生、运动、变
化是按照道来运行的,"道者,万物莫不由之者也"④。在王安石看来,道不
是精神的存在,而是物质的存在,"道非物也,然谓之道,则有物矣,恍惚是
也"⑤。作为新学的最高范畴,道与天是"合而为一"的,故可合而言之为
"天道"。天道既是化生自然万物的客观存在,也是自然万物所遵循的客观
规律。

　　王安石将道定义为物质性的气,并以《易传》的阴阳观为基础,以阴阳
论道,又借鉴老子的观点,以有无论道,并采用王弼本末体用的方法,将道
析为本末、有无,说明了道之本末、有无之间相生相成的辩证关系。首先,
王安石继承并发展了《老子》道生万物的观点。在老子看来,道自身存在以
及产生天地万物的过程为:"道生一,一生二,二生三,三生万物。万物负阴
而抱阳,冲气以为和。"⑥"所谓一,是指天地万物形成之前的一种混沌未分
的状态。由一生二,即产生天地或阴阳。天地阴阳交合而生三,即冲气,然
后产生万物。这样,道便成为万物所由产生的本体或本原,万物都统一于

①王安石撰,唐武标点校:《王文公文集》卷二十五《洪范传》,第287页。
②王安石撰,罗家湘辑校:《王安石老子注辑佚会钞·十六章》,第41页。
③王安石撰,罗家湘辑校:《王安石老子注辑佚会钞·五十二章》,第73页。
④王安石撰,唐武标点校:《王文公文集》卷二十五《洪范传》,第281页。
⑤王安石撰,罗家湘辑校:《王安石老子注辑佚会钞·二十一章》,第46页。
⑥王安石撰,罗家湘辑校:《王安石老子注辑佚会钞·四十二章》,第66页。

道。"①王安石在接受老子道生万物观点的基础上,又用体用论来分析道,"道有体有用,体者,元气之不动;用者,冲气运行于天地之间"②。道体是元气,元气含有阴阳,而阴阳的交融产生冲气,"冲者,阴阳之和也"③。王安石认为,道兼体用:道之体是元气,道之用为冲气;而元气是静止不动的,冲气则是运动变化的。"王安石以元气为道之体,说明道是物质性的;以冲气为道之用,说明不动的元气,其功能和作用是运动变化的,并由此生养万物。"④所以,道是元气与冲气的统一,是物质性与运动性的统一。但是,静止不动的元气是怎样转变为运动变化的冲气的呢?为了解决这个问题,王安石引入《易传》"一阴一阳之谓道"的观点,将道归结为元气,而元气又分为阴阳,阴阳二气互相对立、互相激荡而产生冲气,"一阴一阳之谓道,而阴阳之中有冲气;冲气生于道,道者,天也"⑤。万事万物由冲气产生,冲气来源于阴阳二气的交合激荡,阴阳二气又是元气的存在形式,元气即是道,道又是天。从天与万物的关系看,"万物本乎天"⑥,"有天地然后生万物,此名万物之母。母者,生之谓也"⑦。天是化生自然万物的本原和母体,自然万物是天演生的产物。这样,王安石就得出了天生万物或道生万物的观点。

那么,天或道又是怎样生成万物的呢?为了解决这个问题,王安石借用《易传》中的太极,作为与天、道同一层级的概念。《易传》说:"《易》有太极,是生两仪,两仪生四象,四象生八卦。"⑧王安石用《易传》的"太极"代替《老子》的"一",从而将太极上升到天的高度或道的高度,太极就是天道,太极包含天地阴阳,天地阴阳对立激荡,产生冲气。"生物者,气也。"⑨这里的气,首先表现为冲气,然而冲气最终归结为元气,因为"万物生于元气,元气是世界万物的本原,也是道的本体;冲气是元气的作用,具有生物养物的

①张立文主编:《道》,中国人民大学出版社1989年,第39页。

②王安石撰,罗家湘辑校:《王安石老子注辑佚会钞·四章》,第23页。

③王安石撰,罗家湘辑校:《王安石老子注辑佚会钞·四十二章》,第66页。

④张立文主编:《道》,第167页。

⑤王安石撰,罗家湘辑校:《王安石老子注辑佚会钞·五十二章》,第73页。

⑥王安石撰,唐武标点校:《王文公文集》卷三十一《庙议》,第358页。

⑦王安石撰,罗家湘辑校:《王安石老子注辑佚会钞·一章》,第14页。

⑧郭彧译注:《周易·系辞上》,《中华经典藏书》,中华书局2006年,第374页。

⑨王安石撰,唐武标点校:《王文公文集》卷二十五《洪范传》,第283页。

功能"①。可见,在王安石的范畴体系中,太极、道或天都归结为元气。

首先,王安石继承了老子"道生一,一生二,二生三,三生万物"的观点,并从《尚书》中引入五行概念,作为"道生万物"的中间环节,弥补了老子学说"三生万物"中间的缺项。王安石认为,太极中含阴、阳二气,阴阳交合产生冲气,"则冲者,阴阳之和也"②,冲气的运行变化产生五行,五行造就万物。五行源于太极,但五行不是太极本身,五行是太极的产物。"夫太极者,五行之所由生,而五行非太极也。"③王安石又将五行界定为五种自然物质。"五行,一曰水,二曰火,三曰木,四曰金,五曰土。"④然后,又指出:"土者,冲气之所生也。"⑤不但土是冲气所生,水、木、金、火也是冲气所生,"生物者,气也"⑥。冲气的运动变化产生水、火、木、金、土五行,五行的运动变化衍生万物。"五行,天所以命万物者也。"⑦王安石又借鉴董仲舒的观点,将五行与五方联系起来。"北方阴极而生寒,寒生水,南方阳极而生热,热生火,故水润而火炎,水下而火上。东方阳动以散而生风,风生木,木者,阳中也,故能变,能变,故曲直。西方阴止以收而生燥,燥生金,金者,阴中也,故能化,能化,故从革。中央阴阳交而生湿,湿生土,土者,阴阳冲气之所生也,故发之而为稼,敛之而为穑。"⑧这就是说,阴气至极而生寒,进而生水;阳气至极而生热,进而生火;阳气发散而生风,进而生木;阴气静敛而生燥,进而生金;阴阳相交而生湿,进而生土。由此可见,太极生阴阳,阴阳生冲气,冲气生五行,五行生万物。可见,王安石把五行解释为水、木、金、火、土五种元素,五行的产生在于冲气的运动变化,而冲气是阴阳激荡交合的产物,冲气的这一属性决定了五行也存在着对立的两个方面,并且五行中对立面的运动变化而产生自然万物。这样,王安石就赋予五行以物质属性,破除了董仲舒强加给五行的神秘色彩;同时,把五行的产生归结为冲气的运动变化,又将冲气归结为阴阳二气的激荡交合,是对五行来源的

①张立文主编:《道》,第168页。
②王安石撰,罗家湘辑辑校:《王安石老子注辑佚会钞·四十二章》,第66页。
③王安石撰,唐武标点校:《王文公文集》卷二十七《原性》,第316页。
④王安石撰,唐武标点校:《王文公文集》卷二十五《洪范传》,第281页。
⑤王安石撰,唐武标点校:《王文公文集》卷二十五《洪范传》,第283页。
⑥王安石撰,唐武标点校:《王文公文集》卷二十五《洪范传》,第283页。
⑦王安石撰,唐武标点校:《王文公文集》卷二十五《洪范传》,第280页。
⑧王安石撰,唐武标点校:《王文公文集》卷二十五《洪范传》,第282页。

唯物主义解释,和《尚书·洪范传》关于五行是上帝创造的观点,以及董仲舒关于五行是天命产物的观点,有着本质的区别。

其次,王安石继承并发展了老子道兼无有的观点。《老子》曰:"无名天地之始,有名万物之母。常无欲以观其妙,常有欲以观其徼。此两者同出而异名,同谓之玄,玄之又玄,众妙之门。"①王安石认为,道兼无有,无有同出于道,无是道之本,有是道之末,二者都是道的表现形式。"道一也,而为说有二。所谓二者,何也? 有无是也。无则道之本,而所谓妙者也;有则道之末,所谓徼者也。"②那么,什么是无,什么是有? 王安石做出了自己的界定。"夫无者,名天地之始;而有者,名万物之母。"③"无,所以名天地之始;有,所以名其终,故曰'万物之母'。"④可见,无、有都是道的表现形式,无是道的原始状态,有是道的最终表现。"所谓无,即无形而深远的本体;所谓有,即有形体的万事万物。无形的本无与有形的万有,共同构成统一的道。道便是有与无的统一。"⑤

既然无与有都是道的表现形式,那么,它们之间的关系又是怎样的呢? 王安石认为,"对于道来讲,无与有既相互区别,又相互为用,两者相反相成,缺一不可"⑥。一方面,无有之间存在着相互对立、相互依存的关系,并且有是无的表现形式,这种表现形式是变化的,但万变不离其宗,这个宗就是道。"盖有无者,若东西之相反而不可以相无也。故非有则无以见无,而无无则无以出有。有无之变,更出迭入,而未离乎道。"⑦另一方面,无有之间还存在相互为用、相反相成的关系,"此为名则异,而未尝不相为用也"⑧。既然无有之间存在着对立统一的关系,那么,正确处理无有关系的准则是:既要重视无的意义,也要重视有的作用;既不能片面地"贵无",也不能片面地"崇有"。王安石继承了老子以无有释道的做法,但他抛弃了老子"贵无"的观点,而是借鉴王充天道无为、人道有为的观点,主张无有并

---

①王安石撰,罗家湘辑校:《王安石老子注辑佚会钞·一章》,第13页。
②王安石撰,罗家湘辑校:《王安石老子注辑佚会钞·一章》,第15页。
③王安石撰,罗家湘辑校:《王安石老子注辑佚会钞·一章》,第15页。
④王安石撰,罗家湘辑校:《王安石老子注辑佚会钞·一章》,第14页。
⑤张立文主编:《道》,第168页。
⑥张立文主编:《道》,第168页。
⑦王安石撰,罗家湘辑校:《王安石老子注辑佚会钞·一章》,第15页。
⑧王安石撰,罗家湘辑校:《王安石老子注辑佚会钞·一章》,第15页。

重。"老子的道只言自然,不涉乎形器,排除了人类社会的礼、乐、刑、政和人的积极作为。王安石的道有本有末,既包含了天道自然,又强调了人道有为,积极提倡'人之言、人之为'的能动作用。这是二人的区别之处。"①可见,王安石通过阐述无与有的关系,阐明了他关于天对于人具有决定性,而人对于天又具有主观能动作用的观点。

在《老子》一文中,王安石开门见山地指出:"道有本有末。"②接着,阐述了道本与道末的关系。"本者,万物之所以生也;末者,万物之所以成也。本者,出之自然,故不假乎人之力而万物以生也;末者,涉乎形器,故待人力而后万物以成也。"③在王安石看来,道本出于自然,不需要借助人力即可生成;道末涉及形器,需要借助人力才能完成。王安石用本末统一的观点,批判了老子只肯定道本而忽视道末,从而片面强调无的作用,忽视有的存在及其价值。在《道德经》中,老子只看到房屋用于住人的地方是空虚的部分,器皿用于盛水的地方是空虚的部分,车轮转动的部位是中间空虚的部分,从而强调一切事物起决定作用的是无、而不是有。对于老子贵无的观点,王安石用无有对立统一的观点予以反驳:"夫毂辐之用,固在于车之无用,然工之琢削未尝及于无者,盖无出于自然之力,可以无与也。今之治车者知治其毂辐,而未尝及于无也,然而车以成者,盖毂辐具,则无必为用矣。如其知无为用而不治毂辐,则为车之术固已疏矣。"④无有相互为用,无发挥作用是以有为前提的,离开了有,无也无法发挥作用。如果没有车子的毂和辐,哪来车子的用途?王安石由此指出,治国理政也不能忽视礼乐刑政的作用。"今知无之为车用,无之为天下用,然不知所以为用也。故无之所以为用者,以有毂辐也;无之所以为天下用者,以有礼乐刑政也。如其废毂辐于车,废礼乐刑政于天下,不(当为'而')坐求其无之为用也,则亦近于愚矣。"⑤在王安石看来,重视无的作用是老子哲学的贡献,但过分强调无的作用以致走向极端,忽视有的存在价值,则是片面的、不切实际的,"老子者,独不然,以为涉乎形器者皆不足言也、不足为也,故抵去礼乐刑政而唯

①张立文主编:《道》,第170页。
②王安石撰,唐武标点校:《王文公文集》卷二十七《老子》,第310页。
③王安石撰,唐武标点校:《王文公文集》卷二十七《老子》,第310页。
④王安石撰,唐武标点校:《王文公文集》卷二十七《老子》,第310页。
⑤王安石撰,唐武标点校:《王文公文集》卷二十七《老子》,第310页。

道之称焉。是不察于理而务高之过矣"①。在王安石看来,老子之所以犯此不切实际的错误,在于没有认识到无与有相依相存、相互为用的道理,而片面强调无的作用,忽视了有的存在与价值,"两者,有无之道,而同出于道也。言有无之体用皆出于道。世之学者常以无为精,有为粗,不知二者皆出于道"②。在批评老子割裂无有、片面强调无的作用而忽视有的作用后,王安石用无有辩证统一的观点,对礼乐刑政等社会现象进行了分析:"无则道之本,而所谓妙者也;有则道之末,所谓徼者也。故道之本,出于冲虚杳渺之际;而其末也,散于形名度数之间。是二者,其为道一也。"③在王安石看来,不论是自然规律,还是社会规律,都是道的存在形式。自然规律是道之本,不需要人的参与;而社会规律是道之末,离不开人的参与。作为道之本的无与作为道之末的礼乐刑政、形名度数是统一的,而不是割裂的,那种片面强调无的作用,忽视礼乐刑政的作用的做法是错误的,是不符合社会实际的。"道之所以是无与有的统一,是因为具有玄的特性。道是幽隐无形的存在,是'玄之又玄'的'无状之状'、'无物之象',是超经验和不可感知的,因此可称之为无。然而,这并不意味着道是绝对虚无。道虽幽隐无形,但'其中有象'、'其中有物'、'其中有精',是真实的存在,因此又可称为有。有与无统一于'玄之又玄'的道。"④王安石既强调对自然规律这一道之体的尊重,又强调包括礼乐刑政在内的社会规律这些道之用不可或缺的作用。这一思想是王安石对《老子》无为思想的改造,他摒弃了老子"以无为用"的错误思想,而代之以无有相依、相互为用的辩证观点。

天人关系是中国哲学的一个基本问题,或者称之为"原问题"。首先,王安石扬弃了孔子、荀子的天人关系理论。孔子生活的时代,是天命观念盛行的时代。由于时代、阶级以及认识水平的局限,孔子的思想体现出两面性:一方面尚未摆脱天命观念的影响,承认天命的存在,"君子有三畏:畏天命,畏大人,畏圣人之言。小人不知天命而不畏也,狎大人,侮圣人之言"⑤;另一方面,孔子也不想将人完全置于天命的控制之下,从而使得人

---

①王安石撰,唐武标点校:《王文公文集》卷二十七《老子》,第 310 页。
②王安石撰,罗家湘辑校:《王安石老子注辑佚会钞·一章》,第 15 页。
③王安石撰,罗家湘辑校:《王安石老子注辑佚会钞·一章》,第 15 页。
④张立文主编:《道》,第 41 页。
⑤朱熹撰:《论语集注》卷八《季氏》,《四书章句集注》,中华书局 2012 年,第 173 页。

们听天由命、无所作为。他对天命采取的是存而不论的态度，"夫子之言性与天道，不可得而闻也"①。这样就为后学留下了发挥的余地和想象的空间。

孔子后学荀子，针对当时流行的天命观念，专门撰写《天论》，大胆批判传统的天命论，提出天人相分的观点，彻底颠覆了天命论在时人思想观念中的主导地位。荀子说："天行有常，不为尧存，不为桀亡。应之以治则吉，应之以乱则凶。"②荀子是把"天行"或曰"天命"当作自然规律来看待的，天无任何意志，并且天的存亡生灭、吉凶祸福并不随着人的意志而转移。同时，荀子强调人类社会有自己的运行规律，并不完全受天的运行所干扰，"强本而节用，则天不能贫；养备而动时，则天不能病；修道而不贰，则天不能祸"③。

王安石继承了荀子的天道观，摒弃了先秦神权政治的观念。王安石对于天命的认识，经历了一个发展演变的过程，起初王安石是相信天命的人，"所谓命者，盖以谓命之于天云耳。……则所谓非人力之所及而天之所命者也"④。但是，随着王安石变法的推行，保守派以变法导致天变为借口，反对王安石变法。在这种情况下，王安石不得不修正自己的天命观，借鉴了荀子天人不相干的观点，主张天命归天命，人事归人事，对于天命，我们无可奈何，只好搁置一边；但对于人事，我们可以尽力而为。或言之，既承认天命的存在，但反对将人的一切完全归之于天命，从而归之于天，主张在尊重天命的基础上，充分发挥人的主观能动性，"是以圣人不言命，教人以尽乎人事而已"⑤。

但是，由于自身认识、时代和阶级的局限，王安石又不能将天人相分思想贯彻到底，这样就出现了在天人关系观点上的前后矛盾。这一矛盾集中体现在王安石变法时期关于天人关系的观念上。首先，王安石指出天不具备人的思想、感情和意志，天作为自然现象没有善恶的属性。王安石揭去了传统儒家赋予天的精神属性、神秘色彩，将其还原为没有意志的客观存

①朱熹撰：《论语集注》卷三《公冶长》，《四书章句集注》，第79页。
②王先谦撰，沈啸寰、王星贤点校：《荀子集解》卷十一《天论篇》，中华书局1988年，第306页。
③王先谦撰，沈啸寰、王星贤点校：《荀子集解》卷十一《天论篇》，第307页。
④王安石撰，唐武标点校：《王文公文集》卷二十七《对难》，第320页。
⑤王安石撰，唐武标点校：《王文公文集》卷二十七《对难》，第320页。

在。"夫天之为物也,可谓无作好,无作恶,无偏无党,无反无侧。"①在此基础上,王安石进一步批判了传统天命观念,"道之将兴欤,命也;道之将废欤,命也。苟命矣,则如世之人何?"②在王安石看来,如果一切都要遵从天命、听之任之,那还要人干什么呢? 可见,王安石反对将一切推诿于天命的消极做法,重视发挥人的主观能动性。王安石对天人关系的认知是唯物的、辩证的,既承认天道在天人关系中的主导作用,又强调人对天道自然的反作用。

其次,王安石认为,自然界和人类社会各有其自身运动、发展、变化的规律。王安石在训释《诗经·蒹葭》时云:"降而为水,升而为露,凝而为霜,其本一也。其升也,降也,凝也,有度数存焉,谓之时。此天道也。畜而为德,散而为仁,敛而为义,其本一也。其畜也,敛也,散也,有度数存焉,谓之礼。此人道也。"③在王安石看来,自然界有自然界的规律,人类社会有人类社会的规律。"有阴有阳,新故相除者,天也。有处有辨,新故相除者,人也。"④自然界和人类社会所遵循的共同规律是新故相除、阴阳代谢,"阴阳往来不穷,而与之出入作息者,天地万物性命之理,非特人事也"⑤。自然界运行的规律是自然而然的,是不以人的意志为转移的,"阴阳代谢,四时往来,日月盈虚,与时偕行,故不召而自来"⑥。自然界经常会出现灾异,这些灾异是自然运行、变化的正常现象,"天之有五物,一极备凶,一极无亦凶,其施之小大缓急无常,其所以成物者,要之适而已"⑦。这些灾异的出现与人的作为没有必然的联系,退一步说,即便自然灾害不能说与人的作为完全无关,但也不能把自然灾害完全归咎于人的作为。如果将自然灾害完全归咎于人的作为,那么像尧、汤等圣人在位时自然灾害犹不能免,则又做何解释?"水旱常数,尧、汤所不免。"⑧基于这种认识,王安石力图总结

① 王安石撰,唐武标点校:《王文公文集》卷二十五《洪范传》,第 287 页。
② 王安石撰,唐武标点校:《王文公文集》卷二十八《行述》,第 330 页。
③ 王安石撰,邱汉生辑校:《诗义》卷六《国风·秦车邻义》,《诗义钩沉》,中华书局 1982 年,第 95 页。
④ 王安石撰,张宗祥辑,曹锦炎点校:《王安石〈字说〉辑》,第 27 页。
⑤ 王安石撰,邱汉生辑校:《诗义》卷八《国风·豳七月义》,《诗义钩沉》,第 115 页。
⑥ 王安石撰,罗家湘辑校:《王安石老子注辑佚会钞·七十三章》,第 90 页。
⑦ 王安石撰,唐武标点校:《王文公文集》卷二十五《洪范传》,第 292 页。
⑧ 李焘撰,上海师范大学古籍整理研究所、华东师范大学古籍整理研究所点校:《续资治通鉴长编》卷二百五十二熙宁七年四月己巳,第 6147 页。

当时自然科学的成果,从事物内部寻找事物变化发展的原因,对自然界及其规律做出唯物的辩证的解释,从而发出"天变不足畏"的时代最强音,这无异于暗夜中的一声惊雷,撕破北宋中期皇权国家意识形态领域阴云密布的夜空,闪烁着存天悯人的智慧光芒与理性色彩,既为时人走出愚昧迷信的漫漫长夜打破思想的魔咒,也为其变法革新提供了坚实的理论支撑。

王安石天人相分的哲学观点,运用于指导社会实践,其理论口号就是天变不足畏。面对自然灾害,王安石反对听天由命、无所作为,而是主张发挥人的主观能动性,积极作为应对天变。"人君固辅相天地以理万物者也,天地万物不得其常,则恐惧修省,固亦其宜也。今或以为天有是变,必由我有是罪以致之;或以为灾异自天事耳,何豫于我,我知修人事而已。盖由前之说,则蔽且葸;由后之说,则固而怠。"①在王安石看来,人君本就是协助天地治理天下、燮理万物的。面对自然灾害,恐惧警惕、反思自省是应该的,如果认为自然灾害与人的作为有关而被吓到,从而畏首畏尾,则是错误的;同样,认为自然灾害与人的作为没有必然联系而苟且怠慢,也是错误的。面对自然灾害,王安石主张承认天命的存在,但不信天命重人事,主张修人事以应天命。这就是说,既要重视自然灾害,又不能被自然灾害所吓倒,要采取积极措施应对自然灾害,这就用唯物辩证的天人关系,回击了董仲舒、司马光等人主张的天人感应论,打碎了千年来束缚人们思想的精神枷锁,为解放思想、推动变法提供了理论依据和思想武器。

然而,在谈及人性与人的命运时,王安石并不否认天命的存在,承认天对人的命运的决定作用,又陷入了唯心主义的泥潭。"所谓命者,盖以谓命之于天云耳。"②王安石认为,不仅人的贵贱贫富,即便是人的德才贤愚,也是由天命决定的。"呜呼,又岂唯贵贱祸福哉,凡人之圣贤不肖,莫非命矣!"③这是由其阶级性和时代的局限性所决定的。试想如果王安石把天人相分的观点贯彻到底,就会割裂天子与天的联系,这样就会使得皇权专制失去天授的合理性与合法性,这在皇权专制的国家是绝对不允许的。

---

① 王安石撰,唐武标点校:《王文公文集》卷二十五《洪范传》,第 293 页。
② 王安石撰,唐武标点校:《王文公文集》卷二十七《对难》,第 320 页。
③ 王安石撰,唐武标点校:《王文公文集》卷二十七《对难》,第 321 页。

二、"新故相除"的辩证法

王安石继承和发展了传统儒家的唯物论思想,将老子的辩证法观点与传统儒家的唯物论思想融为一体,提出了朴素唯物论与朴素辩证法相结合的理论体系,认为无论是自然界、还是人类社会,都是按照"新故相除"的规律运行着的。

王安石是通过对道家经典《老子》和儒家经典《洪范》作传的方式来阐述其朴素的唯物论和辩证法思想的。王安石借鉴老子"道生一,一生二,二生三,三生万物"的观点,首先从老子哲学中借来一个基本概念——道,作为其哲学大厦的基石,又将道与天、太极并列起来,借鉴《易传》"一阴一阳谓之道"的观点,提出太极生阴阳,阴阳激荡生冲气,冲气运行生五行,五行相生相克生万物的观点。

王安石认为,自然万物是由五行构成的,"五行,天所以命万物者也"[1];而五行是具有物质属性的五种元素,"五行,一曰水,二曰火,三曰木,四曰金,五曰土"[2]。五行不但具有物质的属性,而且具有运动的属性,"五行也者,成变化而行鬼神,往来乎天地之间而不穷者也,是故谓之行"[3]。但是,由于五行物质属性的不同,各自的运动方式也不同。"所谓木变者何? 灼之而为火,烂之而为土,此之谓变。所谓土化者何? 能煤,能润,能敷,能敛,此之为化。所谓水因者何? 因甘而甘,因苦而苦,因苍而苍,因白而白,此之谓因。所谓火革者何? 革生以为熟,革柔以为刚,革刚以为柔,此之谓革。金亦能化,而命之曰从革者何? 可以圜,可以平,可以锐,可以曲直,然非火革之,则不能自化也,是故命之曰从革也。"[4]从物质的运动观出发,王安石批判了董仲舒"天不变,道亦不变"的形而上学的世界观,提出了万物处在运动变化中的具有朴素辩证法思想的天道观。

从"道立于两"的观点出发,王安石发现了事物对立统一的客观规律。"道立于两,成于三,变于五,而天地之数具。其为十也,耦之而已。盖五行之为物,其时、其位、其材、其气、其性、其形、其事、其情、其色、其声、其臭、

---

①王安石撰,唐武标点校:《王文公文集》卷二十五《洪范传》,第280页。
②王安石撰,唐武标点校:《王文公文集》卷二十五《洪范传》,第281页。
③王安石撰,唐武标点校:《王文公文集》卷二十五《洪范传》,第281页。
④王安石撰,唐武标点校:《王文公文集》卷二十五《洪范传》,第282页。

其味,皆各有耦,推而散之,无所不通。一柔一刚,一晦一明,故有正有邪,有美有恶,有丑有好,有凶有吉,性命之理、道德之意皆在是矣。耦之中又有耦焉,而万物之变遂至于无穷。"①这就是说,一切事物都是矛盾对立的统一体,矛盾之中还有矛盾,事物的内在矛盾及其对立面的转化是导致事物存在和变化的依据。进而,王安石提出,天有天之道,人有人之道,天道也好、人道也罢,都遵循着"新故相除"的普遍规律,"有阴有阳,新故相除者,天也。有处有辨,新故相除者,人也"②。新陈代谢,不仅是自然界的运行法则,而且是人类社会的发展规律。就自然界而言,"阴阳代谢,四时往来,日月盈虚,与时偕行,故不召而自来"③;就人类社会而言,"身有身之道,故以身观身;家有家之道,故以家观家;以至于乡国天下"④。因此,人类社会和自然界一样是运动、发展变化的。人类社会和自然界一样遵循着新陈代谢的共同法则,而且其发展变化是没有穷尽的,"天文之变无穷,人事之变无已"⑤。

王安石进一步将事物的发展变化归结为四种形式,即"相生""相继""相克""相治"。王安石认为,不论是自然界、还是人类社会,普遍存在着对立统一的关系;而且存在对立统一关系的事物内部,依然存在着对立统一关系;并且存在对立统一关系的事物及其内部对立面的统一与斗争,是事物发展变化的根本原因。"反非所以为动,然有所谓动者,动于反也。弱非所以为强,然有所谓强者,盖弱则能强也。"⑥事物发展变化的内在动力,在于事物及其内部的对立面的相互斗争、相互作用。王安石把事物的相生、相继、相克、相治的关系称之为"对"。不仅自然现象有"对","有之与无,难之与易,高之与下,音之与声,前之与后,是皆不免有所对"⑦;社会现象也有"对","夫美者,恶之对;善者,不善之反。此物理之常"⑧。在王安石看来,一切矛盾的对立面都是相互对立、相互依存的,二者的相互对立、相互

---

① 王安石撰,唐武标点校:《王文公文集》卷二十五《洪范传》,第281页。
② 王安石撰,张宗祥辑,曹锦炎点校:《王安石〈字说〉辑》卷一,第27页。
③ 王安石撰,罗家湘辑校:《王安石老子注辑佚会钞·七十三章》,第90页。
④ 王安石撰,罗家湘辑校:《王安石老子注辑佚会钞·五十四章》,第75页。
⑤ 李焘撰,上海师范大学古籍整理研究所、华东师范大学古籍整理研究所点校:《续资治通鉴长编》卷二百六十九熙宁八年戊戌,第6597页。
⑥ 王安石撰,罗家湘辑校:《王安石老子注辑佚会钞·四十章》,第64页。
⑦ 王安石撰,罗家湘辑校:《王安石老子注辑佚会钞·二章》,第19页。
⑧ 王安石撰,罗家湘辑校:《王安石老子注辑佚会钞·二章》,第18页。

依存构成一个完整的事物或者事物内部的矛盾，离开一方，另一方也就不存在了。

　　然而，由于时代、阶级地位以及认识水平的局限，王安石的矛盾学说也没有贯彻到底。在承认作为矛盾的"对"无时不有、无处不在的同时，他也承认存在没有矛盾的"无对"状态，"唯能兼忘此六者，则可以入神。可以入神，则无对于天地之间矣"①。也就是说，矛盾在特定条件下，是可以消除的，而消除矛盾只有圣人能做到，"惟圣人乃无对于万物。自非圣人之所为，皆有对矣"②。王安石又认为，王者等同于圣人，"王者，人道之极也。人道极，则至于天道矣"③。这样，王安石在将"对"消解于圣人之手时，也将"对"消解于王者之手。这就从学理的高度证明了皇权专制的至高无上性，尽管捍卫了皇权专制者的最高利益，但其付出的代价却是由辩证法的坦途最终步入形而上学的泥潭。

　　与此相联系，王安石的运动观也没有坚持到底。他在训释《老子》"重为轻根，静为躁君"时说："轻者必以重为依，躁者必以静为主。"④又说："静为动之主，重为轻之佐。轻而不知归于重，则失于佐矣。动而不知反于静，则失其主矣。"⑤这就是说，静是动的主宰，动的最终结果是返于静，亦即运动是相对的，而静止是绝对的。毋庸讳言，在承认客观事物处于运动状态的同时，王安石最终还是陷入了静止是绝对的、运动是相对的形而上学的泥潭。

　　王安石的思想之所以最终陷入形而上学和辩证法的矛盾之中，是和他所代表的地主阶级改革派的两重性、改良主义的政治立场分不开的。作为地主阶级的开明分子，一方面他不满于当时专制政府因循苟且、腐败无能的保守局面，希图从政治上革故鼎新；另一方面，他毕竟是地主阶级中的一员，是封建社会的既得利益者，因此，这种改革只能限制在一定限度内，不能有损地主阶级的整体利益，更不能动摇他赖以生存的皇权专制制度。何况对于最高统治者而言，适度地限制皇权已经难以做到，突破皇权至上的

---

① 王安石撰，罗家湘辑校：《王安石老子注辑佚会钞·二章》，第19页。
② 王安石撰，罗家湘辑校：《王安石老子注辑佚会钞·二章》，第19页。
③ 王安石撰，罗家湘辑校：《王安石老子注辑佚会钞》十六章，第41页。
④ 王安石撰，罗家湘辑校：《王安石老子注辑佚会钞·二十六章》，第51页。
⑤ 王安石撰，罗家湘辑校：《王安石老子注辑佚会钞·二十六章》，第51页。

游戏规则,更是绝对不允许的。如果将辩证法思想贯彻到底,就违背了皇权至上的根本原则,触动了封建统治阶级的根本利益。容肇祖先生指出:"这些自相矛盾的看法,反映出他仍维护着封建道德伦理关系,因而他的变法革新主张不可能超出封建制度所能容许的范围,表明他受时代和地主阶级思想的局限。"①漆侠先生也曾指出:"把辩证法的变动贯彻到底,对他所从属的地主阶级是不利的,这就只能把变动约束在一定的范围之内了。"②所以,王安石的矛盾学说、运动观点只能控制在一定的范围之内,王安石的阶级属性使得他的辩证法思想摆脱不了不彻底的宿命。

从辩证法的发展史来审查,王安石继承了老子以来的原始的辩证法思想,虽然仍然带有朴素的、初级的色彩;但从时代科学技术发展的、个人的认识水平和阶级局限来说,王安石不仅在理论上将老子的辩证法与传统儒家的朴素唯物论相结合,汲取了十一世纪自然科学的最新成果,将朴素的辩证法观点推向新的高度,达到了十一世纪地主阶级思想家所能达到的高度,堪称我国古代唯物论思想和辩证法思想发展的一个高峰。难能可贵的是,王安石不仅从理论上将辩证法思想推向一个新的高度,而且还自觉地将辩证法思想运用于社会实践,指导了轰轰烈烈的变法运动,这不仅是王安石对儒家学说的杰出贡献,而且是王安石运用辩证法理论指导社会实践,进而推动社会进步的一次有益尝试。

三、"以思为主"的认识论

与其朴素的唯物主义天道观相适应,王安石提出了朴素的唯物主义认识论观点。在其认识论中,王安石十分重视感性认识,同时也看到了理性认识的不可或缺,并初步认识到实践在认识过程中的重要作用。

首先,王安石认为世界是可知的,人们可以凭借感觉器官获得对外部世界的感性认知,通过思维活动获得对外部世界的理性认识,"可视而知,可听而思,自然之义也"③。人们认识的对象不仅包括客观存在的自然现象,而且涵盖人类社会的客观规律及其人自身的内在本质,"身有身之道,

---

①容肇祖辑:《王安石老子注辑本序》,王安石撰,罗家湘辑校:《王安石老子注辑佚会钞·附录四》,第118页。
②漆侠:《王安石的哲学思想》,《漆侠全集》第七卷,第426页。
③王安石撰,唐武标点校:《王文公文集》卷二十《进字说表》,第236页。

故以身观身；家有家之道，故以家观家；以至于乡国天下"①。王安石又认为，人的认识能力是有限的，而认识对象是无限的。面对无限的认识对象，人可以借助工具增强其认识能力："天至高也，日月星辰阴阳之气可端策而数也；地至大也，山川丘陵万物之形、人之常产可指籍而定也。"②

其次，王安石不仅看到了感性认识的不可或缺，而且看到了理性认识的重要作用。他认为，人天生具有认识的能力，"夫人莫不有视、听、思，目之能视，耳之能听，心之能思，皆天也"③。但这些先天的自然禀赋并不能保证人们获得正确的认识，要获得正确认识，还需要人的主观努力，"然视而使之明，听而使之聪，思而使之正，皆人也"④。这就是说，人的才智高下、认识正确与否，不是由自然禀赋决定的，而是取决于人后天的修为。

王安石认为，只有感性认识，而没有理性认识，人们的认识是不能深入的，所以人们不能停留在感性认识阶段，而必须上升到理性认识阶段。"聪明者，耳目之所能为；而所以聪明者，非耳目之所能为也。"⑤他在《洪范传》中，阐述貌、言、视、听、思"五事"时说："五事，一曰貌，二曰言，三曰视，四曰听，五曰思。貌曰恭，言曰从，视曰明，听曰聪，思曰睿。恭作肃，从作乂，明作哲，聪作谋，睿作圣，何也？恭则貌钦，故作肃；从则言顺，故作乂；明则善视，故作哲；聪则善听，故作谋；睿则思无所不通，故作圣。五事以思为主，而貌最其所后也，而其次之如此，何也？此言修身之序也。"⑥这段话虽然说的是修身之序，但从认识论角度来看，貌恭、言从，指的是端正认识态度；视明、听聪，指的是以感性认识为基础；而"五事以思为主"，则强调了理性认识相对于感性认识更为重要。"古之人观于天地、山川、草木、虫鱼、鸟兽，往往有得，以其求思之深，而无不在也。"⑦人们既要对客观事物观之有得，更要在观的基础上深入思考，获取对客观事物的理性认识，只有这样才能获得对客观事物的系统的、全面的、深刻的认识。

再次，王安石十分重视后天的教育，尤其重视社会实践的作用，甚至认

---

① 王安石撰，罗家湘辑校：《王安石老子注辑佚会钞·五十四章》，第75页。
② 王安石撰，唐武标点校：《王文公文集》卷二十九《礼乐论》，第336页。
③ 王安石撰，罗家湘辑校：《王安石老子注辑佚会钞·五十九章》，第80页。
④ 王安石撰，罗家湘辑校：《王安石老子注辑佚会钞·五十九章》，第80页。
⑤ 王安石撰，唐武标点校：《王文公文集》卷二十九《礼乐论》，第334页。
⑥ 王安石撰，唐武标点校：《王文公文集》卷二十五《洪范传》，第283页。
⑦ 王安石撰，唐武标点校：《王文公文集》卷三十五《游褒禅山记》，第419页。

为相对于先天禀赋而言,后天的教育与实践起着更加重要的作用。在《伤仲永》中,王安石讲了一个少年天才,由于没有得到良好的教育而沦为众人的故事。通过这个故事,王安石进一步强调了后天教育与实践的重要性。"仲永之通悟,受之天也。其受之天也,贤于材人远矣。卒之为众人,则其受于人者不至也。彼其受之天也,如此其贤也,不受之人,且为众人。今夫不受之天,固众,又不受之人,得为众人而已邪?"①由于王安石看到了教育与实践对人生的重要作用,所以王安石一方面强调向书本学习,"自百家诸子之书,至于《难经》《素问》《本草》,诸小说无所不读";另一方面强调向实践学习,"农夫、女工,无所不问"②;并且更加重视发挥实践在社会事务中的作用,主张通过实践来发现人才、考察人才、选拔人才,"所谓察之者,非专用耳目之聪明,而私听于一人之口也。欲审知其德,问以行;欲审知其才,问以言。得其言行,则试之以事"③。考察一个人不仅要认真观察其一言一行,还要广泛听取他人的意见,更要通过实践来考察其才能与品行,表明王安石看到了实践在认识过程中的重要作用,并强调发挥实践的作用来增强人们的认识能力、检验认识的正确与否。

王安石认为,认识的过程与目的是穷理、尽性、复命。这是认识的三个阶段,穷理是尽性的手段,而尽性又是复命的手段,认识的最终目的是复命。王安石在解释《老子》"为学日益,为道日损"时说:"为学者,穷理也;为道者,尽性也。性在物谓之理,则天下之理无不得,故曰'日益'。天下之理宜存之于无,故曰'日损'。穷理尽性,必至于复命,故'损之又损之,以至于无为'者,复命也。"④在王安石看来,"为学"与"为道"都是认识事物的手段,"为学"的手段是对外在的客观事物及其规律的认识,"为道"的手段是对人自身的心性及其人与人之间社会关系的认识。"为学"的目的是穷尽自然万物之理,故曰"为学日益";"为道"的目的是穷尽道德性命之理,减少与封建社会核心价值观相悖的言行,故曰"为道日损"。通过"为学""为道"的努力,达到对客观事物及其规律、人自身心与性以及社会关系的正确认

---

① 王安石撰,唐武标点校:《王文公文集》卷三十三《伤仲永》,第398页。
② 王安石撰,聂安福、侯体健整理:《临川先生文集》卷七十三《答曾子固书》,王水照主编:《王安石全集》第六册,第1314页。
③ 王安石撰,唐武标点校:《王文公文集》卷一《上皇帝万言书》,第5页。
④ 王安石撰,罗家湘辑辑校:《王安石老子注辑佚会钞·四十八章》,第69页。

识,亦即达到"知命"的目的。"知命"的目的是"复命"。所谓"复命",就是对客观事物及其规律的认识与遵循。通过认识与遵循客观规律,按照客观规律办事,做到有所不为有所为,违背客观规律的事情就不做,顺应客观规律的事情就多做。王安石"以思为主"的认识论思想,其突出特点是,王安石既看到了人的认识能力对客观事物及其规律的正确认识,更看到了实践在获取正确认识中的重要作用。

王安石主张普通人的知识与经验来自后天的学习与实践,但他承认有超越常人的圣人,圣人之所以超越常人,就在于圣人能获得对至理的认识,"万物莫不有至理焉,能精其理则圣人也"①。这是因为"至理"存在于圣人自身,圣人只要做到尽心尽诚,就会认识事物的"至理",所以他承认圣人并不需要外求,而是通过内求——向自身下功夫,即可获取"至理","不听而聪,不视而明,不思而得,不行而至,是性之所固有,而神之所自生也,尽心尽诚者之所至也"②。可见,由于所处时代、认识水平和阶级地位的局限,王安石承认圣人通过内求而不需要通过学习与实践即可获取至理,这种观点又违背了由感性认识到理性认识的唯物主义认识路线,陷入了认识论上唯心主义的泥淖。

四、"权时之变"的社会历史观

王安石的社会历史观与其自然观是一致的,他主张天人相分,但既肯定自然界万物处于运动变化之中,也承认人类社会的一切处于发展变化之中。王安石在解释"除"字时说:"有阴有阳,新故相除者,天也。有处有辨,新故相除者,人也。"③这就是说,阴阳交替、新陈代谢是自然界的发展规律,同时,也是人类社会的发展规律。在王安石看来,人类社会不是一成不变的,而是处于发展变化之中的。在这一思想指导下,他提出与时俱进、权时而变的变革主张。在《上皇帝万言书》中,王安石指出,北宋中期之所以内忧外患、国穷民困,就在于"不知法度"。所谓"不知法度",并不是说当时没有法度,而是指当时的法度不符合"先王之政";所谓不符合"先王之政",并不是要每个条文都要符合先王时代的施政方针,而是要符合先王的立法

---

① 王安石撰,唐武标点校:《王文公文集》卷二十九《致一论》,第339页。
② 王安石撰,唐武标点校:《王文公文集》卷二十九《礼乐论》,第333页。
③ 王安石撰,张宗祥辑,曹锦炎点校:《王安石〈字说〉辑》卷一,第27页。

精神。

那么,先王的立法精神是什么呢?

那就是与时俱进、权时而变。"夫以今之世,去先王之世远,所遭之变,所遇之势不一,而欲一二修先王之政,虽甚愚者,犹知其难也。然臣以谓今之失,患在不法先王之政者,以谓当法其意而已。夫二帝、三王,相去盖千有余载,一治一乱,其盛衰之时具矣。其所遭之变,所遇之势,亦各不同,其施设之方亦皆殊,而其为天下国家之意,本末先后,未尝不同也。臣故曰:当法其意而已。"①面对北宋中期积贫积弱、内忧外患的局面,王安石主张通过变法实现富国强兵,然而,由于长期以来传统儒家思想的影响,王安石生活的北宋中期仍然是一个因循守旧、不思变革的时代,因此,要变革法度,就要统一朝野的思想认识。为了减少惯于因循的社会的压力和守旧士大夫反对变法的阻力,王安石不得不打着"法先王"的旗号。其实,王安石也知道不可能完全回归先王时代,王安石所谓的"法先王",并不是真的要使北宋中期政治回归先王时代,而是要效法先王时代与时俱进、权时而变的立法精神:随着时代的变迁、形势的变化,而制订和实行不同的法令制度与治国之策。王安石得君行道之后,打着"法先王"的旗号推行新政,目的是减少变法中遇到的阻力,"法其意,则吾所改易更革,不至乎倾骇天下之耳目,嚣天下之口,而固已合乎先王之政矣"②。

尽管是打着"法先王"旗号的变革,也还是遭遇了保守势力的强烈反对。为了为变革鸣锣开道,王安石批评了当时因循守旧的社会现实,"太古之道果可行之万世,圣人恶用制作于其间? 必制作于其间,为太古之不可行也。顾欲引而归之,是去禽兽而之禽兽也,奚补于化哉? 吾以为识治乱者当言所以化之之术,曰归之太古,非愚则诬"③。针对保守势力如文彦博、司马光等主张尧法舜制不必更张的主张,王安石批评道,如果"太古之道"能够"行之万世",那么圣人也就不用不断更张了;既然圣人都要有所更张,那就表明"太古之道"不可能"行之万世",所以即便在圣王时代也是要经常更张法度的。那种不顾时代变迁,一味恪守"太古之道"的主张,是愚妄而不切实际的。

①王安石撰,唐武标点校:《王文公文集》卷一《上皇帝万言书》,第2页。
②王安石撰,唐武标点校:《王文公文集》卷一《上皇帝万言书》,第2页。
③王安石撰,唐武标点校:《王文公文集》卷二十八《太古》,第332页。

　　在批评了传统士大夫因循守旧的思想之后，王安石系统地阐述了新学的社会发展观。首先，礼义要与时俱进。在王安石看来，古人有古人的礼义，今人有今人的礼义，古人的礼义未必符合当今时代的社会要求，因此礼义要随着时代的变迁而变化。"古之人以是为礼，而吾今必由之，是未必合于古之礼也；古之人以是为义，而吾今必由之，是未必合于古之义也。夫天下之事，其为变岂一乎哉？固有迹同而实异者矣。今之人葸葸然求合于其迹，而不知权时之变，是则所同者古人之迹，而所异者其实也。事同于古人之迹而异于其实，则其为天下之害莫大矣，此圣人所以贵乎权时之变者也。"①王安石主张礼法并重，所以他所说的礼义是包括法度在内的，王安石是在借礼义创新来谈法度变革。其次，法度要权时而变。王安石认为任何法度都是特定时代的产物，都是根据特定时代的形势而制定的。随着时代的变迁，原有的法度就会存在这样那样的问题，就会成为弊法，就必须变革弊法以适应形势发展的需要。他在解释"革"字时说："三十年为一世，则其所因必有革，革之要不失中而已。……不从世而从廿从十者，世必有革，革不必世也。"②这就是说，任何时代的法度对先前的法度都是既有继承、又有发展的，要变革现有的法度，无需等到一世一代的结束，而是要随着形势的变化不断地进行变革。王安石"权时之变"的思想源于庄子"故礼义法度者，应时而变者也"③的主张。这充分表明，王安石治学的目的，并非为了学术而学术，而是为变法实践服务的。再次，变革要相机而行。在王安石看来，变革是有条件的，要等到时机成熟再进行变革；如果时机不成熟，强行进行变革就难以成功，"缓而图之，则为大利，急而成之，则为大害"④。

　　那么，变革成功的条件是什么呢？

　　首先，要抓住时机进行变革。要视时势之可否相机而行，"待天下之变至焉，然后吾因其变而制之法耳"⑤。条件成熟了，变革就要跟上；否则的话，就会坐失良机。其次，要有皇帝的支持。王安石认为，变革要想成功，离不开皇帝的支持。他在《夔》一文中，借舜重用稷、契、皋陶、垂、伯夷等人

①王安石撰，唐武标点校：《王文公文集》卷二十八《非礼之礼》，第323页。
②王安石撰，张宗祥辑，曹锦炎点校：《王安石〈字说〉辑》卷五，第149页。
③王先谦撰，沈啸寰点校：《庄子集解》卷四《天运》，中华书局1987年，第126页。
④王安石撰，唐武标点校：《王文公文集》卷一《上五事书》，第18页。
⑤王安石撰，唐武标点校：《王文公文集》卷二十八《夫子贤于尧舜》，第323页。

使得天下大治的例子,说明皇帝在变革中的关键作用,"使舜不能用是众臣,则是众臣亦不能成其功矣,故曰非众臣之所能为也,为之者,舜也"①。再次,变革要有足够的人才储备。王安石清醒地认识到,变革方向确定以后,人才是变革成功的保障,没有足够的、适用的人才队伍,变革就难以成功,"得其人而行之,则为大利,非其人而行之,则为大害"②。鉴于当时人才缺乏的状况,王安石提出"教之""养之""取之""任之"四项基本措施,来为变革培养人才、发现人才、使用人才、管理人才。王安石"权时之变"的社会历史观,成为指导其变法的理论依据,从而在其思想体系中具有十分重要的理论意义和实践价值。

第三节　王安石训释"三经"之考辨

儒家传统经典除《乐经》佚失外,尚有《诗》《书》《易》《周礼》《春秋》五种,合称《五经》。在诸多儒家经典中,王安石非常重视《周礼》《尚书》和《诗经》。这是因为,在王安石看来,《周礼》和《尚书》是上古圣人治国理政和社会治理的典章制度和政治经验的总结,可以用来作为变法的理论依据;而《诗经》则是训导百官、教化百姓一道德、崇礼义的道德教化读物,也是对百姓进行基本的语言文化知识及社会交往能力培养的入门读物。所以,在《五经》中,王安石选择训释《诗经》《尚书》《周礼》作为各级各类学校的教科书,并作为科举考试的标准答案。

《诗经》是我国最早的一部诗歌总集,共计收录诗歌三百零五篇。《诗经》里不仅包含政治、经济、哲学、宗教、伦理、外交、风俗、音乐、艺术、名物制度等内容,而且包含天文、地理、气象、动物、植物等知识,以及爱情、亲情、友情、乡情、爱国之情等思想感情,反映了从西周初年到春秋中叶我国古代社会生活的方方面面。在现代人眼里,《诗经》主要是古代一部诗歌总集;但在我国封建社会里,历代统治者都把《诗经》作为加强道德教化、巩固封建政权的工具。

首先,《诗经》是封建统治阶级进行道德教化的必读书。孔子云:"《诗》

---

① 王安石撰,唐武标点校:《王文公文集》卷二十六《夔》,第298页。
② 王安石撰,唐武标点校:《王文公文集》卷一《上五事书》,第18页。

三百，一言以蔽之，曰'思无邪'。"朱熹注释道："'思无邪'，《鲁颂·驷》篇之辞。凡《诗》之言，善者可以感发人之善心，恶者可以惩创人之逸志，其用归于使人得其情性之正而已。"①王安石同样看重《诗经》"思无邪"的教化作用，他在《诗义序》中，对此做了明确的交代："《诗》上通乎道德，下止乎礼义。考其言之文，君子以兴焉。循其道之序，圣人以成焉。"②由此可见，由于《诗经》上通道德、下止礼义，通过对《诗经》的学习可以兴君子、成圣人。所以，王安石首选《诗经》加以训释，作为士子科举考试的必读书，其目的是为北宋封建政府培养一批通道德、懂礼义的贤人和君子。王安石赋予《诗经》传播儒家伦理、和谐人际关系、重建社会秩序的历史使命，将儒学崇尚、宣扬的道德伦理、礼乐教化贯穿于解《诗》的过程中，让《诗经新义》起到"刺上""化下"的道德教化功能和礼义引领作用。

其次，《诗经》表达了丰富的思想感情，其中还有许多关于鸟兽草木的知识，学习《诗经》可以用来孝敬父母、侍奉君王、立身处世，还可以提高人们的语言表达能力。孔子在强调学《诗》的重要性时说："小子！何莫学夫《诗》？《诗》，可以兴，可以观，可以群，可以怨。迩之事父，远之事君。多识于鸟兽草木之名。"③并告诫儿子孔鲤："不学《诗》，无以言。"④王安石变法以效法夏、商、周三代为号召，而三代的道德教化、民风民俗在《诗经》中均有记载，《诗经》不仅重视道德教化，而且还具有内容丰富、通俗易懂的特点，适宜作为统一思想、道德教化的范本，同样，适宜作为士子增长见闻、博学广识的教材。所以，王安石首选《诗经》来训释，用以统一士子的思想，为变法大业培养品学兼优的人才。

再次，王安石认为"《诗》《礼》足以相解"，通过对《诗经》的学习有助于士子对《周礼》的把握，而《周礼》是指导王安石变法的基本典籍。所以，他在选择训释《周礼》的同时，也选择了训释《诗经》，希望通过对《诗经》的训释，来帮助士子对《周礼》的理解，进而增强士子对变法的同情与理解。他在《答吴孝宗书》中说："乃如某之学，则惟《诗》、《礼》足以相解，以其理同故也。"⑤南宋

---

① 朱熹撰：《论语集注》卷一《为政》，《四书章句集注》，第53页。
② 王安石撰，唐武标点校：《王文公文集》卷三十六《诗义序》，第427页。
③ 朱熹撰：《论语集注》卷九《阳货》，《四书章句集注》，第179页。
④ 朱熹撰：《论语集注》卷八《季氏》，《四书章句集注》，第175页。
⑤ 王安石撰，聂安福、侯体健整理：《临川先生文集》卷七十四《答吴孝宗书》，王水照主编：《王安石全集》第六册，第1326页。

大儒王应麟赞同王安石的观点,他以《仪礼》考之,认为诗中所论少牢馈食礼,亦即卿大夫之礼。王应麟在《困学纪闻》中说:"《诗》、《礼》相为表里,《宾之初筵》、《行苇》可以见《大射仪》,《楚茨》可以见《少牢馈食礼》。"①当代学者邱汉生对王安石《诗》《礼》互解的做法表示认同:"《诗》和《礼》同样产生于西周春秋时期,它们所反映的社会生活是相同的,书里的名物度数是相同的。故'《诗》《礼》足以相解'的论点,是符合历史实际的,抓住了解《诗》的一个关键。"②可见,王安石认为《诗》《礼》互为表里、相辅相成,学《诗》可以帮助对《礼》的理解,反之亦然。《诗》《礼》之学从不同侧面反映了西周春秋时期的社会生活和典章制度,有助于人们对西周春秋时期社会生活状况的认识。王安石变法的目的是在北宋实现夏、商、周三代的理想政治,学习《诗》《礼》有助于提高人们的道德水平,有助于约束人们的行为举止,有助于人们对变法的同情理解,有助于维护封建社会的长治久安。因此,王安石在《五经》之中选出《诗》《礼》二经进行训释,并且贯彻《诗》《礼》互解的原则,以《诗》解《礼》,以《礼》解《诗》,并要求士子修习,从而为变法统一思想、统一认识。

《尚书》则是我国最古老的一部历史文献,以典谟、诰命、誓词等形式记录了夏、商、周三代最高统治者的政治活动、军国大政以及司法、刑法等方面的内容,因而成为历代统治者十分重视的治国宝典和道德教科书。《尚书》的主题思想大致有二:一是阐明仁君治民之道;二是阐明贤臣侍君之道;其动机在于教君牧民、教臣侍君,以维护封建统治秩序。王安石不仅认为《诗》《礼》可以互解,而且认为《诗》《书》亦可以互解。在王安石看来,变法的理论依据在于先王的道德性命之学,而先王的道德性命之学存在于《诗》《书》之中。因此,在训释《诗经》之后,又训释《尚书》,以阐明先王的道德性命之学。王安石在《虔州学记》中说:"先王之道德,出于性命之理,而性命之理,出于人心。《诗》、《书》能循而达之,非能夺其所有而予之以其所无也。"③

《周礼》集中记载了周朝的典章制度,是人们修齐治平的行为准则。《论语·八佾》篇曰:"周监于二代,郁郁乎文哉!"《论语·泰伯》篇又曰:"兴

---

① 王应麟撰,翁元圻辑注:《困学纪闻注》卷五《仪礼》,中华书局 2016 年,第 645 页。
② 王安石撰,邱汉生辑校:《诗义钩沉·序》,第 10 页。
③ 王安石撰,唐武标点校:《王文公文集》卷三十四《虔州学记》,第 402 页。

于诗,立于礼,成于乐。"在《诗》《书》《礼》三经中,王安石最重视《周礼》。因为王安石痛心于北宋中叶积贫积弱的社会现实,企图扭转这种落后状况,实现富国强兵的政治理想,但又担心富强之说为儒者所攻讦,于是便借助发挥经义以钳儒者之口。南宋学者晁公武指出:"所以自释其义者,盖以其所创新法尽傅著之,务塞异议者之口。"①四库馆臣因袭晁氏观点,指出:"安石之意,本以宋当积弱之后,欲济以富强,而恐富强之说必为儒者所排击,于是附会经义以钳其口,实非真信《周礼》为可行。"②在儒学通行的封建社会里,要想有所作为、实行变法,托古改制是一条减少阻力的有效途径。所以,当王安石变法遭遇反对之时,为了堵塞不同政见者之口,借训释儒家经典来兜售自己的思想,本也是承袭古已有之的做法。至于晁氏以及四库馆臣说王安石"实非真信《周礼》为可行",恐怕不仅过于武断,甚或有侮王安石非经之嫌疑。正如夏微在《宋代〈周礼〉学史》中所指出:"王安石确实推崇《周礼》,认为其中蕴含成周致太平之法,也着力挖掘《周礼》中的政治资源,希望能'以所观乎今,考所学于古',通古制于今政,并非仅仅以《周礼》为挡箭牌而已,王安石本人是深信《周礼》不疑的。"③事实上,王安石不但深信《周礼》,而且非常重视《周礼》,所以,在《诗》《书》《礼》三经中,选择亲释《周礼》。其所以如此,是由《周礼》的内容所决定:一方面,王安石变法的中心任务是理财,而北宋中期则是一个罕言利的时代,在这样的时代,王安石以理财为核心的变法遭遇重重反对和阻挠,也就在所难免了。在此背景下,王安石希望通过训释理财内容居其半的《周礼》,来破除人们的固有观念,改变人们的守旧思想,以便为变法创造一个良好的社会环境和舆论氛围,这就是四库馆臣所谓的"附会经义以钳其口"。另一方面,王安石的政治理想是在北宋重现夏、商、周三代的理想政治,所以,他的变法是打着效法先王的旗号进行的,而王安石认为三代的理想政治集中记录在《周礼》一书中。王安石认为,《周礼》保存了周代的礼乐刑政,"朝廷礼乐、刑政之事,皆在于学,学士所观而习者,皆先王之法言德行治天下之意"④。而先王之道就存在于周朝的礼乐刑政之中,换言之,周朝的礼乐刑政体现

①晁公武撰,孙猛校证:《郡斋读书志校证·郡斋读书志》卷二,第82页。
②纪昀、陆锡熊、孙士毅撰,四库全书研究所整理:《钦定四库全书总目》卷十九,第236页。
③夏微:《宋代〈周礼〉学史》,第46页。
④王安石撰,唐武标点校:《王文公文集》卷一《上皇帝万言书》,第3页。

了先王的道德性命之理,而先王的道德性命之理存在于人们对客观事物及其规律的认识之中,"先王所谓道德者,性命之理而已。其度数在乎俎豆、钟鼓、管弦之间"①。因此,《周礼》可以作为以创新法度为核心的王安石变法的理论基础。"惟道之在政事,其贵贱有位,其先后有序,其多寡有数,其迟数有时。制而用之存乎法,推而行之存乎人。其人足以任官,其官足以行法,莫盛乎成周之时;其法可施于后世,其文有见于载籍,莫具乎《周官》之书。"②王安石希望以《周礼》作为变法的理论依据,用以培养和选拔人才,通过变法,实现三代的理想政治,使宋王朝"其人足以任官,其官足以行法"。可见,王安石并非完全拿《周礼》作幌子,而是真正信服《周礼》,认为《周礼》中所记载的治国理政原则和典章制度,可以作为其推行新法的理论依据和制度参考。

　　总而言之,在天命观念主宰人们头脑的北宋社会里,王安石力图淡化天命观念对人们的影响,凸显人在天人关系中的主体作用,然而,摆脱天命观念束缚的中国传统社会,亟需一套新的理论体系替代天命论思想的主导地位,于是王安石打着托古改制的旗号,构建了一套独具特色的天人关系理论。在这个体系中,王安石特别注重天命观念被否定后,法令、制度、道德、礼仪对于人们思想行为的指导与约束作用,于是借助对《诗》《书》《礼》的训释,阐发了王安石的政治、德治、礼治、法治思想,体现了王安石关于治国理政的政治理念。

---

① 王安石撰,唐武标点校:《王文公文集》卷三十四《虔州学记》,第 401 页。
② 王安石撰,唐武标点校:《王文公文集》卷三十六《周礼义序》,第 426 页。

第二章 荆公新学创立的社会历史背景

荆公新学作为北宋中期上层建筑的重要组成部分，是时代精神的反映，它的产生、发展、演变以及衰亡，都有其社会历史背景。北宋中期所面临的时代问题，一是富国强兵，对内摆脱国家积贫积弱的局面，对外抵御辽、西夏发动的军事挑衅；二是适应加强皇权专制的需要，化解日益突出的社会矛盾，强化封建伦理纲常对人们思想行为的控制。北宋中期，为挽救内忧外患、积贫积弱的政治局面，改变因循苟且、墨守成规的消极状况，适应学术理论服务于专制政治的需要，荆公新学应运而生。

第一节 积贫积弱的北宋中期国力

北宋是我国封建社会由盛转衰的转折时期。这一时期，社会积弊已经暴露无遗，社会矛盾日臻尖锐复杂。北宋的社会矛盾主要体现在两个方面：一是阶级矛盾，即北宋内部地主阶级同农民阶级之间的矛盾；一是民族矛盾，即宋与辽、西夏构成的外部矛盾。

先看北宋中期地主阶级与农民阶级之间的矛盾。贯穿中国封建社会的基本矛盾是地主阶级和农民阶级之间的矛盾，宋代也不例外。据漆侠先生《宋代经济史》一书分析，宋代地主阶级约占全国总户数的百分之六七，包括大商人、高利贷者在内，也不会超过百分之八。宋代地主阶级是由大地主、中等地主和小地主三个阶层构成的：大地主阶层的顶端是皇帝。皇帝以下，大地主阶层是由官户、形势户以及占田四百亩以上的一等户至无比户组成的。此外，自大商人、高利贷者转化而来的大地主和占田四百亩以上的寺院，也属于大地主阶层。这个阶层，占总户口不过千分之三四到千分之五六，但占有的土地则是垦田面积的百分之四五十。中等地主主要是乡村二等户，也包括王安石变法时期所划分的第一等户中的戊等及一部分官户，他们大致占田在一百五十亩到四百亩之间。小地主主要指中户当中的中等或第三等户的一部分，他们占田在百亩到一百五十亩之间。就农民阶级而言,宋代的农民包括占田百亩以下、三五十亩以上的三四等主户,占田三十亩以下的第五等主户,以及没有土地而租种他人土地的佃客。宋代诸等级的农民占总人口的百分之八十以上。占总人口不过百分之六七的地主阶级,却占有全部土地的百分之六七十,而其中占总人口不过千分之二三的大地主,则占有全部土地的一半左右;占总人口百分之八十的农民阶级,仅仅占有全部土地的百分之三四十;而其中占总人口百分之三四十的佃客则无尺寸之地①。

　　代表和维护地主阶级利益的赵宋王朝,制定了"不抑兼并"的土地政策,这就造成"富者有弥望之田,贫者无卓锥之地,有力者无田可种,有田者无力可耕"②的社会状况。农民阶级尽管占田较少,却为封建国家负担着繁重的赋役。日益增加的职业军队,庞大臃肿的官僚队伍,骄奢淫逸的皇亲国戚,均由封建国家财政供养,其费用的增加直接导致对农民剥削的加重。同时,为换取边陲的暂时安宁,北宋朝廷每年要向辽、西夏输纳大量的银绢作为"岁币",这一沉重的经济负担最后又转嫁到广大农民身上,更加加重了农民的负担。导致农民阶级反抗地主阶级的斗争在全国此起彼伏,京东王伦,京西张海、郭邈山,贝州王则的起义,只是无数次起义中规模较大的几次,而小规模的起义更是连绵不断。

　　再看北宋与辽、西夏之间的民族矛盾。宋代自始至终存在着民族矛盾,到北宋中期这一矛盾已达到相当尖锐的程度。宋真宗咸平二年(999)九月,辽主率兵大举南侵。面对辽兵的强大攻势,宋真宗无意坚持抗战,遂于景德元年(1004),派曹利用赴辽营议和,双方签订《澶渊之盟》,规定:宋每年输辽银十万两,绢二十万匹。庆历二年,辽兴宗以索取关南之地为名,扬言发兵南下。宋仁宗派富弼使辽议和,每年输辽银增加十万两,绢增加十万匹。宋仁宗宝元、康定以来,宋、夏战争日趋激烈,宋军屡战屡败,屡败屡战,先后有三川口(1040)、好水川(1041)、定川寨(1042)三大战役,宋军均以失败告终。宋、夏经两年交涉,于庆历四年十月签订协议:宋封元昊为夏国主,夏对宋名义上仍称臣,宋每年"赐"夏银五万两、绢十三万匹、茶两万斤。面对辽与西夏的袭扰,宋最高统治者苟且偷安、忍辱求和,不惜拿金

①漆侠:《宋代经济史》,上海人民出版社1988年,第503—531页。
②李焘撰,上海师范大学古籍整理研究所、华东师范大学古籍整理研究所点校:《续资治通鉴长编》
　卷二十七雍熙三年七月甲午,第621页。

钱换和平,每年用大量的白银和绸绢去换取边疆的一时安宁。虽然暂时赢得了和平的周边环境,但这种屈膝求和的做法,更加助长了辽、西夏统治者觊觎中原的野心。因此,北宋拿金钱换回的也只是短暂的和平,获得的仅是苟延残喘的机会。

漆侠先生指出:"如果说积贫包含着两个意义,就是冗官、冗兵所造成的国家财政的困难(国穷),以及为解决财政困难而扩大赋敛所造成的劳动人民的贫困(民贫);那么积弱也包含两个意义,这就是:宋封建统治对内日益不能控制农民的暴动,对外日益无力抗拒辽夏的侵扰。"[①]太祖、太宗两朝,宋封建政权尚未陷入积贫积弱的泥潭,"自宋兴,而吴、蜀、江南、荆湖、南粤皆号富强,相继降附,太祖、太宗因其蓄藏,守以恭俭简易。方是时,天下生齿尚寡,而养兵未甚蕃,任官未甚冗,佛老之徒未甚炽,外无夷狄金缯之遗,百姓亦各安其生,不为巧伪放侈,故上下给足,府库羡溢"[②]。然而真宗景德年间到仁宗天圣年间,宋朝财政渐至困乏,"承平既久,户口岁增,兵籍益广,吏员益众,佛老、夷狄耗蠹中国,县官之费数倍昔时,百姓亦稍纵侈,而上下始困于财矣"[③]。

具体而言,造成北宋中期财政困难的原因,主要有以下几个方面:

首先,冗官、冗兵增加财政开支,冗僧、冗道减少财政收入。宋初最高统治者在夺取政权之后,为了巩固中央集权,保证赵宋江山的长治久安,防止唐末五代割据局面的再现,采取了一系列措施,其中最重要的有两项:一是养官,一是养兵。随着这些政策的广泛推行,积久年深,便出现了冗官、冗兵现象,与之伴生的是养官、养兵所需要的巨额经费——冗费。此外,由于赵宋政权系篡位而来,宋初最高统治者内心发虚,为了麻痹人民的斗志,巩固篡夺而来的政权,他们一反前代北周抑制佛道的基本国策,给予佛道以适当的保护,用以收买人心、粉饰太平。久而久之,便又形成另一个严重的社会问题——冗僧、冗道。养官、养兵需要巨额的经费开支,而冗僧、冗道享有徭役和赋税的赦免权,由此造成政府财政收入的锐减。"澶渊之盟"

---

①漆侠:《王安石变法》,河北人民出版社2001年,第27页。
②李焘撰,上海师范大学古籍整理研究所、华东师范大学古籍整理研究所点校:《续资治通鉴长编》卷一百天圣元年正月壬午,第2310页。
③李焘撰,上海师范大学古籍整理研究所、华东师范大学古籍整理研究所点校:《续资治通鉴长编》卷一百天圣元年正月壬午,第2311页。

后,每年都要给辽、西夏大笔的岁费,这"两增一减"给北宋政权造成了沉重的财政负担。

宋太宗时期,封建国家经济繁荣,府库充实,财政宽裕,国家财政收入数倍于唐代。宋真宗即位之初,命陈恕调查全国钱粮情况上报朝廷,而陈恕迟迟不报,真宗再三催促,陈恕说:"陛下富于春秋,若知府库充实,恐生侈心,臣是以不敢进。"①表明真宗即位之时,国家财政依然充盈。"澶渊之盟"后,真宗为了粉饰太平,不惜耗费巨资,东封泰山,西祀汾阴,并大兴土木,修建庙宇神祠,终将北宋建国以来太祖、太宗二朝乃至真宗前期积蓄的钱财消耗殆尽,遂至"海内虚竭"②。到宋仁宗初期,积贫现象更加严重。明道二年(1033)七月,谏官范仲淹在《救弊八事》中指出:"国家太平,垂三十年,暴敛未除,滥赏未革……天之生物有时,而国家用之无度,天下安得不困!"③范仲淹严厉批评当时存在着空耗财费的现象,提出削冗兵、削冗吏、禁游惰等改革措施。到宝元二年(1039),冗官、冗吏问题非但没有解决,由于养兵政策得以长期执行,遂导致冗兵现象越来越严重,由此带来庞大的军费开支。知制诰宋祁上疏仁宗皇帝指出:"今朝廷大有三冗,小有三费,以困天下之财。……何谓三冗? 天下有定官,无限员,一冗也。天下厢军不任战而耗衣食,二冗也。僧道日益多而无定数,三冗也。……何谓三费? 一曰道场斋醮,无日不有……二曰京师寺观,或多设徒卒,或增置官司,衣粮所给,三倍它处。……三曰使相、节度,不隶藩要,贪取公用,以济私家。"④由此可见,造成国家财政拮据的主要原因有二:一是三冗,即冗官、冗兵、冗僧道;一是三费,即道场斋醮费,京师寺观费,使相节度费。庆历二年闰九月,直集贤院尹洙上疏指出当时"因循不革,敝坏日甚"⑤,请求仁宗"日新盛德,与民更始"⑥。始

---

① 脱脱等撰:《宋史》卷二百六十七《陈恕传》,中华书局1985年,第9202页。
② 李焘撰,上海师范大学古籍整理研究所、华东师范大学古籍整理研究所点校:《续资治通鉴长编》卷一百八天圣七年六月丁未,第2516页。
③ 李焘撰,上海师范大学古籍整理研究所、华东师范大学古籍整理研究所点校:《续资治通鉴长编》卷一百十二明道二年七月甲申,第2623页。
④ 李焘撰,上海师范大学古籍整理研究所、华东师范大学古籍整理研究所点校:《续资治通鉴长编》卷一百二十五宝元二年十一月癸卯,第2942页。
⑤ 李焘撰,上海师范大学古籍整理研究所、华东师范大学古籍整理研究所点校:《续资治通鉴长编》卷一百三十七庆历二年闰九月壬午,第3297页。
⑥ 李焘撰,上海师范大学古籍整理研究所、华东师范大学古籍整理研究所点校:《续资治通鉴长编》卷一百三十七庆历二年闰九月壬午,第3298页。

于庆历三年十月的庆历新政,实施不到一年即宣告破产。庆历七年,王安石指出:"方今之所以穷空,不独费出之无节,又失所以生财之道故也。"①此前的论者都将国家贫困的原因归结为财政支出过大,而王安石显然比他人站得高、看得远,认为当时之所以国家财力困乏,不仅是因为财政支出无度,更重要的是没有发展生产、开辟财源的缘故。面对国势的衰微,苏轼兄弟也深感忧虑。治平年间,苏轼大声疾呼:"天下有治平之名,而无治平之实,有可忧之势,而无可忧之形,此其有未测者也。"②苏辙与其兄所见略同:"今海内穷困,生民愁苦,而宫中好赐不为极限,所欲则给,不问有无。司会不敢争,大臣不敢谏,执契持敕,迅若兵火。国家内有养士、养兵之费,外有北狄、西戎之奉,陛下又自为一阱以耗其遗余。臣恐陛下以此得谤,而民心不归也。"③到神宗即位时,冗官、冗兵、冗费有增无减,国家财政依然难以为继,有识之士无不痛心疾首,呼吁立即采取措施,实施改革。

导致北宋中期积贫的一个重要原因是冗官。北宋专制王朝建立之初,即竭力缩小官僚机构和官员的权力,从而进一步扩大皇权。赵宋统治者削弱各级机构和官员的权力,首先采取的办法是分化事权。分化事权的结果必然是重床叠架的官僚机构的建立,而众多的官僚机构需要庞大的官僚队伍去支撑。其次,宋太宗自即位的次年,为了争取士人,笼络人心,增加科举录取额数,一次科举录取的各类人员竟达五百多人。科举录取名额的增大,加之恩荫而来的官员亦日益增多,官僚机构便日渐膨胀起来,到真宗、仁宗时期,这一现象更加严重。皇祐元年(1049)十二月,户部副使包拯上疏指出:"臣伏见景德、祥符中,文武官总九千七百八十五员。今内外官属总一万七千三百余员,其未受差遣京官、使臣及守选人不在数内,较之先朝,才四十余年,已逾一倍多矣。……今天下州、郡三百二十,县一千二百五十,而一州一县所任之职,素有定额,大率用吏不过五六千员,则有余矣。今乃三倍其多,而又三岁一开贡举,每放榜仅千人,复又台寺之小吏、府监之杂工,荫序之官、进纳之辈,总而计之,又不止于三倍。是食禄者日增,力

①王安石撰,唐武标点校:《王文公文集》卷五《与马运判书》,第61页。
②苏轼撰,孔凡礼点校:《苏轼文集》卷八《策略一》,第226页。
③苏辙撰,陈宏天、高秀芳点校:《苏辙集》卷十二《颍滨遗老传上》,中华书局1990年,第1015页。

田者日耗,则国计民力,安得不窘乏哉?"①直龙图阁、勾当三班院曾巩指出:"景德官一万余员,皇祐二万余员,治平并幕职、州县官三千三百余员,总二万四千员。"②这还不包括正官之外等候补缺的官僚,如果把他们统计在内,数量会大大增加。据学者统计,宋真宗时官吏总数近五十七万,占当时户籍总数的百分之九,远远超过以往比率最高的唐代的百分之四③。官员虽多,却无所事事,"居其官不知其职者,十常八九"④,以至于形成"州县不广于前,而官五倍于旧"⑤的局面。尽管无所事事,人人却要享受优厚的俸禄,导致国家财政不堪重负。面对此种局面,欧阳修大声疾呼:"方今天下凋残,公私困急,全由官吏冗滥者多。"⑥官冗且滥,不仅消耗了大量的财政收入,造成封建政府财政拮据,而且还形成机构重叠、职责不清、互相推诿、人浮于事的不良局面。

随着冗官、冗吏的增加,北宋中期政府的财政开支日渐增大,随之便出现冗费。仁宗皇祐年间、英宗治平年间比真宗景德年间,官员数量增加了一倍,相关的开支也就成倍增加。仅以郊祀费为例,"景德郊费六百万,皇祐一千二百万,治平一千三百万。以二者校之,官之众一倍于景德,郊之费亦一倍于景德"⑦。官员多了,不但消耗大了,而且还带来一系列社会问题。"官多则事繁,吏多则民残。欲事不繁,莫若省官,欲民皆安,莫若省吏。天下所以未格清净者,由官吏多之故也。"⑧冗官、冗吏不但没有改善封建国家的管理状况,反而造成沉重的社会负担,给国家财政、社会安定、人民生活带来一系列消极影响。

导致北宋中期积贫的另一个重要原因是冗兵。宋太祖立国之初,就把养兵作为基本国策确立下来,并自鸣得意地说:"吾家之事,唯养兵可为百

---

①李焘撰,上海师范大学古籍整理研究所、华东师范大学古籍整理研究所点校:《续资治通鉴长编》卷一百六十七皇祐元年十二月戊子,第4026页。
②曾巩撰,陈杏珍、晁继周点校:《曾巩集》卷三十《议经费札子》,中华书局1984年,第451页。
③郭正忠:《中国古代官僚机构的膨胀规律及根源》,《晋阳学刊》1987年第3期。
④脱脱等撰:《宋史》卷一百六十一《职官志一》,第3768页。
⑤脱脱等撰:《宋史》卷二百八十四《宋祁传》,第9594页。
⑥欧阳修著,李逸安点校:《欧阳修全集》卷一百六《再论按察官吏状》,中华书局2001年,第1614页。
⑦曾巩撰,陈杏珍、晁继周点校:《曾巩集》卷三十《议经费札子》,第451页。
⑧李焘撰,上海师范大学古籍整理研究所、华东师范大学古籍整理研究所点校:《续资治通鉴长编》卷四十二至道三年九月壬午,第884页。

代之利,盖凶年饥岁,有叛民而无叛兵,不幸乐岁变生,有叛兵而无叛民。"①北宋初年,封建国家腹背受敌,农民起义此伏彼起,异族入侵连绵不断。为了缓和阶级矛盾,镇压农民的反抗,宋统治者每逢荒年,便把成千上万的流人饥民招为禁军,或募为厢军;同时为应付辽、西夏的侵扰,由于现有军队缺乏战斗力,亦不得不增加兵额。赵宋王朝又奉行"内外相维"的制衡原则,边防不得已而添兵,京畿亦随之扩军。这样,北宋建国到北宋中期兵员数量直线上升:北宋建国初年,兵员总额为二十二万人;太祖开宝年间,兵员总额为三十七万八千;太宗至道年间,兵员总额为六十六万六千;真宗天禧年间,兵员总额为九十一万二千;仁宗庆历年间,兵员总额为一百二十五万九千②。兵员数额的不断扩大,致使国家养兵费用激增,达到全部赋税收入的十之七八,致使国家财政陷于拮据。面对如此困局,右正言田况指出:"观当世之弊,验致灾之由,其实役敛重而民愁,和气伤而沴作。役敛之重,由国计之日窘,国计之日窘,由冗兵之日蕃。今天下兵已逾百万,比先朝几三倍矣,自昔以来,坐费衣食,养兵之冗,未有如今日者。"③兵员的成倍增加,必然导致养兵费用成倍增长,而这些费用最终将通过国家财政转嫁到农民头上,从而导致国困民穷。三司使蔡襄义正词严地指出:"今天下大患者在兵。禁军约七十万,厢军约五十万,积兵之多,仰天子衣食。五代而上,上至秦汉无有也,祖宗以来无有也。真宗与北虏通和以后,近六十年,河北禁军至今十五万。陕西自元昊叛,增兵最多,至今十九万。天下诸路置兵不少。臣约一岁总计,天下之入不过缗钱六千余万,而养兵之费约及五千[万]。是天下六分之物,五分养兵,一分给郊庙之奉,国家之费,国何得不穷? 民何得不困?"④蔡襄谈到的还只是处于静态的养兵费用,实际上,宋政权为了防止出现将帅坐大、尾大不掉的局面,平时戍守各地的禁军每三年要"更戍",亦即换防,而这又是一笔极大的开支。苏轼指出:"费莫大于养兵,养兵之费,莫大于征行。今出禁兵而戍郡县,远者或数千里,其月廪岁给之外,又日供其刍粮。三岁而一迁,往者纷纷,来者累累,

---

① 邵博撰,刘德权、李剑雄点校:《邵氏闻见后录》卷一,中华书局1983年,第1页。
② 脱脱等撰:《宋史》卷一百八十七《兵志一》,第4576页。
③ 李焘撰,上海师范大学古籍整理研究所、华东师范大学古籍整理研究所点校:《续资治通鉴长编》卷一百五十四庆历五年正月丙戌,第3742页。
④ 蔡襄著,吴以宁点校:《蔡襄集》卷二十二《强兵》,上海古籍出版社1996年,第380页。

虽不过数百为辈,而要其归,无以异于数十万之兵。三岁而一出征也,农夫之力,安得不竭? 馈运之卒,安得不疲?"①治平二年(1065)二月,司马光指出:"自景德以来,中国既以金帛绥怀戎狄,不事征讨,至今已六十余年。是宜官有余积,民有余财,而府库殚竭,仓廪空虚,水旱小愆,流殍满野,其故何哉? 岂非边鄙虽安,而冗兵益多之所致乎? 此乃天下所共知,非臣一人之私言也。庆历中,赵元昊叛,西边用兵,朝廷广加召募,应诸州都监、监押募及千人者,皆特迁一官。以此之故,天下冗兵愈众,国力愈贫。"②

随着养兵政策的推行,军队员数呈现快速增长趋势,养兵费用也呈现大幅度增长态势。仁宗后期,兵员数已增加到一百二十余万人,养兵费用占国家财政收入的百分之八十。到英宗治平年间,这一数字虽有所减少,但兵员数额依然达到一百一十六万余人,养兵费用仍然占国家财政收入的百分之七八十。庞大的官僚机构和巨大的兵员数量所带来的巨额财政支出,耗尽了宋封建国家的财政收入。仁宗庆历年间,政府财政已出现入不敷出的现象,赤字常在三百万缗左右,以至于"每年常将内藏银绢近三百万缗,供助三司经费"③。可见,积贫的局面在仁宗庆历年间已经形成。英宗治平二年,国家财政"内外入一亿一千六百十三万八千四百五,出一亿二千三十四万三千一百七十四,非常出者又一千一百五十二万一千二百七十八"④,当年财政赤字高达一千五百七十二万六千余缗。这还是朝廷支付的养兵费用,地方政府承担的养兵费用尚不计算在内。仁宗宝元元年(1038),天章阁侍讲贾昌朝上疏称:"臣尝治畿邑,邑有禁兵三千,而留万户赋输,仅能取足,郊祀庆赏,乃出自内府。"⑤戍守各地的禁军亦需地方州郡以民户"赋输"供其耗费,致使北宋地方政府的财政同样拮据。

面对由于大量养兵而导致的国困民穷局面,有识之士纷纷上书,要求政府裁减兵员,减少支出,摆脱财政入不敷出的尴尬局面。户部副使包拯主张采取节流措施:"臣以谓冗兵耗于上,冗吏耗于下,欲救其敝,当治其源。治其源者,在乎减冗杂而节用度。若冗杂不减,用度不节,虽善为计

①苏轼撰,孔凡礼点校:《苏轼文集》卷九《策别厚货财二》,第272页。
②司马光撰,李文泽、霞绍晖点校:《司马光集》卷三十三《招军札子》,第775页。
③李焘撰,上海师范大学古籍整理研究所、华东师范大学古籍整理研究所点校:《续资治通鉴长编》卷一百六十一庆历七年十二月庚午,第3895页。
④脱脱等撰:《宋史》卷一百七十九《食货志下一》,第4353页。
⑤脱脱等撰:《宋史》卷一百七十九《食货志下一》,第4351页。

者,亦不能救也。……谓设官太多也,则宜艰难选举,澄汰冗杂;谓养兵太众也,则宜罢去招募,拣斥老弱。土木之功不急者,悉罢之;费出无名者,并除之。惩禁中奢侈之端,节上下浮枉之费。"①巨大的养兵费用导致国家财政拮据,解决冗兵问题,从而缓解国家财政困难,同样成为宋封建政权所面临的当务之急。

　　导致北宋中期积贫的原因除了冗官、冗兵之外,还有一个重要因素,那就是冗僧、冗道。冗官、冗兵大量耗费国家财富,而冗僧、冗道则享有赋税赦免权,严重影响国家的财政收入。赵宋政权建立后,宋太祖鉴于周世宗限佛给佛教造成的沉重打击,影响到一些地区的社会安定,于是对佛教采取了相对宽容的政策,一方面给予佛教适当的保护,借以麻痹人民的斗志;另一方面,也予以适当的限制,以免其无序发展。此后的北宋诸帝基本延续了宋太祖的这一国策。但是,在执行过程中,总是出现时紧时松、摇摆不定的情况,总而言之,是保护大于限制。在北宋政权的保护下,北宋中期寺庙发展之快、寺庙数量之多,远远超过佛教鼎盛的南朝。宋真宗景德年间,天下寺庙二万五千所;到宋仁宗末期,天下寺庙大约有三万九千所;到宋英宗治平末年,天下寺庙宫观总数达四万余所。这些寺院都拥有相当数量的田园、山林,却享有豁免赋税、徭役的特权,并且还经营长生店、碾硙、商店等牟利事业。这些寺院的豁免赋税、徭役及其敛财行为,在一定程度上导致了封建国家财政收入的减少。同时,与寺庙宫观的增长相伴随的是僧尼、道士数量的增长。经过宋真宗天禧三年(1019)的普度,到天禧五年,全国僧尼人数多达458,954人,比宋初增加七倍,达到宋代僧尼数额的最高峰;到宋仁宗景祐元年(1034),全国僧尼人数为433,262人;到庆历二年,全国僧尼人数为396,525人;至宋神宗熙宁元年(1068),全国僧尼人数共计254,798人②。如此庞大的僧尼数量,不但不为封建国家贡献财富,却年复一年地消耗着数量可观的财富。

　　北宋统治者不但纵容僧道势力的膨胀,而且大肆修建宫观,使得原本捉襟见肘的政府财政更是雪上加霜。大中祥符元年(1008)四月,为了供奉"上帝"和"天书",宋真宗下令在首都汴京修建玉清昭应宫,工程极尽奢华,

---

① 李焘撰,上海师范大学古籍整理研究所、华东师范大学古籍整理研究所点校:《续资治通鉴长编》卷一百六十七皇祐元年十二月戊子,第4027页。

② 游彪:《宋代寺院经济史稿》,河北大学出版社2003年,第47页。

用工之多、耗时之长、规模之大、耗费之巨,在两宋史上罕有其匹。随后,为酬答所谓的"圣祖降临",又下令在京师、兖州二地同时兴建景灵宫,工程规模之大、耗费之巨、耗时之长,同样令人瞠目。不仅如此,宋真宗还下令在全国各州郡兴建或改建天庆观,由于涉及面广,耗费之巨更是难以统计。

为了"镇服四海,夸示戎狄"①,宋真宗采纳参知政事、知枢密院事王钦若的建议,大搞封禅活动。大中祥符元年十月,宋真宗率百官奉"天书"前往泰山,举行封禅大典。四年二月,宋真宗再率百官前往汾阴,举行祀地大典。至此,终于完成了东封泰山(天帝)、西祀汾阴(地神)的旷世大典。为了粉饰太平,宋真宗大搞劳民伤财的封禅活动,将北宋建国以来积聚的财富消耗殆尽,使得海内虚竭、入不敷出。乾兴元年(1022)二月,宋真宗辞世,太子赵祯即位,是为宋仁宗。因宋仁宗年幼,刘太后掌控朝政。真宗末年形成的积贫局面,经过刘太后的十年挥霍,财政状况更加拮据,积贫状况有增无减。

由此可见,冗官、冗兵、冗费造成了巨额的财政支出,而冗僧、冗道享有的赋税赦免权,又使得北宋政府财政收入相对减少,出多入少造成政府财政入不敷出,加重了平民百姓的经济负担,带来动荡不安的社会局面,积贫积弱遂成为危害赵宋政权的严重问题。

面对因循苟且、积弊日深的北宋政局,有识之士纷纷呼吁,采取有效措施,削减财政支出,缓解财政危机。嘉祐四年,三司度支判官王安石大声疾呼:"顾内则不能无以社稷为忧,外则不能无惧于夷狄,天下之财力日以困穷,而风俗日以衰坏,四方有志之士,恧恧然常恐天下之久不安。"②嘉祐六年,王安石再次上疏仁宗皇帝,指出:"官乱于上,民贫于下,风俗日以薄,才力日以困穷……夫因循苟且,逸豫而无为,可以侥幸一时,而不可以旷日持久。"③嘉祐七年七月,司马光上疏指出:"今民既困矣,而仓廪府库又虚,陛下傥不深以为忧,而早为之谋,臣恐国家异日之患,不在于它,在于财力屈竭而已矣。"④熙宁元年四月,司马光再次上疏强调:"方今国用所以不足

①李焘撰,上海师范大学古籍整理研究所、华东师范大学古籍整理研究所点校:《续资治通鉴长编》卷六十七景德四年十一月庚辰,第1506页。
②王安石撰,唐武标点校:《王文公文集》卷一《上皇帝万言书》,第1页。
③王安石撰,唐武标点校:《王文公文集》卷一《上时政书》,第17页。
④司马光撰,李文泽、霞绍晖点校:《司马光集》卷二十三《论财利疏》,第613页。

者,在于用度太奢,赏赐不节,宗室繁多,官职冗滥,军旅不精。"①苏轼对当时政治局面的判断与王安石如出一辙:"国家无大兵革,几百年矣。天下有治平之名,而无治平之实,有可忧之势,而无可忧之形,此其有未测者也。方今天下,非有水旱盗贼人民流离之祸,而咨嗟怨愤,常若不安其生。非有乱臣割据四分五裂之忧,而休养生息,常若不足于用。非有权臣专制擅作威福之弊,而上下不交,君臣不亲。非有四夷交侵边鄙不宁之灾,而中国皇皇,常有外忧。"②苏轼指出,今世有三患:"财之不可丰,兵之不可强,吏之不可择。"③可见,对北宋内忧外患、积贫积弱局势的判断并非王安石一家之私言,而是当时朝野之公论。南宋大儒朱熹亦曾指出:"盖那时也是合变时节。"④

其次,重文轻武、守内虚外的基本国策导致宋朝军事积弱。唐末五代以来,封建政权向来是随兵权而存亡。靠兵权起家的宋太祖赵匡胤深知兵权不能旁落,在取得皇权后,首先采取的措施就是整顿禁军——"杯酒释兵权",继而又采取措施,降低禁军统帅的地位,分散禁军统帅的兵权,疏远禁军将兵关系,实行更戍制,使将不专兵、兵无常将。宋太宗则继承了太祖防制武将的做法,明确以重文轻武、以文抑武作为国策。所谓重文轻武,是指朝廷重文事,轻武事;所谓以文抑武,是指军队重文臣,轻武将,以文臣抑武将。此外,太宗还将"守内虚外"作为国策执行。宋太宗认为,外忧事小,内患事大,外忧可以预防,而内患更加可怕。在这一思想指导下,宋太宗大肆收编厢军精兵以充实禁军,并尽力削弱厢军,致使边患来临,厢军往往无力应战。宋仁宗时期,自康定元年到庆历二年,宋与西夏发生三次大的战役——三川口之战、好水川之战、定川寨之战,均以宋朝败北而告终。宋廷的积弱现象在对西夏的战争中暴露无遗。正当好水川之战宋军战败,宋朝穷于应付西夏战事之际,庆历二年三月,辽朝遣使递书,索要被后周世宗收复的关南十县土地,并以举兵威胁,宋廷惊慌失措,派富弼出使辽朝以求和。同年九月,辽不费一兵一卒,宋即以每年增加绢十万匹、银十万两给辽

---

①司马光撰,李文泽、霞绍晖点校:《司马光集》卷三十九《辞免裁减国用札子》,第877页。

②苏轼撰,孔凡礼点校:《苏轼文集》卷八《策略一》,第226页。

③苏轼撰,孔凡礼点校:《苏轼文集》卷四《思治论》,第116页。

④黎靖德编,王星贤点校:《朱子语类》卷一百三十《自熙宁至靖康用人》,中华书局1986年,第3097页。

的条件,双方重订盟书。宋廷积弱的形势在对辽无理要求的妥协中得到进一步的加强。

　　导致宋军积弱的重要原因,首先是将帅缺乏对战争的指导权和对部属的号令权,以至于不能相机行事、出奇制胜,"近代动相牵制,不许便宜,兵以奇胜而节制以阵图,事惟变适而指踪以宣命,勇敢无所奋,知谋无所施,是以动而奔北也"①。其次是兵不知将,将不专兵,军纪不明,号令不严,致使军纪松弛,缺乏战斗力。"今被边之郡,甲兵非不多也,历涉数年,训练非不久也,然而屡战屡败,何哉? 臣熟思之,盖军法未立、将谋不专也。"②再次,荒年招募流民为兵的做法直接导致宋军积弱。荒年招募流民为兵,虽在一定程度上缓解了饥荒导致流民激增、影响社会安宁的状况,但招募而来的士兵,不乏游手好闲、流氓无赖之徒,这些人"仰食于官"③,军纪散漫,毫无士气,缺乏战斗力。另一方面,厢军士兵待遇极差,除上等兵勉强维持一家温饱外,其余士兵收入不足糊口,不得不兼营他业,造成厢军纪律松弛,骄惰成性,"卫兵入宿,不自持被而使人持之;禁兵给粮,不自荷而雇人荷之"④。这些士兵,站不成行,行不成列,肩不能担,手不能提,马不会骑,箭不能射,如此骄惰不堪,怎能披甲上马,冲锋陷阵?

第二节　消极怠惰的北宋中期政治

　　由于封建政治的需要,北宋立国直至仁宗庆历以前,最高统治集团在意识形态领域,一面奉行以儒立国的基本国策,一面又极力推重黄老之学。宋太祖时,赵普为相,"于厅事坐屏后置二大瓮,凡有人投利害文字,皆置瓮中,满即焚于通衢"⑤。宋太宗时,吕蒙正为相,淳化元年(990),太宗对吕蒙正说:"治国之道,宽猛得中,宽则政令不成,猛则民无所措手足。"吕蒙正进曰:"《老子》称:'治大国若烹小鲜。'夫鱼扰之则乱。近日内外上封事求

---

①李焘撰,上海师范大学古籍整理研究所、华东师范大学古籍整理研究所点校:《续资治通鉴长编》卷四十四咸平二年闰三月庚寅,第937页。

②蔡襄著,吴以宁点校:《蔡襄集》卷二十三《请改军法疏》,第403页。

③苏轼撰,孔凡礼点校:《苏轼文集》卷九《策别训兵旅二》,第276页。

④欧阳修著,李逸安点校:《欧阳修全集》卷五十九《原弊》,第870页。

⑤邵伯温撰,李剑雄、刘德权点校:《邵氏闻见录》卷六,第54页。

更制度者甚众,望陛下渐行清净之化。"①宋仁宗时,宋庠为参政,"后既登庸,天下承平日久,尤务清静无所作为,有为者病之"②。政治上推行黄老无为之道的结果,使得民众得到休养生息,起到了缓和阶级矛盾、维护社会稳定的作用。但随之而来的是,因循苟且之风蔓延,政治弊端丛生,"百职不修,纪纲废坏"③。到宋仁宗时期,宋夏战事连绵不断,三川口、好水川、定川寨三大战役,宋军每战必败,损兵数以万计。连年战争频仍,导致军费倍增、国库空虚,财政危机日甚一日,士大夫无不忧患愤懑。庆历三年(1043)九月,范仲淹提出"明黜陟、抑侥幸、精贡举、择官长、均公田、厚农桑、修武备、覃恩信、重命令、减徭役"等十项改革措施,得到仁宗支持,遂颁行全国,史称"庆历新政"。庆历新政遭到保守派的激烈反对,实施不到一年,便宣告失败。庆历新政失败后,北宋朝野又陷入因循守旧状态。庆历新政虽然失败了,但变革意识已经深入人心,变革呼声涌动朝野。"方庆历、嘉祐,世之名士常患法之不变也。"④适应这一潮流,深受范仲淹、富弼、欧阳修等先贤影响的王安石,于熙宁二年推行新法,力求革故鼎新,挽救社会危机。为了使变革顺利进行、回击不同政见者的阻挠和批评,为变革寻找理论依据,王安石领衔修撰《三经新义》,并颁行学官,作为官学通行于世,新学遂成为一时显学,登上皇权国家意识形态领域的主导地位。

第三节　唐宋之际的社会转型和学风转变

唐宋之际,中国封建社会开始了由前期向后期的转变,而这一转变的标志是唐德宗建中元年(780)颁行的两税法。唐朝初期实行的是租庸调制,租庸调制是跟均田、屯田等土地国有制联系在一起的;而两税法取代租庸调制,是跟唐朝中期封建国家土地公有日益衰落、土地私有逐渐发展这一社会现实紧密联系在一起的。北魏至唐朝初期,中国封建王朝实行的是均田制,即土地的主权在封建国家,封建政府按贵族官僚的品级授予一定数量的土地,对于老百姓则采取计口授田的办法。与封建国家土地所有制

---

①陈邦瞻撰:《宋史纪事本末》卷十七《太宗致治》,中华书局 2015 年,第 117 页。

②傅璇琮、祝尚书主编:《宋才子传笺证·北宋前期卷》,第 345 页。

③欧阳修著,李逸安点校:《欧阳修全集》卷一百十二《论包拯除三司使上书》,第 1693 页。

④陈亮撰:《陈亮集》卷十一《铨选资格》,中华书局 1974 年,第 126 页。

相适应,在意识形态领域也实行大一统的封建思想专制。"唐初经学,当以《五经正义》为其代表,其作风仍然是笃守汉、魏注训,不出郑、王范围。所谓'宁道孔圣误,不言服、郑非',正是斥责当时的烦琐支离的作风。"①安史之乱后,唐朝的土地制度受到极大的破坏,封建国家土地所有制逐步转化为封建地主土地所有制。土地制度的变革,极大地调动了劳动者的生产积极性,促进了封建社会生产力的发展。唐朝中叶以后,由于社会生产力的不断发展,社会生产关系的各个方面都跟着发生了变革,从社会阶级结构到思想文化领域乃至人们的风俗习惯等都出现了一些新的特点。

概括而言,唐朝中叶以来思想文化领域里发生了如下的重大变化:

一是儒释道三教由相互对立、相互斗争到相互浸透、相互融合。汉武帝实行"罢黜百家,独尊儒术"的基本国策,使得儒学取得了皇权国家意识形态的主导地位。魏晋南北朝时期,思想文化领域里起支配作用的是儒道融合而来的玄学。隋唐时期,佛教、道教均得到专制政府的提倡,与儒教并列、甚至超越儒教,形成三教鼎立的局面。三教从不同的侧面、用各具特色的理论体系为专制政权服务。在这一过程中,三教互相对立、互相斗争,通过角力,一争高下。自魏晋南北朝到隋唐,儒学始终未能取得君临学坛的地位。为了维护儒家思想的正统地位,儒家学者从范缜起便展开了对佛老的斗争。到唐代中期,儒佛之间的斗争开始出现一种微妙的变化。一些儒家学者认识到,佛教和道教的一些思想可以弥补儒教世俗说教之不足。韩愈是唐代中期的排佛领袖,他视佛教为异端邪说,清人方世举称其"攘斥佛老,不遗余力"②,然而韩愈与大颠和尚一直保持着密切的交往。与韩愈同时的柳宗元则更进一步,不仅与和尚交往,而且不再主张排佛,而是主张以儒为主、融合三教。流风所及,唐朝中后期儒佛相互汲取、相互渗透成为普遍的文化现象。

二是随着安史之乱的发生,封建伦理纲常,特别是君臣一纲,遭到严重破坏。"在一个社会中,政治、经济和军事制度组合成统治体制,直接起控制社会的作用。思想的社会功能则是通过引导社会成员服从统治体制,并

---

① 蒙文通:《中国历代农产量的扩大和赋役制度及学术思想的演变》,《蒙文通文集》第五卷,巴蜀书社 1999 年,第 366 页。

② 方世举撰:《韩昌黎诗集编年笺注》卷二《送灵师》,中华书局 2012 年,第 109 页。

为体制内部各方面关系的调整提供理论指导,间接地承担社会治理的责任。"①到唐代中叶,朝野便出现了复兴儒学、重整伦常的呼声。唐代宗时,国子祭酒萧昕在戎马未息的情况下,建议朝廷复兴儒学,重整纲常伦理,维护专制统治。经历过安史之乱和五代十国的动荡不安,从孤儿寡母手中用兵变手段夺取政权的北宋统治者,立国伊始,所面临的当务之急是整顿社会秩序、维护政权稳定。而重建封建伦常是整顿社会秩序、维护政权稳定的有效手段,而整顿封建伦常就要从复兴儒学入手,因为儒学最核心的内容就是阐发封建伦理纲常,为专制政治服务。

三是儒生们开始反思儒学式微的原因,并将其归结为汉儒烦琐无聊的章句之学。金代王若虚指出:"秦汉以来,日就微灭,治经者局于章句训诂之末,而立行者陷于功名利欲之私,至其语道,则又例为荒忽之空谈而不及于世用,仿佛疑似而失其真,支离汗漫而无所统,其弊可胜言哉!"②可见,秦汉以来,儒学困守章句之学,崇尚训诂而不顾义理,导致学风支离汗漫,儒者热衷于借此捞取功名利禄,反使注经陷入烦琐无聊的境地。

唐朝中叶,安史之乱发生,唐朝政权受到严重冲击,封建社会的伦理纲常,特别是君臣一纲,遭到毁灭性冲击。为适应封建统治的需要,唐朝中叶学风发生较大转变。唐宪宗曾经提出汉元优游儒学,却并不能挽救社会危机的问题,对于唐宪宗的疑问,白居易答曰:"汉元优游于儒学,而盛业竟衰者,非儒学之过也,学之不得其道也。"③那么,为什么说汉元"学之不得其道"呢?元稹答道:"尚儒术而衰盛业,盖章句之学兴,而经纬之文丧也。"④指出汉元之优游儒学却未能挽救社会危机,在于以章句研习儒学,未能掌握先王之道,而要掌握先王之道,就要开辟儒学研究的新途径,以义理之学代替章句之学,寻求儒学微言大义,发掘儒学经世之道。自唐朝中叶以来,学术界出现打破旧学藩篱,鄙薄传注,直寻经旨的新风尚。啖助、赵匡、陆质专治《春秋》,他们摒弃三传,直接探讨《春秋》经旨。"疏以释经,盖筌蹄耳。明经读书,勤劳已甚,既口问义,又诵疏文,徒竭其精华,习不急之业,

①张跃:《唐代后期儒学》,上海人民出版社1994年,第21页。
②王若虚撰,马振君点校:《王若虚集》卷四十四《道学发源后序》,中华书局2017年,第547页。
③白居易著,谢思炜校注:《白居易文集校注》卷十《才识兼茂明于体用科策一道》,中华书局2011年,第413页。
④元稹撰,冀勤点校:《元稹集》卷二十八《才识兼茂明于体用策一道》,中华书局2010年,第385页。

而当代礼法,无不面墙,及临人决事,取办胥吏之口而已,所谓所习非所用,所用非所习者也。"①唐代中期以来,以韩愈、柳宗元、李翱为代表的儒生普遍认为,要使唐朝走出衰势、重振国威,就必须摆脱学非所用、用非所学的状况,从儒经中寻找救世良方。

宋朝立国后,面临的社会矛盾与政治问题几乎与安史之乱后的唐朝如出一辙。安史之乱后的唐朝,需要解决的首要问题,一方面是如何巩固中央集权,另一方面是如何削弱藩镇尾大不掉的兵权。赵宋王朝立国后,采取软硬兼施的办法,极力维护赵家天下:硬的一手是收缴大将兵权,实行高度的中央集权;软的一手是重整纲纪伦常,防止犯上作乱。重整纲纪伦常,就需要提倡儒学,因为讲纲纪伦常,是儒学的专长。要从儒家经典中寻绎有利于维护专制统治的内容,并为封建伦理纲常提供思想支撑,单靠章句训诂是解决不了问题的,于是,发掘经典义理就成为时代的新要求、学术的新使命。而发掘经典义理,首先必须摒弃人们对先儒传注的迷信和盲从,将人们的头脑从先儒传注中解放出来。从唐中叶开始的儒学复兴运动,"历五代至宋,风俗未能骤变也。旧者息而新者盛,则在庆历时代,然后朝野皆新学之流"②。北宋初期,学术思想界通行的依然是唐太宗颁布的《五经正义》。"端拱元年三月,司业孔维等奉敕校勘孔颖达《五经正义》百八十卷,诏国子监镂板行之。"③而当时的主流学风依然沿袭了汉唐时期重视师道家法、因循守旧的观念。"自汉儒至于庆历间,谈经者守训诂而不凿。……唐及国初,学者不敢议孔安国、郑康成,况圣人乎!"④儒生们不仅不敢疑经,对传注也敬若神明,严重阻碍了儒学的创新与发展。这种学风逐渐蔓延,到宋真宗时期,可以说达到登峰造极的地步。真宗时王旦为相,"李迪、贾边有时名,举进士,迪以赋落韵,边以《当仁不让于师论》以'师'为'众',与注疏异,皆不预。主文奏乞收试,旦曰:'迪虽犯不考,然出于不意,其过可略。边特立异说,将令后生务为穿凿,渐不可长。'遂收迪而黜边"⑤。这则故事说明,到宋真宗时期,科举考试连注疏都不敢"特立异

①马端临撰:《文献通考》卷二十九《选举考二》,中华书局 2011 年,第 832 页。
②蒙文通:《中国史学史》,《蒙文通文集》第三卷,巴蜀书社 1995 年,第 308 页。
③王应麟撰,吴秀成、赵庶洋校证:《玉海艺文校证》卷九《端拱校五经正义》,第 411 页。
④王应麟撰,翁元圻辑注:《困学纪闻注》卷八《经说》,第 1192 页。
⑤脱脱等撰:《宋史》卷二百八十二《王旦传》,第 9550 页。

说"，对于经典本身，更是不敢越雷池半步。儒生的治经方法依然偏重于章句训诂，而对经典的微言大义缺乏发明，思想文化界的这种状况，远远不能适应北宋时期政治经济发展的需要，以及应对意识形态领域复杂局面的需要。"宋初三朝基本上仍因循汉学窠臼，儒学仍是章句之学。不过，在疑古变古的社会思潮中，南北各地已开始了对传统儒学的反思，先后涌现出疑传派、疑经派。北方学者，以疑传派为多，南方学者则大胆激进，以疑经派为多。"①到庆历年间，适应政治变革的时代要求，学术思想界更是出现了疑传甚至疑经的现象。"自庆历后，诸儒发明经旨，非前人所及；然排《系辞》，毁《周礼》，疑《孟子》，讥《书》之《胤征》、《顾命》，黜《诗》之《序》，不难于议经，况传注乎！"②由范仲淹倡导的庆历新政，不仅为北宋的政治改革吹来一股新风，而且也给学术研究带来新的气象，宋儒突破汉唐诸儒对孔安国、郑康成等前代经师的迷信和膜拜，开始深入挖掘经典的微言大义，致力于儒学的义理创新。

宋仁宗时期，面对北宋日益尖锐复杂的国内外矛盾，有识之士提出变法主张，企图消除社会积弊、实现富国强兵。要改革时政，首先要为变法寻找理论依据，而当时的儒家学者拘泥于汉儒的章句之学，无法为统治者提供有效的治国良方，这就要求破除汉儒的章句之学，发掘儒家经典中的义理，寻觅治国安邦之策。要做到这一点，就要从否定汉唐传注入手，进而探研儒经义理，为变法寻找理论依据，从而引发一场对中国封建社会政治、经济、文化影响深远的思想解放运动。正如周予同先生所说："宋学的怀疑精神，唐代经师如啖助、赵匡、陆淳辈已开端绪；但这种风气的盛行，却不能不说在北宋庆历以后。"③北宋庆历年间首先兴起的是疑传之风。这一风气的始作俑者是范仲淹，而代表这一学风最高成就的则非孙复、石介莫属。

范仲淹不仅是北宋一位伟大的政治家、军事家、改革家，而且是一位标新立异的思想家、学问家，他在经学史上有着独特的地位和影响。范仲淹解释儒家经典，反对拘泥传注训诂，注重阐发经典大义。范仲淹倡导的这一学风，得到文坛领袖欧阳修的高度评价："大通六经之旨，为文章，论说必

---

①程民生：《宋代地域文化史》，安徽文艺出版社 2017 年，第 276 页。
②皮锡瑞：《经学历史》八《经学变古时代》，中华书局 2008 年，第 220 页。
③皮锡瑞：《经学历史·序言》，第 2 页。

本于仁义。"①范仲淹不仅重视学风的扭转,而且重视教育改革,在掌南京应天府学并兼管应天书院期间,他积极兴办学校,大力培养人才,"由是四方从学者辐辏。其后宋人以文学有声名于场屋朝廷者,多其所教也"②。范仲淹虽为疑传学风的开创者,但其平生志业并不在此,"但开风气不为师",他的学术著述并不多,其学术创新主要集中在《易》学上。

继范仲淹之后,将疑传学风发扬光大的是孙复与石介。孙复主要活动于天圣、明道、景祐、庆历年间,是宋学疑传派的代表人物,其代表作为《易说》和《春秋尊王发微》。孙复对当时通行的儒家经注提出大胆质疑:"专主王弼、韩康伯之说而求于《大易》,吾未见其能尽于《大易》者也;专守左氏、公羊、穀梁、杜预、何休、范宁之说而求于《春秋》,吾未见其能尽于《春秋》者也;专守毛苌、郑康成之说而求于《诗》,吾未见其能尽于《诗》者也;专守孔安国之说而求于《书》,吾未见其能尽于《书》者也。"③在《春秋尊王发微》中,孙复对《春秋三传》提出大胆质疑。欧阳修对孙复的春秋学成就给予高度评价:"先生治《春秋》,不惑传注,不为曲说以乱经。其言简易,明于诸侯大夫功罪,以考时之盛衰,而推见王道之治乱,得于经之本义为多。"④石介则敢于向汉代经学权威发起挑战,批评汉代经学大师郑玄道:"康成之妄也如此。"⑤范仲淹、孙复、石介等人开创的疑传学风,打破了北宋初期严守汉唐传注的传统,为此后疑经学风的出现奠定了坚实的基础。

如果说疑传是发生于北宋初期的儒学复兴运动的第一次浪潮的话,那么疑经就是发生于北宋中期的儒学复兴运动的第二次浪潮。前者为后者打下基础,后者是在前者基础上的发展。清儒皮锡瑞指出:"宋人不信注疏,驯至疑经;疑经不已,遂至改经、删经、移易经文以就己说,此不可为训者也。"⑥疑传风气浸润已久,学术界开始出现疑经之作,始作俑者是欧阳修。欧阳修在《易童子问》中,对《系辞》《文言》《说卦》等篇的作者提出质疑,认为这些篇章非孔子所作。不唯如此,欧阳修还对《诗序》提出质疑,认

---

①欧阳修著,李逸安点校:《欧阳修全集》卷二十一《资政殿学士户部侍郎文正范公神道碑铭》,第332页。
②司马光撰,邓广铭、张希清点校:《涑水记闻》卷十,第182页。
③孙复撰:《孙明复小集》之《寄范天章书二》,《文渊阁四库全书》影印本,第27页。
④欧阳修著,李逸安点校:《欧阳修全集》卷二十七《孙明复先生墓志铭》,第458页。
⑤石介撰,陈植锷点校:《徂徕石先生文集》卷十一《忧勤非损寿论》,中华书局1984年,第121页。
⑥皮锡瑞:《经学历史》八《经学变古时代》,第264页。

为《诗序》非子夏所作,并专攻《毛传》《郑笺》之失。对于欧阳修在经学领域的贡献,四库馆臣评价道:"自唐以来,说诗者莫敢议毛、郑,虽老师宿儒,亦谨守《小序》,至宋而新义日增,旧说俱废。推原所始,实发于修。"[①]可见,欧阳修不仅是北宋古文运动的领袖,亦堪称北宋儒学复兴运动的领袖。

在范仲淹、欧阳修的影响下,学术文化界出现了大胆疑经的思潮,刘敞是其中杰出的代表。刘敞是王安石的朋友,著有《七经小传》。刘敞注经,多异诸儒之说,打破汉唐专事训诂名物的传统,不仅改经就义,而且自出新义,推动经学由恪守训诂发展到崇尚义理。民国柯昌颐认为,在经学改革上,刘敞则开北宋儒学革新之先河,而王安石继其后将北宋的儒学革新运动推向高潮,"是刘氏之《七经小传》,实为安石《三经新义》之先导,皆经学史上之改革派也"[②]。从范仲淹、孙复、石介等人的疑传到欧阳修、刘敞、王安石等人的疑经,改变了汉唐以来崇传尊经的旧传统,形成了宋儒惑传疑经的新学风。

这场疑经思潮,不仅形成对汉唐传统经学的较大冲击,而且意味着儒家创新精神的高度释放和人文精神的重新发现,为摒弃名物笺注的训诂之学提供了学理基础,同时也为弘扬自由议论的义理之学开辟了广阔的道路。至熙宁年间,伴随着变法运动的开展,学术文化界的思想解放运动更是如火如荼,疑经之风肆意蔓延,出现非经甚至删经、诬经现象。如果说庆历年间的疑传疑经现象的出现是儒家怀疑精神在北宋的第一次发扬的话,那么,熙宁年间的疑经、改经甚至非经思潮则是对庆历年间疑经思潮的延续和弘扬,是儒家怀疑精神与创新精神在北宋中期的集中释放。王安石不仅疑传,认为《春秋》三传不足信,而且在科举改革中,将《春秋》置于儒生必须修习的儒家经典之外,视之为"断烂朝报",表现出鲜明的疑经甚至非经色彩。王安石大胆怀疑、通经致用的治学精神,大力摒弃旧有的训诂之学,倡导新兴的义理之学的学术实践,有力地推动了北宋中后期的儒学复兴思潮,成为引领北宋中后期儒学复兴思潮的巨擘。

---

①纪昀、陆锡熊、孙士毅撰,四库全书研究所整理:《钦定四库全书总目》卷十五,第190页。
②柯昌颐:《王安石评传》,商务印书馆中华民国二十二年,第216页。

第三章　荆公新学的发展历程及其学术渊源

　　荆公新学是适应北宋中期社会变革的需要而产生，同时，它又是北宋中期儒学复兴思潮的产物，并随着社会发展的需要以及儒学复兴思潮的发展而演进。王安石在世期间，新学经历了创立、发展和演变三个时期。

第一节　荆公新学的创立

　　荆公新学创立于庆历、皇祐至嘉祐、治平年间，主要标志是《淮南杂说》《易解》《孟子解》《老子注》《洪范传》等著作的刊行。这些著作，集中体现了王安石早期的哲学思想和经学思想，是新学创立时期的代表作。这一时期，新学的主要特点是阐述儒家的道德性命之理。

　　庆历新政的昙花一现，致使北宋社会改革派遭受冲击，整个社会再次陷入因循守旧的沉闷状态。然而，庆历新政未能解决的社会积弊依然存在，北宋王朝面临的政治、经济危机依然严峻。南宋陈亮指出："方庆历、嘉祐，世之名士常患法之不变也。"[1]南宋朱熹也指出："盖那时也是合变时节。"[2]庆历、嘉祐年间，社会上充斥着变革的呼声，因为那时的确是呼唤变革的时代。变革的时代需要变革的理论。适应这一社会需要，王安石开始了理论思考和学术创新。嘉祐三年，王安石入为度支判官，上仁宗皇帝万言书，提出一系列改革措施，然而未获仁宗重视。在这种情况下，王安石集中精力进行学术研究。《淮南杂说》《易解》《洪范传》，即完成于这一时期。

　　《淮南杂说》，邓广铭先生将其系于庆历二年至六年，王安石时任"签书淮南节度判官厅公事"[3]。漆侠先生将其系于皇祐三年至五年，王安石

①陈亮撰：《陈亮集》卷十一《铨选资格》，第126页。
②黎靖德编，王星贤点校：《朱子语类》卷一百三十《自熙宁至靖康用人》，第3097页。
③邓广铭：《王安石在北宋儒家学派中的地位》，《邓广铭治史丛稿》，第178页。

时任舒州通判①。对于《易解》，漆侠先生认为"约与《淮南杂说》相先后"②。高克勤先生认为《易解》作于嘉祐年间。《孟子解》和《老子注》，两书均佚，后者有蒙文通、严灵峰、容肇祖诸先生辑本。熙宁三年二月，司马光在给王安石的信中说："光昔从介甫游，介甫于诸书无不观，而特好孟子与老子之言。"③所谓"昔者从介甫游"，当为嘉祐年间。司马光称王安石在嘉祐年间喜好《孟子》《老子》，绝非道听途说。王安石《孟子解》与《老子注》，大约作于嘉祐年间。《洪范传》，蔡上翔《王安石年谱考略》将其系于熙宁末、元丰初。漆侠先生将其系于嘉祐六七年间④。笔者认为，《洪范传》初撰于治平三年之前，修订于治平四年。治平四年九月，王安石被召赴京任翰林学士。宋神宗对王安石说："朕顽鄙初未有知，自卿在翰林，始得闻道德之说，心稍开悟。"⑤自治平四年九月入朝为翰林学士到熙宁二年二月为参知政事议行变法，其间仅仅一年半时间，也就是在这短短的时间里，神宗"始得闻道德之说"。熙宁元年王安石入对，君臣相谈甚得。大致可以判定，就在这次入对时，王安石向神宗阐述了道德性命之理。由此推断，治平末年，王安石正在探研道德性命之理，而体现其道德性命之理的基本著作是《淮南杂说》《洪范传》和《易解》。

这些著述的刊行，在当时学术界引起了极大的反响。王氏后学陆佃回忆："［嘉祐、治平间］淮之南，学士大夫宗安定先生之学，予独疑焉。及得荆公《淮南杂说》与其《洪范传》，心独谓然，于是愿扫临川先生之门。后余见公，亦骤见称奖，语器言道，朝虚而往，暮实而归。觉平日就师十年，不如从公之一日也。"⑥王氏弟子蔡卞对于荆公学术推崇备至："自先王泽竭，国异家殊。由汉迄唐，源流浸深。宋兴，文物盛矣，然不知道德性命之理。安石奋乎百世之下，追尧、舜、三代，通乎昼夜阴阳所不能测而入于神。初著《杂说》数万言，世谓其言与孟轲相上下，于是天下之士，始原道德之意，窥性命

---

①漆侠：《宋学的发展和演变》，第 319 页。

②漆侠：《宋学的发展和演变》，第 391 页。

③司马光撰，李文泽、霞绍晖点校：《司马光集》卷六十《与王介甫书》，第 1259 页。

④漆侠：《宋学的发展和演变》，第 319 页。

⑤李焘撰，上海师范大学古籍整理研究所、华东师范大学古籍整理研究所点校：《续资治通鉴长编》卷二百三十三熙宁五年五月甲午，第 5661 页。

⑥陆佃撰：《陶山集》卷十五《傅府君墓志》，第 165 页。

之端。"①

　　王安石所撰《淮南杂说》和《洪范传》刊行之前,北宋学术思想界影响较大的是胡瑗之学。熙宁二年,宋神宗曾问胡瑗弟子刘彝:"胡瑗与王安石孰优?"刘彝对曰:"臣师胡瑗以道德仁义教东南诸生时,王安石方在场屋中修进士业。臣闻圣人之道,有体、有用、有文。君臣父子,仁义礼乐,历世不可变者,其体也。《诗》《书》史传子集,垂法后世者,其文也。举而措之天下,能润泽斯民,归于皇极者,其用也。国家累朝取士,不以体用为本,而尚声律浮华之词,是以风俗偷薄。臣师当宝元、明道之间,尤病其失,遂以明体达用之学授诸生。"②可见,胡瑗之学侧重于道德仁义礼乐的说教,王安石对胡瑗较为推重,赋诗云:"先生天下豪杰魁,胸臆广博天所开。文章事业望孔孟,不复睥睨蔡与崔。"③然而,胡瑗之学继承韩愈仁义道德的说教,并没有解决天道与性命的关系问题。

　　在世人沉迷胡瑗之学的背景下,王安石深入探讨道德性命问题,弥补了传统儒家自孔子以来罕言性与天道的不足,对性与天道的关系问题给出了自己的答案,给学术界吹来了一股新风,开启了宋儒探讨道德性命之理的先河。邓广铭先生指出:"当时人之所以把《杂说》与《孟子》相比……是因其多谈道德性命之故。"④侯外庐先生疑《临川先生文集》卷六十五至卷七十即为《淮南杂说》。高克勤先生则指出:"此论似不能成立。一则此六卷中包括《洪范传》一卷……《淮南杂说》和《洪范传》当为两书。再则,如依此论,《礼论》、《礼乐论》、《致一论》、《性情》、《性论》、《原性》等文,当是《淮南杂说》中的篇目,可是,这几篇文章的主旨与《孟子》中有关内容有明显的抵牾之处,如《原性》指名道姓批评孔子,似不可能'世谓其言与孟轲相上下'。"⑤不管孰是孰非,从时人的反映来看,《淮南杂说》主要探讨道德性命之理则无疑。

　　《洪范》本是儒家经典《尚书》中之一篇。旧传为商人箕子向周武王陈述治国安邦大计的文献,为历代思想家所重视,纷纷为之作传。在《洪范

---

①晁公武撰,孙猛校证:《郡斋读书志校证·郡斋读书志》卷十二,第525页。
②黄宗羲原著,全祖望补修,陈金生、梁运华点校:《宋元学案》卷一《安定学案》,中华书局1986年,第25页。
③王安石撰,唐武标点校:《王文公文集》卷四十三《寄赠胡先生》,第497页。
④邓广铭:《王安石在北宋儒家学派中的地位》,《邓广铭治史丛稿》,第179页。
⑤高克勤:《王安石著述考》,王水照主编:《王安石全集》第十册,第380页。

传》中,王安石发展了天道无为的唯物主义自然观,探讨了自然界由"五行"相生相克,产生新的物质的规律,并用"有耦""有对"两个概念概括事物对立统一的辩证关系,丰富和发展了古代朴素唯物主义思想和辩证法哲学。王安石指出:"盖五行之为物,其时、其位、其材、其气、其性、其形、其事、其情、其色、其声、其臭、其味,皆各有耦,推而散之,无所不通。一柔一刚,一晦一明,故有正有邪,有美有恶,有丑有好,有凶有吉,性命之理、道德之意皆在是矣。"①在王安石看来,道德之意、性命之理就存在于对事物发展变化的认识之中,而《洪范传》则集中阐述了对立事物的无穷变化。可见,阐述客观事物发展变化的规律是《洪范传》的主旨。

尽管王安石自己对《易解》并不满意,称其"自谓少作未善"②,对于该书的流布,"追思之未尝不愧"③,但此书却受到新学的反对者程颐的推崇,"若欲治《易》,先寻绎令熟,只看王弼、胡先生、王介甫三家文字,令通贯,余人《易》说,无取枉费功。"④程颐之所以将王安石的《易解》与王弼的《周易略例》《周易注》和胡瑗的《周易口义》相提并论,一是因为王安石继承王弼"扫象阐理"的方法,对《易》理进行了创造性的阐释,与胡瑗、程颐义理阐《易》的方法一致;二是因为王安石在解《易》时,阐发了道德性命之理,对丰富和发展儒家学说做出了贡献。

《淮南杂说》《洪范传》《易解》的刊行,奠定了王安石在北宋中期学术界的地位,扩大了王安石在北宋中期学术界乃至社会上的影响,得到上自朝廷、下至民间的重视。嘉祐年间,"王荆公为江东提点刑狱时,已号为通儒。茂叔遇之,与语连日夜。荆公退而精思,至忘寝食"⑤。嘉祐八年(1063)八月,王安石之母吴氏病逝,王安石丁母忧而居江宁,后又因病未赴京应召,遂在江宁设坛讲学,直至治平四年(1067)九月才应召入朝。在这大约四年的时间里,王安石一边收徒讲学,一边著书立说。弟子陆佃回忆道:"治平三年,今大丞相王公守金陵,以绪余成学者,而某也实并群英之游。"⑥既然陆佃自称"并群英之游",表明师从王安石的并非寥寥,而是有一批志同道

①王安石撰,唐武标点校:《王文公文集》卷二十五《洪范传》,第281页。
②晁公武撰,孙猛校证:《郡斋读书志校证·郡斋读书志》卷一,第41页。
③王安石撰,唐武标点校:《王文公文集》卷七《答韩求仁书》,第81页。
④程颢、程颐撰,王孝鱼点校:《河南程氏文集》卷九,《二程集》上,第613页。
⑤周敦颐撰,陈克明点校:《周敦颐集》卷三《遗事》,中华书局1990年,第83页。
⑥陆佃撰:《陶山集》卷十六《沈君墓表》,第183页。

合的青年才俊追随其后,"诸生横经饱余论,宛若茂草生陵阿"①。

由此可见,王安石的学术思想在嘉祐、治平年间已经形成,并且已开坛授徒,当时不少读书人仰慕王安石的学问,愿意拜到王安石门下。标志着新学学派初步形成。

第二节 荆公新学的发展

赋闲江宁期间,通过讲学,王安石不但传播了自己的学术思想,而且培养并团结了一批青年才俊。通过朋友的介绍,使自己的思想得到时为颍王、后为神宗的赵顼的青睐,为日后在政治上和学术上的发迹打下了基础。"安石虽高科有文学,本远人,未为中朝士大夫所服,乃深交韩、吕二家兄弟。……子华、持国、晦叔争扬于朝,安石之名始盛。安石又结一时名德之士如司马君实辈,皆相善。先是治平间,神宗为颍(颖)王,持国翊善,每讲论经义,神宗称善。持国曰:'非某之说,某之友王安石之说。'至神宗即位,乃召安石,以至大用。"②治平四年九月,时神宗已即位,王安石被召赴京任翰林学士。熙宁元年四月,宋神宗召见王安石。"入对,帝问为治所先,对曰:'择术为先。'帝曰:'唐太宗何如?'曰:'陛下当法尧、舜,何以太宗为哉?尧、舜之道,至简而不烦,至要而不迂,至易而不难。但末世学者不能通知,以为高不可及尔。'帝曰:'卿可谓责难于君,朕自视眇躬,恐无以副卿此意。可悉意辅朕,庶同济此道。'"③在这次面君的最后,宋神宗问王安石:"祖宗守天下能百年无大变,粗致太平,以何道也?"或因时间关系,或因王安石对此问题尚欠思考,退而上《本朝百年无事劄子》,勉励神宗大胆变革,以期大有作为。"明日,上谓安石曰:'昨阅卿所奏书至数遍,可谓精画计,治道无以出此,所由众失,卿必已一一经画,试为朕详见设施之方。'对曰:'遽数之不可尽,愿陛下以讲学为事,讲学既明,则设施之方不言自喻。'上曰:'虽然试为朕言之。'于是为上略陈设施之方。上大喜,曰:'此皆朕所未尝闻,他人所学,固不及此。'"④宋神宗

① 陆佃撰:《陶山集》卷一《依韵和李知刚黄安见示》,第3页。
② 邵伯温撰,李剑雄、刘德权点校:《邵氏闻见录》卷三,第24页。
③ 脱脱等撰:《宋史》卷三百二十七《王安石传》,第10543页。
④ 黄以周等辑注,顾吉辰点校:《续资治通鉴长编拾补》卷三上熙宁元年四月乙巳,中华书局2004年,第95页。

即位之初,求治心切,三番五次向王安石问以治国之计,王安石借面君机会向宋神宗谈了他的道德性命之理,得到神宗首肯。宋神宗对王安石说:"自卿在翰林,始得闻道德之说。"①可见,仁宗嘉祐、治平年间,新学学派虽然已经初步形成,但其学说仅限于民间传播。直到熙宁元年四月,在王安石面君之后,他的道德性命之学才得到神宗首肯,从此开始由私学向官学过渡。

熙宁二年二月,王安石被任命为参知政事。熙宁三年十二月,拜相。随着王安石拜相和熙宁变法的开始,在神宗的支持下,新学上升为皇权国家意识形态领域占主导地位的思想学说。自熙宁二年二月王安石任参知政事,到熙宁九年十月王安石第二次罢相,这一阶段是荆公新学的发展期。其标志为《三经新义》的颁行及其官学地位的确立。

早在嘉祐二年,在写给王深甫的信里,王安石通过古今对比,表达了对当时民情鄙陋、世风晓薄的不满,表达了他希望通过"一道德"来改变颓废的社会风气的愿望:"古者一道德以同天下之俗,士之有为于世也,人无异论。今家异道,人殊德,又以爱憎喜怒变事实而传之。"②熙宁二年五月,王安石在反驳苏轼对贡举改革的批评时,更是指出当时思想界的混乱状况:"今人材乏少,且其学术不一,一人一义,十人十义,朝廷欲有所为,异论纷然,莫肯承听,此盖朝廷不能一道德故也。"③这种思想上的自由化已经严重干扰了北宋政府政策的制订和实施。为了与政治的大一统局面相适应,通过统一学术,进而统一士人的思想,统一社会舆论,已成为北宋统治者的迫切要求。熙宁五年正月,宋神宗对王安石说:"经术,今人人乖异,何以一道德? 卿有所著可以颁行,令学者定于一。"④重新训释儒经,不仅是最高统治者的迫切要求,也是当时举子的普遍愿望。熙宁六年三月,"举人对策,多欲朝廷早修经义,使义理归一"⑤。在朝野的共同呼吁下,宋廷设置

①李焘撰,上海师范大学古籍整理研究所、华东师范大学古籍整理研究所点校:《续资治通鉴长编》卷二百三十三熙宁五年五月甲午,第5661页。

②王安石撰,唐武标点校:《王文公文集》卷七《答王深甫书》,第85页。

③马端临撰:《文献通考》卷三十一《选举考四》,第907页。

④李焘撰,上海师范大学古籍整理研究所、华东师范大学古籍整理研究所点校:《续资治通鉴长编》卷二百二十九熙宁五年正月戊戌,第5570页。

⑤李焘撰,上海师范大学古籍整理研究所、华东师范大学古籍整理研究所点校:《续资治通鉴长编》卷二百四十三熙宁六年三月庚戌,第5917页。

经义局,宋神宗任命王安石提举经义局,负责训释《诗》《书》《周官》。熙宁七年四月,王安石首次罢相,知江宁府,移居金陵,但仍提举经义局,修撰《三经新义》的工作未曾中断。王雱也随迁金陵,参与修撰经义。熙宁八年二月,王安石复相。经过两年多的艰辛工作,熙宁八年六月,《诗义》《书义》《周礼义》修成奏御,副本送国子监镂板,颁行天下,作为学校教育与科举取士的标准教材。"安石训释《诗》、《书》、《周礼》,既成,颁之学官,天下号曰'新义'。"①《三经新义》作为教科书颁行太学及地方学校,标志着新学的成熟及其上升到皇权国家意识形态的主导地位,成为君临天下的官学。

《三经新义》的颁行,在当时的学术界产生了重要的影响。它彻底否定了汉唐章句之学在宋初学术界的主导地位,弘扬了宋学重义理、重经世的新学风。同时,《三经新义》官学地位的确立,标志着儒学正式战胜佛老,重新回归皇权国家意识形态的主导地位,但也遭到一些士人的批评。元丰三年,王安石重新对《三经新义》进行了修订。修订再版后,作为学校教育与科举考试的标准答案,新学得到了广泛而迅速的传播。苏轼说:"欧阳子没十有余年,士始为新学。"②欧阳修殁于熙宁五年,"十有余年",正好是元丰后期,此时王安石虽已退隐江宁,但由他制定的科举措施仍在执行,《三经新义》依然主导学术界,说明到元丰后期新学已逐渐被学术界所接受。

《三经新义》颁行后,为配合教学需要,《字说》也颁行学官。到元丰后期,新学已被学术界所广泛接受。哲宗绍述后,新学的地位得到进一步的提高,这表现在不仅王安石的《三经新义》乃至他的其他著述,甚至新学后学的著述也渐次刊行,并为社会所追捧。王安石的《论语解》、王雱的《论语口义》以及陈用之的《论语解》,"绍圣后皆行于场屋"③。王安石的《孟子解》,乃至其子雱与其门人许允成的注释,"崇、观间,场屋举子宗之"④。王安石的《易解》,"绍圣后复有龚原、耿南仲注《易》,三书偕行于场屋"⑤。充分说明绍圣年间,不但《三经新义》《字说》得到广泛传播,王安石的《论语解》《孟子解》《易解》乃至后学的著述也得到重视。如果说《三经新义》作为

---

①脱脱等撰:《宋史》卷三百二十七《王安石传》,第10550页。

②苏轼撰,孔凡礼点校:《苏轼文集》卷十《六一居士集叙》,第316页。

③王梓材、冯云濠编撰,沈芝盈、梁运华点校:《宋元学案补遗》卷九十八《荆公新学略补遗》,中华书局2012年,第5872页。

④晁公武撰,孙猛校证:《郡斋读书志校证·郡斋读书志》卷十,第420页。

⑤晁公武撰,孙猛校证:《郡斋读书志校证·郡斋读书志》卷一,第41页。

学校教育与科举考试的标准教材的话,那么,《字说》《论语解》《孟子解》《易解》则是作为辅导读物而被广泛关注的。南宋王应麟在《困学纪闻》中称:"自汉儒至于庆历间,谈经者守训诂而不凿。《七经小传》出而稍尚新奇矣,至《三经义》行,视汉儒之学若土梗。"[1]《三经新义》的刊行,不仅标志着新学学术体系的成熟,而且标志着新学官学地位的形成。在王安石的努力下,不仅王氏新学得到广泛传播,王氏后学也逐渐成熟起来,王雱、陈祥道、许允成、龚原、耿南仲、陆佃等的著述,也得到学术界的追捧,王氏新学及其后学在思想文化领域里的影响越来越大。

第三节　荆公新学的演变

荆公新学发展的第三个阶段,是熙宁九年十月王安石再次罢相至元祐元年四月王安石去世,这十年左右是新学的演变期,即由相对醇儒向佛禅化儒学的演变时期。其标志是《字说》的刊行。

元丰年间,是王安石学术思想的演变期。此前王安石的学术思想虽然有"以佛济儒"的成分,但其大旨还是儒家的;而此后王安石的学术思想开始了融会儒佛,且有向佛禅化儒学演变的趋势。首先,这与当时的社会环境密切相关。"熙宁以前洛中士大夫未有谈禅者。"[2]熙宁变法期间,由于王安石大量起用新人,使一些反对变法的元老旧臣退居二线,这些政治上不得志的士大夫,在德高望重的富弼等人的影响下,纷纷以谈禅义、述名理为乐事,一时间谈禅向佛蔚然成风。与此同时,禅宗亦得到最高统治者的礼遇。提点寺务司改组大相国寺,将其六十二院中的两院改为禅院。朝廷召来著名禅僧宗本住持慧林院,宋神宗召对于延和殿,并恩准宗本乘轿入见。由于最高统治者的提倡,士大夫"无座不谈禅",朝野上下弥漫着一种空虚无聊的社会氛围。面对这种局面,二程痛心疾首,大声呼吁:"昨日之会,大率谈禅,使人情思不乐,归而怅恨者久之。此说天下已成风,其何能救! 古亦有释氏,盛时尚只是崇设像教,其害至小。今日之风,便先言性命道德,先驱了知者,才愈高明,则陷溺愈深。"[3]二程还对当时学术界的佞佛

---

[1] 王应麟撰,翁元圻辑注:《困学纪闻注》卷八《经说》,第1192页。
[2] 叶梦得撰:《避暑录话》卷二,《宋元笔记小说大观》,第2623页。
[3] 程颢、程颐撰,王孝鱼点校:《河南程氏遗书》卷二上,《二程集》上,第23页。

之风,提出了严厉批评:"今人不学则已,如学焉,未有不归于禅也。"①由此可见,禅宗在北宋封建士大夫中乃至学术界的普及与影响。"宋代士大夫阶层的禅悦风气,鲜明地体现了儒佛融合的倾向。这些士人,大多是通过科举考试进入仕途的,儒家经典烂熟于胸;另一方面,他们内心又欣赏佛教禅宗的那一份超越世俗欲望的情怀,并将这两者结合在一起,由此构成宋代道学的社会心理基础。"②这一社会风气和文化思潮,为新学的佛禅化提供了社会土壤和文化背景。流风所及,王安石大量阅读佛经,并开始借鉴佛教、援佛入儒。其次,由于新政遭遇挫折,人生进入暮年,且常年抱病在身,加之爱子王雱早夭,身心俱疲、痛苦不堪的王安石产生了借助佛禅摆脱身心痛苦、世俗烦恼的想法,他的思想也由早期的"以释济儒"发展到"融会儒释"。

元丰五年,《字说》完成,进献朝廷,王安石同时上《进字说表》,首先阐发了文字训释的意义:"窃以书用于世久矣,先王立学以教之,设官以达之,置使以谕之,禁诛乱名,岂苟然哉!凡以同道德之归,一名分之守而已。道衰以隐,官失学废,循而发之,实在圣时,岂臣愚憧,敢逮斯事?"③王安石认为,古代先王是重视文字训释的,曾经"立学以教之,设官以达之,置使以谕之";目的在于"同道德之归,一名分之守";而现在"道衰以隐,官失学废",有必要通过训释文字,来达到统一经义的目的。其次阐述了王安石关于文字训释的指导思想,即文字出于自然,文字的音、形、义、位均是自然的反映,所以,其撰著《字说》的原则在于找出文字与自然的联系,挖掘文字所包含的义理。"盖闻物生而有情,情发而为声。声以类合,皆足相知。人声为言,述以为字。字虽人之所制,本实出于自然。凤鸟有文,河图有画,非人为也,人则效此。"④撰著《字说》的原则也决定了《字说》的特点,即在于探讨文字义理。其辨析文字义理的方法,就是通过字形辨析字义。王安石不顾东汉许慎所确立的"六书"原则,而主要采用"会意"的方法来分析文字含义,把大量的形声字当作会意字来训释,企图在形声字的声符中寻找意义,这就决定了王安石的文字训释必然牵强

---

① 程颢、程颐撰,王孝鱼点校:《河南程氏遗书》卷十八,《二程集》上,第 196 页。
② 张培锋:《宋诗与禅》,中华书局 2009 年,第 23 页。
③ 王安石撰,唐武标点校:《王文公文集》卷二十《进字说表》,第 236 页。
④ 王安石撰,唐武标点校:《王文公文集》卷二十《进字说表》,第 236 页。

附会。

　　由于王安石晚年致力于融会三教,因此《字说》难免流入佛老。《宋史》本传指出:"[王安石]晚居金陵,又作《字说》,多穿凿傅会。其流入于佛、老。"①实事求是地说,关于《字说》流入佛老的批评是有根据的,王安石之好佛也是有名的。在王安石看来,佛学与儒学是相通的。熙宁五年五月,王安石在与宋神宗的一次对话中就流露出儒佛相通的思想:"臣观佛书,乃与经合,盖理如此,则虽相去远,其合犹符节也。"②王安石集中修订《字说》是在元丰年间,而此一时期正是王安石大量阅读佛经的时期,"元丰中,王荆公居半山,好观佛书"③。此一时期,王安石不仅好观佛书,思想也受佛教影响,不时流露出人生如梦的叹惋。元丰五年,王安石在给吕惠卿的一封信中说:"观身与世,如泡梦幻,若不以此洗心而沈于诸妄,不亦悲乎!"④可见,佛教对王安石晚年的思想与处世影响之深。而王安石之好道更是渊源有自。早在嘉祐年间,王安石就喜好《老子》,并作《老子注》,开始了以儒笺道的工作。撰著《字说》时,更是以儒释字、以佛释字、以道释字,开始了糅合三教、创立新说的学术研究。至此,新学完成了由早期的相对醇儒向后期佛禅化儒学的演变,是为新学的演变期,而《字说》即为这一演变的标志。

　　《字说》的颁行,在当时产生了广泛的影响。王氏后学蔡卞评价道:"介甫晚年闲居金陵,以天地万物之理,著于此书,与《易》相表里。"⑤苏轼本来对新学持批评态度,但其后学黄庭坚对《字说》却给予了高度评价:"荆公晚年删定《字说》,出入百家,语简而意深,常自以为平生精力尽于此书。好学者从之请问,口讲手画,终席或至千余字。"⑥从新学后学蔡卞和蜀学后学黄庭坚的评价中,我们可以看出,尽管《字说》存在着牵强附会、流入佛老等不足,但其对于文字义理的训释和儒学创新的贡献是值得重视的。

---

① 脱脱等撰:《宋史》卷三二七《王安石传》,第 102 页。
② 李焘撰,上海师范大学古籍整理研究所、华东师范大学古籍整理研究所点校:《续资治通鉴长编》卷二百三十三熙宁五年五月甲午,第 5660 页。
③ 陆游撰,李剑雄、刘德权点校:《老学庵笔记》卷三,中华书局 1979 年,第 37 页。
④ 王安石撰,唐武标点校:《王文公文集》卷六《再答吕吉甫书》,第 70 页。
⑤ 晁公武撰,孙猛校证:《郡斋读书志校证·郡斋读书志》卷四,第 165 页。
⑥ 黄庭坚撰,刘琳、李勇先、王蓉贵点校:《宋黄文节公全集·正集》卷二十七《书王荆公骑驴图》,《黄庭坚全集》第二册,第 733 页。

第四节　荆公新学的学术渊源

陈寅恪先生指出:"窃疑中国自今日以后,即使能忠实输入北美或东欧之思想,其结局当亦等于玄奘唯识之学,在吾国思想史上既不能居最高之地位,且亦终归于歇绝者。其真能于思想上自成系统,有所创获者,必须一方面吸收输入外来之学说,一方面不忘本来民族之地位。此二种相反而适相成之态度,乃道教之真精神,新儒家之旧途径,而二千年吾民族与他民族思想接触史之所昭示者也。"①陈先生所云"新儒家之旧途径",在北宋中期则是新儒家之新途径。北宋中期以来,面对儒学的内在危机和佛道的外在挑战,一批有识之士打起复兴儒学的大旗。他们或主张排斥佛老,力图通过拒斥佛老来恢复儒学的地位,如范仲淹、欧阳修、曾巩等;或主张以儒为本,援引佛老,力图通过融会佛老之长以重建儒学,王安石、苏轼、苏辙则是其中杰出的代表。

王安石认为,在先王时代存在一个包容一切、至圣至公的"全经",由于时代的变迁、经典的丧失、道术的分裂,今人已经无法看到"全经"。"然世之不见全经久矣,读经而已,则不足以知经。"②因此,要恢复先王"全经",就必须博览群书,博采广问,从而探寻先王之经的本来面目,"故某自百家诸子之书,至于《难经》、《素问》、《本草》,诸小说无所不读,农夫、女工无所不问,然后于经为能知其大体而无疑"③。百家诸子,无所不读,自然包括佛道两家;农夫女工,无所不问,当然不排除僧人道士。儒家要战胜佛老,必须汲取佛老之长,弥补儒家之短,修其本而胜之,这才是高明的办法,更何况儒释道诸家亦有相通的地方:"于是圣人之大体,分裂而为八九。……盖有见于无思无为,退藏于密,寂然不动者,中国之老、庄,西域之佛也。"④不仅如此,释道两家也有儒家值得借鉴、吸收的地方:"特礼乐之意大而难

---

①陈寅恪:《冯友兰〈中国哲学史〉下册〈审查报告〉》,冯友兰著:《中国哲学史》,中华书局2014年,第902页。

②王安石撰,聂安福、侯体健整理:《临川先生文集》卷七十三《答曾子固书》,王水照主编:《王安石全集》第六册,第1314页。

③王安石撰,聂安福、侯体健整理:《临川先生文集》卷七十三《答曾子固书》,王水照主编:《王安石全集》第六册,第1314页。

④王安石撰,唐武标点校:《王文公文集》卷三十五《涟水军淳化院经藏记》,第422页。

知,老子之言近而易晓。圣人之道得诸己,从容人事之间而不离其类焉;浮屠直空虚穷苦,绝山林之间,然后足以善其身而已。"①王安石认为,儒道相比,孔子之道大而难知,老子之道近而易晓,老子之道可以补孔子之道之不足;儒佛相比,孔子之道不离人伦,贴近人性,浮屠之道离世绝俗,在修身养性方面,可以弥补儒家心性哲学之不足。"三代圣王时期的道术(全经)发生了分裂,诸子百家各得其一隅,虽然儒家得其诗、书、礼、乐等主体,但也不能代表完整的道术。既然儒家所奉的六经已经不能代表全经,因此只是读儒家经典,便不足以了知全经,对儒家经典本身也无法真正理解。"②在王安石看来,汉唐儒学重训诂而不明义理,故不足取,要复兴儒学,就必须从三代时期的原始儒学开始,要找回三代时期的原始儒学,就必须恢复三代时期的先王之经,只有从原始经典开始,以儒为宗,援道入儒,援法入儒,甚至援诸子百家入儒,才能恢复三代时期先王之经的本来面目,才能看到"全经"。在王安石心目中,理想的时代是尧舜禹三代,他的政治理想是恢复三代之治,与杜甫一样,希望"致君尧舜上,再使风俗淳"③,希望当今圣上像三代之君一样。他的人生楷模是尧舜时代的名臣贤相,"材疏命贱不自揣,欲与稷契遐相晞"④,希望自己像三代名臣贤相一样,济世淑民。要再现三代政治,就要寻回迷失的先王之道,需从儒释道等诸家经典中寻找蛛丝马迹。王安石认识到,以韩愈为代表的唐代中期儒学家,对待佛道采取的是攘斥的态度,然而儒学越是排斥异端,自己就越孤立,越是攻击对方,越是不能汲取对方的长处。"如果死抱住这些落后固执的信条不放,就不可能有所进步,别说兴盛发展,连守成都不可能,因此他下决心回到先王那里去,回到经学那里去,重新发现儒家的源头活水,创立一个兼容众说的新经学,一个不排异端的新说。"⑤王安石指出,对待异质文化要一分为二,找出其合理的地方和不合理的地方,对于其合理的地方要借鉴、吸收,而对于其不合理的地方要批判、攘斥。判断异质文化合理与否的标准是儒家立场和儒学宗旨,借鉴、吸收异质文化的目的是丰富、发展儒家学说。

---

① 王安石撰,唐武标点校:《王文公文集》卷二十九《礼乐论》,第 336 页。
② 徐文明:《出入自在——王安石与佛禅》,河南人民出版社 2001 年,第 64 页。
③ 杜甫著,仇兆鳌注:《杜诗详注》卷一《奉赠韦左丞丈二十二韵》,中华书局 1979 年,第 74 页。
④ 王安石撰,唐武标点校:《王文公文集》卷四十四《忆昨诗示诸外弟》,第 512 页。
⑤ 徐文明:《出入自在——王安石与佛禅》,第 72 页。

一、以儒为宗

王安石出生在一个"仕则有常禄,而居则无常产"①的封建仕宦家庭,全家数十口依靠父亲王益的微薄薪俸维持生活。乃父王益为人正直,为官清廉,对上忠君孝亲,对下慈子爱民,堪称一位标准的儒士。王益对王安石,不但言传以儒道,而且身教以儒行。据王安石回忆,乃父常用儒家思想教育子女,"从容为陈孝悌仁义之本,古今存亡治乱之所以然"②。王益任韶州知州时,严格以儒家道德规范理政,扭转韶州"无男女之别"③之俗,令男女有别,不乱伦常。王益的道德政事对年幼的王安石有着深刻的影响。乃父殁后,全家陷入"无田园以托一日之命"④的窘迫境地。面对如此困境,青年王安石别无选择,唯有踏上读书、科举、入仕这条自古以来儒生们实现内圣外王理想的必由之路。

王安石自幼酷爱读书,可以说,手不释卷贯穿了他的一生;而王安石读书有自己的特点:一是不迷信古人,具有独立见解。他认为,两汉以来的儒生们,为儒经所做的传注,使得儒经"汩"而"蔽",使其大义晦涩难懂,千百年来误人不浅。王安石在读经时,绝不拘守前人的传注,而是通过独立思考,表达自己的独到见解。二是不拘于儒家经典,诸子百家无所不读。王安石认为,当时的士大夫拘泥于儒经及其传注,这样只是读经而已,则不足以知经,要想做到知经,就必须博览群书、融会贯通。但是,王安石之博览,并非为了猎奇而博览,其动机在于由博返约,探寻儒家元典,发掘圣人意蕴,"盖后世学者与先王之时异矣,不如是不足以尽圣人故也"⑤。三是王安石不但重视书本知识,而且重视社会实践。这表现在,一方面王安石不仅重视书本知识的汲取,而且重视实践经验的总结,并借此构建自己的学术体系;另一方面他不是为了读书而读书,读书的目的是为了学术创新,而学术创新是为了服务于社会实践。

在社会思潮和家庭教育的影响下,王安石志存高远,青年时期即树立

①王安石撰,唐武标点校:《王文公文集》卷二《上曾参政书》,第22页。
②王安石撰,唐武标点校:《王文公文集》卷三十三《先大夫述》,第390页。
③王安石撰,唐武标点校:《王文公文集》卷三十三《先大夫述》,第390页。
④王安石撰,唐武标点校:《王文公文集》卷二《上相府书》,第24页。
⑤王安石撰,聂安福、侯体健整理:《临川先生文集》卷七十三《答曾子固书》,王水照主编:《王安石全集》第六册,第1314页。

了崇高的人生理想。庆历三年五月,时任签书淮南判官的王安石返乡省亲,感慨良多,赋诗言志,其诗略云:"材疏命贱不自揣,欲与稷契遐相晞。"①稷、契是传说中尧舜时代的两位贤臣,稷在尧舜时担任农官,擅长种植,契被舜任命为司徒,掌管教化。王安石以稷、契为楷模,表明他从青年时期起,就立下了经邦济世的远大志向。

北宋是一个尊孔崇儒的时代。宋太祖、宋太宗认为,儒家学说的创始人孔子及其若干弟子,堪称天下的表率,值得人们效法。到宋仁宗时期,各州县广设学校,讲授儒学,习儒之风盛行。王安石成长在这样一个社会环境中,难免受到社会风俗与时代思潮的影响,所以,对孔子及其传人孟子十分推崇。王安石在《寄赠胡先生》一诗中,借赞颂胡瑗表达他对孔孟事业的追慕:"文章事业望孔孟,不复睥睨蔡与崔。"②表明王安石信奉的是儒家的入世思想。

北宋中期是一个人才济济、群星璀璨的时代。在这些先贤时杰中,王安石不仅受到前辈学者的影响,诸如范仲淹、欧阳修、胡瑗、李觏等,还受到同辈学人的启迪,如李通叔、曾巩、孙侔等。其中,有一位年龄稍长于王安石、但对王安石影响较大的青年朋友,他就是李通叔。

李通叔,字不疑,福建人,举进士不第,二十八岁返乡,取道建溪,溪水暴下,翻船溺水而亡。庆历三年,王安石作《李通叔哀词并序》,叙述了两人的交往以及李通叔对他的影响。

> 初,予既孤,寄金陵,家焉。从二兄入学为诸生,常感古人汲汲于友,以相镵切,以入于道德。予材性生古人下,学又不能力,又不得友以相镵切以入于道德,予其或者归为涂之人而已邪?为此忧惧。既而遇通叔于诸生间,望其容,而色睟然类君子,即而与之言,皆君子之言也。其容色在目,其言在耳,则予放心不求而归,邪气不伐而自遁去。求其所为文,则一本于古。华虚荡肆之学,盖未尝接于其心。诚有以开予者,予得而友之。忧惧释然,作《太阿》诗贻之,道气类之同而合也。通叔亦作《双松》诗,道气类之同而期之久也以为报。自予之得通

---

①王安石撰,唐武标点校:《王文公文集》卷四十四《忆昨诗示诸外弟》,第512页。
②王安石撰,唐武标点校:《王文公文集》卷四十三《寄赠胡先生》,第497页。

叔,然后知圣人户庭可策而入也。①

这则材料说明,王安石是在庆历年间儒学复兴思潮的影响下,受李通叔的启发,才立志研习儒学的。

那么,王安石又是怎样进入"圣人户庭"的呢?

罗大经《鹤林玉露》卷五有条记载,颇能说明问题。"王荆公少年,不可一世士,独怀刺候濂溪,三及门而三辞焉。荆公恚曰:'吾独不可自求之六经乎!'乃不复见。"②虽然这一故事纯属杜撰,清人蔡上翔辩之甚详,然而王安石的学问"求之六经",并不出自某人门下则是事实。虽学无常师,然王安石受庆历以来硕学巨儒的影响,也是不争的事实。庆历年间,正是王安石的学术思想初创的时期。伴随着庆历新政的推行,此前此后,北宋学界掀起一股疑经疑传风气,而这一学风的领军人物当推范仲淹、欧阳修;同时代的李觏、胡瑗、孙复、石介等也参与其中,起到了推波助澜的作用,而他们的经学思想和治经方法对王安石亦产生了重要影响。

范仲淹领导的庆历新政虽只推行不到一年,却开北宋变革风气之先,成为王安石所主持的熙宁变法的前奏。范仲淹不仅是杰出的政治家和军事家,还是一位卓越的文学家、学问家和教育家,他开风气之先,文章论议必本儒家仁义;并以人格魅力言传身教,一生孜孜于传道授业,悉心培养和荐拔人才。范仲淹倡导的先忧后乐思想和仁人志士节操,高度张扬了儒家思想中的进取精神,为蝇营狗苟于俗世的士大夫树立了人生的楷模。

皇祐元年(1049)正月,范仲淹出知杭州,王安石时知鄞县,鄞县与杭州相距不远,王安石对范仲淹心仪已久,便投书范氏,希望借公务之机,到杭州拜访。"某此者之官敝邑,取道乐郊,引舟将次于近圻,敛板即趋于前屏。瞻望麾戟,下情无任。"③拜访完毕,回到任所,王安石再次致书范氏,表达感激之情:"某近游浙壤,久摅孤风,当资斧之无容,幸曳裾之有地。粹玉之彩,开眉宇以照人;缛星之文,借谈端而饰物。"④盛赞范仲淹的道德风范和

---

① 王安石撰、聂安福、侯体健整理:《临川先生文集》卷八十六《李通叔哀辞并序》,王水照主编:《王安石全集》第七册,第1513页。
② 罗大经撰、王瑞来点校:《鹤林玉露》卷五《荆公见濂溪》,中华书局1983年,第84页。
③ 王安石撰、聂安福、侯体健整理:《临川先生文集》卷八十一《上范资政先状》,王水照主编:《王安石全集》第七册,第1439页。
④ 王安石撰、聂安福、侯体健整理:《临川先生文集》卷八十一《上杭州范资政启》,王水照主编:《王安石全集》第七册,第1429页。

志业功勋,感激范氏对自己的关爱和奖掖。皇祐四年五月,范仲淹卒于徐州,时任舒州通判的王安石悲恸不已,满怀深情地写下《祭范颍州仲淹文》。王安石盛赞范氏的道德人品:"呜呼我公,一世之师。由初迄终,名节无疵";对于庆历新政更是推崇备至,"扶贤赞杰,乱冗除荒。官更于朝,士变于乡。百治具修,偷堕勉强";对于范氏的革新精神则尤其敬仰,"其传其详,以法永久"①。可见,王安石对于范仲淹十分推崇,尊为"一世之师",立志继承范氏未竟之业。

考其人格、政绩和学行,范仲淹对王安石的影响大致表现在以下几个方面:(一)人格操守。范氏以"先天下之忧而忧,后天下之乐而乐"的宽阔胸襟和"居庙堂之高,则忧其民;处江湖之远,则忧其君"②的政治抱负,大厉名节,振作士气,对包括王安石在内的北宋士大夫影响甚巨。王安石关于儒家精神的理解与范仲淹如出一辙,"夫所谓儒者,用于君则忧君之忧,食于民则患民之患"③。在儒家的根本宗旨上,王安石继承了范仲淹先忧后乐的精神和忧国忧民的情怀。(二)政治志向。面对北宋初期潜伏的诸多社会危机,范氏主张通过变革来解决危机,发动庆历新政,倡导社会变革。王安石继承范氏未竟之志,主持熙宁变法,力图实现富国强兵的政治理想。可见,在为实现富国强兵而推行新政方面,范仲淹领导的庆历新政可以说是王安石变法的先导,而王安石变法则是庆历新政在新形势下的继续和发展。范仲淹所倡导的关注国计民生、实现富国强兵的政治志向,正是王安石积极推进变法革新的社会思想基础。(三)学术精神和治学路径。范氏著有《易义》,一方面以义理之学阐发《易》旨,另一方面通经以致用,服务于当时的变革实践。学术与政治实践相结合,范仲淹大约为北宋首倡者,而王安石则是这一学风的忠实继承者,并将这一学风推向极致。如果说范仲淹是宋学的奠基者,那么,王安石则是将宋学推向成熟,并确立其意识形态领域的主导地位的关键人物。他们二人都把理论探索和社会实践相结合,力求把儒家经典中的义理之学用于指导变法的社会实践,体现了宋儒经世致用的务实学风。可见,范仲淹的政治志向、道德学问及其倡导

---

① 王安石撰,唐武标点校:《王文公文集》卷八十一《祭范颍州仲淹文》,第 873 页。
② 范仲淹撰,李勇先、王蓉贵点校:《范文正公文集》卷八《岳阳楼记》,《范仲淹全集》,四川大学出版社 2002 年,第 195 页。
③ 王安石撰,唐武标点校:《王文公文集》卷二十六《子贡》,第 304 页。

的庆历新政,都曾给王安石以深刻的影响。

在反对章句注疏之学和大胆质疑儒家经典方面,王安石也深受欧阳修的影响。欧阳修(1007—1072),字永叔,号醉翁,晚年又号六一居士,庐陵吉水(今江西吉安)人,卒谥文忠。欧阳修集政治家、文学家、经学家、史学家、目录学家、金石学家于一身,著有《诗本义》《新唐书》《新五代史》《集古录跋尾》等书,是开宋学风气的一代人物,被两宋士人视为楷模。

王安石与欧阳修早年互不相识。庆历二年,曾巩上书欧阳修推荐王安石。曾巩说:"巩之友王安石,文甚古,行甚称文,虽已得科名,居今知安石者尚少也。彼诚自重,不愿知于人,尝与巩言:'非先生无足知我也。'如此人古今不常有。如今时所急,虽无常人千万不害也,顾如安石不可失也。"①在曾巩的引荐下,欧王二氏于至和二年(1055)相识,并有诗作唱和。欧阳修非常欣赏王安石的道德文章,并为之延誉,"德行文学,为众所推,守道安贫,刚而不屈"②。王安石对欧阳修也非常尊敬,对欧阳修的道德学问钦佩有加。"公器质之深厚,智识之高远,而辅学术之精微,故充于文章,见于议论,豪健俊伟,怪巧瑰琦。其积于中者,浩如江河之停蓄;其发于外者,烂如日星之光辉。其清音幽韵,凄如飘风急雨之骤至;其雄辞闳辩,快如轻车骏马之奔驰。"③欧阳修曾对王安石的诗文提出指导意见,"孟韩文虽高,不必似之也,取其自然耳"④。王安石学无常师,通过独立思考,构筑自己的学术体系,但欧阳修对他有引荐指导之功,尽管两人因政见不同而有过意见分歧,但王安石对欧阳修的知遇之恩非常感佩,对欧阳修的道德文章颇为推崇,因而以师礼待之,故清人全祖望称王安石为"庐陵门人"⑤。

欧阳修的疑传疑经始于景祐四年(1037)撰成的《易童子问》《易或问》。在这些易学著作中,欧阳修不但疑传,甚至大胆地将怀疑的矛头指向经典本身。在《易童子问》中,欧阳修首先对《易经》发难,认为《系辞》《文言》《说卦》等篇,均非圣人之作。有童子问欧阳修曰:"《系辞》非圣人之作乎?"欧

---

① 曾巩撰,陈杏珍、晁继周点校:《曾巩集》卷十五《上欧阳舍人书》,第237页。
② 欧阳修著,李逸安点校:《欧阳修全集》卷一百九《荐王安石吕公著札子》,第1654页。
③ 王安石撰,聂安福、侯体健整理:《临川先生文集》卷八十六《祭欧阳文忠公文》,王水照主编:《王安石全集》第七册,第1504页。
④ 曾巩撰,陈杏珍、晁继周点校:《曾巩集》卷十六《与王介甫第一书》,第255页。
⑤ 黄宗羲原著,全祖望补修,陈金生、梁运华点校:《宋元学案》卷九十八《荆公新学略》,第210页。

阳修答道:"何独《系辞》焉,《文言》、《说卦》而下,皆非圣人之作。"①其次,欧阳修还对《诗序》表示质疑。嘉祐四年,欧阳修完成《毛诗本义》,大胆质疑《诗序》,认为《诗序》非子夏所作,并专攻《毛传》《郑笺》之失。熙宁三年,欧阳修又作《诗谱补亡后序》,进一步完善了他对《诗序》的质疑。四库馆臣给予高度评价:"自唐以来,说诗者莫敢议毛、郑,虽老师宿儒,亦谨守《小序》,至宋而新义日增,旧说俱废。推原所始,实发于修。"②除质疑《诗序》外,欧阳修还作《问进士策三首》,对《周礼》的真伪提出疑问。由此可见,欧阳修不但对汉儒以来的章句之学深为不满,而且对通行的儒家经典也给予了大胆怀疑。欧阳修的疑传疑经,是对汉唐以来笃守师说家法的章句之学的大胆扬弃,对于剔除混杂在经书中的附会之说,扭转经学研究中的因循守旧的不良学风起到了重要作用。"更重要的是,他倡导了一种舍传求经、去伪存真的方法,开创了经学和儒学发展的新局面。事实上,疑经的风气自欧阳修以后便成为宋学的一大特色,这不仅为学者研究经典开辟出新路,同时更拓展了儒者们的思路,使人们大胆地走出经典,去寻求更深奥的儒学义理,从而使宋明理学的诞生成为可能。"③

　　欧阳修对王安石的影响,不仅仅表现在"不泥于章读笺诂"的治经方法上,更重要地还体现在对经典大胆质疑的创新学风上。王安石对儒家经典的质疑主要表现在:一是怀疑《诗序》子夏作说,认为《诗序》渊源有自,《诗序》之义就是诗作者的本义,从而提出《诗序》乃"诗人所自制"的一家之言④,这种观点显然是对欧阳修观点的继承与发挥;二是认为《春秋》三传不足信,由疑传发展到疑经甚至诋经,"黜《春秋》之书,不使列于学官,至戏目为'断烂朝报'"⑤。欧阳修疑传非经的治学精神,以及所开创的不泥于章句训诂、重视探讨经典义理的学风,对王安石的治学风格产生了深刻的影响。

　　李觏(1009—1059),字泰伯,号盱江先生,南城(今江西抚州)人,是北宋著名的哲学家、教育家、改革家。李觏是庆历年间儒学群体中颇具个性

---

①欧阳修著,李逸安点校:《欧阳修全集》卷七十八《易童子问》,第 1119 页。
②纪昀、陆锡熊、孙士毅撰,四库全书研究所整理:《钦定四库全书总目》卷十五,第 190 页。
③郑晓江、杨柱才:《宋明时期江西儒学研究》,中国社会科学出版社 2014 年,第 4 页。
④杨新勋:《宋代疑经研究》,中华书局 2007 年,第 93 页。
⑤脱脱等撰:《宋史》卷三百二十七《王安石传》,第 10550 页。

的学者,他著述宏富,多关经世。如果说范仲淹是庆历新政的政治领袖的话,那么李觏可以说是庆历新政的思想领袖,因此,可以说李觏是对王安石影响最大的当代学者。

关于李觏与王安石是否相识,迄今为止,学术界众说纷纭。笔者倾向于二人见过面,理由有二:其一,曾巩是李觏的弟子,而王安石是曾巩的好友,通过曾巩介绍,王安石有可能见过李觏;其二,邓润甫亦是李觏的弟子,而邓氏则参与王安石变法,以邓氏为媒介,两人也可能会面。即便二人未曾谋面,但王安石通过曾巩、邓润甫介绍或通过阅读李觏的作品,对李觏也是了然于心的。"足下又以江南士大夫为无能文者,而李泰伯、曾子固豪士,某与纳焉。"①"纳"字,或释为接纳,或释为缔交。若取前意,表明王安石接纳了李觏的思想;若取后意,表明王安石曾与李觏缔交。由于王安石对李觏推崇备至,受到李觏的影响也在所难免。正是在这个意义上,胡适先生称李觏是"一个不曾得君行道的王安石""是王安石的先导"②,"他的政治哲学是新法的学理的背景"③。姜国柱先生则认为:"李觏和王安石都以《周礼》的思想,尤其是其理财思想为依据,结合北宋中期的社会现实,针对当时社会存在的种种弊端,提出了理财富国,富国强兵,抑制兼并,实行井田,平均土地,平准均输,泉府之制,均役薄赋,变法救弊,陶冶人才,选贤任能,精兵择将等主张,要求改变宋朝'积贫积弱'的局面,避免'一旦之忧'的发生,这些经济措施,政治主张,军事谋策等,都有其许多相同之处。"④"……李觏的变法思想、通变救弊之术,不仅是'庆历新政'的理论论证、理论基础,而且是'熙宁新法'的思想前导、思想渊源。"⑤李觏写有以《周礼致太平论》为题的一组论文,共有五十余篇,内容涉及内治、国用、军卫、官人等方面。由此可见,李觏研究《周礼》,不是把《周礼》作为顶礼膜拜的教条,而是要从中寻找解决当时社会问题的灵丹妙药。针对当时潜伏的社会危机,李觏主张推行以富国强兵为目的的变法,并且主张以《周礼》为指导。就其思想实质而言,李觏不仅对王安石的政治实践,而且对王安石的学术

---

①王安石撰,唐武标点校:《王文公文集》卷八《答王景山书》,第100页。
②胡适:《中国哲学史》,《胡适学术文集》,中华书局1991年,第954页。
③胡适:《中国哲学史》,《胡适学术文集》,第958页。
④姜国柱:《李觏评传》,南京大学出版社1996年,第277页。
⑤姜国柱:《李觏评传》,第273页。

思想也有着深刻的影响。

　　王安石一生交游甚广，与其交往密切，且能以文会友、以友辅仁的莫如曾巩、孙侔。在王安石眼里，同辈中能够同学圣人，且能登堂入室的只有曾巩、孙侔二人："夫安驱徐行，辚中庸之廷，而造于其堂，舍二贤人者而谁哉？"①王安石将此二人引为知己，他们志同道合，相互砥砺，彼此之间也有一定的影响。

　　曾巩(1019—1083)字子固，建昌军南丰县(今属江西)人，北宋中期著名文学家，与王安石同列"唐宋散文八大家"。曾巩与王安石缔交于庆历元年(1041)，时曾巩二十三岁，王安石二十一岁，正值青春年华②。曾巩不仅是王安石的同乡，而且是王安石早年志同道合的朋友。曾巩少以文章见赏于欧阳修，在王安石名声未振时，曾将王安石推荐给文坛泰斗欧阳修、谏官蔡襄。

　　庆历四年，曾巩致书欧阳修推荐王安石。文曰："巩之友王安石，文甚古，行甚称文，虽已得科名，居今知安石者尚少也。彼诚自重，不愿知于人……如此人古今不常有。如今时所急，虽无常人千万不害也，顾如安石不可失也。先生倘言焉，进之于朝廷，其有补于天下。亦书其所为文一编，进左右，幸观之，庶知巩之非妄也。"③欧阳修对王安石的文章甚为喜爱，"爱叹诵写，不胜其勤"④，并通过曾巩传话对王安石的诗文创作给予指导："少开廓其文，勿用造语及模拟前人。"⑤针对王安石作文模仿孟子、韩愈，欧阳修批评道："孟韩文虽高，不必似之也，取其自然耳。"⑥

　　曾巩是一位纯粹的儒者，主张士大夫不仅要研习儒学，信奉儒道，而且要身体力行，践行儒道，"明圣人之心于百世之上，明圣人之心于百世之下"⑦，对于圣人之心，要"口讲之，身行之，以其余者，又书存之，三者必相表里"⑧。曾巩还热心于社会政治的治理，主张政治革新，"盖法者所以适

---

①王安石撰，唐武标点校：《王文公文集》卷三十三《同学一首别子固》，第397页。
②李震：《曾巩年谱》，苏州大学出版社1997年，第45页。
③曾巩撰，陈杏珍、晁继周点校：《曾巩集》卷十五《上欧阳舍人书》，第237页。
④曾巩撰，陈杏珍、晁继周点校：《曾巩集》卷十六《与王介甫第一书》，第254页。
⑤曾巩撰，陈杏珍、晁继周点校：《曾巩集》卷十六《与王介甫第一书》，第255页。
⑥曾巩撰，陈杏珍、晁继周点校：《曾巩集》卷十六《与王介甫第一书》，第255页。
⑦曾巩撰，陈杏珍、晁继周点校：《曾巩集》卷十五《上欧阳学士第一书》，第231页。
⑧曾巩撰，陈杏珍、晁继周点校：《曾巩集》卷十五《上欧阳学士第一书》，第231页。

变也,不必尽同;道者所以立本也,不可不一,此理之不易者也"①。曾巩认为王安石的人品才学堪当大用,故在庆历四年五月,上书时任谏官蔡襄,向他推荐王安石。

王安石与曾巩早期堪称是志同道合的朋友。王安石与曾巩有着共同的人生理想,"子固作《怀友》一首遗予,其大略欲相扳以至乎中庸而后已"。谈及曾巩时,王安石说:"江之南有贤人焉,字子固,非今所谓贤人者,予慕而友之。……予考其言行……学圣人而已矣。"②可见,王安石之所以赞赏曾巩,是因为曾巩不仅立志"学圣人",而且能践行圣人之道,是王安石心目中理想的儒者。

王安石不仅对曾巩的节操品行从内心深处予以认同,而且对于曾巩的学识才华也十分赞赏。庆历二年,王安石与曾巩同时在京参加进士考试,王安石一举中第,任职淮南签判。曾巩则落第归家,度过了十余年艰辛的耕读生活,直到嘉祐二年方才进士及第。其间,曾巩因与兄长不睦,避兄而居;又遇父丧,因病迁延,招致时人误解甚至诽谤。段缝寄书王安石,对曾巩的道德人品表示不屑,王安石告诫段缝:"巩文学论议,在某交游中,不见可敌。其心勇于适道,殆不可以刑祸利禄动也。……足下姑自重,毋轻议巩!"③面对时人对曾巩的无端攻击,王安石厉言正色,为之辩护。庆历三年作诗赞扬曾巩,诗云:

> 曾子文章众无有,水之江汉星之斗。挟才乘气不媚柔,群儿谤伤均一口。吾语群儿勿谤伤,岂有曾子终皇皇? 借令不幸贱且死,后日犹为班与杨。④

"班"指班固,东汉著名文学家、史学家,著有我国第一部断代史《汉书》;"杨"指扬雄,西汉著名文学家、哲学家,著有《太玄》《法言》。王安石在诗中将曾巩比作汉代的班固与扬雄,高度赞赏曾巩的道德文章。

孙侔是王安石青年时期的又一同道挚友。孙侔字正之,又字少述,吴兴(今属浙江)人。他一生追慕孟子、韩愈,为人能行古道,写作善为古文。

---

①曾巩撰,陈杏珍、晁继周点校:《曾巩集》卷十一《战国策目录序》,第184页。
②王安石撰,唐武标点校:《王文公文集》卷三十三《同学一首别子固》,第397页。
③王安石撰,唐武标点校:《王文公文集》卷八《答段缝书》,第101页。
④王安石撰,唐武标点校:《王文公文集》卷四十三《赠曾子固》,第507页。

庆历、皇祐中，与王安石、曾巩游，名闻江淮，举进士不中，终身不仕。客居吴门、吴兴、丹阳、扬子间，深得士大夫敬畏。经扬州知州刘敞举荐，授校书郎、扬州州学教授。庆历二年八月，王安石进士及第后，赴扬州任签书淮南判官厅公事。在扬州，结识孙侔，"予官于杨，得友曰孙正之"①，并与孙正之交往，引为知己，"可以言吾心所欲言者，唯正之、子固耳"②。同年闰九月，孙正之随兄赴温州，王安石赋诗赠别，诗中将孙正之视为诤友。诗云：

> 云山参差碧相围，溪水诘曲带城阿。溪穷壤断至者谁，予独与子相谐嬉。山城之西鼓吹悲，水风萧萧不满旗。子今去此来无时，予有不可谁予规？③

庆历五年，王安石满秩解淮南官，离淮南赴京，再次作诗赠孙侔。诗云：

> 少时已感韩子诗，东西南北俱欲往。新年尤觉此语悲，恨无羽翼超恍惚。肺肝欲绝形骸外，涕洟自落衣巾上。此忧难与世共知，忆子论心更惆怅。④

皇祐五年（1053）六月，时任舒州通判的王安石莅临苏州考察水灾，返回舒州、途径无锡时，再次寄诗孙侔，诗云：

> 健席高樯送病身，乱山荒陇障归津。应须一曲千回首，西去论心更几人？⑤

由赠诗可见，王安石与孙侔的友谊之笃、交情之深，而他们的友情是建立在"学圣人"⑥的共同理想之上。庆历三年，王安石向曾巩夸赞孙侔，"子固亦以为然"⑦。谈及孙侔，王安石也给予高度评价："淮之南有贤人焉，字正之，非今所谓贤人者，予慕而友之。……予考其言行……学圣人而已

---

①王安石撰，唐武标点校：《王文公文集》卷三十六《送孙正之序》，第 434 页。

②王安石撰，唐武标点校：《王文公文集》卷五《与孙侔书三》，第 65 页。

③王安石撰，唐武标点校：《王文公文集》卷四十二《云山诗送正之》，第 491 页。

④王安石撰，李璧笺注，高克勤点校：《王荆文公诗》卷十《寄孙正之》，《王荆文公诗笺注》，上海古籍出版社 2010 年，第 260 页。

⑤王安石撰，唐武标点校：《王文公文集》卷六十《无锡寄正之》，第 663 页。

⑥王安石撰，唐武标点校：《王文公文集》卷三十三《同学一首别子固》，第 397 页。

⑦王安石撰，唐武标点校：《王文公文集》卷三十三《同学一首别子固》，第 397 页。

矣。"①王安石之所以与孙侔友好,在于孙侔"行古之道,又善为古文"②,更重要的是二人心心相印,"以孟、韩之心为心"③,有着"学圣人"的共同追求,并能身体力行。

传统儒家极其重视修身养性,认为这是实现外王的前提条件。曾子说:"士不可以不弘毅,任重而道远。"④孟子说:"富贵不能淫,贫贱不能移,威武不能屈。此之谓大丈夫。"⑤对于孟子提倡的"大丈夫"精神,王安石是身体力行的。黄庭坚对此给予高度评价:"余尝熟观其风度,真视富贵如浮云,不溺于财利酒色,一世之伟人也。"⑥王安石深受孔子的影响,性格刚毅木讷,遇事坚持原则、果敢执着,不做无原则的妥协,被人称为"拗相公",活脱脱一个固执的儒者形象。

二、援佛入儒

东汉时期传入中国的佛教,是宗教而非学术流派。魏晋南北朝时期,佛教经典大量译为汉文,作为学术流派的佛学随之传入中国。于是,自魏晋南北朝始,儒释道诸家开始了相互排斥、相互斗争的"对立"运动,同时也开始了相互渗透、相互融合的"统一"运动。这一历程,中经唐五代的发展,至宋代始成为声势浩荡的社会文化思潮。宋王朝顺应这一思潮,对儒释道采取了兼容并蓄的政策。在这种文化政策与社会思潮的影响下,宋初学者对释老与儒学之尺长寸短的状况有了客观而清醒的认识,意识到儒学要战胜释老,必须汲取释老之长以补儒学之短,于是以融会创新为主要特征的宋学应运而生。"事实上,它是儒家学者与佛家学者和道家学者在长时期的互相排斥、互相斗争、互相渗透、互相吸取之后的一个产物。"⑦作为宋学的一个重要支脉,新学具有宋学的一般特点。

---

① 王安石撰,唐武标点校:《王文公文集》卷三十三《同学一首别子固》,第397页。
② 王安石撰,唐武标点校:《王文公文集》卷三十六《送孙正之序》,第434页。
③ 王安石撰,唐武标点校:《王文公文集》卷三十六《送孙正之序》,第434页。
④ 朱熹撰:《论语集注》卷四《泰伯》,《四书章句集注》,第104页。
⑤ 朱熹撰:《孟子集注》卷六《滕文公下》,《四书章句集注》,第270页。
⑥ 黄庭坚撰,刘琳、李勇先、王蓉贵点校:《宋黄文节公全集·正集》卷二十六《跋王荆公禅简》,《黄庭坚全集》第二册,第696页。
⑦ 邓广铭:《谈谈有关宋史研究的几个问题》,《邓广铭全集》第七卷,河北教育出版社2005年,第63页。

　　禅宗在宋代高度繁荣,并且日益深入人心。王安石的第一故乡临川、第二故乡江宁曾是禅宗"五家七宗"的重要发祥地。王安石生于斯时,长于斯地,焉能不受到时代思潮及当地风俗民情的影响。在王安石看来,释与儒有相通之处,"臣观佛书,乃与经合"①。"圣人之大体,分裂而为八九。……盖有见于无思无为,退藏于密,寂然不动者,中国之老、庄,西域之佛也。"②正是在这种儒释相通、释老同源思想的指导下,王安石以儒为本,出入释老,博采约取,构筑了雍容大度、海纳百川的新学体系。

　　观其一生,王安石早年是一位坚定的儒者,但他对佛教采取了宽容的态度,并表现出浓厚的兴趣;而晚年由于变法遭遇失败和家庭遭遇不幸,王安石转而皈依佛教。对于王安石由尊佛到信佛的人生经历与心路历程,我们可以给出如下的大致描述。

　　游佛寺。王安石一生对佛寺表现出浓厚的兴趣,记其游历佛寺的诗篇颇多,兹列举其中一部分:作于早年的有《金山寺五首》《游杭州圣果寺》《法善寺》《题景德寺试院壁》《灵山寺》等;作于中年的有《饭祈泽寺》《长干寺》《金山寺》;作于晚年的有《光宅寺》《光宅寺二首》《定林寺》《定林院三首》《净相寺》《送黄吉父入京题清凉寺壁》《城东寺菊》《游草堂寺》《游章义寺》《题齐安寺》《题齐安壁》等。对比可见,王安石执政前,大约政务清闲,游佛寺较多;执政期间,大约政务繁忙,游佛寺较少;变法失败、退居江宁后,尤其是元丰后期,大约是体弱多病、内心痛苦,且闲暇较多,他一方面沉溺佛经,一方面频游佛寺,甚至将田产捐赠寺庙,这表明王安石晚年佛教信仰十分笃定。

　　读佛经。早年的王安石即喜读佛经。《宋史》本传记载:"安石少好读书,一过目终身不忘。"那么,王安石都读了哪些书呢?他回答说:"某自百家诸子之书,至于《难经》、《素问》、《本草》,诸小说无所不读。"③"百家诸子之书",自然包括释老诸家。王安石晚年归隐江宁后,不仅与僧徒密切交往,而且对佛经产生了浓厚的兴趣。"元丰中,王荆公居半山,好观佛

①李焘撰,上海师范大学古籍整理研究所、华东师范大学古籍整理研究所点校:《续资治通鉴长编》卷二百三十三熙宁五年五月甲午,第5660页。
②王安石撰,唐武标点校:《王文公文集》卷三十五《涟水军淳化院经藏记》,第422页。
③王安石撰,聂安福、侯体健整理:《临川先生文集》卷七十三《答曾子固书》,王水照主编:《王安石全集》第六册,第1314页。

书。"①王安石曾赋诗描述自己沉迷佛经的情形："病与衰期每强扶,鸡壅桔梗亦时须。空花根蒂难寻摘,梦境烟尘费扫除。耆域药囊真妄有,轩辕经匮或元无。北窗枕上春风暖,漫读毗耶数卷书。"②王安石之喜读佛经,是受了张方平的影响。张方平(1007—1091),字安道,号乐全居士,应天宋城(今河南商丘)人。宋神宗即位后,因与王安石政见不合被贬谪,以太子少师致仕。尽管王安石与张方平政见不合,但张方平关于佛教的见解还是颇受王安石称赞的。"世传王荆公尝问张文定公曰:'孔子去世百年生孟子,亚圣后绝无人,何也?'文定公曰:'岂无,又有过孔子上者。'公曰:'谁?'文定曰:'江西马大师、汾阳无业禅师、雪峰、岩头、丹霞、云门是也。'公暂闻,意不甚解,乃问曰:'何谓也?'文定曰:'儒门淡薄,收拾不住,皆归释氏耳。'荆公欣然叹服。其后说与张天觉,天觉抚几叹赏曰:'达人之论也。'"③张方平的观点对王安石颇具启迪意义,增强了王安石援佛入儒的思想信念与学术自觉。

通过研读佛经,王安石发现佛经与儒经有相通的一面,但是王安石之喜读佛经,前期与后期动机稍有不同:前期喜读佛经,是受时代思潮和社会氛围的影响,为了从佛经中汲取有益的成分为我所用,以充实、发展自己的学术体系,对待佛经的态度是有所取舍的,因此,佛经是作为思想资料为我所用,其目的是弥补儒家心性学说之不足。后期之喜读佛经,更重要的是因为变法遭遇挫折,个人体弱多病,壮志未酬而来日无多,因而从佛经中寻找精神寄托,寻求心灵安宁,以摆脱因事业挫折和个人体弱多病所带来的身体和精神的双重痛苦,并由此产生出世思想,从而皈依佛门,在某种程度上背叛了儒家信仰,转向消极避世的习禅道路。

王安石虽然喜读佛经,但对佛教义理并非全盘吸收,而是有所取舍的,其取舍的依据是唯理是求。"舒王嗜佛书,曾子固欲讽之,未有以发之也。居一日,会于南昌,少顷,潘延之亦至。延之谈禅,舒王问其所得,子固熟视之。已而又论人物,曰:'某人可秤。'子固曰:'夆用老而逃佛,亦可一秤。'舒王曰:'子固失言也,善学者读其书,惟理之求。有合吾心者,则樵牧之言

---

①陆游撰,李剑雄、刘德权点校:《老学庵笔记》卷三,第 37 页。
②王安石撰,唐武标点校:《王文公文集》卷七十一《北窗》,第 764 页。
③陈善撰,袁向彤点校:《扪虱新话》卷十《儒释迭为盛衰》,山东人民出版社 2018 年,第 123 页。

犹不废；言而无理，周、孔所不敢从。'子固笑曰：'前言第戏之耳。'"①在曾巩看来，佛经是扰乱世道人心的异端邪说，所以他批评王安石嗜读佛经。而王安石则针锋相对，答之曰："方今乱俗不在于佛，乃在于学士大夫沉没利欲，以言相尚，不知自治而已。"②可见，王安石与曾巩对待佛经的态度截然不同，曾巩将佛经视为败坏社会风气的异端邪说而加以贬斥，王安石则主张汲取佛经中的思想元素为我所用。王安石以儒家之理为标准，判断佛老诸家的观点是否符合儒家宗旨，凡是符合儒家宗旨的就吸收，凡是不符合儒家宗旨的就摒弃。

王安石阅读的佛经主要是禅宗经典。在宋代，禅宗不管是作为一种宗教，还是作为一门哲学，都得到了广泛的传播，深深地影响着包括王安石在内的文人士大夫的思想、创作与交往。茶余饭后，谈禅论佛已然成为士大夫的一种生活方式。王安石晚年所喜读的佛经，主要是《楞严经》和《维摩诘经》。

元丰五年，王安石的女儿吴安持妻曾寄诗乃父表达对亲人的思念。诗云：

> 西风不入小窗纱，秋气应怜我忆家。极目江山千里恨，依然和泪看黄花。③

王安石以刚刚完成的《楞严经新释》送给女儿，劝女儿读《楞严经》以解忧，并和诗云：

> 秋灯一点映笼纱，好读《楞严》莫念家。能了诸缘如梦事，世间唯有妙莲花！④

元丰八年，反变法派执政，推行多年的新法逐一被废，王安石不胜愤懑，只好借读《维摩经》打发时日。诗云：

> 身如泡沫亦如风，刀割香涂共一空。宴坐世间观此理，维摩虽病

①惠洪撰：《冷斋夜话》卷六《曾子固讽舒王嗜佛》，《宋元笔记小说大观》，第2197页。
②王安石撰，聂安福、侯体健整理：《临川先生文集》卷七十三《答曾子固书》，王水照主编《王安石全集》第六册，第1314页。
③惠洪撰：《冷斋夜话》卷四《舒王女能诗》，《宋元笔记小说大观》，第2190页。
④王安石撰，唐武标点校：《王文公文集》卷五十四《次吴氏女子韵二首》，第618页。

有神通。①

那么，王安石为什么在浩如烟海的佛经中唯独喜读《楞严经》和《维摩经》呢？这应该从两部佛经的思想主旨上寻找答案。

《楞严经》，全称《首楞严三昧经》，又称《首楞严经》。经中阐述了佛教的心性本体论，认为"一切世间诸所有物皆即菩提妙明元心，心精遍圆，含裹十方"②。众生不知道自己心体"性净妙体"，故流转生死。人生唯有视生如梦、视色如幻，才能破除偏见。王安石之所以喜读《楞严经》，一方面是因为经中阐述的视生如梦、视色如幻的观点，对于疗治王安石因变法失败和个人病痛所带来的痛苦具有镇静止痛的作用；另一方面，因为该经阐明心性本体，为一代法门之精髓，被王安石作为思想资料用来丰富、发展儒家的心性论思想。

《维摩诘经》，全称《维摩诘所说经》，简称《维摩经》。该经讲述的是称病的维摩诘与佛陀派来问病的文殊师利论说佛法，宣说达到解脱不一定要过严格的出家修行，关键在于主观修养，并提出虽有资生而实无所贪、虽有妻妾而远离五欲的观点。或许是维摩诘主张居家修行的观点，正好满足了王安石居家而信佛的需要，故王安石对《维摩经》表现出了浓厚的兴趣。

听讲法。退居江宁后，王安石不仅读佛经，而且还听讲佛法。王安石曾作诗，描述了他不辞辛苦，不畏路途遥远，听讲佛法的情形：

> 道林真骨葬青霄，宰堵千秋未寂寥。宝势旁连大江起，尊形独受众山朝。云泉别寺分三径，香火幽人只一瓢。我亦鹫峰同听法，岁时歌呗岂辞遥。③

作禅诗。变法失败后，王安石一方面用禅宗思想解除烦恼，另一方面则用禅宗思想反思自己的所作所为，其反思所得多体现在此间所作的禅诗中。王安石的诗作今存一千六百余首，其中具有禅意的诗篇就达一百余首，且这些诗篇多作于晚年寓居江宁时期。王安石晚年的诗文创作，有着浓郁的佛教尤其是禅宗色彩：从句法上讲，王安石经常采用梵语入诗、入

①王安石撰，唐武标点校：《王文公文集》卷七十四《读维摩经有感》，第786页。
②《楞严经》卷三，赖永海主编：《佛教十三经》，中华书局2013年，第151页。
③王安石撰，唐武标点校：《王文公文集》卷六十五《宝公塔》，第702页。

文;从诗风上讲,晚年多作小诗,诗律严格,对仗工整,精巧至极;从内容上讲,晚年诗作富有禅意,耐人寻味。王安石作诗是非常重视对偶的,有时甚至讲究得近乎严苛。如在《与道原过西庄遂游宝乘》一诗中,他以梵语对梵语云:"周颙宅作阿兰若,娄约身归窣堵坡。"①"阿兰若""窣堵坡"皆为梵语。"阿兰若"意为寂静之处,此指寺院;"窣堵坡"意为佛塔,用以安放佛物或经文,或用以埋葬有名僧人之骨、牙、发等。将梵语引入诗中,一方面表现出王安石对佛教语言的喜爱,另一方面也体现出他对佛经的熟悉程度,达到信手拈来即可入诗的水平。可见,王安石受佛教影响之深不仅体现在日常生活与朋友交往之中,还体现在文学创作与学术研究中。

元丰七年,王安石游览了半山亭,并在亭壁上题诗二首。其二云:

寒时暖处坐,热时凉处行。众生不异佛,佛即是众生。②

寥寥数语,将"众生即佛""佛即众生"的禅理,阐述得浅显易懂。佛原本也是由众生而修成,佛不过是已成佛的众生;尚未成佛的众生,将来也可以成佛。

元丰八年,王安石以集禧观使的身份僦居秦淮。赋诗云:

万里纷纷只偶然,老来容易得新年。柘冈西路花如雪,回首春风最可怜。③

该诗形制短小而含义隽永,语言清新而意趣盎然。首二句,感叹世事纷繁,多出偶然,人生短暂,年华易逝,既然如此,就应听天由命,切莫自寻烦恼。后二句,回忆少时景物,花开如雪,春风可怜,春夏秋冬,周而复始,循环往复,无怨无哀、无喜无怒运行于天地之间。可见,在王安石看来,人也应该像春风那样无忧无虑、我行我素!

注佛经。晚年退居江宁后,王安石不仅读佛经,而且热衷于注佛经。《楞严经解》《维摩诘经注》《华严经解》即为此间所撰。由于晚年多读佛经,其修订《字说》时,也深受佛经影响,存在以佛解字倾向。"荆公《字说》多用佛家语,初作'空'字云:'工能穴土,则实者"空"矣,故"空"从"穴"从"工"。'

---

① 王安石撰,聂安福、侯体健整理:《临川先生文集》卷二十九《与道原过西庄遂游宝乘》,王水照主编:《王安石全集》第五册,第582页。
② 王安石撰,唐武标点校:《王文公文集》卷四十八《题半山亭壁二首》,第544页。
③ 王安石撰,唐武标点校:《王文公文集》卷七十一《柘冈》,第755页。

后用佛语改云：'无土以为穴，则空无相；无工以穴之，则空无作。无相无作，则空名不立。'此语比旧时为胜。《维摩诘经》曰：'空即无相，无相即无作，无相无作即心、意、识。'《法华经》曰：'但念空无作。'《楞严经》云：'但除器方，空体无方。'荆公盖用此意。"①

交僧友。早年的王安石虽是一位坚定的儒者，但他并不排斥佛教，一方面通过阅读佛经以广见闻，另一方面与僧徒保持着密切的交往。"予少时，客游金陵，浮屠慧礼者，从予游。……盖慧礼者，予知之，其行谨洁，学博而才敏，而又卒之以不私。"②景祐四年王安石之父王益通判江宁，王安石随父移居于此，时年仅十七岁。宝元二年(1039)二月，王益卒于官，王安石葬其父于江宁牛首山，遂于江宁居丧。直至庆历元年，王安石居丧期满，入京应进士试，方才离开金陵，时年二十一岁。所谓"客游金陵"，即指王安石十七到二十一岁、居住金陵的这段时间。可见，王安石自青年时期起即与僧徒有所交往。僧徒慧礼的志行谨洁、学博才敏而又不自私，深得王安石赞赏。任鄞县知县时，王安石与当地高僧瑞新、怀琏相识，这些僧徒其品质与儒生有相通之处，深得王安石赏识，"故为其徒者，多宽平不忮，质静而无求，不忮似仁，无求似义"③。在与僧徒交往过程中，王安石度过了一段愉快的时光，这对于初入仕途的王安石打发孤寂无聊的仕宦生活，平添了一抹异样的色彩。"若通之瑞新、闽之怀琏，皆今之为佛而超然，吾所谓贤而与之游者也。此二人者，既以其所学自脱于世之淫浊，而又皆有聪明辩智之才，故吾乐以其所得者间语焉，与之游，忘日月之多也。"④作为儒生，王安石十分赞赏这些僧徒的品德操守和聪明睿智，认为他们甚至超过了大部分儒生士大夫。

考王安石的诗文，发现与王安石有交游的高僧颇多。据不完全统计有：灵岩住持道光法师、抚州正觉寺相上人、报恩大师西堂方丈、长干普济、鄱阳无惑、仙岩宝月禅师、妙应大师智缘、长宁僧首、永庆院秀老、惠思、惠岑、净因、德殊、道升、白云然大师、安大师、宝觉大师、觉海、普觉、行详、智福，等等。

---

① 陈善撰，袁向彤点校：《扪虱新话》卷一《王荆公新经〈字说〉多用佛语》，第11页。
② 王安石撰，唐武标点校：《王文公文集》卷三十五《扬州龙兴寺十方讲院记》，第420页。
③ 王安石撰，唐武标点校：《王文公文集》卷三十五《涟水军淳化院经藏记》，第422页。
④ 王安石撰，唐武标点校：《王文公文集》卷三十五《涟水军淳化院经藏记》，第422页。

皈依佛门。晚年的王安石皈依佛门,笃信佛教,而发生这一转变的原因有二:于公,是变法失败。由于变法失败,他在推行变法中,树敌过多,积怨颇深,唯恐神宗死后,遭到政敌暗算,故参禅以远祸,用心可谓良苦;于私,是个人年老多病。由于个人年老多病,王安石感到虽烈士暮年,犹壮心不已,然来日无多,于是诵诗说佛,追求精神的超脱和心灵的安宁。元丰五年,王安石劝女儿读《楞严经》以解忧:"秋灯一点映笼纱,好读《楞严》莫念家。"①同年,王安石在给吕惠卿的信中称:"观身与世,如泡梦幻,若不以此洗心而沈于诸妄,不亦悲乎!"②可见,王安石皈依佛门大约在元丰初年、归隐钟山之后。

皈依佛门的王安石,一方面通过放生和捐献私产以换取功德。"予尝见丞相荆公喜放生,每日就市买活鱼,纵之江中,莫不浮。"③王安石曾赋诗描述自己放生时所思所想:"捉鱼浅水中,投置最深处。当暑脱煎熬,儵然泳而去。岂无良庖者,可使供匕箸。物我皆畏苦,舍之宁啖茹。"④元丰七年,年逾六旬、体弱多病的王安石上书神宗皇帝,乞"以臣今所居江宁府上元县园屋为僧寺一所,永远祝延圣寿"⑤。随后,又将位于该县的田产捐给蒋山太平兴国寺,"为臣父母及雾营办功德"⑥。另一方面,王安石开始参禅悟道、援佛入儒。王安石在《寓言三首》中描述了自己参禅的情况:"本来无物使人疑,却为参禅买得痴。闻道无情能说法,面墙终日妄寻思。"⑦王安石不仅自己参禅,而且在与儒生的交往中,也喜欢切磋佛理,如《答蒋颖叔书》《答蔡天启书》等书信,均为探讨佛教义理之作。《西清诗话》还记录了王安石与苏轼一起谈禅论佛的情形:"元丰间,王文公在金陵,东坡自黄北迁,日与公游,尽论古昔文字,闲即俱味禅悦。"⑧两个早年的政敌,晚年在谈禅论佛上找到了共同语言。无独有偶的是,苏轼也在元丰二年被贬黄州后,皈依佛门。两个持不同政见者,最终不约而同地皈依佛门,说明在我

---

① 王安石撰,唐武标点校:《王文公文集》卷五十四《次吴氏女子韵二首》,第 618 页。

② 王安石撰,唐武标点校:《王文公文集》卷六《再答吕吉甫书》,第 70 页。

③ 苏轼撰,孔凡礼点校:《苏轼文集》卷七十三《止水活鱼说》,第 2373 页。

④ 王安石撰,唐武标点校:《王文公文集》卷四十九《放鱼》,第 556 页。

⑤ 王安石撰,唐武标点校:《王文公文集》卷十九《乞以所居园屋为僧寺乞赐额札子》,第 229 页。

⑥ 王安石撰,唐武标点校:《王文公文集》卷十九《乞将荒熟田割入蒋山常住札子》,第 230 页。

⑦ 王安石撰,唐武标点校:《王文公文集》卷七十五《寓言三首》之二,第 800 页。

⑧ 丁传靖著:《宋人轶事汇编》卷十《王安石》,第 492 页。

国封建社会里,优秀的知识分子仕途之坎坷、精神之痛苦,并非个例,而是封建社会的一种较为普遍的现象。

中年时期的王安石,由于事业不尽如人意,也曾产生人生如梦的慨叹。"投老归来供奉班,尘埃无复见钟山。何须更待黄粱熟,始觉人间是梦间。"①但是作为思想家的王安石不可能完全停留在嗜佛、信佛等层次上,投老钟山期间,在研读佛经的同时,他开始了会通释儒的工作,他的学术观点也发生了较大的变化,主要表现为:

(一)王安石曾通过《洪范传》阐释朴素的唯物主义思想,但由于时代的局限和佛禅的影响,其唯物主义思想存在诸多局限性。如在《答蔡天启书》中,他提出"众生以识精冰合此而成身"②的观点,陷入二元论的世界观。按:蔡肇,字天启,润州丹阳(今属江苏)人,元丰二年进士,授明州司户参军。师事王安石于钟山,从学《华严经》。元祐中,又从苏轼游,长于诗歌。绍圣中,为宰相章惇所器重,拟授秘书省正字、太常博士,却遭言者论列,以其背叛王安石、学术反复而出为两浙路刑狱。蔡天启师事王安石,应在元丰初年,故此书应为元丰二年任职明州后所作。可见,元丰初年,王安石的学术观点因受佛教影响,开始有所转变,由早期朴素唯物的一元论开始向二元论转变。

(二)早年的王安石在认识论上基本属于唯物主义范畴,然而,在《礼乐论》中,他吸收佛禅"明心见性"的观点,认为"圣人内求,世人外求"③,把圣人的认识方式归结为纯粹的向内反思,承认圣人并不需要外求,而是通过内求来获取至理,"不听而聪,不视而明,不思而得,不行而至,是性之所固有,而神之所自生也,尽心尽诚者之所至也"④。可见,王安石受佛教"明心见性"观点的影响,认为圣人通过内向反思而不需要通过学习、实践即可获取至理。这种观点是糅合儒家思想与佛教思想而形成的,明显带有佛教影响的痕迹。

(三)在人性论方面,王安石从主张人性善到提出"性无善恶,情有善

①王安石撰,唐武标点校:《王文公文集》卷六十四《怀钟山》,第693页。
②王安石撰,聂安福、侯体健整理:《临川先生文集》卷七十三《答蔡天启书》,王水照主编:《王安石全集》第六册,第1312页。
③王安石撰,唐武标点校:《王文公文集》卷二十九《礼乐论》,第334页。
④王安石撰,唐武标点校:《王文公文集》卷二十九《礼乐论》,第333页。

恶"的观点,就是借鉴了契嵩的观点。契嵩是北宋著名禅僧,大约与欧阳修同时。在北宋禅宗史上,契嵩以学兼释儒,能够援儒证佛、援儒卫佛而著称。庆历二年,欧阳修著《本论》三篇,在指责佛教危害中国的同时,指出辟佛要讲究策略。面对"儒者以文排佛而佛道浸衰"①的状况,契嵩能够洞察世运学风的演变,明确提出"欲以文辅之吾道,以从乎世俗之宜"②。他主张适应专制社会发展的需要,援儒入佛,改造佛教,以拯救"佛道浸衰"的局面。王安石在阐释心性学说的过程中,发现了儒家在心性理论方面的不足,同时,看到佛教心性思想之丰富与圆融,于是将佛教的心性观点引入儒家学说,构建了新学的心性论体系,弥补了传统儒家心性学说的不足。

　　自从子贡发现孔子较少谈论性命之理后,孔子后学大约想弥补孔子思想的这一不足。《性自命出》据推测是孔门弟子之作,该书就大谈天道性命问题。指出:"性自命出,命自天降,道始于情,情生于性。"③王安石继承了《性自命出》的观点,用《中庸》的方法分析性与情的区别。契嵩说:"善恶,情也,非性也。情有善恶而性无善恶者,何也? 性静也,情动也,善恶之形见于动者也。"④王安石说:"喜、怒、哀、乐、好、恶、欲未发于外而存于心,性也;喜、怒、哀、乐、好、恶、欲发于外而见于行,情也。性者情之本,情者性之用,故吾曰性情一也。"⑤王安石借鉴契嵩的观点,认为善恶指的是情而非性,性不能论善恶,"性生乎情,有情然后善恶形焉,而性不可以善恶言也"⑥。这就是说,性和情是统一的,性生情,情生于性,性乃情之体,情乃性之用;性与情又是有区别的,性无所谓善恶,而情是有善恶的,情之所以有善恶,是因为性是喜、怒、哀、乐、好、恶、欲的未发状态,既然是未发状态,就不存在善与恶的问题;而情是喜、怒、哀、乐、好、恶、欲的已发状态,既然是已发状态,就有中节与否的问题。"是以知性情之相须,犹弓矢之相待而用,若夫善恶,则犹中与不中也。"⑦就是说,性情关系犹如弓箭关系,弓与

----

① 契嵩撰,钟东、江晖点校:《镡津文集》卷九《万言书上仁宗皇帝》,上海古籍出版社 2016 年,第 152 页。
② 契嵩撰,钟东、江晖点校:《镡津文集》卷十《与章潘二秘书书》,第 192 页。
③ 李零著:《郭店楚简校读记》,中国人民大学出版社,2007 年,第 136 页。
④ 契嵩撰,钟东、江晖点校:《镡津文集》卷四《中庸解》,第 76 页。
⑤ 王安石撰,唐武标点校:《王文公文集》卷二十七《性情》,第 315 页。
⑥ 王安石撰,唐武标点校:《王文公文集》卷二十七《原性》,第 316 页。
⑦ 王安石撰,唐武标点校:《王文公文集》卷二十七《性情》,第 315 页。

箭相辅相成、相依为用,没有弓,箭就无以为用,没有箭,弓亦无以为用,弓无所谓善恶,但是箭一旦射出,就可能有伤害,就有善恶。判断善恶的标准是"中与不中",也就是箭上靶与否,上靶的就是善,不上靶的就是恶,这个靶就是理。"动而当于理,则圣也、贤也;不当于理,则小人也。"[1]在王安石的学术体系中,理有两个含义:一是天地万物之理。所谓天地万物之理,即自然界存在和发展的客观规律。《字说》一书集中体现了王安石的天地万物之理,"以天地万物之理,著为此书,与《易》相表里"[2];一是道德性命之理。所谓道德性命之理,就是人类社会存在与发展的普遍规律,"吾能顺性命之理,受之而不逆,故往而不害"[3]。具体到王安石生活的北宋中期而言,道德性命之理就是封建社会的核心价值观。王安石将道德之意上升到性命之理的高度,创立了"性情统一"的心性论,目的在于约束人们的言行,要求人们的言行当"理"(儒家伦理纲常)为善,从而将封建社会的核心价值观与性命之理联系起来,并且将儒家伦理纲常上升到人道的高度,要求人们的一言一行符合儒家伦理纲常。

　　综观王安石的一生,发现他对待佛禅的态度大约经历了这样一个心路历程:青年时期,王安石钦佩佛徒品德高洁,为道献身,他乐交僧友,喜读佛经,对佛教经典和僧众颇有好感,但还谈不上崇信佛教。任职地方时期,王安石与佛徒有了进一步的交往,对佛徒也有了新的认识,认为佛徒虽尚空谈,但还算务实。晚年罢相以后,王安石退居江宁,由于变法失败、自己体弱多病,王安石遂一面读佛经、听讲法、作禅诗,深深地沉溺于佛禅之中;一面注佛经,引用佛经观点修订《字说》,开始了援佛入儒、会通儒佛的工作。这样看来,王安石晚年沉溺于佛禅之中,其信服佛教是肯定的,但王安石的信佛既有与普通信众相同的地方,又有着与普通信众不同的地方,即既有为解除心灵痛苦、寻找精神解脱而皈依佛门的相通性,又有为了修习佛学,融会儒佛,构建"道通为一"的学术体系的独特性。王安石对待佛教的这种态度,曾为钱锺书先生所洞见:

　　　　荆公《送吕使君诗》作辟佛语,《寄王逢原》亦云:"孔子大道寒于

---

[1]王安石撰,唐武标点校:《王文公文集》卷二十七《性情》,第 315 页。
[2]晁公武撰,孙猛校证:《郡斋读书志校证·郡斋读书志》卷四,第 165 页。
[3]王安石撰,罗家湘辑校:《王安石老子注辑佚会钞·第三十五章》,第 59 页。

灰,力排异端谁助我";而集中诗作禅语不计数,仿寒山、拾得即至二十首,亦屡与释子酬答。《道山清话》载唐子方见公诵《华严经》;《吹剑录外集》记公与叶涛云:"博读佛书,勿为世间闲文字";《宾退录》卷五记公坐禅时作《胡笳十八拍》,自言"坐禅实不亏人",事虽可笑,亦见公刻意学佛;复作《楞严疏解》,可谓躬蹈而厚责于昌黎者。至其暮年舍宅为寺,请僧主持,如朱子《语类》与余国秀语所讥,又岂韩公庐居火书之旨哉。①

王安石作为一个儒家学者,排佛是其职责和使命;但王安石之排佛,又不像韩愈那样"人其人,火其书,庐其居"②。韩愈之排佛,实际上是排其"迹",手段简单粗暴,效果亦不甚理想。王安石对待佛教的态度,是以其人之道还治其人之身,他采取汲取佛教之长弥补儒家之短的办法,通过发展儒家学说来最终战胜佛教,其手段比韩愈更加高明,其效果比韩愈更加明显。但耐人寻味的是,以排佛为职责的王安石最终抵挡不住佛教的诱惑而皈依佛门。

三、援道入儒

所谓援道入儒,主要是援引道家思想以入儒家学说。熙宁三年二月,司马光在给王安石的信中说:"光昔从介甫游,介甫于诸书无不观,而特好孟子与老子之言。"③所谓"光昔从介甫游",当指二人同为群牧司幕僚时,时为嘉祐年间,二人当时正值壮年。晁公武在《郡斋读书志》卷十一称道:"介甫平生最喜《老子》,故解释最所致意。"④可见,王安石对《老子》的喜爱和研究贯穿了一生。

王安石之所以喜爱《老子》,与他的政治理想与学术旨趣有关。在因循守旧的中国封建社会里,要变法改革,就要统一人们的思想认识,为变法提供良好的舆论环境和理论支持。辩证法就是变革的哲学,要推行变法实践,就需要辩证法思想做指导。纵观中国思想史"从孔夫子以来的儒家思想,唯物论倒是有一些……但有关辩证法的思想甚少,以辩证法畅论自然

---

①钱锺书:《谈艺录》十七《昌黎与大颠》补订二,中华书局 1984 年,第 68 页。

②韩愈撰,刘真伦、岳珍校注:《韩愈文集汇校笺注》卷一《原道》,中华书局 2010 年,第 4 页。

③司马光撰,李文泽、霞绍晖点校:《司马光集》卷六十《与王介甫书》,第 1259 页。

④晁公武撰,孙猛校证:《郡斋读书志》卷十一,《郡斋读书志校证》,第 471 页。

界发展变化则从来未有";而"王安石'奋乎百世之下',大量地吸收消化了
《老子》哲学中的朴素辩证法,用来观察自然界及一些社会现象,给儒家学
说注射了新的血液,使之产生了新的升华"①。同时,王安石深深服膺老子
的辩证法思想,其学术观点深受《老子》的辩证法思想影响。荆公新学的最
高范畴"道",就是源于《老子》的"道"。"道"之本体为"元气",继承了先秦
稷下黄老学派的观点;"道生阴阳,阴阳生五行,五行生万物"的宇宙演化模
式,显然是杂糅儒家《易》《洪范》和道家《道德经》的观点而成。具体而言,
在《洪范传》中,王安石指出"道生于两,成于三,变于五,而天下之数具",这
明显是由《老子·道生》"道生一,一生二,二生三,三生万物"之说和《周
易·系辞上》"天数五,地数五,五位相得而各有合,天数二十有五,地数三
十,凡天地数五十有五"之说杂糅而成的。

　　尽管王安石援引老子的道作为自己哲学的最高范畴,但他并没有照搬
老子的观点,而是结合自己的思考对老子的道给予了合理的援引与改造:
(一)在天道观上,王安石继承了老子天道自然无为的观点,但他把老子道
生万物的宇宙生成论的思维模式发展成为宇宙本体论的思维模式;(二)在
天人关系上,王安石继承了老子学说的合理成分,主张人应该效法天道的
自然无为,反对统治者恣意妄为,但又对老子消极无为的观点进行了批判
和改造,主张人在天道面前,虽然常常无能为力,但不能放弃人的主观努
力,应该充分发挥人的主观能动性;(三)在辩证思维领域,王安石继承了老
子天道运行不已的观点,并用"耦""对"概念来概括事物的对立统一关系,
进一步深化和丰富了对辩证法的认识②。

　　王安石不仅援引道家学说以释儒,而且还援引儒家学说以释老。王安
石引用《周易·说卦》"穷理尽性以至于命"的观点解释《老子》的"无为"学
说,并从社会政治角度分析《老子》的"无为"思想,从理论上把老氏之学解
释为宋学家可以接受的学说,他的发挥使《老子》的"无为"学说,不仅通于
佛教之心性学说,而且通于儒家之礼乐刑政。王安石说:"道有本有末。本
者,万物之所以生也;末者,万物之所以成也。本者,出之自然,故不假乎人
之力而万物以生也;末者,涉乎形器,故待人力而后万物以成也。"③王安石

①漆侠:《宋学的发展和演变》,第19页。
②魏福明:《王安石与老子哲学》,《江苏社会科学》2004年第3期。
③王安石撰,唐武标点校:《王文公文集》卷二十七《老子》,第310页。

认为，道有本有末，道之本，出之自然，可以无为；道之末，依靠人力而成，不能无为。也就是说，在自然规律面前，人要遵循自然规律，不能违背自然规律；但在涉及礼乐刑政等社会现象时，人又不能无所作为，而应该充分发挥人的主观能动性。要充分发挥人的主观能动性，就要有为，"故昔圣人之在上而以万物为己任者，必制四术焉。四术者，礼、乐、刑、政是也，所以成万物者也"①。在这一认识的基础上，王安石批评了老子不要礼乐刑政的无为思想。"老子者，独不然，以为涉乎形器者皆不足言也、不足为也，故抵去礼乐刑政而唯道之称焉。是不察于理而务高之过矣。……其书曰：'三十辐共一毂，当其无，有车之用。'夫毂辐之用，固在于车之无用，然工之琢削未尝及于无者，盖无出于自然之力，可以无与也。今之治车者知治其毂辐，而未尝及于无也，然而车以成者，盖毂辐具，则无必为用矣。如其知无为用而不治毂辐，则为车之术固已疏矣。今知无之为车用，无之为天下用，然不知所以为用也。故无之所以为用者，以有毂辐也；无之所以为天下用者，以有礼乐刑政也。如其废毂辐于车，废礼乐刑政于天下，不坐求其无之为用也，则亦近于愚矣。"②这就是说，车子之所以中空而有用，是由于有车辐的缘故；如果没有车辐，何来车子之用呢？同样，统治者之所以可以无为而治是因为有礼乐刑政，如果没有礼乐刑政，统治就无法实现。可见，王安石评判老子学说是以儒家义理为标准的，符合儒家义理则取，违背儒家义理则舍，他这样做的目的是为了发展儒家学说，最终战胜佛老。

值得注意的是，在荆公学派中，不仅王安石喜爱《老子》，后学王雱、陆佃、吕惠卿、刘仲平等对《老子》也颇有研究。据《郡斋读书志》卷十一记载："王安石注老子二卷，王雱注二卷，吕惠卿注二卷，陆佃注二卷，刘仲平注二卷。"③新学学者之所以喜爱《老子》，并不是偶然的，是由于《老子》中蕴含着丰富的辩证法思想，而辩证法思想是推动变法顺利进行的理论基础。以王安石为核心的变法派，正是以辩证法思想为指导，积极投身到北宋中期的社会实践中去的。

《庄子》是道家学派的另一部重要著作。王安石对《庄子》的态度是前后不同的，前期贬抑《庄子》，后期褒扬《庄子》。对于庄周其人，王安石并不

①王安石撰，唐武标点校：《王文公文集》卷二十七《老子》，第 310 页。
②王安石撰，唐武标点校：《王文公文集》卷二十七《老子》，第 310 页。
③晁公武撰，孙猛校证：《郡斋读书志》卷十一，《郡斋读书志校证》，第 471 页。

全盘否定,认为庄周也是学圣人的,只不过庄周不是圣人的好学生,学圣人而致荒腔走板。王安石指出:"墨翟非亢然诋圣人而立其说于世,盖学圣人之道而失之耳"①。庄周与墨翟一样,都是学圣人而有所偏失,"虽周亦然"②。他还认为庄子思想也有接近圣人之道的地方,"庄生之书,其通性命之分,而不以死生祸福累其心,此其近圣人也"③。王安石受庄子"道通为一"观点的影响,认为庄子之道与圣人之道是相通的,儒墨道法甚至诸子百家,其道都是相通的。博采众长,融会贯通,才能形成对道的本来面目的正确认识。

作于早年的《庄周上》一文,集中体现了王安石早期对于庄子的态度。

> 昔先王之泽,至庄子之时竭矣,天下之俗,谲诈大作,质朴并散,虽世之学士大夫,未有知贵己贱物之道者也。于是弃绝乎礼义之绪,夺攘乎利害之际,趋利而不以为辱,殒身而不以为怨,渐渍陷溺,以至乎不可救已。庄子病之,思其说以矫天下之弊而归之于正也。其心过虑,以为仁义礼乐皆不足以正之,故同是非,齐彼我,一利害,而以足乎心为得,此其所以矫天下之弊者也。既以其说矫弊矣,又惧来世之遂实吾说而不见天地之纯、古人之大体也,于是又伤其心于卒篇以自解。故其篇曰:"《诗》以道志,《书》以道事,《礼》以道行,《乐》以道和,《易》以道阴阳,《春秋》以道名分。"由此而观之,庄子岂不知圣人者哉?……然则庄子岂非有意于天下之弊而存圣人之道乎?伯夷之清,柳下惠之和,皆有矫于天下者也,庄子用其心亦二圣人之徒矣。然而庄子之言不得不为邪说比者,盖其矫之过矣。夫矫枉者,欲其直也,矫之过则归于枉矣。庄子亦曰:"墨子之心则是也,墨子之行则非也。"推庄子之心以求其行,则独何异于墨子哉?④

王安石认为,庄子并非消极避世者,针对战国中期礼崩乐坏的社会现实,庄子非常不满,提出了"同是非,齐彼我,一利害"的方针来矫正天下之弊。虽然采取的方式与儒家不同,但其目的与儒家是一致的,都是为了矫正社会

①王安石撰,唐武标点校:《王文公文集》卷八《答陈柅书》,第93页。
②王安石撰,唐武标点校:《王文公文集》卷八《答陈柅书》,第93页。
③王安石撰,唐武标点校:《王文公文集》卷八《答陈柅书》,第93页。
④王安石撰,唐武标点校:《王文公文集》卷二十七《庄周上》,第311页。

积弊。从这个意义上,可以说庄子是伯夷、柳下惠的门徒。由此可见,王安石认为庄子之道与孔孟之道是相通的,二者的动机同是为了矫正天下积弊,只不过庄子的错误是矫枉过正罢了,"墨翟非亢然诋圣人而立其说于世,盖学圣人之道而失之耳。虽周亦然。"①王安石站在儒家的立场上,对墨子和庄子的动机与行为做出判断,认为庄子与墨子一样,其动机是值得肯定的,但其行动与效果是值得否定的。不仅如此,王安石还认为,庄子之所以动机与行为不一致是有所寓指的。"学者诋周非尧、舜、孔子,余观其书,特有所寓而言耳。……周曰:'上必无为而用天下,下必有为而为天下用。'又自以为处昏上乱相之间,故穷而无所见其材。孰谓周之言皆不可措乎君臣父子之间,而遭世遇主终不可使有为也?及其引太庙牺以辞楚之聘使,彼盖危言以惧衰世之常人耳。夫以周之才,岂迷出处之方而专畏牺者哉?盖孔子所谓隐居放言者,周殆其人也。然周之说,其于既反之,宜其得罪于圣人之徒也。"②在王安石看来,庄子的动机与儒家没有什么不同,庄子之所以做法与儒家不同,在于庄子是从"处昏上乱相之间"出发的,对于处于乱世的人们,庄子主张以"同是非,齐彼我,一利害"为原则,主张实行道家的无为治国,反对实行儒家的有为治国。

王安石不仅对老庄思想给予同情之理解,而且主张援老入儒,融合儒老。《九变而赏罚可言》一文,是王安石援引道家思想以释儒的典范。《九变而赏罚可言》题目即出自《庄子·天道篇》。不仅如此,王安石还以《庄子》的"先明天而道德次之,道德已明而仁义次之,仁义已明而分守次之,分守已明而形名次之,形名已明而因任次之,因任已明而原省次之,原省已明而是非次之,是非已明而赏罚次之"③的观点来阐释儒家思想。在这篇文章中,王安石尽管对庄周的观点不无批判,但却强调庄子之道不能偏废:"庄周,古之荒唐人也,其于道也荡而不尽善,圣人者与之遇,必有以约之,约之而不能听,殆将摈四海之外而不使之疑中国。虽然,其言之若此者,圣人亦不能废。"④在王安石看来,庄子学说虽然不尽如人意,但也并非毫无可取之处,儒家对于庄子之道要予以约束、引导,使之与儒家合流,同归于

①王安石撰,唐武标点校:《王文公文集》卷八《答陈柅书》,第93页。
②王安石撰,唐武标点校:《王文公文集》卷二十七《庄周下》,第312页。
③郭象注,成玄英疏:《南华真经注疏》卷五《天道》,中华书局1998年,第272页。
④王安石撰,唐武标点校:《王文公文集》卷二十八《九变而赏罚可言》,第325页。

圣人之道。到了晚年,随着变法事业的失败,王安石也由"入世"转为"遁世",退出庙堂的王安石则深深地喜爱上了《庄子》,并引庄周为同道。由早期批评庄周为"古之荒唐人"到后期"庄周吾所爱",王安石的转变既与其从事的变法事业的失败和个人年老力衰有关,也与王安石对庄子的认识发生变化不无干系。后期的王安石采纳了庄子"道通为一"[①]的观点,主张援引佛老,融会创新。

　　熙宁八年(1075)二月,宋神宗再次任命王安石为相。王安石复相后,以前曾是王安石变法左右手的吕惠卿、曾布先后与其交恶,宋神宗对王安石的支持也不再如前,眼看着自己苦心经营多年的变法大业,就要付之东流而又回天无力;加之王安石自己体弱多病,于是,熙宁九年十月再次罢相。面对事业的挫折,年事渐高的王安石陷入深深的悲痛和郁闷之中。一般而言,中国封建士大夫常常怀有两副衷肠:一副是积极的,在人生处于顺境时,表现的是积极进取的入世精神,此乃"达则兼济天下";另一副是消极的,在遭遇挫折或抱负不得实现时,表现的是消极的遁世精神,此即谓"穷则独善其身"。作为封建士大夫,王安石也不能摆脱时代和人生的局限性,他一方面以雄才大略、坚决果断而著称于世;另一方面,在激烈的政治斗争漩涡中,也时时泛起急流勇退、归隐林泉的感慨,"少狂喜文章,颇复好功名。稍知古人心,始欲老蚕耕"[②];"无奈被些名利缚,无奈被他情担阁。可惜风流总闲却。当初谩留华表语,而今误我秦楼约。梦阑时,酒醒后,思量着"[③]。由少年时的喜好功名,到老年时希望躬耕畎亩,悔恨此生被名缰利锁所耽搁,一世风流,总被雨打风吹去,而如今,以至于梦阑酒醒时常常反躬自省。

　　早在嘉祐、治平年间,王安石在撰著《淮南杂说》和《洪范传》时,即自觉地将道家的辩证法思想运用于对儒家经典的诠释,提出一系列富有辩证色彩的观点,得到了学术界的认可。熙宁年间,由于在变法的是非争论中颇感疲惫,王安石更是对庄子的人生观及其豁然达观的处世态度颇为赞赏:

　　　误有声名只自惭,烦君跋马过茅檐。已知原宪贫非病,更许庄周

---

① 郭象注,成玄英疏:《南华真经注疏》卷一《齐物论》,第37页。
② 王安石撰,唐武标点校:《王文公文集》卷三十九《少狂喜文章》,第455页。
③ 王安石:《千秋岁引》,本社编:《王安石诗文鉴赏辞典》,上海辞书出版社2014年,第190页。

智养恬。世事何时逢坦荡,人情随分值猜嫌。谁能胸臆无尘滓,使我相从久未厌。①

到元丰年间,变法遭遇挫折,王安石更是产生了糠秕尧舜、师法庄周的观点。元丰八年,王安石赋诗云:

> 万物余一体,九州余一家。秋毫不为小,徼外不为遐。不识寿与夭,不知贫与奢。忘心乃得道,道不去纷华。近迹以观之,尧舜亦泥沙。庄周谓如此,而世以为夸。②

早年,王安石曾力劝神宗取法尧舜,批评老庄诋毁仁义道德。而作于晚年的《杂咏八首》其一却肯定了庄周道归自然的观点,从而产生糠秕尧舜的思想。这种变化,不能不说是变法失败、人生遭遇坎坷,而又"无可奈何花落去"时,王安石人生哲学的一种嬗变,他由早期的师法尧舜开始转向效法庄周。值得注意的是,此时的王安石不但赞同庄子的思想,甚至渴望像庄周一样化为蝴蝶,摆脱人生痛苦,忘却世间烦恼,过上一种逍遥自在、无忧无虑的生活。他赋诗言志云:

> 岸凉竹娟娟,水净菱帖帖。虾摇浮游须,鱼鼓嬉戏鬣。释杖聊一愒,褰裳如可涉。自喻适志软? 翩然梦中蝶。③

这首诗说明,王安石并非完全抛弃儒学转向道学,而是基于事业失败与个人年老力衰,使得他寄托于道家思想以暂时摆脱身心的痛苦。如同王安石晚年崇信道家一样,王安石晚年亦耽于佛教学说,但这主要是在变法遭遇失败、人生遭遇坎坷,且年事已高、回天无力时所发出的一种悲鸣,体现了其晚年面对挫折时的无奈心境。从王安石的一生来看,道家思想抑或佛教思想始终是作为思想资料为王安石所汲取引用,且带有佛老色彩的观点在其学术体系中始终处于次要地位。王安石始终是站在儒家的立场上来评判佛老,同样其学术也是以儒家义理为标准对佛老思想加以取舍。归隐江宁期间所作的《杖藜》一诗,就透露了他的这种心态:

> 杖藜随水转东冈,兴罢还来赴一床。尧桀是非时入梦,固知余习

---

①王安石撰,唐武标点校:《王文公文集》卷六十二《谢郏亶秘校见访于钟山之庐》,第678页。
②王安石撰,唐武标点校:《王文公文集》卷五十《杂咏八首》其一,第564页。
③王安石撰,唐武标点校:《王文公文集》卷五十一《自喻》,第572页。

未全忘。①

纵观王安石的一生,忧国忧民,勇于进取,始终不忘"致君尧舜上,再使风俗淳"的政治抱负。即便是晚年退隐后,依然关注着变法事业,不失为一位"居庙堂之高,则忧其民;处江湖之远,则忧其君"②的具有济世抱负的政治家。从其一生出处来看,从其学术大归而言,王安石仍不失为一位杰出的儒者。

四、援法入儒

儒释道之外,法家思想也是荆公新学的学术渊源之一。《上皇帝万言书》是王安石阐述其变法主张的纲领性文献。在这篇文献中,他就时论势,力陈当时天下之患,在于"不知法度",极力提倡"改易更革",并指出改革的首要任务是"变风俗、立法度",所有这一切都贯穿着法家的变法思想。他认为,当时影响变革成功的主要因素是缺乏人才;而对于人才的培养与选拔,他主张要教之有道、养之有道、取之有道、任之有道。其中,养之之道就是"饶之以财,约之以礼,裁之以法"③,体现了礼法并重的观念。同样,在一篇题记中,王安石阐述了依法理财的思想。"夫合天下之众者财,理天下之财者法,守天下之法者吏也。"④几句精练的语言,概括了理财的重要作用以及理财与法制、用人之间的关系,既吸收了传统儒家的德治思想,也汲取了法家的法制理念。

商鞅是聚讼纷纭的法家人物。对于这样一位法家思想的代表人物,王安石却引为同调。在《商鞅》一诗中,王安石充分肯定了商鞅的历史功绩,体现了他效法商鞅、矢志变革的决心。该诗作于熙宁二年。当时,反变法派曾把王安石比作商鞅而予以攻击,王安石赋诗予以反击。诗云:

　　自古驱民在信诚,一言为重百金轻。今人未可非商鞅,商鞅能令政必行。⑤

①王安石撰,聂安福、侯体健整理:《临川先生文集》卷二十七《杖藜》,王水照主编:《王安石全集》第五册,第552页。
②范仲淹撰,李勇先、王蓉贵点校:《范文正公文集》卷八《岳阳楼记》,《范仲淹全集》,第195页。
③王安石撰,唐武标点校:《王文公文集》卷一《上皇帝万言书》,第4页。
④王安石撰,唐武标点校:《王文公文集》卷三十四《度支副使厅壁题名记》,第409页。
⑤王安石撰,唐武标点校:《王文公文集》卷七十三《商鞅》,第777页。

王安石表面上是在赞赏商鞅能推行政令，实际上是在叹惋变法进程的困顿不顺。但王安石对商鞅的评判始终是站在儒家的立场上的，他认为"苟无志诚恻怛忧天下之心，则不能询考贤才，讲求法度"①。所以，当宋神宗问及"商鞅何尝变诈"时，王安石回答："鞅为国，不失于变诈，失于不能以礼义廉耻成民而已。"②可见，王安石是以儒家的礼义廉耻为体，以法家的法度律令为用，体用结合，体现了德主法辅、礼法结合的治国理念。

　　在王安石的政治思想中，王安石继承了法家学者韩非的"世异则事异"③的观点，提出"其所遭之变，所遇之势，亦各不同，其施设之方亦皆殊"④的思想，明确主张时代不同了，形势发生了变化，因而治理社会的措施也应不同。漆侠先生指出："从学术思想这一侧面来看，王安石是把释道两家学说中的义理尽量吸收到儒家学说中来，使儒家学说的内容得到极大的深化和提高的；从政治思想这一侧面来看，王安石则又是援法入儒，甚至可以说，他是把法家思想作为指定和推行新法的指导思想的。"⑤强调理财，讲武习战，改革军制，体现了王安石对古代法家的耕战政策的继承。"保甲之法，起于三代丘甲，管仲用之齐，子产用之郑，商君用之秦，仲长统言之汉，而非今日之立异也。"⑥继承先秦法家的变法主张，王安石绝不遮遮掩掩，公开申明自己的部分变法措施源自法家。

　　王安石不仅在政治理念和治国实践中借鉴了法家的思想和措施，在其新学体系中，也汲取了法家学说的精华，为我所用，以法补儒。在《夫子贤于尧舜》一文中，王安石说："盖圣人之心不求有为于天下，待天下之变至焉，然后吾因其变而制之法耳。至孔子之时，天下之变备矣，故圣人之法亦自是而后备也。"⑦王安石提出与时俱进、因变制法的思想，指出孔子之所以贤于尧舜，在于他能"集诸圣人之事，而大成万世之法"⑧。孔子所宣扬的儒家思想能否以"法"字来概括，固然值得商榷。然而无可置疑的是，这

①王安石撰，唐武标点校：《王文公文集》卷一《上时政书》，第17页。
②杨时撰，林海权校理：《杨时集》卷六《王氏神宗日录辨》，中华书局2018年，第126页。
③王先慎撰，钟哲点校：《韩非子集解·五蠹》，中华书局1998年，第445页。
④王安石撰，唐武标点校：《王文公文集》卷一《上皇帝万言书》，第2页。
⑤漆侠：《宋朝的家法和北宋的政治改革运动》，《漆侠全集》第八卷，第333页。
⑥王安石撰，唐武标点校：《王文公文集》卷一《上五事书》，第19页。
⑦王安石撰，唐武标点校：《王文公文集》卷二十八《夫子贤于尧舜》，第323页。
⑧王安石撰，唐武标点校：《王文公文集》卷二十八《夫子贤于尧舜》，第323页。

里的"夫子"是王安石理想中的孔夫子,是被王安石改造了的圣人,甚至可以说就是王安石自己。在王安石看来,圣人的主要任务,就是顺应时代变迁而制订法度;当然,自视为当代圣人的王安石也不例外,也把变法作为其执政的首要任务。在《非礼之礼》一文中,王安石进一步指出儒家的礼义也要权时而变:"古之人以是为礼,而吾今必由之,是未必合于古之礼也;古之人以是为义,而吾今必由之,是未必合于古之义也。夫天下之事,其为变岂一乎哉? 固有迹同而实异者矣。……此圣人所以贵乎权时之变者也。"①王安石认为,今天的礼、义与古代的礼、义不同,古代的礼、义未必适合今天的形势,因为时代已经变迁了;今天如果还使用古代的礼、义,也未必合于古代的礼、义。圣人的任务就是与时俱进、权时而变,随着时代的变迁而制定新的礼、义,以适应时代的发展需要。在《王霸》一文中,王安石则阐发了王霸互用、儒法相通的思想:"仁义礼信,天下之达道,而王、霸之所同也。夫王之与霸,其所以用者则同,而其所以名者则异,何也? 盖其心异而已矣。其心异则其事异,其事异则其功异,其功异则其名不得不异也。"②王安石认为"仁义礼信"是王霸之所同;而王霸之所异,在于其"心异",由"心异"导致"事异",由"事异"导致"功异",由"功异"导致"名异",也就是说,动机不同,导致作为不同,作为不同导致事功不同,事功不同则王霸之名不同。这就把心术与政术联系了起来,又把内圣与外王统一了起来,这种新颖而深刻的见解,为其后学所遵循,这是新学对儒家内圣外王思想的一大贡献,同时,也是新学采法补儒的集中体现。

　　大凡一流的政治家、思想家,大多兼采儒法,儒表法里。王安石更是以儒为体,以法为用,弥补了传统儒家重礼轻法的缺陷,进一步推动了儒家思想与法家思想的融合。两宋之际晁说之批评《三经新义》:"援释老诞谩之说以为高,挟申韩刻核之说以为理。"③明清之际大儒王夫之甚至认为,"王安石之学,外申、韩而内佛、老"④。这些批评虽然不无偏颇之处,但也真切地洞见了新学援法入儒、调和儒法的特点。

①王安石撰,唐武标点校:《王文公文集》卷二十八《非礼之礼》,第323页。
②王安石撰,唐武标点校:《王文公文集》卷二十八《王霸》,第326页。
③晁说之撰:《景迂生集》卷一《元符三年应诏封事》,《钦定四库全书荟要》,吉林出版集团有限责任公司2005年,第19页。
④王夫之著,舒士彦点校:《读通鉴论》卷二十九《五代中》,中华书局1975年,第908页。

　　然而必须指出的是，王安石是立足于儒家来汲取释道法诸家学说的，释道法诸家的观点不过是作为思想资料被王安石所汲取、所利用，他对于释道法诸家思想也并没有照单全收，而是一分为二、有所取舍的，新学也不是儒释道法诸家思想的大杂烩，王安石是依据儒学发展的需要，利用释道法三家之长来弥补儒家之短的。对于新学的这一特点，邓广铭先生曾给予客观评价："作为一个政治家来说，王安石是一个'援法入儒'的人；作为一个学问家来说，王安石却又是一个把儒释道三家融和为一的人。"①漆侠先生在邓先生观点的基础上，给予了进一步的说明："王安石的哲学思想和政治观点，就其渊源来说，无疑地是受到传统的儒家、道家和法家思想的深刻的影响的。但是，所有的古代思想不过是作为一些资料，供王安石吸收、摄取，并经过加工、改造，形成王安石思想的一个组成部分。对王安石思想起决定作用的，则是宋代政治经济关系，以及在这种政治经济关系中王安石自己的经历和实践。"②王安石尽管是以儒家学者的面目出现的，但是其汲取了释道法诸家的有益思想，他是以儒为本，融合释道乃至法家思想，通过融会贯通、综合创新来发展儒学，从而从学理上战胜释道两家，使得儒家学说重新得以在皇权国家意识形态领域占据主导地位。

---

① 邓广铭：《略谈宋学》，《邓广铭治史丛稿》，第 172 页。
② 漆侠：《王安石变法》，第 89 页。

第四章　荆公新学与王安石变法

荆公新学是唐宋儒学复兴运动发展到北宋中期的产物，是适应北宋中期社会变革的需要而产生的，是为挽救北宋中期积贫积弱、因循苟且、信仰迷失、道德滑坡的社会现实服务的，因此，王安石探讨道德性命之理不是为了学术而学术，而是为了认识自然规律与社会规律，并指导人们修身律己，提高社会成员的素质修养和道德自律。王安石的道德性命之学与其治国理政之术是一体的，前者为体，后者为用，前者为精，后者为粗，"其精则道德性命之说，其粗则礼乐刑政"①。在王安石参与大政后，新学从着重关注道德性命问题的内圣之学，通过礼乐刑政的制度建设，转向重点关注治国平天下的外王之术，并作为皇权国家的意识形态服务于北宋中后期的政治实践。

第一节　新学为新法提供理论依据

嘉祐三年十月，王安石上仁宗皇帝万言书，针对北宋王朝面临的内外矛盾和统治危机，提出了一系列变法革新的主张，表现出王安石矫世变俗的决心，成为他执政后推行变法的纲领性文献。熙宁二年二月，王安石被任命为参知政事。上任伊始，宋神宗与王安石君臣之间有一段对话，非常耐人寻味。"上谓曰：'人皆不能知卿，以为卿但知经术，不晓世务。'安石对曰：'经术正所以经世务，但后世所谓儒者，大抵皆庸人，故世俗皆以为经术不可施于世务尔。'上问：'然则卿所施设以何先？'安石曰：'变风俗，立法度，最方今之所急也。'上以为然。"②在这段对话中，王安石批评了俗儒专心经术、将经术与世务割裂开来的错误做法，提出经学思想为社会实践服务的新经学观，主张将理论研究与社会实践相结合，昭示了新学为新法提

---

①赵秉文撰，马振君整理：《赵秉文集》卷十三《叶县学记》，黑龙江大学出版社 2014 年，第 321 页。
②脱脱等撰：《宋史》卷三百二十七《王安石传》，第 10544 页。

供理论依据的治学宗旨。

在《上皇帝万言书》中,王安石指出:"方今之法度,多不合乎先王之政故也。"①那么,怎样才能做到使当今法度合乎先王之政呢?王安石指出:"当法其意而已。"②就是说要效法先王立法的精神实质,而不是照搬先王制定的法令条文。并且,王安石认为先王立法的精神实质保存在儒家经典中,因此要贯彻先王立法的精神实质就要研读儒家经典。熙宁六年三月,朝廷设立经义局,由王安石亲自主持,专门负责对儒家经典进行诠释。在众多的儒家经典中,王安石选择《诗经》《尚书》《周礼》三部经典,重新予以诠释。熙宁八年六月,王安石等人完成了上述著述的编撰工作,合称《三经新义》。与此同时,朝廷下诏,将《三经新义》颁行太学与地方学校,作为全国通用教材用于教学,并用作士子科考的标准答案。宋神宗、王安石君臣的用意在于,希望通过统一教材,达到统一思想、统一认识的目的,以便为变法的顺利实施提供理论上与舆论上的支持。

在《诗经》《尚书》《周礼》三部儒家经典中,王安石最为重视《周礼》。四库馆臣评价道:"安石之意,本以宋当积弱之后,欲济以富强,而恐富强之说必为儒者所排击,于是附会经义以钳其口,实非真信《周礼》为可行。"③四库馆臣这一说法略显武断,他们只看到了王安石杜塞异议者之口的一面,即王安石为了反击保守派对新法的攻击而撰著《三经新义》;其实,更重要的一面是以《诗经》《尚书》《周礼》为代表的儒家经典中,蕴含着有利于王安石变法的思想观点。王安石变法的目的,是通过解决国家财政危机,实现富国强兵,进一步维护和加强北宋王朝的封建统治。从其变法实践来看,理财是其基本出发点,实现富国强兵是其变法所追求的目标。从其变法措施看,有关理财的主要有青苗法、免役法、市易法、均输法、方田均税法等。可见,王安石变法措施的大多数都与增加财政收入有关。而"一部《周礼》,理财居其半"④,《周礼》中蕴含着丰富的理财思想,对于王安石推行新的理财措施、对于人们有效理解并坚定执行王安石的理财措施具有指导意义。晁公武评价道:"至于介甫,以其书理财者居半,爱之,如行青苗之类,皆稽

①王安石撰,唐武标点校:《王文公文集》卷一《上皇帝万言书》,第1页。
②王安石撰,唐武标点校:《王文公文集》卷一《上皇帝万言书》,第2页。
③纪昀、陆锡熊、孙士毅撰,四库全书研究所整理:《钦定四库全书总目》卷十九,第236页。
④王安石撰,唐武标点校:《王文公文集》卷八《答曾公立书》,第97页。

焉,所以自释其义者,盖以其所创新法尽傅著之,务塞异议者之口。"①王安石之所以托古改制,借《周礼》阐发自己的理财思想,一方面是打着绍述周公的旗号,消弭变法遇到的阻力,堵塞不同政见者的口舌;另一方面是以《周礼》为代表的儒家经典中,的确存在着丰富的有利于变法的理论观点。漆侠先生指出:"《周官新义》在某些方面虽然是对《周礼》的诠释,但实际上是王安石的政治思想的表述。这样,学校中立《三经新义》,亦就是把他的政治思想灌输给生员。王安石时刻不忘利用学术为变法服务,他在《字说》中亦是如此。"②高克勤先生也指出:"其《三经新义》发掘儒家经典中的革新思想,或用附会的方法赋予儒家经典原未有的革新内容,以对付反对派的攻击,为革新寻找理论依据。"③

在王安石看来,《周礼》作为先王思想与先王制度的集中体现,包含着丰富的思想资源和制度资源,而这些思想资源和制度资源都对解决北宋当时的社会、政治、经济诸问题具有借鉴价值。所以,王安石非常重视《周礼》,在《三经新义》中,其他诸经由其子王雱和门人吕惠卿等人编撰,唯独《周礼新义》为其亲撰。他为之作序云:"自周之衰,以至于今,历岁千数百矣。太平之遗迹,扫荡几尽,学者所见,无复全经。于是时也,乃欲训而发之,臣诚不自揆,然知其难也。以训而发之之为难,则又以知夫立政造事追而复之之为难。然窃观圣上制法就功,取成于心,训廸在位,有冯有翼,亹亹乎向六服承德之世矣。以所观乎今,考所学乎古,所谓见而知之者,臣诚不自揆,妄以为庶几焉。"④从其"以训而发之之为难,则又以知夫立政造事追而复之之为难"来看,他训释《周礼》的目的是为了"立政造事",即治国理政,是为新法服务;从其"以所观乎今,考所学乎古"来看,他训释《周礼》是为了借古通今。由此可见,古为今用、通经致用是王安石训释《周礼》的出发点。

《周官新义》虽说是对《周礼》的训释,实际上王安石是借旧瓶装新酒,阐述的是王安石自己的政治思想。其中体现的王安石的政治思想,归纳起来,大体有以下两点:一是法度要与时俱进、因时而变。在《周官新义》中,

---

①晁公武撰,孙猛校证:《郡斋读书志校证·郡斋读书志》卷二,第82页。
②漆侠:《王安石变法》,第105页。
③高克勤:《王安石与北宋文学研究》,第8页。
④王安石撰,唐武标点校:《王文公文集》卷三十六《周礼义序》,第426页。

王安石解释"法"字说:"法之字,从水、从廌、从去,从水,则水之为物,因地而为曲直,因器而为方圆,其变无常,而常可以为平;从廌,则廌之为物,去不直者;从去,则法将以有所取也。"①在解释"王以所以抚邦国诸侯者"时,他又说:"道有升降,礼有损益,则王之所制,宜以时修之;修法则,为是故也。"②这就是说,治理国家、制定法度就要像水的流动一样随形就势,随着时、地、势的变迁而变革,决不能一成不变,这就强调了变法的必要性和合理性,回击了保守派"祖宗之法不可变"的叫嚣。二是说明变法措施出自《周礼》,是有先儒的理论依据的,并非变法派所凭空独创,从而堵塞异议者之口。王安石认为,青苗法、免役法、保甲法、市易法都能在《周礼》中找到记载,从而为其变法的合理性提供经典依据。王安石指出,青苗法的法理基于《周礼》如下的论述:"'掌聚野之锄粟、屋粟、闲粟而用之'者,聚此三粟而用以颁以施以散也。施其惠,若民有艰厄,不责其偿。"③而免役法、市易法在《周礼》中也能找到制度根源,"盖免役之法,出于《周官》所谓府、史、胥、徒,《王制》所谓'庶人在官'者也。……市易之法起于周之司市、汉之平准"④。这就是说,王安石的主要变法措施在《周礼》中均能找到制度依据,在先王治国之道中也能找到先例。清人全祖望评价道:"盖荆公生平用功此书最深,所自负以为致君尧、舜者俱出于此,是固熙、丰新法之渊源也,故郑重而为之。"⑤可见,《周官新义》是王安石用力颇勤、最为重视的一部著述,是王安石推行新法的理论基础,是王安石政治思想的集中体现。

王安石继承了孟子的民本思想,在其《诗经新义》中就贯穿着新学的民本思想。王安石在训释《诗经·緜》时云:"国以民为本,民居既奠之后,方事营建,先王之重民如此。"⑥可见,王安石训释《诗经》时,是以儒家的民本思想为指导。在此基础上,王安石提出劳民、来民、还民、定民、安民、集民的主张,他在训释《诗经·鸿雁》时云:"宣王之民,劳者劳之,来者来之,往者还之,扰者定之,危者安之,散者集之。"⑦王安石主张统治者要以民为

①王安石撰,杨小召点校:《周官新义》卷一《天官一》,第9页。
②王安石撰,杨小召点校:《周官新义》卷十六《秋官三》,第236页。
③王安石撰,杨小召点校:《周官新义》卷七《地官二》,第104页。
④王安石撰,唐武标点校:《王文公文集》卷一《上五事书》,第19页。
⑤黄宗羲原著,全祖望补修,陈金生、梁运华点校:《宋元学案》卷九十八《荆公新学略》,第3252页。
⑥王安石撰,邱汉生辑校:《诗义》卷十六《大雅·文王之什义》,《诗义钩沉》,第229页。
⑦王安石撰,邱汉生辑校:《诗义》卷十一《小雅·鸿雁之什义》,《诗义钩沉》,第151页。

本,安民定民,不能扰民。王安石反对对百姓的过度盘剥,主张庇荫其民,他在训释《桑柔》时云:"王失德剥丧,无以庇荫其民。"①他在训释《诗经·正月》时云:"君之剥削于民而至于尽,犹人之侵伐林木以致薪蒸者也。"②如果统治者过度盘剥百姓,使得民不聊生,就会危及统治者的统治和封建国家的安宁。他在训释《诗经·鸿雁》时云:"民皆离散而不安其居,必矜之甚深,哀之甚切,不尔则无告之民,不足以自存矣。"③可见,民本思想是王安石政治思想的出发点,这一观点不仅贯彻在其训释《诗》《书》《礼》时,而且在训释《字说》时也贯彻着这一思想。

王安石还继承了法家"尽地力之教"的观点。《诗经·国风·七月》第九章云:"九月筑场圃,十月纳禾稼。黍稷重穋,禾麻菽麦。嗟我农夫,我稼既同,上入执宫功。昼尔于茅,宵尔索绹。亟其乘屋,其始播百谷。"王安石训释道:"'筑场圃'者,以无旷土,故筑场于圃地。此之谓地无遗利。方其为圃,则种果瓜之属,及其'纳禾稼',然后为场焉,岂非地无遗利乎? 又谓:冬,可以休矣,而乘屋。其乘屋也又亟,此之谓人无遗力。稼穑既同,则上'入执宫功'之事,而又昼则于茅,夜则索绹,以'亟其乘屋',非人无遗力乎?"④可见,王安石对早期法家"尽地力之教"思想的继承与发展。这一观点不仅体现在其对《诗经》的训释中,而且贯穿在其变法实践过程中。

就连王安石的文字学著作《字说》,都不是单纯为了训释文字,而是体现着明确的政治理念和实践诉求。王安石企图借助文字训释,统一士子的思想、统一社会的认识,把文字用作"同道德之归,一名分之守"⑤的工具。王安石对"同"字的训释鲜明地体现了其训释文字的目的,"彼亦一是非也,此亦一是非也,物之所以不同。冂一口,则是非同矣"⑥。王安石解字是为了统一对经典的训释,统一对经典的训释是为了更好地阐释他的道德性命之学,并用以为变法实践服务。他指出:"故其教学必自此始。能知此者,则于道德之意,已十九矣。"⑦可见,王安石并非为了训释文字而训释文字,

①王安石撰,邱汉生辑校:《诗义》卷十八《大雅·荡之什义》,《诗义钩沉》,第259页。
②王安石撰,邱汉生辑校:《诗义》卷十九《小雅·节南山之什义》,《诗义钩沉》,第167页。
③王安石撰,邱汉生辑校:《诗义》卷十一《小雅·鸿雁之什义》,《诗义钩沉》,第151页。
④王安石撰,邱汉生辑校:《诗义》卷八《国风·豳七月义》,《诗义钩沉》,第116页。
⑤王安石撰,唐武标点校:《王文公文集》卷二十《进字说表》,第236页。
⑥王安石撰,张宗祥辑,曹锦炎点校:《王安石〈字说〉辑》卷一,第6页。
⑦王安石撰,唐武标点校:《王文公文集》卷三十六《字说序》,第429页。

其《字说》阐发的是新学的道德性命之理,读懂了《字说》,就能领会王安石的道德性命之理,而他的道德性命之理是其变法的理论基础和指导思想。

第二节　新学为新法提供舆论支持

王安石生活的北宋中期,面临着一系列积重难返的社会问题,用王安石的话说就是,"内则不能无以社稷为忧,外则不能无惧于夷狄,天下之财力日以困穷"①。日益加深的阶级矛盾和民族矛盾以及皇权国家面临的财政危机,是北宋统治者迫切需要解决的主要问题。面对这样一种内忧外患的形势,王安石认为造成这一局面的根源在于国力穷困。因此,要解决皇权国家积贫积弱的问题,就必须通过变法实现富国强兵,而其变法的出发点是理财,亦即增加皇权国家的财政收入。因此,王安石试图通过变法来解决北宋中期所面临的阶级矛盾和民族矛盾,扭转北宋政府捉襟见肘的财政危机,从而赢得皇权专制的长治久安。

然而,由于传统儒家思想的影响,王安石生活的时代又是一个"罕言利"的时代。要发展社会经济,必须扭转重义轻利的传统观念,把人们的观念统一到义利并重的思想上来。北宋中期,由于经济、政治和社会生活的变革,人们陷入了深深的信仰迷失、道德困惑之中,当时的士大夫将出现这一局面的原因归咎于学术思想的混乱,"学术不一,一人一义,十人十义,朝廷欲有所为,异论纷然,莫肯承听"②。面对这种状况,宋神宗也希望通过统一经术达到统一思想,于是统一经术便提上议事日程:"经术,今人人乖异,何以一道德?"③宋神宗希望王安石"发挥道术启训天下后世"④,并命王安石提举。王安石将当时社会存在的诸多问题归结为法令制度不健全,因此,当务之急是要健全北宋社会的法令制度。王安石崇尚尧舜禹三代,主张"法先王",但先王之世距今遥远,时易世变,不可照搬先王的法令制度。因此,立法建制就要效法先王立法的精神实质,而不是照搬先王制定的具

①王安石撰,唐武标点校:《王文公文集》卷一《上皇帝万言书》,第1页。
②马端临撰:《文献通考》卷三十一《选举考四》,第907页。
③李焘撰,上海师范大学古籍整理研究所、华东师范大学古籍整理研究所点校:《续资治通鉴长编》卷二百二十九熙宁五年正月戊戌,第5570页。
④王安石撰,唐武标点校:《王文公文集》卷二十《乞改三经义札子》,第237页。

体的法令条文。王安石认为先王立法的精神实质保存在儒家经典中,于是着手训释儒家经典,试图发掘儒家经典中道德、礼仪、制度、法令等方面的内容。在训释儒家经典时,王安石着重阐发其有利于变法的思想,为变法寻找理论依据。在王安石看来,"其法可施于后世,其文有见于载籍,莫具乎《周官》之书"①。《周礼》以记载周代的典章制度为主,记录着周代复杂严密、井然有序的治理体系,大到治国理政的法令制度,小到基层社会的治理措施,在《周礼》中均有体现。王安石亲自训释《周礼》,撰成《周官新义》,将其颁行学官,意图用《周官新义》的观点统一士人的思想,堵塞不同政见者的口舌,以便为变法创造良好的社会环境和舆论氛围。这一治学动机,决定了王安石不会、也不可能因循汉唐诸儒的训诂之学,因为王安石要为变法寻找理论依据,就必须从发掘儒经的微言大义入手,必须着重阐发儒经中有利于变革的思想观念,训诂之学是达不到这一目的的。

《洪范》本为《尚书》之一篇,为历代治经者所重视。宋初朝臣议事常引《洪范》中语,以作天人相关、天变可畏之理论依据。王安石一改传统儒家对《洪范》的诠释,用朴素的唯物论思想阐释《洪范》,提出天人不相干、天变不足畏的唯物论观点,引起当时思想文化界的高度重视,并在思想文化界引起热烈争议。据晁公武《郡斋读书志》卷一云:"安石以刘向、董仲舒、伏生明灾异为蔽而思别著此《传》。……大意言天人不相干,虽有变异,不足畏也。"②据皮锡瑞《经学历史》记载:"董仲舒对策云:'以观天人相与之际,甚可畏也。国家将有失道之败,而天乃先出灾害以谴告之;不知自省,又出怪异以警惧之;尚不知变,而伤败乃至。'"③可见,董仲舒阐述了天人感应的神秘思想,认为天象与人事之间具有密切的联系。对于《洪范》中"狂恒雨若""僭恒旸若"二句,汉儒通常把"若"字解释为"顺应",这样就将洪水、干旱等自然灾害与现实政治直接挂起钩来,指责现实政治作为的不当导致自然灾害发生。而王安石撰著《洪范传》,将"若"字解释为"犹如",在其本义上使用"若"字,这样强调的是政治措置的失当犹如自然灾害一样会给人们带来灾难和痛苦,并非说政治措置失当必然带来自然灾害,这样就把以董仲舒为代表的汉儒附加在《洪范》中的天人感应的神秘思想剔除出去,说

---

① 王安石撰,唐武标点校:《王文公文集》卷三十六《周礼义序》,第426页。
② 晁公武撰,孙猛校证:《郡斋读书志校证·郡斋读书志》卷一,第55页。
③ 皮锡瑞:《经学历史》四《经学极盛时代》,第106页。

明自然现象有自然现象的规律,包括现实政治在内的社会现象有社会现象的规律,自然界的灾变与现实政治毫不相干。可见,王安石作《洪范传》的动机,在于批判刘向、董仲舒等人的天人感应学说,阐明天人不相干的思想,从而回击保守派对王安石变法的无端抨击。皮锡瑞指出:"当时儒者以为人主至尊,无所畏惮,借天象以示儆,庶使其君有失德者犹知恐惧修省。此《春秋》以元统天、以天统君之义,亦《易》神道设教之旨。汉儒藉此以匡正其主。其时人主方崇经术,重儒臣,故遇日食地震,必下诏罪己,或责免三公。虽未必能如周宣之遇灾而惧,侧身修行,尚有君臣交儆遗意。此亦汉时实行孔教之一证。后世不明此义,谓汉儒不应言灾异,引谶纬,于是天变不足畏之说出矣。"①其实,皮锡瑞并没有看到王安石如此注经的深刻用意,王安石并非不了解汉儒用天人感应学说规范君主行为的良苦用心,而是针对当时变法遭遇反对的形势,不得不摒弃天人感应的神秘学说,提倡天人不相干的天人相分思想。因为当时保守派打着天人感应的旗号,大肆鼓噪,反对新法,动辄用地震、山崩、水灾、旱灾等自然灾害来警告变法派,将出现天灾的原因归咎于变法派及其变法措施。在这种情况下,王安石不得不通过重新训释《洪范》,阐述其天人不相干的唯物论思想,以反击保守派借天人感应的神秘学说对新法发起的攻击。

熙宁二年二月,王安石出任参知政事,并创立制置三司条例司,开始议行新法。四月,遣使诸路,巡视农田水利赋役。在变法措施渐次推行之际,遭到了保守派官僚士大夫的强烈反对,他们拿天变向宋神宗进行恐吓,妄图阻挠新法的推行。六月,御史中丞吕诲上书皇帝弹劾王安石,称其"大奸似忠,大诈似信……行僻而坚,言伪而辨,顺非而泽,强记而博……外示朴野,中藏巧诈,骄蹇慢上,阴贼害物……固无远略,惟务改作,立异于人,徒文言而饰非,将罔上而欺下。臣窃忧之,误天下苍生,必是人也"②。新法推行的结果是,"天灾屡见,人情未和,惟在澄清,不宜扰浊"③。力主罢免王安石,阻挠新法实施。十月,富弼罢相,行前以王安石起用小人、导致灾变为由,建议停止新法。

熙宁三年正月,翰林学士范镇上疏说:"乃者天雨土,地生毛,天鸣地

---

① 皮锡瑞:《经学历史》四《经学极盛时代》,第106页。
② 黄以周等辑注,顾吉辰点校:《续资治通鉴长编拾补》卷四熙宁二年五月癸未,第178页。
③ 黄以周等辑注,顾吉辰点校:《续资治通鉴长编拾补》卷四熙宁二年五月癸未,第179页。

震,皆民劳之象也。伏惟陛下观天地之变,罢青苗之举,归农田水利于州县,追还使者,以安民心,而解中外之疑。"①三月,御史程颢上疏说:"矧复天时未顺,地震连年,四方人心日益摇动,此皆陛下所当仰测天意,俯察人事者也。"②可见,新法推行之初,遭到保守派的极力阻挠,他们攻击新法的借口就是新法的推行导致自然灾害频频发生。面对保守派借自然灾害对新法进行攻击,王安石不得不予以反击,"予岂乐反古之所以教,而重为此谡谡哉! 其亦不得已焉者也"③。在保守势力的攻击甚嚣尘上的背景下,为了反击保守派的猖狂攻击,坚定宋神宗的变法意志,十月,王安石把旧著《洪范传》稍加整理,呈现神宗皇帝,希望通过阐述天人不相干、天变不足畏的思想,消除天人感应学说对神宗皇帝的影响,进一步坚定其变法意志,同时也回击保守派对新法的攻击。之所以熙宁三年十月修订奏御,完全是为了满足当时变法斗争的需要。

第三节　新学为新法培养合格人才

王安石在《上皇帝万言书》中,明确指出了当时社会危机的严重程度、改革的必要性和改革的基本原则。他认为,当时的北宋社会积贫积弱、内忧外患都到了十分危险的程度。面对如此严重的社会危机,王安石认为变革势在必行、迫在眉睫。但是,要变革首先要有能够从事变革大业的人才,而现在最严峻的问题就是缺乏人才。没有人才,变革就无法进行;即便勉强进行,也不可能取得成功。他一针见血地指出:"臣顾以谓陛下虽欲改易更革天下之事,合于先王之意,其势必不能者,何也? 以方今天下之才不足故也。……然则方今之急,在于人才而已。"④王安石认为要实行变法,当务之急在于培养人才,而且要培养通经致用的合格人才;而现在人才缺乏的根本原因在于,"陶冶而成之者,非其道故也"⑤。人才不足,不但变法不能成功,而且还会有引起社会动荡的风险,"夫在位之人才不足矣,而闾巷

---

① 赵汝愚编,北京大学中国中古史研究中心校点整理:《宋朝诸臣奏议》卷一百十一《上神宗论新法》,上海古籍出版社 1999 年,第 1207 页。
② 程颢、程颐撰,王孝鱼点校:《河南程氏文集》卷一,《二程集》上,第 458 页。
③ 王安石撰,唐武标点校:《王文公文集》卷三十三《书洪范传后》,第 400 页。
④ 王安石撰,唐武标点校:《王文公文集》卷一《上皇帝万言书》,第 2 页。
⑤ 王安石撰,唐武标点校:《王文公文集》卷一《上皇帝万言书》,第 3 页。

草野之间，亦少可用之才，则岂特行先王之政而不得也，社稷之托，封疆之守，陛下其能久以天幸为常，而无一旦之忧乎？盖汉之张角，三十六万同日而起，而所在郡国，莫能发其谋；唐之黄巢，横行天下，而所至将吏，无敢与之抗者。汉、唐之所以亡，祸自此始。唐既亡矣，陵夷以至五代，而武夫用事，贤者伏匿消沮而不见，在位无复有知君臣之义、上下之礼者也。当是之时，变置社稷，盖甚于弈棋之易，而元元肝脑涂地，幸而不转死于沟壑者无几耳！夫人才不足，患盖如此"①。在王安石看来，人才不足，不但事关变法成败，而且事关国运兴衰、国祚久暂，是当时迫在眉睫的头等大事。

那么，怎样培养人才呢？

结合当时的人才状况和变法对人才的需求，王安石提出了造就人才的四项基本措施，那就是教之有道、养之有道、取之有道、任之有道。

所谓"教之之道"，就是大力兴办学校，改革教学内容，做到学有所用、用其所长。王安石指出："所谓教之之道何也？古者天子诸侯，自国至于乡党皆有学，博置教道之官而严其选。朝廷礼乐、刑政之事，皆在于学，学士所观而习者，皆先王之法言德行治天下之意，其材亦可以为天下国家之用。苟不可以为天下国家之用，则不教也。苟可以为天下国家之用者，则无不在于学。"②基于此，王安石认为教育的目的应该是培养重道崇经、通经致用的人才，而不是只会讲解章句、课试文章的书呆子。王安石对当时的科举考试并不满意，尤其对以章句名数为考试内容的做法颇不以为然。在王安石看来，士人读书的目的无非是"蹈利"与"蹈道"。对于"蹈利"者，王安石不屑一评；而对于"蹈道"者，王安石认为仅仅是"离章绝句，解名释数"而已，并没有掌握圣人的思想实质。王安石认为，儒家之道的思想实质在于修身养性，进而治国安邦。"夫圣人之术，修其身，治天下国家，在于安危治乱，不在章句名数焉而已。"③他认为，儒学的精髓与真谛在于修身齐家、治国安邦的理论与方法，而不是名物训诂、章句注疏等烦琐无用的知识，因此，学校教育应该专注于提高人们的道德素养和行政能力。

所谓"养之之道"，王安石认为，一方面要提高人才待遇，做到高薪养廉，另一方面又要严格约束，做到"裁之以法"。"所谓养之之道何也？饶之

---

① 王安石撰，唐武标点校：《王文公文集》卷一《上皇帝万言书》，第13页。
② 王安石撰，唐武标点校：《王文公文集》卷一《上皇帝万言书》，第3页。
③ 王安石撰，唐武标点校：《王文公文集》卷八《答姚辟书》，第94页。

以财,约之以礼,裁之以法也。"①在王安石看来,培养人才应该从三个方面
着手:饶之以财,约之以礼,裁之以法。所谓"饶之以财",就是提高人才的
待遇,使之能够丰衣足食、养家糊口,从而实现高薪养廉。"何谓饶之以财?
人之情,不足于财,则贪鄙苟得,无所不至。先王知其如此,故其制禄,自庶
人之在官者,其禄已足以代其耕矣。由此等而上之,每有加焉,使其足以养
廉耻,而离于贪鄙之行。犹以为未也,又推其禄以及其子孙,谓之世禄。使
其生也,既于父子、兄弟、妻子之养,婚姻、朋友之接,皆无憾矣;其死也,又
于子孙无不足之忧焉。"②所谓"约之以礼",就是制定有关婚丧嫁娶、赡养
祭祀的规章制度,提倡勤俭节约,反对铺张浪费。"何谓约之以礼? 人情足
于财而无礼以节之,则又放僻邪侈,无所不至。先王知其如此,故为之制
度。婚丧、祭养、燕享之事,服食、器用之物,皆以命数为之节,而齐之以律
度量衡之法。其命可以为之,而财不足以具,则弗具也;其财可以具,而命
不得为之者,不使有铢两分寸之加焉。"③所谓"裁之以法",是指通过完善
法令制度,使官吏知道何者可为、何者不可为,做到有法可依,依法治吏。
"何谓裁之以法? 先王于天下之士,教之以道艺矣,不帅教而待之以屏弃远
方终身不齿之法。约之以礼也,不循礼则待之以流、杀之法。《王制》曰:
'变衣服者,其君流',《酒诰》曰:'厥或诰曰:群饮,汝勿佚。尽拘执以归于
周,予其杀!'夫群饮、变衣服,小罪也;流、杀,大刑也。加小罪以大刑,先王
所以忍而不疑者,以为不如是,不足以一天下之俗而成吾治。"④王安石的
"养之之道",汲取了孔子"道之以政,齐之以刑""道之以德,齐之以礼"的思
想和管子"仓廪实而知礼节"以及法家的法制思想,主张提高待遇来养廉;
待遇提高了,就要用制度来约束。如果待遇提高了,制度明确了,依然不廉
洁,那就要齐之以刑了。可见,王安石主张治吏要恩威并施、礼法并重。

所谓"取之之道",是指选拔人才要有章可依,有法可循,依章依法选拔
人才。"所谓取之之道者,何也? 先王之取人也,必于乡党,必于庠序,使众
人推其所谓贤能,出之以告于上而察之。诚贤能也,然后随其德之大小、才
之高下而官使之。所谓察之者,非专用耳目之聪明,而私听于一人之口也。

---

① 王安石撰,唐武标点校:《王文公文集》卷一《上皇帝万言书》,第 4 页。
② 王安石撰,唐武标点校:《王文公文集》卷一《上皇帝万言书》,第 4 页。
③ 王安石撰,唐武标点校:《王文公文集》卷一《上皇帝万言书》,第 4 页。
④ 王安石撰,唐武标点校:《王文公文集》卷一《上皇帝万言书》,第 4 页。

欲审知其德,问以行;欲审知其才,问以言。得其言行,则试之以事。所谓察之者,试之以事是也。"①王安石认为,选拔人才的途径应该是由乡党或学校推荐,然后再由上司加以考察;而考察人才应该从德、才、能三方面着眼,即考德问以行、考才问以言、考能问以事。只有有德有才有能力的人,才是可造之才、堪用之人。

所谓"任之之道",即使用人才要依据德才勤能,加强对人才的考核与监督。"所谓任之之道者,何也? 人之才德,高下厚薄不同,其所任有宜有不宜。先王知其如此,故知农者以为后稷,知工者以为共工。其德厚而才高者以为之长,德薄而才下者以为之佐属。又以久于其职,则上狃习而知其事,下服驯而安其教,贤者则其功可以至于成,不肖者则其罪可以至于著,故久其任而待之以考绩之法。夫如此,故智能才力之士,则得尽其智以赴功,而不患其事之不终、其功之不就也。偷惰苟且之人,虽欲取容于一时,而顾僇辱在其后,安敢不勉乎! 若夫无能之人,固知辞避而去矣。居职任事之日久,不胜任之罪,不可以幸而免故也。彼且不敢冒而知辞避矣,尚何有比周、谗陷、争进之人乎? 取之既已详,使之既已当,处之既已久,至其任之也又专焉,而不一二以法束缚之,而使之得行其意,尧、舜之所以理百官而熙众工者,以此而已。"②这里,王安石提出了使用人才的四项原则:使之要当,处之要久,任之要专,考之要严。

_____

① 王安石撰,唐武标点校:《王文公文集》卷一《上皇帝万言书》,第 5 页。
② 王安石撰,唐武标点校:《王文公文集》卷一《上皇帝万言书》,第 5 页。

第五章　荆公新学的治学特点及其学术贡献

第一节　新学的治学特点

邓广铭先生在《略论宋学》一文中指出："北宋一代的儒学家们，尽管绝大多数还都尊奉儒家学说为正宗，然而他们的思考方法及其所钻研的课题，都已与由汉到唐的儒生们大不相同。他们所具有的共同特点是：1. 都力求突破前代儒家们寻章摘句的学风，向义理的纵深处进行探索；2. 都怀有经世致用的要求。"[1]新学不仅具有宋学重视义理、通经致用的共性，而且具有融会创新、关注性理的鲜明特性。

一、否定章句，重视义理

在宋初疑经思潮中，以范仲淹、欧阳修、胡瑗、孙复、石介等为代表的宋学家们大胆疑传疑经，开始摆脱汉唐儒者拘囿于传注训诂的学风，开拓了大处着眼、己意解经的治经新路径。"北宋中叶欧阳修等人倡导的以卫道为目的对儒家经典与传注的廓清运动，形成一股对经典的辨疑思潮。"[2]王安石作为北宋中叶的著名学者，继承了宋初儒学家们的优良学风，积极参与了由欧阳修倡导的对儒家经典与传注的廓清运动，对儒家经典及其传注进行了甄别与筛选，注重从宏观上、主旨上把握儒家经典的内涵，注重儒家经典服务于现实社会的需要，根据自己的主观体认、独立思考来阐发经典的微言大义，可谓发前人之未发。在《书洪范传后》一文中，王安石指出，汉唐诸儒以章句笺注为学，拘守于传注训诂的治经方法，导致"为师则有讲而无应，为弟子则有读而无问"[3]，虽然用力至勤，但对于儒家经典所蕴含的微旨奥义却无甚发明。这种学问，只能善学者之口耳，而不能使之有得于

①邓广铭：《略谈宋学》，《邓广铭治史丛稿》，第 164 页。
②杨世文：《走出汉学——宋代经典辨疑思潮研究》，四川大学出版社 2008 年，第 6 页。
③王安石撰，唐武标点校：《王文公文集》卷三十三《书洪范传后》，第 400 页。

心，导致千百年来"圣人之经卒于不明，而学者莫能资其言以施于世也"①。在王安石看来，治经的目的在于发明经典的微言奥义，服务于现实政治的需要，而章句训诂、名物制度的考证仅仅是领会经义的手段，绝不是治经的目的。汉唐诸儒的章句之学，沉溺于名物制度的注疏与考证，忽视对经典义理的深入思考和整体把握，错把手段当目的，这是儒学发展中的方向性错误。这种烦琐无聊的治经方式，导致儒学式微，"章句之文胜质，传注之博溺心，此淫辞诐行之所由昌，而妙道至言之所为隐"②。基于这种认识，王安石在训释儒家经典的过程中，摒弃了汉唐诸儒笺注训诂的旧传统，弘发了庆历以来儒者所开创的义理治经的新学风。

　　新学是为王安石变法服务的，王安石领导的变法运动是以"法先王"为旗帜的；而对于"法先王"，王安石主张"法其意"③，即效法先王修身养性、治国理政的精神实质，在北宋重现尧舜禹三代的圣王政治。所以，不再拘泥于儒家名物制度的训诂，而是侧重于发掘经典的思想实质，侧重于经术为现实政治服务，成为王安石训释儒家经典的根本原则。这一解经目的，决定了王安石解经必然重视探求义理，而不是拘泥于经典中名物训诂与典章制度的考证。由于新学居于北宋意识形态领域的主导地位和王安石借助行政力量推广新经义，使得新学倡导的义理解经的方法得到有效的普及，对改变北宋立国以来因循守旧的学风有着巨大的影响。

　　北宋初期的学风，仍沿袭唐末五代之旧，"宋初因唐明经之法"④。直至庆历年间，随着庆历新政的推行，因循守旧的学风才发生了动摇，"庆历以前多尊章句注疏之学，至刘原甫为《七经小传》，始异诸儒之说。王荆公修《经义》，盖本于原甫"⑤。适应庆历新政的政治需要，北宋的学风发生了实质性的变化：庆历新政以前，学术界"多尊章句注疏之学"；而庆历新政之后，学术界多重视义理之学。开此风气的领袖人物为范仲淹，而刘敞则是这一转变的标志性人物，所著《七经小传》为这一学风的代表性作品。可见，范仲淹、刘敞义理解经对当时学风的重要影响。在治经新风

①王安石撰，唐武标点校：《王文公文集》卷三十三《书洪范传后》，第400页。
②王安石撰，唐武标点校：《王文公文集》卷十八《谢除左仆射表》，第207页。
③王安石撰，唐武标点校：《王文公文集》卷一《上皇帝万言书》，第2页。
④皮锡瑞：《经学历史》七《经学统一时代》，第211页。
⑤纪昀、陆锡熊、孙士毅撰，四库全书研究所整理：《钦定四库全书总目》卷三十三，第425页。

的影响下,王安石继范仲淹、刘敞之后,积极引领义理解经的风尚,并借助行政力量将义理解经推广开来,使之蔚然成风,加快了儒学在北宋中期复兴的步伐。

作为活跃于北宋中期的著名学者,程颐对这一时期的学风曾做出尖锐的批评:"今之学者有三弊:溺于文章,牵于训诂,惑于异端。"①对于汉唐以来的章句注疏之学所形成的烦琐无聊的学风,王安石同样深感不满,他直言不讳地指出:"孔子没,道日以衰熄,浸淫至于汉,而传注之家作。为师则有讲而无应,为弟子则有读而无问。……学者不知古之所以教,而蔽于传注之学也久矣。"②王安石认为研读儒家经典的目的,不在于章句注疏、名物训诂,而在于晓知义理、通经致用,"予悲夫《洪范》者,武王之所以虚心而问,与箕子之所以悉意而言,为传注者汩之,以至于今冥冥也,于是为作传以通其意"③。皮锡瑞对王安石重视义理的治经方法采取了某种批评态度,称"王安石改用墨义,是为空衍义理之始,元、明经义时文之滥觞"④。其实,重视义理是庆历以来宋学之共性,而非王安石新学一家之个性。拿新学与洛学来讲,尽管二者学术旨趣不同,但对当时空疏无用的注疏之学的不满是相同的,希望改变章句之学的旧学风,而致力于倡导义理解经的新学风是相同的,这是包括新学和洛学在内的宋学区别于汉唐儒学的主要特色。

作为庆历二年的进士,王安石成长的时代正好是北宋中期社会大变革时期,与经济、政治变革伴随而来的是社会、思想文化的转型。在王安石之前,范仲淹、欧阳修、刘敞、胡瑗、孙复、石介等开创了批判笺注之学、倡导义理之学的新学风,王安石继承这一优良学风,并使之发扬光大,将义理之学推进到性理之学的新阶段。王安石对当时学术界不求甚解的读经态度,提出了尖锐的批评:"然世之不见全经久矣,读经而已,则不足以知经。故某自百家诸子之书,至于《难经》、《素问》、《本草》,诸小说无所不读,农夫、女工无所不问,然后于经为能知其大体而无疑。盖后世学者与先王之时异

①程颢、程颐撰,王孝鱼点校:《河南程氏粹言》卷一,《二程集》下,第1185页。
②王安石撰,唐武标点校:《王文公文集》卷三十三《书洪范传后》,第400页。
③王安石撰,唐武标点校:《王文公文集》卷三十三《书洪范传后》,第400页。
④皮锡瑞:《经学历史》七《经学统一时代》,第211页。

矣，不如是不足以尽圣人故也。"①由于后世儒家的分裂，传统儒家的义理分散于各家之中，因此，要真正读懂儒家经典，必须博览群书，拥有一个广阔的学术视野。

在这一思想指导下，王安石广泛地阅读诸子百家、正史野史，汲取各家的思想智慧，融会贯通，综合创新。据记载，世传"舒王嗜佛书"，好友曾子固对此不解，批评王安石喜读佛经，并"教之以佛经之乱俗"②。而王安石则认为，败坏风俗的不在于佛经，而在于士大夫沉没利欲、泥古不化，因此，要解决当时社会的信仰迷失、道德危机，就要汲取佛道精华，丰富发展儒家的心性之学，为社会风气的好转提供思想指导和理论支撑。"善学者读其书，惟理之求。有合吾心者，则樵牧之言犹不废；言而无理，周、孔所不敢从。"③抱着惟理是求的态度，王安石大量阅读佛道经典，并用来弥补儒家心性学说的不足，开始了会通三教、创立新说的工作。但是，他大量摄取儒释道法诸家的思想，是有条件、有原则的，这个条件就是依据学术创新的需要而有所取舍，而取舍的原则就是"以明吾道"，表明他对佛道经典的取舍是以儒家思想为圭臬，目的是为了发展儒家学说。"扬雄虽为不好非圣人之书，然于墨、晏、邹、庄、申、韩，亦何所不读？彼致其知而后读，以有所去取，故异学不能乱也。惟其不能乱，故能有所去取者，所以明吾道而已。"④可见，王安石对于包括佛道在内的诸子百家并非全盘吸收，而是有所取舍，这说明王安石对待诸子百家的态度是以儒为主、博采众长。

在训释儒经的过程中，王安石遵循的原则是先阐明义理，然后力求通经致用。王安石对旧经学的改造主要有以下两点：第一，打破汉唐章句训诂之学的旧传统，弘扬宋儒义理解经的新学风。汉唐盛行的注疏之学，空疏烦琐，辞难达意，虽然注疏汗牛充栋，一个人倾其一生难以卒读，这种弃义拾文的治经方法，使经典中的妙道至言成了僵死的语句，不利于发明经典义理，更谈不上通经致用。如《周官》开篇"惟王建国，辨方正位，体国经

---

① 王安石撰，聂安福、侯体健整理：《临川先生文集》卷七十三《答曾子固书》，王水照主编：《王安石全集》第六册，上海，第 1314 页。

② 王安石撰，聂安福、侯体健整理：《临川先生文集》卷七十三《答曾子固书》，王水照主编：《王安石全集》第六册，第 1314 页。

③ 惠洪撰：《冷斋夜话》卷六《曾子固讽舒王嗜佛》，《宋元笔记小说大观》，第 2197 页。

④ 王安石撰，聂安福、侯体健整理：《临川先生文集》卷七十三《答曾子固书》，王水照主编：《王安石全集》第六册，第 1314 页。

野,设官分职,以为民极"一段,汉儒郑玄的注释有四百五十余字,唐儒贾公彦的疏义达三千余言,虽广征博引,繁复论证,却也烦冗琐细,实在令人不堪卒读。在《周官新义》中,王安石仅用了不到三百字,就把经文解释得清清楚楚。又如,王安石一部《洪范传》,连同原文不足万字,其内容博大精深,训释简洁明快、条理清晰,颇具言简意赅之风。第二,不重视经典中名物制度的考释,着重于道德性命之理的阐发。道德性命问题是宋儒应对佛老挑战亟待解决的首要问题,同时也是王安石推行新法以及培养人才的核心理论问题。在荆公新学产生之前,士大夫"不知道德性命之理"[1];"自王氏之学兴,士大夫非道德性命不谈"[2]。士大夫从"不知道德性命之理"到"非道德性命不谈",这一转变一方面体现了新学在道德性命之理方面对儒学的贡献之大,另一方面也说明了新学对北宋中期社会政治、文化、社会乃至意识形态领域的影响之广。正是由于新学的这些贡献,经学在北宋中期出现转机,摒弃了汉唐诸儒的章句之学,使义理之学风行天下,宋儒开始摒弃空谈仁义而不着边际的旧学问,从而使儒家之道内化为道德性命之理,外化为治国安邦之术,为儒学的复兴开辟了一条充满生机的新路。如《诗经·小雅·正月》第三章"忧心茕茕,念我无禄。民之无辜,并其臣仆。哀我人斯,于何从禄。瞻乌爰止,于谁之屋。"王安石训释道:"民有欲无主乃乱。天生聪明时乂,王不能乂,而民无所得禄,则释王而从禄于他。乌之为物,唯能食己,则止其屋。民之从禄,将如此矣。"[3]王安石通过训释经典发挥其政治主张,指出国君必须满足百姓的基本需求,才能赢得民心,从而使得天下归顺,否则,如果民不聊生,百姓就会背弃君王,甚至发生叛乱,不利于封建政权的长治久安。通过注经,王安石阐述了新学治国理政的外王之学。正如夏微在《宋代〈周礼〉学史》中所指出:"王安石释经的路径与郑玄、贾公彦是不同的,名物训诂、制度考证已非王安石解经的重点,他更重视对经文中体现的先王政治精髓的发掘,实际是借阐述先王政治的微言大义来表达自己的思想,经学的旧瓶借助经义的阐释装上了新酒。"[4]

---

[1] 晁公武撰,孙猛校证:《郡斋读书志校证·郡斋读书志》卷十二,第525页。
[2] 赵秉文撰,马振君整理:《赵秉文集》卷一《性道教说》,第3页。
[3] 王安石撰,邱汉生辑校:《诗义》卷十二《节南山之什义》,《诗义钩沉》,第167页。
[4] 夏微:《宋代〈周礼〉学史》,第50页。

二、兼容并包,融会创新

唐代中期以来,为了解决儒学的内在危机,回应佛道的外在挑战,儒学的创新与发展已成当务之急。唐代中期大儒韩愈、柳宗元、李翱等擎起儒学复兴的大旗,只不过所采取的措施不同,韩愈力求通过排斥佛道战胜佛道,企图借此实现儒学复兴;而柳宗元、李翱则力求通过援佛入儒、发展儒学战胜佛道,所走路径虽然不一样,但企图战胜佛道、复兴儒学的目的则是一致的。到北宋初期,胡瑗、孙复、石介等在排斥释道、复兴儒学的过程中,已经认识到了释道之学在理论思维上的某些长处,同时也看到了儒学自身的不足。以王安石为核心的新学学者更是明确认识到,复兴儒学必须建立新的儒学体系,而新的儒学体系的建立必须要在利用、改造、吸收释道思想成果的基础之上进行,不仅如此,法家、墨家乃至诸子百家也必须作为思想资料为我所用。新学顺应学术发展的规律,兼取诸家之长,表现出兼容并包、融会创新的特点。

王安石去世后,苏轼在奉诏所撰《王安石赠太傅制》中对王安石做出如是评价:“少学孔、孟,晚师瞿、聃。网罗六艺之遗文,断以己意;糠秕百家之陈迹,作新斯人。”[1]苏轼的评价正好说明新学具有以孔孟之道为主,融合释老诸家的兼容并包精神。“断以己意”和“作新斯人”正好说明新学的两大特点:一是对于释道诸家学说,以儒家的标准去评判,以惟理是求的原则来处理,凡是对丰富、发展儒家学说有益的,则取;凡是对丰富、发展儒家学说无补的,则舍,体现了新学一元为主、多元包容的综合性。二是在综合的基础上融会,在融会的基础上进一步创新,体现了新学不迷信古人、推陈出新的创新性。清代钱大昕曾如是评价:“当宋盛时,谈经者墨守注疏,有记诵而无心得。有志之士若欧阳氏、二苏氏、王氏、二程氏,各出新意解经,蕲以矫学究专己守残之陋。”[2]可见,欧阳修、王安石、程颢、程颐、苏轼、苏辙在扭转汉唐旧学风、推动宋儒新学风方面做出了积极的贡献。陈寅恪先生曾经指出:“在吾国思想史上……其真能于思想上自成系统,有所创获者,必须一方面吸收输入外来之学说,一方面不忘本来民族之地位。此二种相

---

① 苏轼撰,孔凡礼点校:《苏轼文集》卷三十八《王安石赠太傅制》,第 1077 页。
② 钱大昕撰,陈文和整理:《潜研堂文集》卷二十六《重刻孙明复小集序》,凤凰出版社 2016 年,第 397 页。

反而适相成之态度,乃道教之真精神,新儒家之旧途径,而二千年吾民族与他民族思想接触史之所昭示者也。"①新学对儒释道法的兼容择取恰恰符合陈寅恪先生所说的"新儒家之旧途径"。

当一种思想渐趋呆滞时,就必须加以改造,而要改造就必须从其他思想体系中汲取营养,在此基础上,进一步形成新的思想学说。面对儒学的日渐式微,俗儒只知抱残守缺、墨守成规。王安石则站在新的高度,一方面适应时代发展对儒学提出的新要求,另一方面适应儒学自身发展的需要,广泛汲取释道法诸子的思想营养,来丰富、发展儒家学说,相对于那些俗儒而言,王安石在学术上是何等的胸怀、何等的抱负,其学术格局和创新精神都是俗儒所望尘莫及的,他对儒家学说的贡献也是俗儒难以望其项背的!

三、知行合一、经世致用

知行合一、经世致用是荆公新学区别于同时代其他学派的一个显著特点。这一方面是由于新学的学术宗旨所决定,新学为新法服务的治学动机,决定了新学不可能拘泥于传统儒家的固有经义,而必须适应变法的形势需要,发掘经典中有利于变革的思想内涵;另一方面由于王安石的政治地位所决定,王安石作为一位得君行道的政治家,有条件、有机会达成治国平天下的外王事业,这就使其经学带有明显的经世致用的色彩,并能在改造社会的实践中做到知行合一。早在熙宁二年二月,宋神宗对王安石说:"人皆不能知卿,以为卿但知经术,不晓世务。"王安石回答道:"经术正所以经世务,但后世所谓儒者,大抵皆庸人,故世俗皆以为经术不可施于世务尔。"②可见,王安石治学的动机是经术为"经世务"服务,即思想理论为社会实践服务,具体到熙宁、元丰年间,即为当时轰轰烈烈的变法实践服务。

出于培养通经致用人才的需要,王安石出任参知政事后,进行了以通经致用为目的的科举变革和教育改革。首先,明确考试范围。熙宁四年,宋神宗下诏,科举考试罢诗赋而试经义,从此确定了儒家经典在科举考试中独尊的地位。王安石还将儒家经典分为"本经"和"兼经",《易》《诗》《书》《周礼》《礼记》五经为"本经",《论语》《孟子》二经为"兼经"。其次,规范考

①陈寅恪:《金明馆丛稿二编》,生活·读书·新知三联书店2001年,第285页。
②脱脱等撰:《宋史》卷三百二十七《王安石传》,第10544页。

试程序。第一场考大经大义十道;第二场考兼经大义十道;第三场考论一道;第四场考策三道。省试在乡试基础上各增加两道考题,殿试则专门试策。再次,指定科考教材。熙宁八年六月,朝廷颁布《三经新义》,作为平时教学的主要内容,同时作为科举考试的评判标准。正如康有为所说:"推宋王安石之以经义试士也,盖鉴于诗赋之浮华寡实,帖括之迂腐无用,故欲借先圣深博之经文,令学者发精微之大义,以为诸经包括人天,兼该治教,经世宰物,利用前民,苟能发明其大义微言,自可深信其通经致用。立法之始,意美法良。"①可见,王安石撰著《三经新义》,目的是通过阐发经典义理,为新政提供理论依据,并为变法革新扫清前进道路上的障碍。

王安石变法的突破口是理财,目的是解决北宋中期国家所面临的积贫积弱与内忧外患的财政与政治危机,而《周礼》的主旨就是理财,所以在儒家经典中,王安石最为重视《周礼》。他在《周礼义序》中说:"自周之衰,以至于今,历岁千数百矣。太平之遗迹,扫荡几尽,学者所见,无复全经。于是时也,乃欲训而发之,臣诚不自揆,然知其难也。以训而发之之为难,则又以知夫立政造事追而复之之为难。然窃观圣上制法就功,取成于心,训迪在位,有冯有翼,亹亹乎向六服承德之世矣。以所观乎今,考所学乎古,所谓见而知之者,臣诚不自揆,妄以为庶几焉。"②这段话体现了王安石训释《周礼》的目的是为治国理政服务。由此可见,新学"考所学乎古"是手段,"以所观乎今"是目的,解古是为了喻今,这就要求新学突破儒家传统观点,将自己的新见解、新观点融入其中,打破"我注六经"的旧学风,而提倡"六经注我"的新学风,按照己意训释儒家经典,通经明理,进而经世致用。

王安石在《诗经新义》序中说:"《诗》上通乎道德,下止乎礼义。考其言之文,君子以兴焉。循其道之序,圣人以成焉。然以孔子之门人,赐也、商也,有得于一言,则孔子说而进之,盖其说之难明如此,则周衰以迄于今,泯泯纷纷,岂不宜哉?"③可见,王安石训释《诗经》,目的是通过阐释其中所蕴含的"道德""礼义"内容,为北宋政权培养适应变法需要的"圣人"和"君子"。

①康有为:《请废八股试帖楷法试士改用策论折》,《康有为政论集》上册,中华书局1981年,第268页。
②王安石撰,唐武标点校:《王文公文集》卷三十六《周礼义序》,第426页。
③王安石撰,唐武标点校:《王文公文集》卷三十六《诗义序》,第427页。

王安石在《尚书新义》序中说："惟虞、夏、商、周之遗文，更秦而几亡，遭汉而仅存，赖学士大夫诵说，以故不泯，而世主莫或知其可用。天纵皇帝大智，实始操之以验物，考之以决事。又命训其义，兼明天下后世，而臣父子以区区所闻，承乏与荣焉。"①王安石训释《尚书》，目的是"操之以验物，考之以决事"，即服务于现实政治和社会实践。

《字说》是一部富有创新精神的文字学著作，是王安石晚年退居江宁时所删定。严格意义上说，《字说》应该是一部训诂学著作，但王安石依然不忘为实践服务，用义理的办法训释文字，甚至赋予文字以新的义理，以便进一步阐发经义，并与《三经新义》相配合，共同为变法提供理论依据。可见，知行合一是王安石新学的主要特色，经世致用是王安石训释儒家经典的出发点和落脚点。

第二节　新学的学术贡献

作为宋学的重要一脉，荆公新学对北宋中后期儒学的发展，有着不可低估的贡献与影响。新学的学术贡献主要体现在方法创新和内容创新两个方面。就其方法创新而言，新学对于推动北宋中后期由重训诂向重义理的学风转变功莫大焉，并且新学用义理的办法改造传统训诂之学，并借助封建皇权的力量和科举的威权将这一治学方法推广开来，从而在宋代学风的转变过程中起到了他人无法企及的作用。就其内容创新而言，新学克服了汉唐儒学有本无末、有体无用的缺陷，扬弃了传统儒家的内圣之学，弘发了传统儒家的外王之术，将内圣之道与外王之术统一起来，并一以贯之地落实在北宋的政治实践中，在某种程度上改变并重塑了北宋中后期的学风、政风和世风。

一、以义理之学取代训诂之学

梁启超曾经指出："讲求大义，实为治经者唯一之目的，玩索章句，不过为达此目的之一手段。误手段以为目的，则终其身无所得于经，人人如此，

---

①王安石撰，唐武标点校：《王文公文集》卷三十六《书义序》，第428页。

代代如此,而经学遂成无用之长物矣。"①汉唐乃至宋初的儒家重训诂、轻义理,将儒家的治经手段和治经目的颠倒了,而王安石将被汉唐乃至宋初的儒家颠倒了的重新颠倒过来,摒弃传统的训诂之学,用义理的方法代替训诂方法,使宋代经学获得了长足的进步与发展。

自古以来,研究经学基本上有两种方法:一种是汉儒的方法,以东汉马融、郑玄、许慎等为代表。汉儒治经的显著特点是,从章句训诂入手,即从细微处入手,以达到通经明义的目的。另一种是宋儒的方法,以范仲淹、欧阳修、胡瑗、孙复、石介、刘敞、王安石、程颢、程颐、苏轼、苏辙、陆九渊、朱熹等为代表。宋儒治经的显著特点是,摆脱了汉儒章句之学的束缚,从经典的义理入手,即从宏观方面着眼来理解经典的含义,从而达到通经致用的目的。作为宋学发展过程中承前启后的代表人物,王安石不仅在义理的发掘与创新上做出了巨大贡献,而且他用义理的方法改造传统儒家的训诂之学,对于改变宋初以来拘泥训诂的旧学风起到了他人无法企及的作用。

王安石的学术生涯,大致可以分为三个时期:嘉祐、治平年间是王安石新学的创立期,这一时期的代表作为《易解》《淮南杂说》《老子注》《庄子解》;熙宁年间是王安石新学的发展期,这一时期的代表作为《诗经新义》《尚书新义》《周官新义》;元丰年间是王安石新学的演变期,这一时期的代表作为《字说》《金刚经注》《维摩诘经注》《楞严经解》《华严经解》等。《字说》初稿完成于熙宁年间,元丰年间王安石做了较大的修订,可看作王安石晚期的作品。有关佛经的著述已经散佚,我们无法窥知全貌。就现存的作品看,王安石一生都贯彻了义理解经的学风。其早年所著《淮南杂说》,着重于"原道德之意,窥性命之端"②;自认为少作的《易解》,也以义理解《易》而著称。其中年所撰《三经新义》更是以阐发经典义理见长,以至于《三经新义》颁行后,使得以训诂见长的汉儒之学被视为"土梗"。北宋晁说之指出,《三经》之学,"义理必为一说"③;南宋刘子澄指出,"王介甫不凭注疏,欲修圣人之经"④,讲的都是王安石反注疏而重义理的治经风格。其晚年修订的《字说》本是文字学著作,理应以训诂见长,但王安石用义理的方法

---

①梁启超:《王安石传》,上海人民出版社2016年,第245页。

②晁公武撰,孙猛校证:《郡斋读书志校证·郡斋读书志》卷十二,第526页。

③晁说之撰:《景迂生集》卷一《元符三年应诏封事》,《钦定四库全书荟要》,第19页。

④朱彝尊撰:《经义考》卷二百四十二《王氏三经新义》,林庆彰主编:《经义考新校》,第4365页。

训释文字,透过文字的笔画而探讨"天地万物之理",被称为"与《易》相表里"①。从这个意义上说,王安石不仅是义理解经的重要代表,是继范仲淹、欧阳修之后宋学发展过程中的领军人物,而且是否定汉唐注疏,用义理之学取代训诂之学的标志性人物。

　　清儒皮锡瑞在《经学历史》中称宋代为"经学变古时代"。所谓"经学变古",是指宋代出现了经学的疑古思潮,而这一思潮是从疑传开始的,由疑传到疑经,进而到改经,直至最后发展到非经、诋经。宋初依然沿袭唐末五代的学风,严守师法家法,不敢越雷池半步,然而庆历新政开启了北宋思想解放运动的大幕,使得北宋的学风发生了巨大变化。南宋陆游指出:"自庆历后,诸儒发明经旨,非前人所及,然排《系辞》,毁《周礼》,疑《孟子》,讥《书》之《胤征》、《顾命》,黜《诗》之《序》。不难于议经,况传注乎!"②皮锡瑞为这段话加按语云:"宋儒拨弃传注,遂不难于议经。排《系辞》谓欧阳修,毁《周礼》谓修与苏轼、苏辙,疑《孟子》谓李觏、司马光,讥《书》谓苏轼,黜《诗序》谓晁说之。此皆庆历及庆历稍后人,可见其时风气实然,亦不独咎刘敞、王安石矣。"③北宋初期,学者拘泥汉学,抱残守缺,不敢疑传,遑论疑经?庆历时期,适应实施新政的需要,意识形态领域掀起了解放思想的浪潮,随之而起的是疑经思潮,欧阳修是这种风气的始作俑者。欧氏所撰《毛诗本义》十六卷,专攻毛传、郑笺之失,成为庆历时期疑传派的代表作。他又著《易童子问》,率先对《易经》发出非难,认为《系辞》上下篇非圣人之作,成为这一时期疑经派的代表作。不仅如此,他还在《问进士策三首》中,对《周礼》的真伪表示怀疑。欧阳修对《诗经》毛传、郑笺的批评以及对儒家经典的大胆质疑,成为宋儒由疑传到疑经、由质疑某部经典部分篇章到质疑某部经典全部内容的典型代表:"自唐以来,说诗者莫敢议毛、郑,虽老师宿儒,亦谨守《小序》,至宋而新义日增,旧说俱废。推原所始,实发于修。"④欧阳修对儒家经传的大胆质疑,对于扭转拘泥训诂的旧学风产生了重要的影响,"北宋中叶欧阳修等人倡导的以卫道为目的对儒家经典与传注的廓

---

① 晁公武撰,孙猛校证:《郡斋读书志校证·郡斋读书志》卷四,第165页。
② 王应麟撰,翁元圻辑注:《困学纪闻注》卷八《经说》,第1192页。
③ 皮锡瑞:《经学历史》八《经学变古时代》,第220页。
④ 纪昀、陆锡熊、孙士毅撰,四库全书研究所整理:《钦定四库全书总目》卷十五,第190页。

清运动,形成一股对经典的辨疑思潮"[1]。在这一思潮的影响下,王安石对《春秋》,司马光对《孟子》,程颐对《周礼》《尚书》,苏轼对《周礼》《尚书》,苏辙对《周礼》《诗经》,出于不同的政治目的或学术动机,从不同角度提出质疑。

宋儒疑经取得的直接成果是,摆脱传统治经方法的束缚,自由大胆地发明经旨。在这种思潮的影响下,北宋儒家士大夫各出新意以解经,甚至按照己意以解经。其中,北宋初期最有影响的当属被称为"宋初三先生"的胡瑗、孙复、石介以及北宋中期的李觏、刘敞等人。胡瑗"解经至有要义……为文章皆传经义,必以理胜"[2]。孙复所著《春秋尊王发微》,"不取传、注,其言简而义详……故得经之意为多"[3]。李觏提倡"为学必欲见根本,为文必欲先义理"[4]。刘敞以己意解经,他的《七经小传》令人倍感新鲜。这些儒者的疑传疑经只是开创了一种新的学风,他们的努力尚无法清除章句之学在当时学术界的主导地位。彻底摒弃汉儒的章句之学,并代之以义理之学,甚至用义理的方法改造章句之学的非王安石莫属。这不仅因为王安石敢于大胆地否定《春秋》,将其排除在科举考试范围之外;而且王安石的《三经新义》以己意解经,并且借助皇权的力量将《三经新义》颁行学官,《字说》作为《三经新义》的辅助读物并行于世。借助科举考试的指挥棒,《三经新义》《字说》对宋代学风的影响是全面而深刻的,甚至可以说是彻底的,其影响远远大于此前的那些硕学鸿儒。这标志着汉唐章句之学在学术界主导地位的结束,重视义理的宋学上升到了学术界的主导地位。南宋王应麟对此给予高度评价:"至《三经义》行,视汉儒之学若土梗。"[5]可见,《三经新义》颁行后,引起了极大的社会反响,终结了重训诂、轻义理的旧学风,有力地推动了义理解经新学风的推广,为北宋中期儒学的发展和转型奠定了基础。

熙宁年间,王安石发动了轰轰烈烈的变法运动。随着变法运动的推进,人们众说纷纭,见仁见智,赞成者有之,反对者亦有之。北宋建国后,建

---

①杨世文:《走出汉学——宋代经典辨疑思潮研究》,第6页。
②蔡襄著,吴以宁点校:《蔡襄集》卷三十七《太常博士致仕胡君墓志》,第675页。
③晁公武撰,孙猛校证:《郡斋读书志校证·郡斋读书志》卷三,第112页。
④李觏撰,王国轩点校:《李觏集》卷二十七《上叶学士书》,中华书局2011年,第288页。
⑤王应麟撰,翁元圻辑注:《困学纪闻注》卷八《经说》,第1192页。

立了高度集中的中央集权政治。政治上的大一统要求思想上的大一统,而北宋王朝却迟迟未能实现思想的统一。随着北宋所面临的阶级矛盾和民族矛盾日益尖锐,随着统治阶级内部各阶层政治、经济力量的发展日益不平衡,思想界长期处于众说纷纭、歧义横生的状态。每当封建政府要有所作为时,则朝野上下异论纷纷、莫衷一是。面对这种尴尬的局面,一批有识之士纷纷呼吁统一思想、统一认识,以便为变法革新创造条件。熙宁元年,程颢上疏神宗皇帝,针对思想界的混乱状况,提出统一经说的主张。"方今人执私见,家为异说,支离经训,无复统一,道之不明不行,乃在于此。"①熙宁二年,吕公著上疏神宗皇帝,希望通过学校教育来统一思想。"然学校教化,所以一道德、同风俗之原,今若人自为教,则师异说,人异习。"②由此可见,封建统治阶级中的一些有识之士,纷纷呼吁采取措施,统一思想、统一认识,为社会发展创造良好的舆论环境和社会氛围。

　　为了堵塞不同政见者的口舌,同时也为了总结前一段变法的经验教训,为进一步的变法扫除舆论障碍,在宋神宗的指示下,熙宁六年三月,王安石开始组织编撰《三经新义》,到熙宁八年六月,《三经新义》编撰完成,呈奏御览。王安石的经解得到了宋神宗的首肯,遂颁行太学及地方学校,用作官学教育的基本教材和科举考试的标准答案。毋庸讳言,通过学校教育与科举考试,《三经新义》也确实起到了统一经义、统一思想的作用。

　　随着《三经新义》的颁行及用作科举考试的教材,文字训诂不规范的问题就暴露了出来,没有文字训诂的规范,也就没有对经典的准确把握,因此,规范文字训诂就成为朝野的共同需要。朝廷需要通过规范文字训诂来统一士子思想,士子希望通过规范文字训诂在科考中猎取高第。《三经新义》颁行后,宋神宗希望将《字说》一并颁行,"顷蒙圣问俯及,退复黾勉讨论,赖恩宽养,外假岁月,而桑榆愈昳,久不见功。甘师颜至,奉被训敕,许录臣愚妄谓然者,缮写投进"③。在宋神宗的催促下,王安石将《字说》中自以为成熟的部分进奉神宗,并上神宗皇帝《进说文札子》,云:"如蒙垂收,得

---

①程颢、程颐撰,王孝鱼点校:《河南程氏文集》卷二,《二程集》上,第448页。
②赵汝愚编,北京大学中国中古史研究中心校点整理:《宋朝诸臣奏议》卷七十八《上神宗答诏论学校贡举之法》,第852页。
③王安石撰,唐武标点校:《王文公文集》卷二十《进说文札子》,第237页。

御宴闲,千百有一,倘符神指,愚所逮及,继今复上。"①大约不久之后,王安石所上部分《字说》文稿得到宋神宗的首肯,于是,王安石将整理后的《字说》完整地呈奉于神宗皇帝,并上《进字说表》,阐述自己对文字的基本认识,训释文字的意义、目的、原则,并云:"而臣顷御燕闲,亲承训敕,抱疴负忧,久无所成,虽尝有献,大惧浼冒。"②该序见于《临川文集》卷八十四,名《熙宁字说序》。王安石之所以把《字说》命名为《熙宁字说》,表明熙宁年间已经完成《字说》的编撰。岳飞之孙岳珂曾说:"王荆公在熙宁中,作《字说》,行之天下。"③可见,熙宁末年正文二十卷、附录四卷的《字说》已经颁行天下。

　　熙宁九年十月,王安石再次罢相,退居江宁。此时王安石才有闲暇和精力修订《字说》,以统一对文字的训释,这一修订工作大约持续到元丰五年才告竣。王安石修订《字说》的宗旨在《字说序》中有着明确的交代:"许慎《说文》,于书之意,时有所悟,因序录其说为二十卷,以与门人所推经义附之。慎乎先王之文缺已久,慎所记不具,又多舛,而以予之浅陋考之,宜有所不合。虽然,庸讵非天之将兴斯文也,而以予赞其始,故其教学必自此始。能知此者,则于道德之意,已十九矣。"④王安石在修撰《三经新义》的过程中,一方面感到"教学必自文字始",有必要通过规范文字的训释来统一人们对经典的理解;另一方面,在训释《三经新义》的过程中,对于经典文字又有许多新的领悟和解读,于是将《三经新义》的许多内容附会在《字说》里面。王安石修撰《字说》的目的,是通过统一文字训释来统一对经典的理解,防止经学传注的混乱与歧义。他主张只有弄通文字才能弄通经义,学习文字,便是掌握经义的基本功,所以"教学必自此始",即经典教育必须从文字训释开始。从这一意义来看,《字说》是对《三经新义》的补充与丰富,其与《三经新义》是相辅相成、相得益彰的。并且,王安石不无骄傲地认为,《字说》中包含着丰富的思想内涵,先王的道德之意、性命之理基本包含其中了。可见,在王安石心目中,《字说》的主要作用是阐述儒家的道德性命之理,而《三经新义》既包含儒家的内圣之学,也包含儒家的外王之术,两者

①王安石撰,唐武标点校:《王文公文集》卷二十《进说文札子》,第 237 页。
②王安石撰,唐武标点校:《王文公文集》卷二十《进字说表》,第 236 页。
③岳珂撰,黄益元点校:《桯史》卷二《犀鞻字说》,《宋元笔记小说大观》,第 4342 页。
④王安石撰,唐武标点校:《王文公文集》卷三十六《字说序》,第 428 页。

相辅相成、相互为用,共同为北宋中期的政治革新运动和儒学复兴思潮服务。

二、将性理之学与经世之学相结合

王安石在得君行道之前,即非常重视内圣之学,同时在外王事业上有着远大的理想,希望做稷契式的人物,达成"致君尧舜上"的事功,并身体力行,为官一任、造福一方。在得君行道之后,历史给予了他更大的舞台,给予了他实现外王理想的平台,于是他将前期的内圣功夫转化成外王事业,在宋神宗的信任与支持下,开展了大刀阔斧的变革。在晚年归隐林泉之后,由于他投入毕生精力和全部希望的变法遭遇失败,家庭遭际不幸,个人日暮途穷,无力回天,于是不得不将自己钟爱的外王事业压入心底,去追求心灵的安宁,为此不惜皈依佛门。在佛教的影响下,开始糅合儒释的工作,试图通过援引佛教,弥补儒学心性理论的不足,进一步丰富和完善新学的道德性命之理。

嘉祐、治平年间,由于丁忧而闲居江宁的王安石完成了十卷本的《淮南杂说》。《淮南杂说》甫刊布,便引起了学术思想界的广泛关注。弟子蔡卞对此书给予高度评价:"自先王泽竭,国异家殊。由汉迄唐,源流浸深。宋兴,文物盛矣,然不知道德性命之理。安石奋乎百世之下,追尧、舜、三代,通乎昼夜阴阳所不能测而入于神。初著《杂说》数万言,世谓其言与孟轲相上下,于是天下之士,始原道德之意,窥性命之端。"①在蔡卞看来,宋初兴时,士大夫尚"不知道德性命之理";而王安石的《淮南杂说》阐述了"通乎昼夜阴阳所不能测而入于神"的"道德性命之理",开创了北宋中期道德性命之学的先河。在《淮南杂说》的影响下,学术思想界开始热衷于探求道德性命之理。

探讨传统儒家的道德性命之理,创建适应时代要求、具有时代特色的道德性命之学,是儒学复兴运动为北宋儒生们提出的迫切要求和重大课题。北宋初期,由于佛道的影响、儒学的式微,传统儒家思想已很难主宰世人的头脑,而禅宗则乘虚而入,在人们的思想深处越来越有市场,儒学要想从根本上战胜禅宗,就必须重建自己的内圣之学。王安石敏锐地认识到了

---

① 晁公武撰,孙猛校证:《郡斋读书志校证·郡斋读书志》卷十二,第 525 页。

这一问题,率先构建新学的道德性命之理以适应儒学发展的内在要求。在《礼乐论》中,王安石对儒家心性之学的式微,表示了深深的担忧:"呜呼,礼乐之意不传久矣!天下之言养生修性者,归于浮屠、老子而已。浮屠、老子之说行,而天下为礼乐者独以顺流俗而已。"①他看到由于儒家心性之学的缺失,导致北宋中期礼乐刑政顺应世俗要求,不能满足社会发展的需要。针对这种情况,他提出解决问题的根本途径,在于弥补儒家心性之学的不足。同时,要应对来自佛道的外在挑战,取代禅宗在世人内圣领域的独尊地位,同样需要重建儒家的心性之学。在同时代的儒生中,王安石不但首先认识到这一点,而且最早着力发掘儒家的道德性命之理,并援引佛教心性学说对之予以丰富、完善。作为二程再传弟子的陈瓘,亦不否认新学在道德性命之理方面的开创之功:

> 臣闻先王所谓道德者,性命之理而已矣。此安石之精义也。有《三经》焉,有《字说》焉,有《日录》焉,皆性命之理也。蔡卞、霍序辰、邓洵武等用心纯一,主行其教,所谓大有为者,亦性命之理而已矣;其所谓继述者,亦性命之理而已矣;其所谓一道德者,亦以性命之理而一之也;其所谓同风俗者,亦以性命之理而同之也。不习性命之理谓之流俗,黜流俗则窜其人,怒曲学则火其书,故自卞等用事以来,其所谓国是者皆出性命之理,不可得而动摇也。②

陈瓘认为,王安石的《三经新义》《字说》《日录》阐述了王安石的道德性命之理。熙宁年间,指导王安石变法的理论基础是道德性命之理;绍圣年间,王氏后学绍述王安石新政,其理论基础也是道德性命之理。王安石借助封建皇权的力量,通过学校教育和科举考试的途径,将其道德性命之理推向社会,作为意识形态领域的指导思想对北宋社会产生了深远的影响,"自王氏之学兴,士大夫非道德性命不谈,而不知笃厚力行之。实其蔽(弊)至于以世教为俗学,而道学之敝(弊)亦有以中为正位,仁为种姓,流为佛老而不自知,其敝(弊)反有甚于传注之学,此又不可不知也"③。可见,士大夫由于大谈道德性命之理,而不知将其与社会实践相结

①王安石撰,唐武标点校:《王文公文集》卷二十九《礼乐论》,第335页。
②邵博撰,刘德权、李剑雄点校:《邵氏闻见后录》卷二十三,第179页。
③赵秉文撰,马振君整理:《赵秉文集》卷一《性道教说》,第3页。

合,遂造成"以世教为俗学""流为佛老而不自知"的弊端,所有这一切,是空谈道德性命之理带来的后果。王安石虽然是北宋道德性命之理的首倡者,但不能将这一弊端的产生完全归咎于王安石,这些问题的产生一方面是由当时不思进取的社会风气造成的,另一方面也是社会并没有给每位儒生提供治国平天下的平台,这些儒生也只能满足于修身养性或夸夸其谈,而与治国平天下无缘。邓广铭先生对王安石在重振儒家内圣之学上的贡献曾给予高度评价:

> 苏轼说韩愈"文起八代之衰",蔡卞的这些话,同样是说,王安石在"道德性命之理"的探索研究方面,也起了由汉到唐的诸代之衰。我以为,王安石对于这一评价,确实是足以当之无愧的。①

由此可见,不管是荆公后学蔡卞,还是二程后学陈瓘,直至当代学者邓广铭先生,均认为王安石在孟子殁后一千余年,重新发现《孟子》的价值,接着孟子的内圣之学往下讲,阐述了"通乎昼夜阴阳所不能测而入于神"的道德性命之理,实开宋儒道德性命之学的先河。清儒全祖望对此给予高度评价:"荆公《淮南杂说》初出,见者以为《孟子》。"②足见王安石在阐发儒家道德性命之理方面,上承孟子而下启朱、陆的关键作用和重要地位。

王安石探讨道德性命之理,并不是为了学术而学术,而是为了通过学术探索,为儒家提供适应时代要求的内圣之学,从而为北宋培养适应社会需要的圣人、君子,并用这些圣人、君子为皇权专制服务,因此,通经致用是新学的重要特点。梁启超在谈及宋代学术时指出:"至于宋而濂洛关闽之学兴,刊落枝叶,鞭辟近里,经学壁垒又为之一新。顾其所畸重者,在身心性命,而经世致用之道,缺焉弗讲。谓但有得于身心性命,而经世致用之道,举而措之矣。"③可见,濂、洛、关、闽开宋学之一脉,这一脉的特点是重视心性修养,轻视经世致用。其实,在中国古代圣贤的学说中,既不缺乏修身养性的思想,也不缺乏经世致用的智慧,如《易·系辞》所说"精义入神,以致用也;利用安身,以崇德也"④,只是后世儒者由于自身的认识不足或

---

①邓广铭:《邓广铭学术论著自选集》,首都师范大学出版社1994年,第277页。
②黄宗羲原著,全祖望补修,陈金生、梁运华点校:《宋元学案》卷九十八《荆公新学略》,第3237页。
③梁启超:《王安石传》,第244页。
④朱熹撰,廖名春点校:《周易本义》卷三《系辞下传》,中华书局2009年,第250页。

者缺乏经世致用的平台，或只重内圣、不重外王，或只重外王、不重内圣；而新学对儒学的贡献恰恰在于，不但弘发了传统儒家的内圣之学，而且弥补了传统儒家外王之术的不足，并运用辩证统一的观点，将内圣与外王确立为对立统一的关系，克服了此前儒生将内圣与外王割裂开来的弊端，使得儒家的内圣之学有了经世致用的实践机会，儒家的外王事业有了内圣之学做理论指导。早在皇祐元年王安石给姚辟的回信中，就提出通经致用的思想："夫圣人之术，修其身，治天下国家，在于安危治乱，不在章句名数焉而已。"①王安石认为，研习儒家经典的动机在于关注个人的修身养性、国家的安危治乱，而不在于章句名数、传注训诂，这体现了王安石对《周易》修齐治平理论的继承与发展。

《临川文集》卷七十收录了王安石的《策问》，凡十一道，鲜明地体现了王安石教学的内容和特点，代表了新学在治国理政方面的观点及其实践。

先看第三道《策问》：

> 问：圣人治世有本末，其施之也有先后。今天下困敝不革，其为日也久矣，治教政令未尝放圣人之意而为之也。失其本，求之末，当后者反先之，天下靡靡然入于乱者凡以此。夫治天下不以圣人所以治，其卒不治也；则为士而不闲圣人之所以治，非所以为士也。愿二三子尽道圣人所以治之本末与其所先后，以闻于有司。②

这道策问体现了王安石教学的重点在于探求圣人治国之道，阐述了他反对因循、主张变革的思想，认为治国有本有末，政策措施有先有后，士大夫要效法先王治国的精神实质，而不是生搬硬套先王治国的具体措施，对于先王或者祖宗治国理政的政策措施，要认清轻重缓急，宜改则改，当革则革，该前则前，当后则后，目的是为了实现封建国家的长治久安。

再看第八道《策问》：

> 问：夏之法至商而更之，商之法至周而更之，皆因世就民而为之

---

① 王安石撰，唐武标点校：《王文公文集》卷八《答姚辟书》，第94页。
② 王安石撰，聂安福、侯体健整理：《临川先生文集》卷七十《策问》，王水照主编：《王安石全集》第六册，第1264页。

节,然其所以法,意不相师乎?①

这道《策问》充分体现了王安石重视经世致用的特点,体现了他适应时代要求、顺应民意进行变革的思想。

再看第十一道《策问》：

> 问:挂兵于夷狄,以弊百姓,敀游倡乐,赏赐无节,而台榭、陂池、宫室之观侈,此国之所以贫。今皆无此,而有司之所讲,常出于权利,然亦不足于财。信任亲戚后官之家,尊显公卿大臣之世,布衣岩穴之秀,蔽障而不得仕,此官之所以旷。今皆无此,而所使在位,皆公天下之选也,然亦不足于士。异时尝多兵矣,而不以兵多故费财。今民之壮者多去而为兵,而租赋尽于粮饷,然亦不足于兵。异时尝多马矣,而不以马多故费土。今内则空可耕之地以为牧,盖巨万顷,外则弃钱币以取之四夷,然亦不足于马。此其故何也?②

在这道《策问》中,王安石敢于直视北宋所面临的政治、经济、军事诸问题,希望士子围绕财政、吏治、军政和马政等建言献策,充分体现了王安石新学"经世务"的治经特色。

综上可见,王安石探研儒家经典,并非为了学术而学术,而是为了从先圣先王那里寻觅解决现实问题的制度范例,从经典中寻找解决现实矛盾的思想智慧,是为了论证王安石变法的必要性与合理性,体现了新学与时俱进的治学特色和通经致用的治学宗旨。

---

① 王安石撰,聂安福、侯体健整理:《临川先生文集》卷七十《策问》,王水照主编:《王安石全集》第六册,第 1266 页。

② 王安石撰,聂安福、侯体健整理:《临川先生文集》卷七十《策问》,王水照主编:《王安石全集》第六册,第 1267 页。

第六章　荆公新学的衰颓历程及其原因

第一节　北宋中后期的党争与学争

元丰八年三月,宋神宗病逝,宋哲宗即位。由于哲宗年幼,宣仁太后垂帘听政,故政事多出自宣仁太后之手。宣仁太后反对王安石新政,自五月起,启用司马光、吕公著、范纯仁、吕大防等旧党人物。元祐元年二月,司马光拜相,迫不及待地罢黜新法,实施更化:三月,罢免役法,复差役法;七月,罢保甲法;八月,罢青苗法,复常平法;十一月,罢方田均税法;十二月,罢市易法、保马法。司马光罢黜新法的速度之快,比当年王安石推行新法的速度有过之而无不及。

元祐元年四月六日,王安石病逝于江宁;九月一日,司马光卒,势不两立的两位政敌时隔不到半年相继殂没。以司马光为核心的旧党是由各种反变法势力纠集而成的,这个反变法集团虽然都来自封建士大夫,但由于其经济地位、社会背景乃至学术思想的不同,司马光这个大旗在世时,他们调转矛头一致对外,内部的矛盾被外部的矛盾掩盖了起来。当王安石逝世,新党人物蔡确、章惇等被贬,新法渐次被罢之后,失去了共同的政敌和打击目标,尤其是司马光离世后,旧党内部缺乏协调不同政见的领袖人物,内部的矛盾便集中暴发,于是分裂为三个带有地域色彩的党派:一派是以程颐为首,有其门人贾易、朱光庭等人组成,被称为"洛党";一派是以苏轼为首,有苏辙、吕陶等组成,被称为"蜀党";一派以刘挚为首,有梁涛、王岩叟、刘安世等人组成,被称为"朔党"。不同的党派是由于不同的政治利益、经济利益或人事纠纷纠集到一起的,这些人有着不同的政治诉求和利益诉求,同时也有着不同的社会背景和学术主张,所以,他们在政治上互相倾轧的同时,在人事上钩心斗角,在学术上互相批评甚至互相批判,以至于意气用事、相互攻讦,这样,就形成了具有不同特色的学术派别:以刘挚为核心的朔学,以苏轼为核心的蜀学,以及以程颐为核心的洛学。这些学派虽然具有地域色彩,但毕竟都属于儒家学派,只是立场不同、动机不同,从而其学术主张和政见不同罢了。尽管他们内部有着各种各样的复杂矛盾,但毕竟同属旧党,共同的政治主张和社会地位、共同的利益诉求和学术诉求,将他们紧紧地联系在了一起,他们的目标是相同的,一方面通过否定王安石变法加强和巩固旧党在北宋政治格局中的有利地位;另一方面通过否定新学,否定王安石变法的理论基础,清除新学在北宋意识形态领域的主导地位。因此,虽然旧党内部不免钩心斗角、互相倾轧,但他们却不约而同地把斗争的矛头指向王安石及其新政、新学。漆侠先生指出:"由于王安石竭力利用学术的工具鼓动变法,亦就遭到反对派的加倍的讥讪和诬谤。学术上的这一争论,实质上是变法斗争的一个反映。"①

元祐元年六月,朝廷先是下诏禁止科举采用《字说》;接着又下诏太学置《春秋》博士一员。元祐二年正月,朝廷下诏:"自今举人程试,并许用古今诸儒之说,或出己见,勿引申、韩、释氏之书。考试官于经义、论、策通定去留,毋于《老》、《列》、《庄子》出题。"②既然"许用古今诸儒之说",自然包括王安石新经义在内,这标志着新学在元祐年间意识形态领域的独尊地位发生了动摇;但由于王安石的政治影响以及科举考试的需要,并未从根本上撼动新学的官学地位,朝廷也只是下诏禁废《字说》,而《三经新义》依然作为科举考试的主要读物,与诸家并行。实际上,即便是朝廷明文禁止修习的《字说》,由于其对研读《三经新义》的辅助作用,有利于儒生猎取高第,也是禁而不止。

随着宋神宗和王安石的相继逝去,旧党开始对新党进行打击与迫害,作为新党领袖的王安石虽然因为故去而免遭迫害,但其新政与新学则遭受旧党的清算,一时间朝野掀起一股批判王安石新政及其新学的浪潮。而在这股浪潮中,挺立潮头的是司马光及其后学刘挚。

一、司马光、刘挚对新学的批判

王安石与司马光是北宋政治舞台上的双子星座,一个是推行变法而闻名的改革派,一个是反对变法而闻名的保守派。王安石一生的主要业绩体

---

① 漆侠:《王安石变法》,第 105 页。
② 李焘撰,上海师范大学古籍整理研究所、华东师范大学古籍整理研究所点校:《续资治通鉴长编》卷三百九十四元祐二年正月戊辰,第 9593 页。

现在三个方面：一是政治上推行熙宁变法；二是学术上创立荆公新学；三是文学成就卓越，名列"唐宋八大家"之中。司马光一生的业绩也主要体现在三个方面：一是政治上反对熙宁变法，推行元祐更化；二是学术上创立温公学派，与荆公新学相角立；三是史学贡献巨大，编写名著《资治通鉴》。可见，司马光的三大贡献有两个是与王安石针锋相对的。可以说，司马光的政治事功与学术创获都是在与王安石新政乃至新学的对立与斗争中形成和发展起来的。

熙宁二年二月，王安石拜参知政事，旋与陈升之同领制置三司条例司，议行新法。是年七月始，均输法、青苗法、农田水利法相继颁行。新法推行之初，即遭到司马光、范镇等人的反对，然而，"主上亲重介甫，中外群臣无能及者，动静取舍，唯介甫之为信"①，由于宋神宗对王安石的高度信任，司马光认识到，要改变新法、扭转政局，还得从转变王安石的观念入手。于是，司马光连续给王安石写了三封信，企图做通王安石的思想工作，让王安石回心转意。

熙宁三年二月二十七日，司马光写给王安石的第一封信即长达三千余言。在这封长信中，司马光首先对王安石的人品才能大加赞赏。提到王安石的人品，司马光竖起大拇指，称其为"大贤"②；谈及王安石的才学，司马光更是钦佩有加，"介甫独负天下大名三十余年，才高而学富，难进而易退。远近之士，识与不识，咸谓介甫不起则已，起则太平可立致，生民咸被其泽矣"③。在对王安石的人品才能恭维一番之后，司马光笔锋一转，自问道：如此大贤之人、饱学之士，执政一年，未能达成太平之业，却招致天下非议，其故何在？司马光又自答曰："用心太过，自信太厚而已。"④何谓"用心太过"？司马光指出："自古圣贤所以治国者，不过使百官各称其职，委任而责成功也。其所以养民者，不过轻租税、薄赋敛、已逋责也。介甫以为此皆腐儒之常谈，不足为，思得古人所未尝为者而为之。于是财利不以委三司而自治之，更立制置三司条例司，聚文章之士及晓财利之人，使之讲利。……夫侵官，乱政也，介甫更以为治术而先施之；贷息钱，鄙事也，介甫更以为王

①司马光撰，李文泽、霞绍晖点校：《司马光集》卷六十《与王介甫书》，第1261页。
②司马光撰，李文泽、霞绍晖点校：《司马光集》卷六十《与王介甫书》，第1256页。
③司马光撰，李文泽、霞绍晖点校：《司马光集》卷六十《与王介甫书》，第1255页。
④司马光撰，李文泽、霞绍晖点校：《司马光集》卷六十《与王介甫书》，第1256页。

政而力行之;徭役自古皆从民出,介甫更欲敛民钱顾市佣而使之。此三者,常人皆知其不可,而介甫独以为可。非介甫之智不及常人也,直欲求非常之功,而忽常人之所知耳。夫皇极之道,施之于天地人,皆不可须臾离。故孔子曰:'道之不明也,我知之矣,智者过之,愚者不及也。道之不行也,我知之矣,贤者过之,不肖者不及也。'介甫之智与贤皆过人,及其失也,乃与不及之患均。此光所谓用心太过者也。"①在司马光看来,王安石不能遵循先王之道、祖宗之法,变法乱常,究其原因乃是违背中道、不守中行所致。何谓"自信太厚"? 司马光指出:"介甫素刚直,每议事于人主前,如与朋友争辨于私室,不少降辞气,视斧钺鼎镬无如也。及宾客僚属谒见论事,则唯希意迎合,曲从如流者亲而礼之。或所见小异,微言新令之不便者,介甫辄艴然加怒,或诟骂以辱之,或言于上而逐之,不待其辞之毕也。明主宽容如此,而介甫拒谏乃尔,无乃不足于恕乎! 昔王子雍方于事上,而好下佞己。介甫不幸亦近是乎! 此光所谓自信太厚者也。"②也就是说,王安石刚愎自用,固执己见,独断专行,恣意妄为,则是过度自信所致。

在对王安石变法的动机和王安石执拗的性格予以批评之后,司马光接着对王安石的学术思想展开了批判。"光昔从介甫游,介甫于诸书无不观,而特好孟子与老子之言。今得君得位而行其道,是宜先其所美,必不先其所不美也。"③在司马光看来,王安石在得君行道之前,所喜好的是孟子之道和老子之道;而王安石在得君行道之后的所作所为,恰恰违背了孟子之道和老子之道。孟子之道的主旨是讲求仁义,而不是追求财利,"孟子曰:'仁义而已,何必曰利?'"④而王安石变法的动机就是为了牟利,"今介甫为政,首建制置条例司,大讲财利之事。又命薛向行均输法于江淮,欲尽夺商贾之利。又分遣使者,散青苗钱于天下,而收其息。使人人愁痛,父子不相见,兄弟妻子离散,此岂孟子之志乎?"⑤在司马光看来,王安石变法追求的是利益而非仁义,完全违背了孟子之道。老子之道的主旨是无为而为,而不是胡乱作为,"老子曰:'天下神器,不可为也。为者败之,执者失之。'"⑥

①司马光撰,李文泽、霞绍晖点校:《司马光集》卷六十《与王介甫书》,第1256页。
②司马光撰,李文泽、霞绍晖点校:《司马光集》卷六十《与王介甫书》,第1259页。
③司马光撰,李文泽、霞绍晖点校:《司马光集》卷六十《与王介甫书》,第1259页。
④司马光撰,李文泽、霞绍晖点校:《司马光集》卷六十《与王介甫书》,第1259页。
⑤司马光撰,李文泽、霞绍晖点校:《司马光集》卷六十《与王介甫书》,第1260页。
⑥司马光撰,李文泽、霞绍晖点校:《司马光集》卷六十《与王介甫书》,第1260页。

而王安石不能遵从祖宗成宪,随意变更祖宗法度,不是无为而是乱为,完全背离了老子之道。"今介甫为政,尽变更祖宗旧法,先者后之,上者下之,右者左之,成者毁之,弃者取之,砣砣焉穷日力,继之以夜,而不得息。使上自朝廷,下及田野,内起京师,外周四海,士、吏、兵、农、工、商、僧、道,无一人得袭故而守常者,纷纷扰扰,莫安其居,此岂老氏之志乎?"①接下来,司马光诘问道:"何介甫总角读书,白头秉政,乃尽弃其所学而从今世浅丈夫之谋乎!"②批评王安石及其变法背叛先圣教诲,属于浅薄无谋之举。最后,司马光规劝王安石,要善于听取不同意见,不要与众人作对,并指出与众人作对是难以成功的,"自古立功立事,未有专欲违众而能有济者也"③。王安石接到司马光的第一封信后,高度重视,随即复信司马光,辩称自己的所作所为,符合孟子的仁政学说。

　　熙宁三年三月三日,司马光再次致信王安石,自称"光虽未甚晓《孟子》,至于义利之说,至为明白。介甫或更有它解,亦恐似用心太过也"④。王安石在收到司马光的第二封信后,于次日复信司马光。在这封信中,王安石指出,虽然与司马光交往日久,然议事每不合,是因为"所操之术多异"之故。对于司马光罗列的四大罪状——侵官、生事、征利、拒谏,王安石予以反驳,并对"怨诽之多"的原因稍加辨析,针对当时士大夫不恤国事、因循守旧的不良风气进行了批评,再次申明自己不畏众议、坚持变革的决心和意志:"今君实所以见教者,以为侵官、生事、征利、拒谏,以致天下怨谤也。某则以谓受命于人主,议法度而修之于朝廷,以授之于有司,不为侵官;举先王之政,以兴利除弊,不为生事;为天下理财,不为征利;辟邪说,难壬人,不为拒谏。至于怨诽之多,则固前知其如此也。人习于苟且非一日,士大夫多以不恤国事、同俗自媚于众为善。上乃欲变此,而某不量敌之众寡,欲出力助上以抗之,则众何为而不汹汹然?"⑤最后,针对司马光来信中对王安石"在位久,未能助上大有为,以膏泽斯民"的批评,王安石表示"知罪";但对于司马光"今日当一切不事事,守前所

---

① 司马光撰,李文泽、霞绍晖点校:《司马光集》卷六十《与王介甫书》,第 1260 页。
② 司马光撰,李文泽、霞绍晖点校:《司马光集》卷六十《与王介甫书》,第 1260 页。
③ 司马光撰,李文泽、霞绍晖点校:《司马光集》卷六十《与王介甫书》,第 1260 页。
④ 司马光撰,李文泽、霞绍晖点校:《司马光集》卷六十《与王介甫书》,第 1264 页。
⑤ 王安石撰,聂安福、侯体健整理:《临川先生文集》卷七十三《答司马谏议书》,王水照主编:《王安石全集》第六册,第 1305 页。

为"的规劝,王安石表示"非某之所敢知"①,断然表示拒绝。王安石认为,变法与否要以是否符合道义为衡量标准,"度义而后动"②,符合道义的变法不能因为有人反对就偃旗息鼓,旗帜鲜明地表达了坚决推行变法的坚定立场和鲜明态度。

看到两次致信劝说王安石,未曾奏效,司马光仍不罢休,于收到王安石复信之当日,第三次致信王安石,对王安石的辩解逐一进行反驳。首先,针对王安石"受命于人主,议法度而修之于朝廷,以授之于有司,不为侵官"的辩解,司马光指出:"夫议法度以授有司,此诚执政事也。然当举其大而略其细,存其善而革其弊,不当无大无小,尽变旧法以为新奇也。且人存则政举,介甫诚能择良有司而任之,弊法自去。苟有司非其人,虽日授以善法,终无益也。"③司马光的意思是,现在的问题不在于法而在于人,如果用人得当,那么"弊法自去",如果用人不当,虽有善法,也无济于事。作为执政,王安石应该在培养人才、发现人才、使用人才上下功夫,而不应在变法上枉费心机。其次,针对王安石"举先王之政,以兴利除弊,不为生事"的辩解,司马光认为推行青苗法不符合先王之道。即便此法出自先王,亦非善政,先王之善政很多,介甫为何不推行,而偏偏推行此不善之政。"介甫所谓先王之政者,岂非泉府赊贷之事乎? 窃观其意,似与今日散青苗钱之意异也。且先王之善政多矣,顾以此独为先务乎?"④再次,针对王安石"为天下理财,不为征利"的辩解,司马光批驳道:"今之散青苗钱者,无问民之贫富,愿与不愿,强抑与之,岁收其什四之息。谓之不征利,光不信也。"⑤青苗法在执行过程中,不管百姓需要与否,强行摊派给百姓,并且收取百分之四十的利息,如果说不是征利,我司马光不信。最后,针对王安石"辟邪说,难壬人,不为拒谏"的辩解,司马光则指出:"至于辟邪说,难壬人,果能如是,乃国家生民之福也。但恐介甫之座,日相与变法而讲利者,邪说、壬人为不少

①王安石撰,聂安福、侯体健整理:《临川先生文集》卷七十三《答司马谏议书》,王水照主编:《王安石全集》第六册,第1305页。

②王安石撰,聂安福、侯体健整理:《临川先生文集》卷七十三《答司马谏议书》,王水照主编:《王安石全集》第六册,第1306页。

③司马光撰,李文泽、霞绍晖点校:《司马光集》卷六十《与王介甫书》,第1265页。

④司马光撰,李文泽、霞绍晖点校:《司马光集》卷六十《与王介甫书》,第1265页。

⑤司马光撰,李文泽、霞绍晖点校:《司马光集》卷六十《与王介甫书》,第1265页。

矣，彼颂德赞功、希意迎合者皆是也，介甫偶未之察耳。"①在司马光看来，如果真能做到"辟邪说，难壬人"，那倒是国家、百姓之福；但是那些与王安石一起推行新法而逐利的人，其主张就有不少属于邪说；那些歌功颂德、虚意奉迎之徒中，不乏壬人之辈。书信末尾，司马光表明自己规劝王安石的动机，不是反对他有所作为，"光岂劝介甫以不恤国事，而同俗自媚哉？盖谓天下异同之议，亦当少垂意采察而已"②，而是规劝王安石要善于听取不同意见，不要一味固执己见，我行我素。

对于司马光的第三次来信，或是因为王安石感到与之"道不同，不相与谋"，复之无益；或是王安石感到二人观点相去甚远，无词作答；抑或是现有王安石文集有所遗漏，难见全帙。总而言之，目前所见的资料中没有发现王安石的复函。"以三书抵安石，冀其或听而改也。安石如故所为，终不听，乃绝交。"③从此之后，温公、荆公两位曾经交往密切的朋友，由于政见不同而分道扬镳。

元丰八年三月，宋神宗病逝，年仅十岁的宋哲宗即位，政权完全控制在祖母、太皇太后高氏手中。元丰九年二月，司马光出任宰相。司马光上任伊始，便以迅雷不及掩耳之势，开始了对新法的废除和对熙宁、元丰年间掌权大臣的贬黜。为了肃清王安石的影响，还禁止王安石《字说》的传布，篡改熙宁、元丰两朝的史官记录，重新修纂《神宗实录》。尽管二人政见不同，但"二公之贤多同"④，荆公、温公毕竟都还是君子：站在王安石变法对立面的邵伯温称："荆公、温公不好声色，不爱官职，不殖货利皆同。"⑤司马光后学刘安世称："金陵亦非常人，其质朴俭素，终身好学，不以官爵为意，与温公同。"⑥持不同政见的司马光，对于王安石的道德文章，自始至终赞赏有加。至和年间，二人曾经共事，同为群牧司判官。嘉祐年间，二人交谊日深，遂成为密友。嘉祐六年六月，司马光迁起居舍人、同知谏院，同时王安石任知制诰；直至嘉祐八年八月，王安石丁母忧，解官归江宁。此两年间，王安石与司马光不仅是同僚，而且还是彼此敬重的好友。嘉祐六年六月，司

---

①司马光撰，李文泽、霞绍晖点校：《司马光集》卷六十《与王介甫书》，第1265页。

②司马光撰，李文泽、霞绍晖点校：《司马光集》卷六十《与王介甫书》，第1265页。

③邵伯温撰，李剑雄、刘德权点校：《邵氏闻见录》卷十，第107页。

④邵伯温撰，李剑雄、刘德权点校：《邵氏闻见录》卷十一，第115页。

⑤邵伯温撰，李剑雄、刘德权点校：《邵氏闻见录》卷十一，第122页。

⑥黄宗羲原著，全祖望补修，陈金生、梁运华点校：《宋元学案》卷九十八《荆公新学略》，第3248页。

马光欲请"今之德行文辞为人信者"①，为其堂叔司马沂作墓表，而最终选择的是王安石。可见，在司马光的心目中，王安石的德行文章令其佩服。熙宁元年，司马光在《赐参知政事王安石乞退不允批答》中称："卿文学高一时，名誉专四海。勇于立事，急于进贤。"②对王安石的道德文章、进取精神以及社会影响给予高度评价。熙宁三年二月，司马光在给王安石的信中，不吝溢美之词，赞扬王安石，"介甫独负天下大名三十余年，才高而学富，难进而易退"③。元祐元年四月，王安石离世，风烛残年中的司马光，对王安石做出中肯评价："介甫文章、节义过人处甚多，但性不晓事，而喜遂非。致忠直疏远，谗佞辐辏，败坏百度，以至于此"④；"介甫无他，但执拗耳"⑤。可见，无论在熙宁变法之前，还是熙宁变法之后，司马光对王安石的道德文章始终给予高度评价；对于王安石的性格及新政给予严厉批评，认为王安石不明事理，喜好不正，忠奸不辨，刚愎自用，致使"忠直疏远，谗佞辐辏"。而对于王安石变法，司马光则予以全盘否定，"逞其胸臆，变乱旧章；兴害除利，舍是取非"⑥；对其中的青苗法、免役法、保甲法、市易法更是严厉斥责，称其"病民伤国"⑦，"逆人情、违物理"⑧。对于王安石新学，司马光则将其作为变法的理论基础而大加挞伐。

温公与荆公的矛盾是由于二公的政治主张不同，而二公不同的政治主张则源于二公的"道"不同。司马光认为，二人的分歧源于，"臣与安石南北异乡，取舍异道"⑨；而王安石则"窃以为与君实游处相好之日久，而议事每不合，所操之术多异故也"⑩。不管是司马光的"取舍异道"，还是王安石的"所操之术多异"，一语道破天机，二公分歧的焦点在于"道"不同。

那么，二公之"道"有何不同呢？

---

① 司马光撰，李文泽、霞绍晖点校：《司马光集》卷七十五《故处士赠尚书都官郎中司马君行状》，第1537页。

② 司马光撰，李文泽、霞绍晖点校：《司马光集》卷五十六《赐参知政事王安石乞退不允批答》，第1166页。

③ 司马光撰，李文泽、霞绍晖点校：《司马光集》卷六十《与王介甫书》，第1255页。

④ 司马光撰，李文泽、霞绍晖点校：《司马光集》卷六十三《与吕晦叔简》，第1320页。

⑤ 邵伯温撰，李剑雄、刘德权点校：《邵氏闻见录》卷十二，第128页。

⑥ 司马光撰，李文泽、霞绍晖点校：《司马光集》卷五十七《遗表》，第1203页。

⑦ 司马光撰，李文泽、霞绍晖点校：《司马光集》卷五十七《遗表》，第1203页。

⑧ 司马光撰，李文泽、霞绍晖点校：《司马光集》卷五十七《遗表》，第1204页。

⑨ 邵伯温撰，李剑雄、刘德权点校：《邵氏闻见录》卷十一，第113页。

⑩ 王安石撰，唐武标点校：《王文公文集》卷八《答司马谏议书》，第96页。

　　王安石心目中的理想社会是尧舜禹三代,其社会理想是"三代子百姓,公私无异财"①。据《宋史》本传记载,熙宁元年四月,王安石始造朝。"入对,帝问为治所先,对曰:'择术为先。'帝曰:'唐太宗何如?'曰:'陛下当法尧、舜,何以太宗为哉? 尧、舜之道,至简而不烦,至要而不迂,至易而不难。但末世学者不能通知,以为高不可及尔。'"②可见,王安石奉行的"道"是尧舜之道,是尧舜治国理政的精神实质,而非具体方针政策。在《上皇帝万言书》中,王安石指出:"夫以今之世,去先王之世远,所遭之变,所遇之势不一,而欲一二修先王之政,虽甚愚者,犹知其难也。然臣以谓今之失,患在不法先王之政者,以谓当法其意而已。夫二帝、三王,相去盖千有余载,一治一乱,其盛衰之时具矣。其所遭之变,所遇之势,亦各不同,其施设之方亦皆殊,而其为天下国家之意,本末先后,未尝不同也。臣故曰:当法其意而已。"③在王安石看来,治国理政要效法先王的立法精神,根据形势的发展变化,制定相应的政策措施。

　　司马光所向往的是皇权专制之下的太平盛世,其社会理想是"君明臣忠,上令下从,俊良在位,佞邪黜远,礼修乐举,刑清政平,奸宄消伏,兵革偃戢,诸侯顺附,四夷怀服,家给人足"④。而要实现这一太平盛世,司马光认为,必须恪守祖宗家法。"古之天地有以异于今乎? 古之万物有以异于今乎? 古之性情有以异于今乎? 天地不易也,日月无变也,万物自若也,性情如故也,道何为而独变哉?"⑤在司马光看来,天地万物、人类社会乃至个人性情,自古迄今,未尝有变,因此,宋立国以来的祖宗家法也没必要改变。且看宋神宗与司马光君臣的如下对话:"帝曰:'汉常守萧何之法不变,可乎?'对曰:'宁独汉也,使三代之君常守禹、汤、文、武之法,虽至今存可也。汉武取高帝约束纷更,盗贼半天下;元帝改孝宣之政,汉业遂衰。由此言之,祖宗之法不可变也。'"⑥可见,司马光打着祖宗之法不可变的旗号,是为了反对王安石所推行的新法。

　　随着熙宁新法的推行,司马光开始在意识形态领域向王安石发起非

①王安石撰,唐武标点校:《王文公文集》卷五十一《兼并》,第 577 页。
②脱脱等撰:《宋史》卷三百二十七《王安石传》,第 10543 页。
③王安石撰,唐武标点校:《王文公文集》卷一《上皇帝万言书》,第 2 页。
④司马光撰:《资治通鉴》卷二百四十四,中华书局 1956 年,第 7880 页。
⑤司马光撰,李文泽、霞绍晖点校:《司马光集》卷七十四《迂书·辨庸》,第 1504 页。
⑥脱脱等撰:《宋史》卷三百三十六《司马光传》,第 10764 页。

难。熙宁三年三月，翰林学士院测试李清臣等，司马光负责拟定策问，他便拿"三不足"之说作为测试题。题目是这样出的：

> 今之论者或曰："天地与人了不相关，薄食震摇，皆有常数，不足畏忌。祖宗之法，未必尽善，可革则革，不足循守。庸人之情，喜因循而惮改为，可与乐成，难与虑始。纷纭之议，不足听采。"……愿闻所以辨之。[1]

当司马光将试题呈送神宗审阅时，神宗批示道："别出策目，试清臣等。"据《续资治通鉴长编拾补》记载：

> 己未，上谕安石曰："闻有三不足之说否？"王安石曰："不闻。"上曰："陈荐言：'外人云今朝廷为天变不足惧，人言不足恤，祖宗之法不足守。'昨学士院进试馆职策，专指此三事，此是何理？朝廷亦何尝有此，已别作策问矣。"安石曰："陛下躬亲庶政，无流连之乐，荒亡之行，每事惟恐伤民，此亦是惧天变。陛下询纳人言，事无小大，唯言之从，岂是不恤？人言固有不足恤者，苟当于义理，则人言何足恤！……至于祖宗之法不足守，则固当如此。且仁宗在位四十年，凡数次修敕，若法一定，子孙当世世守之，则祖宗何故屡自变改？"[2]

司马光借测试出题之机，向王安石发难，可谓手段老辣，但由于神宗的信任与祖护，王安石有惊无险地躲过了一次政治攻讦。"三不足"之说虽然最初并非出自王安石之口，但确实反映了王安石的政治哲学和革新精神。司马光看到借"三不足"之说攻击王安石不成，于是便将矛头指向王安石的变法措施和学术思想。

元丰八年三月，宋神宗病逝，宋哲宗即位。由于哲宗即位时年仅九岁，由祖母宣仁太皇高太后垂帘听政；四月，司马光上疏将矛头指向王安石变法，批评新法"名为爱民，其实病民，名为益国，其实伤国"[3]。司马光指出："为今之计，莫若择新法之便民益国者存之，病民伤国者悉去之。"[4]对于保

---

[1] 司马光撰，李文泽、霞绍晖点校：《司马光集》卷七十二《学士院试李清臣等策目》，第1472页。
[2] 黄以周等辑注，顾吉辰点校：《续资治通鉴长编拾补》卷七熙宁三年三月己未，第346页。
[3] 李焘撰，上海师范大学古籍整理研究所、华东师范大学古籍整理研究所点校：《续资治通鉴长编》卷三百五十五元丰八年四月庚寅，第8490页。
[4] 李焘撰，上海师范大学古籍整理研究所、华东师范大学古籍整理研究所点校：《续资治通鉴长编》卷三百五十五元丰八年四月庚寅，第8493页。

甲、免役、将官三事，必须及早革除，如若不然，"今幅员之内，所在嗷嗷，有倒垂之急……若朝廷不以为意，日复一日，万一遇千里之蝗旱，公私匮竭，无以相救，失业之民，蜂起为盗，安知无奸雄乘之而动，则国家有累卵之危"[①]；六月，朝廷颁布诏书，"应中外臣僚及民庶，并许实封直言朝政阙失，民间疾苦"[②]。司马光还批判王安石用人不当，据《宋元学案》记载："温公尝谓金陵曰：'介甫行新法，乃引用一副真小人，或在清要，或为监司，何也？'介甫曰：'方法行之初，旧时人不肯向前，因用一切有才力者。候法行已成，即逐之，却用老成者守之。所谓"智者行之，仁者守之"。'温公曰：'介甫误矣。君子难进易退，小人反是。若小人得路，岂可去也？必成仇敌。他日将悔之。'介甫默然。后果有卖荆公者，虽悔之无及。"[③]可见，司马光对王安石变法的批判集中在新法伤国病民和王安石用人不当上。

元祐元年闰二月，罢青苗法，复常平法；三月，罢免疫法，复差役法，随之王安石所推行的新法，渐次罢去，此即历史上有名的"元祐更化"。司马光从制度和人事上清除王安石的影响后，立即着手从意识形态领域展开对王安石及其新学的批判。

首先，王安石尊崇《孟子》，司马光就否定《孟子》。王安石向来推崇《孟子》，一生对《孟子》用力甚勤。早在庆历二年，正值青春年华的王安石作有《送孙正之序》，借赞扬孙正之能"以孟、韩之心为心"[④]，道出自己追慕孟子、韩愈的人生理想。嘉祐元年（1056），已过而立之年的王安石赋诗表达对孟子的仰慕之情："他日若能窥孟子，终身何敢望韩公！"[⑤]由青年时期追慕孟韩到壮年时期撇开韩愈、追慕孟子，表明王安石的思想发生了变化。早年的王安石热爱儒学、文学，希望在立德立言上有所建树，而壮年的王安石人生理想发生较大转变，除了立德立言外，更希望建立事功，在政治上有所作为，在北宋再现三代政治，做一个建立不世之功的人物。

司马光与王安石同为一代大儒，但二人在政治上却格格不入，在学术

---

①李焘撰，上海师范大学古籍整理研究所、华东师范大学古籍整理研究所点校：《续资治通鉴长编》卷三百五十五元丰八年四月庚寅，第8493页。

②李焘撰，上海师范大学古籍整理研究所、华东师范大学古籍整理研究所点校：《续资治通鉴长编》卷三百五十七元丰八年六月丁亥，第8548页。

③黄宗羲原著，全祖望补修，陈金生、梁运华点校：《宋元学案》卷八《涑水学案下》，第345页。

④王安石撰，唐武标点校：《王文公文集》卷三十六，第434页。

⑤王安石撰，唐武标点校：《王文公文集》卷五十五《奉酬永叔见赠》，第620页。

上也颇多龃龉之处。在政治上,王安石所推行的变法措施,司马光则一概废弃不用;在学术上,王安石是一位尊孟者,司马光则是一位非孟者。宋初的科举,《论语》《孟子》都没有被列入考试科目之中,但在庆历年间尊孔的背景下,《论语》率先被纳入考试体系。熙宁四年,王安石进行科举改革,将儒家经典分为本经和兼经,《易》《诗》《书》《周礼》《礼记》为本经,《论语》《孟子》为兼经。在王安石的主导下,熙宁年间《孟子》亦被纳入科举考试之中,这一举措大大提高了《孟子》在北宋经学中的地位。

与王安石相对立,司马光撰写《疑孟》一书,从怀疑孟子的圣人地位出发,对《孟子》有关道德伦理、人性善恶、君臣关系等问题提出质疑。司马光所著《疑孟》,动笔于元丰五年正月,凡十一篇,均为非孟之作。而元丰五年,正值新学大行其道之时。司马光之所以此时撰著《疑孟》,其动机就是为了与王安石尊孟相对抗。熙丰年间,王安石用《孟子》思想武装人们的头脑,用以指导变法实践;司马光则从否定《孟子》入手,反对王安石变更祖宗家法。司马光企图通过否定《孟子》来否定王安石变法的理论基础,进一步否定王安石变法。司马光的这一动机早被南宋人倪思所洞察,据《湛渊静语》卷二记载:"或问:文节倪公思曰:'司马温公乃著《疑孟》,何也?'答曰:'盖有为也。当是时,王安石假孟子大有为之说,欲人主师尊之,变乱法度,是以温公致疑于孟子,以为安石之言未可尽信也。'"①四库馆臣进一步指出:"其说为从来所未及。案:晁公武《读书志》称:'王安石喜《孟子》,自为之解。其子雱与其门人许允成皆有注释。'盖唐以前《孟子》皆入儒家,至宋乃尊为经。元丰末,遂追封邹国公,建庙邹县,亦安石所为。则谓光《疑孟》实由安石异议相激而成,不为无见。"②由于王安石向来喜爱《孟子》,所以熙宁年间,王安石提高了《孟子》的地位,把《孟子》由唐代以前子书的地位提高到经书的地位上来,并将其列为科举考试的科目,还追封孟子为邹国公,在今山东邹县建庙纪念孟子,王安石还用《孟子》一书中的"大有为"思想作为变法的理论依据。于是,司马光便将批判的矛头指向《孟子》。"司马光之所以对孟子的理论进行质疑,其间自然有对儒学理论阐释的不同,但更深层次的原因则是北宋时期新旧党争的政治背景。孟子在宋代之前

①白珽撰:《湛渊静语》卷二,台北新文丰出版公司1984年,第29页。
②纪昀、陆锡熊、孙士毅撰,四库全书研究所整理:《钦定四库全书总目》卷一百二十二,第1626页。

还仅仅是儒家学派诸子之一,尚未上升到圣人的地位,到了北宋,对孟子的尊崇才开始升温,而最强有力的推手则是王安石。王安石执政以后,实行科举改革,在考试中加入《孟子》的内容,还与其子王雱、门人许允成等分别撰写了《孟子解》,借孟子的理论为其变法张目。司马光疑孟的焦点正是针对王安石而发。"①

在《疑孟》中,司马光主要从两方面对《孟子》进行了质疑。一是司马光认为,孟子在人格上与孔子不同,不是孔子的合格继承人。司马光不赞成《孟子》的"伯夷隘,柳下惠不恭"的说法。他说,孟轲自称是孔子的学生,孔子能够做到"非其君不事""非其友不友""不立于恶人之朝""不羞污君""不卑小官""遗佚而不怨""厄穷而不悯"②,孔子的这些修为,不是和伯夷、柳下惠同道吗?而孟子对伯夷、柳下惠不恭,对伯夷、柳下惠不恭,就是对孔子不恭。从这个角度看,孟子并非孔子同道中人,其个人修为无法与孔子相提并论。二是孟子认为人性善,荀子主张人性恶,对这两种人性论,司马光均不赞同:"孟子以为人性善,其不善者,外物诱之也。荀子以为人性恶,其善者,圣人之教也。是皆得其偏而遗其大体也。"③这段文字,体现了司马光对孟子的性善论与荀子的性恶论的基本态度,他既不赞同孟子的性善论,也不认可荀子的性恶论。在《疑孟》中,司马光对孟子的性善论提出批评:"丹朱、商均自幼及长,所日见者尧、舜也,不能移其恶,岂人之性无不善乎?"④丹朱,传说中帝尧之子,狸姓,因傲慢荒淫,被流放于丹水,故名丹朱。商均,传说中虞舜之子,姚姓,名均,因封于商(今河南商丘南),故号商均,因其不肖,舜乃听"四岳"之议,荐禹嗣位。司马光用丹朱、商均自幼及长受尧、舜的影响而不能改变其恶,来说明人性并非都是善的,也有恶的一面,从而否定了孟子的性善论。在人性问题上,司马光赞同扬雄善恶混的观点。"夫性者,人之所受于天以生者也,善与恶必兼有之。是故虽圣人不能无恶,虽愚人不能无善,其所受多少之间则殊矣。善至多而恶至少,则为圣人;恶至多而善至少,则为愚人;善恶相半,则为中人。圣人之恶不能胜

---

①司马光撰,李文泽、霞绍晖点校:《司马光集·前言》,第 22 页。
②司马光撰,李文泽、霞绍晖点校:《司马光集》卷七十三《疑孟》,第 1487 页。
③司马光撰,李文泽、霞绍晖点校:《司马光集》卷七十二《善恶混辩》,第 1460 页。
④司马光撰,李文泽、霞绍晖点校:《司马光集》卷七十三《疑孟》,第 1490 页。

其善,愚人之善不能胜其恶,不胜则从而亡矣。"①而王安石尊信《孟子》,赞成孟子的性善论,把孟子在儒学史上的地位抬得很高,立志继承孔孟以来的儒家道统;司马光则否定《孟子》,贬抑孟子在儒家道统中的地位,并通过贬抑孟子,欲将王安石连同孟子一起剔除儒家道统。

王安石在继承孔子"性相近,习相远"观点的基础上,吸收了孟子的性善论,建立了新学的人性论思想,构筑了王安石的道德性命之学,作为变法的理论依据,进而上升到皇权国家意识形态的主导地位。司马光则批判孟子的性善论,意欲釜底抽薪,拆除王安石道德性命之学的基石,从而彻底否定王安石的道德性命之学,意欲从指导思想上彻底否定王安石变法。但是,司马光的这种观点显然有失偏颇,不符合他一再倡导的中道观念。司马光的过激言论遭到同党范纯仁的反对。范纯仁指出:"《孟子》恐不可轻,犹黜《六经》之《春秋》矣。"②在范纯仁看来,司马光贬抑《孟子》与王安石罢黜《春秋》一样,都是对先圣的亵渎、对儒经的蔑视。颇有意味的是,司马光之子司马康也不赞同乃父对《孟子》的态度。据《宋元学案》记载:"姚福曰:温公平生不喜《孟子》,以为伪书,出于东汉,因作《疑孟论》。而其子公休乃曰:'《孟子》为书最善,直陈王道,尤所宜观。'至疾甚革,犹为《孟子解》二卷。司马父子同在馆阁,而其好尚不同乃如此。"③由此可见,即便是其子司马康也承认《孟子》对治国理政的作用,并不像乃父那样,为反对王安石变法而否定《孟子》的经书地位。

其次,司马光批评王安石新学流入释道。对待释道二教,司马光与王安石的态度截然相反。王安石一生不仅好释道之书,而且援释入儒,故全祖望称"荆公欲明圣学而杂于禅"④。实际上,王安石不仅援释入儒,而且还援道入儒。而司马光则以正统儒家自居,对释道二家采取的是严厉的拒斥态度。"光于物澹然无所好,于学无所不通,惟不喜释、老。"⑤司马光指出:"释老之教,无益治世。"⑥释道之言即便可取之处也没有超出儒家学

①司马光撰,李文泽、霞绍晖点校:《司马光集》卷七十二《善恶混辩》,第1460页。
②李焘撰,上海师范大学古籍整理研究所、华东师范大学古籍整理研究所点校:《续资治通鉴长编》卷三百七十一元祐元年三月戊戌,第8980页。
③黄宗羲原著,全祖望补修,陈金生、梁运华点校:《宋元学案》卷八《涑水学案下》,第354页。
④黄宗羲原著,全祖望补修,陈金生、梁运华点校:《宋元学案》卷九十八《荆公新学略》,第3237页。
⑤脱脱等撰:《宋史》卷三百三十六《司马光传》,第10769页。
⑥司马光撰,李文泽、霞绍晖点校:《司马光集》卷二十四《论寺额札子》,第633页。

说,释道之行更是荒诞无稽,"其微言不能出吾书,其诞吾不信也"①。那么,释道二家是否毫无可取之处呢?《迂书》中有一段记载,很好地回答了这一问题。"或问:'释老有取乎?'迂叟曰:'有。'或曰:'何取?'曰:'释取其空,老取其无为自然,舍是无取也。'或曰:'空则人不为善,无为则人不可治,奈何?'曰:'非谓其然也。空取其无利欲之心,善则死而不朽,非空矣。无为取其因任,治则一日万机,有为矣。'"②在司马光看来,对于佛教可"取其空",即"取其无利欲之心",批判王安石变法追逐财利的动机昭然若揭;而对于道教可"取其无为自然",即"取其因任",显然这又是针对王安石变更祖宗法度而言。不管是佛教的"取其空"也好,还是道教的"取其无为自然"也罢,都表明了司马光反对王安石变法的政治立场以及否定新学的学术取向。司马光这一学术取向,得到了理学家程颐的赞赏,将其与邵雍、张载并列,称赞他们"不杂"③,属于儒家正统派。从这一立场出发,司马光对王安石在开展政治清算的同时,展开了釜底抽薪的学术批判,批判新学高谈道德性命之理,脱离儒家正统而流入释老。熙宁二年六月,司马光上疏对当时的学风予以严厉批评,矛头直指王安石新学:

> 窃见近岁公卿大夫好为高奇之论,喜诵老庄之言,流及科场,亦相习尚。新进后生,未知臧否,口传耳剽,翕然成风。至有读《易》未识卦、爻,已谓《十翼》非孔子之言;读《礼》未知篇数,已谓《周官》为战国之书;读《诗》未尽《周南》《召南》,已谓毛、郑为章句之学;读《春秋》未知十二公,已谓三《传》可束之高阁。循守注疏者,谓之腐儒;穿凿臆说者,谓之精义。且性者,子贡之所不及;命者,孔子之所罕言。今之举人,发言秉笔,先论性命,乃至流荡忘返,遂入老庄。纵虚无之谈,骋荒唐之辞,以此欺惑考官,猎取名第。禄利所在,众心所趋,如水赴壑,不可禁遏。彼老庄弃仁义而绝礼学,非尧舜而薄周孔,死生不以为忧,存亡不以为患,乃匹夫独行之私言,非国家教人之正术也。魏之何晏、晋之王衍,相与祖述其道,宅心事外。选举者以此为贤,仕宦者以此为业,遂使纪纲大坏,胡夷并兴,生民涂炭,神州陆沉。今若于选士之际

---

① 脱脱等撰:《宋史》卷三百三十六《司马光传》,第 10769 页。
② 司马光撰、李文泽、霞绍晖点校:《司马光集》卷七十四《迂书·老释》,第 1516 页。
③ 黄宗羲原著,全祖望补修,陈金生、梁运华点校:《宋元学案》卷七《涑水学案上》,第 275 页。

用此为术,臣惧向去任官之士,皆何晏、王衍之徒,则政事安得不隳?风俗安得不坏? 正始、永嘉之弊,将复见于今矣。①

在司马光看来,以孔子为代表的传统儒家不大谈性命问题,而王安石大谈性命问题,而谈论性命问题乃是释老的长项,并非儒家所长,于是学术界便流入释老之学,尽情谈论性命等虚无缥缈的东西,结果导致"圣人坦明之言,转而陷于奇僻;先王中正之道,流而入于异端"②。司马光认为,在新学的倡导和影响下,释老之书在坊间广泛流传,湮没了儒家之书,败坏了伦理纲常,扰乱了世道人心,造成贻误后学、败坏学风乃至政风、世风的严重后果。

再次,王安石打着"法先王"的旗号,以《周礼》为指导推行变法,司马光则批评《周礼》非周公之礼法,企图通过否定《周礼》的经书地位,来否定王安石变法的理论基础。王安石认为,先王的法度存在于《周礼》之中,于是训释《周礼》,指导变法实践。司马光则认为,《周礼》曾经为刘歆辅佐王莽所用,不足以作为变法的理论依据。"后得司马文正公《日记》,上主青苗法曰:'此《周礼》泉府之职,周公之法也。'光对曰:'……昔刘歆用此法以佐王莽,至使农商失业,涕泣于市道,卒亡天下,安足为圣朝法也? 且王莽以钱货民,使为本业,计其所得之利,十取其一。比于今日,岁取四分之息,犹为轻也。'上曰:'王莽取天下,本不以正。'光对曰:'王莽取之虽不以正,然受汉家完富之业,向使不变法征利,结怨于民,犹或未亡也。'是文正公意,亦以《周礼》多新室之事也。自王荆公藉以文其政事,尽以为周公之书,学者无敢议者矣。"③这就是说,王莽以《周礼》为指导进行变法,征利于民,结果导致亡国,而王安石依据被王莽篡改过的《周礼》指导变法,其征利行为较王莽有过之而无不及,这是重蹈王莽的覆辙。

最后,司马光批判新学一家独大,搞文化专制。元祐元年,随着元祐更化的开展,礼部请求设置《春秋》博士,尚书省也请求恢复诗赋测试,与经义并行,用于科举取士。司马光上疏说:"悉罢赋、诗及经学诸科,专以经义、论策试进士。此乃革历代之积弊,复先王之令典,百世不易之法也。"④疏

①司马光撰,李文泽、霞绍晖点校:《司马光集》卷四十五《论风俗札子》,第973页。
②司马光撰,李文泽、霞绍晖点校:《司马光集》卷五十二《起请科场札子》,第1083页。
③邵博撰,刘德权、李剑雄点校:《邵氏闻见后录》卷三,第23页。
④司马光撰,李文泽、霞绍晖点校:《司马光集》卷五十二《起请科场札子》,第1082页。

中司马光对熙宁变法中,将诗赋取士改为经义、策论取士表示赞同;但对在科举考试中,独尊新学的做法表示不满,"但王安石不当以一家私学欲盖掩先儒,令天下学官讲解及科场程试,同己者取,异己者黜"①。在司马光看来,熙宁时期科举改革的大方向是对的,但问题是不当以王氏一家私学来取代先儒之学,并且利用科举诱导士子专攻新学,"若己论果是,先儒果非,何患学者不弃彼而从此,何必以利害诱胁如此其急也!"②"中庸之道",又叫"中和之道",是司马光哲学的理论基础。所谓"中和",就是要强调执中、用中,"《中庸》所谓中者,动静云为无过与不及也"③。在司马光看来,"中和"是支配自然界和人类社会的基本规律,也是人世间普遍存在的处世法则。从"中和"的世界观出发,司马光批评新学独霸天下是"用心太过",他主张各家学说并存,反对一家独大,"夫圣人之经,高深幽远,固非一人所能独了。是以前世并存百家之说,使明者择焉,所以广思虑、重经术也"④;"然经犹的也,一人射之,不若众人射之,其为取中多也"⑤。可见,司马光主张新旧学说并行,反对新学独霸天下。因此,王安石去世后,除《字说》遭禁外,新学的其他著作并未被禁,而是与先儒著述并行,这与司马光学术多元的一贯主张分不开。

　　司马光殁后,后学刘挚扛起了清算王安石的大旗,但刘挚对于新学的态度则与乃师不同。刘挚字莘老,河北东光人。刘挚学问渊博,精通礼学、春秋学,"挚嗜书,自幼至老,未尝释卷。……少好礼学,其究《三礼》,视诸经尤粹。晚好《春秋》,考诸儒异同,辨其得失,通圣人经意为多"⑥。嘉祐四年,刘挚中甲科,礼部奏名第一,试衔知县,为冀州南宫令。其间,力请为民减赋,关心民瘼,政绩显赫。治平三年,刘挚改江陵府观察推官。熙宁三年四月,由江陵府观察推官擢馆阁校勘。四年二月,迁检正中书礼房公事;四月,由检正中书礼房擢监察御史里行。熙宁年间,随着免役法的推行,刘挚连上两疏反对新法。疏云:

---

① 司马光撰,李文泽、霞绍晖点校:《司马光集》卷五十二《起请科场札子》,第1082页。
② 司马光撰,李文泽、霞绍晖点校:《司马光集》卷五十二《起请科场札子》,第1083页。
③ 司马光撰,李文泽、霞绍晖点校:《司马光集》卷六十三《答秉国第二书》,第1311页。
④ 司马光撰,李文泽、霞绍晖点校:《司马光集》卷六十四《古文孝经指解序》,第1336页。
⑤ 司马光撰,李文泽、霞绍晖点校:《司马光集》卷六十四《古文孝经指解序》,第1337页。
⑥ 脱脱等撰:《宋史》卷三百四十《刘挚传》,第10858页。

　　　　盖自青苗之议起,而天下始有聚敛之疑;青苗之议未允,而均输之
法行;均输之法方扰,而边鄙之谋动;边鄙之祸未艾,而助役之事兴。
至于求水利,行淤田,并州县,兴事起新,难以遍举。其议财,则市井屠
贩之人,皆召至政事堂。其征利,则下至历日,而官自鬻之。推此而
往,不可究言。轻用名器,渚混贤否:忠厚老成者,摈之为无能;狭少儇
辩者,取之为可用;守道忧国者,谓之流俗;败常害民者,谓之通
变。……圣上忧勤念治之时,而政事如此,皆大臣误陛下,而大臣所用
者,误大臣也。①

必须指出的是,熙宁初年,反对新法者不乏其人,但诋毁和攻击新法者大多
是就新法的某一项(如韩琦指责青苗法、苏辙指责助役法)而发难的,像刘
挚这样全盘否定新法的除司马光外尚无他人。从其言辞中,可以看出刘挚
反对新法态度之坚决,对于新法必欲废之而后快;然而富有戏剧意味的是,
刘挚对新学却采取了某种程度上的包容态度。元祐元年,在朝廷下诏禁止
《字说》时,国子司业黄隐妄加揣度朝廷旨意,自作主张,将存于国子监的
《三经新义》书版销毁。黄隐的行为遭到时任御史中丞的刘挚严厉斥责:

　　　　伏见国子司业黄隐学不足以教人,行不足以服众。于学之政令,
惟考校课试,迁补职掌最系劝奖,不可不公,而隐违法徇私,事皆有状,
以致大喧物论。多于生员试卷之末立词说,出榜以示众,变弃义理,疑
惑学者,阴附权要,奖进浮薄。故使学众不伏,怨猜汹汹,至有腾为嘲
谤之词者。议者谓近时学官之肆为私枉,无若隐之甚者。……故相王
安石经训经旨,视诸家议说得先儒之意亦多。故先帝以其书立之于
学,以启迪多士。而安石晚年溺于《字说》、释典,是以近制禁学者毋习
此二者而已,至其所颁《经义》,盖与先儒之说并行而兼存,未尝禁也。
隐猥见安石政事多已更改,辄尔妄意迎合傅会,欲尽废安石之学,每见
生员试卷引用,隐辄排斥其说,此学者所以疑惑而怨之深也。夫安石
相业虽有间然,至于经术学谊,有天下公论在,岂隐之所能知也。朝廷
既立其书,又禁学者之习,此何理哉?②

可见,刘挚虽然全盘否定新法,但对新学却并非全盘否定:既批评王安石晚

---

① 脱脱等撰:《宋史》卷三百四十《刘挚传》,第10852页。
② 刘挚撰,陈晓平、裴汝诚点校:《忠肃集》卷七《劾黄隐》,中华书局2002年,第155页。

年耽于佛老,又肯定《三经新义》的学术创获。他继承温公之志,从道统上为朔学争地位,批评新学流入佛老,试图将其打入异端,剔除儒家道统;又从政治上为朔学争取生存空间,反对新学一统天下。"然古人治经,无慕乎外,故其所自得者,内足以美己而外足以为政。今之治经,以应科举,则与古异矣。以阴阳性命为之说,以泛滥荒诞为之辞,专诵熙宁所颁《新经》、《字说》,而佐以庄、列、佛氏之书不可诘之论,争相夸高。场屋之间,虽群辈百千,而混用一律,主司临之,珉玉朱紫,困于眩惑。其中虽有真知圣人本指,该通先儒旧说,苟不合于所谓《新经》《字说》之学者,一切皆在所弃之列而已。至于蹈袭他人,剽窃旧作,主司猝然亦莫可辨。"①可见,刘挚继承了司马光的中和思想,对新学的态度是平和的,他既反对新学一统天下,反对科举考试唯新学是从;又反对完全废弃新学,置新学的合理性于不顾,主张新学旧说并行。表现在对王安石新经义的态度上,刘挚批判《字说》耽于佛老,却又肯定《三经新义》的学术创获。在元祐年间反对王安石的思潮甚嚣尘上之际,王安石新学的主要著作《三经新义》并没有被查禁,只是被司马光、刘挚视为流入佛老的《字说》遭遇查禁,这从一个侧面肯定了王安石新经义的学术价值和理论意义。

二、程颢、程颐对新学的批判

作为旧党的精神领袖,程颢、程颐对新学的批判始于熙宁、元丰年间,到元祐年间达到高潮。熙宁、元丰时期,司马光尚在世,二程是作为司马光的代言人展开对新学的批判的,并且二程的学术批判与司马光的政治清算相呼应,分别从事功和学术的角度,展开对王安石新法和新学的批判。司马光去世后,以程颐为首的洛党率先向新学发起攻击。尽管此时程颢已过世,但是要论程颐对新学的批判,还得从乃兄程颢谈起。

王安石变法之初,程颢曾为王安石所擢用。熙宁二年四月,王安石派遣八人巡视诸路,考察农田、水利、赋役之利害,其中即有程颢。这一方面可见变法之初王安石对程颢的器重,另一方面也说明变法之初程颢也是站在变法队伍中的。朱熹曾说:"新法之行,诸公实共谋之,虽明道先生不以为不是,盖那时也是合变时节。但后来人情汹汹,明道始劝之以不可做逆

---

① 刘挚撰,陈晓平、裴汝诚点校:《忠肃集》卷四《论取士并乞复贤良科疏》,第93页。

人情底事。及王氏排众议行之甚力，而诸公始退散。"①这说明变法之初，程颢亦曾襄助，但随着变法的推行，反对派势力凶猛，程颢劝王安石罢手，不可做违背人心的事，王安石不肯，于是二人分道扬镳。

熙宁三年三月，程颢上疏宋神宗，乞罢预俵青苗钱利息及汰去提举官事，指出："盖安危之本在乎人情，治乱之机系乎事始；众心睽乖则有言不信，万邦协和则所为必成；固不可以威力取强，语言必胜。而近日所闻，尤为未便。伏见制置条例司疏驳大臣之奏，举劾不奉行之官，徒使中外物情，愈致惊骇，是乃举一偏而尽沮公议，因小事而先失众心。权其轻重，未见其可。"②四月，程颢再次上疏，批评王安石任用小臣参与大计，"用贱陵贵，以邪妨正""设令由此侥幸，事小有成，而兴利之臣日进，尚德之风浸衰，尤非朝廷之福"③。可见，程颢并非一概反对变法，只是反对王安石变法，认为王安石的变法措施，"措置失宜，沮废公议"④。

古人臧否人物，首重道德品格，程颢对王安石的批判也是从王安石的道德品格出发的。熙宁年间的政治批判并没有动摇王安石及其新法的根本地位，同样，期间的学术批判也不足以动摇新学在神宗心目中的地位，于是程颢便开始在神宗面前对王安石进行人格否定。"昔见上称介甫之学，对曰：'王安石之学不是。'上愕然问曰：'何故？'对曰：'臣不敢远引，止以近事明之。臣尝读《诗》，言周公之德云："公孙硕肤，赤舄几几。"周公盛德，形容如是之盛。如王安石，其身犹不能自治，何足以及此！'"⑤有宋一代，对王安石的批判主要集中在新政和新学上，而对于王安石的人品则鲜有微词，即便是王安石的政敌司马光，对王安石的否定也仅限于其性格缺陷，而对其人品也是持肯定态度的，"安石诚贤，但性不晓事而愎，此其短也"⑥。传统儒家主张，只有做到格物致知诚意正心修身，才能齐家治国平天下。在程颢看来，王安石自身道德修养存在欠缺，如此之人怎能治国平天下呢？

---

① 黎靖德编，王星贤点校：《朱子语类》卷一百三十《自熙宁至靖康用人》，第3097页。

② 程颢、程颐撰，王孝鱼点校：《河南程氏文集》卷一，《二程集》上，第457页。

③ 程颢、程颐撰，王孝鱼点校：《河南程氏文集》卷一，《二程集》上，第458页。

④ 程颢、程颐撰，王孝鱼点校：《河南程氏文集》卷一，《二程集》上，第457页。

⑤ 程颢、程颐撰，王孝鱼点校：《河南程氏遗书》卷二上，《二程集》上，第17页。

⑥ 李焘撰，上海师范大学古籍整理研究所、华东师范大学古籍整理研究所点校：《续资治通鉴长编》卷二百十熙宁三年四月甲申，第5113页。

"必有《关雎》、《麟趾》之意,然后可行周公法度。"①《诗经原始》云:"《关雎》、《麟趾》之化,王者之风,故系之周公。"②就是说,只有具有周公品德的人,才可以推行周公的法度。在程颢看来,王安石没有周公的品德,所以也就无法推行周公的法度,其新政也就不能与周公之政相提并论,其学术也就不能与周公之学相媲美。

程颢如此贬低王安石的人格,而王安石则从未否定程颢的道德品质。在王安石眼里,程颢堪称一位忠厚老实之人,他对程颢的评价是:"此人虽未知道,亦忠信人也。"③在后来排斥异己时,对于程颢,王安石还是留有情面的,并未予以无情打击,而且还给与适当的安排。《宋史》本传称:"安石本与之善,及是虽不合,犹敬其忠信,不深怒,但出提点京西刑狱。颢固辞,改签书镇宁军判官。"④而程颢顽固地坚持反变法的立场,不接受王安石的安排,只好另行任用。

对于新学,程颢、程颐充分肯定了王安石早期的学问,对王安石后期的学问则持否定态度。"荆公旧年说话煞得,后来却自以为不是,晚年尽支离了。"⑤具体而言,对于王安石早期的《易解》和《淮南杂说》,二程基本上是肯定的;而对于王安石变法期间所撰的《周官新义》和退居江宁后所撰的《字说》,则基本上是否定的;对于《尚书新义》和《诗经新义》则鲜有评论。

《易解》《淮南杂说》是王安石早年的著作。王安石对于《易解》这部著作,自己并不满意,所谓"自谓少作未善"⑥可证。而程颐对王安石的《易解》却推崇备至,"若欲治《易》,先寻绎令熟,只看王弼、胡先生、王介甫三家文字,令通贯,余人《易》说,无取枉费功"⑦。宋代注《易》者繁若星辰,在这些易学成果中,程颐独推王弼、胡瑗、王安石三家。在这三家著作中,程颐尤其推崇王安石的《易解》,"在晚谪涪陵时,犹勉以学《易》当自王介甫也"⑧。王安石的《易解》即是其早年作品,大约作于皇祐年间,时王安石任

---

①程颢、程颐撰,王孝鱼点校:《河南程氏外书》卷十二,《二程集》上,第428页。
②方玉润撰,李先耕点校:《诗经原始》卷一《国风·周南》,中华书局1986年,第70页。
③程颢、程颐撰,王孝鱼点校:《河南程氏遗书》卷十九,《二程集》上,第255页。
④脱脱等撰:《宋史》卷四百二十七《程颢传》,第12715页。
⑤程颢、程颐撰,王孝鱼点校:《河南程氏遗书》卷十九,《二程集》上,第247页。
⑥晁公武撰,孙猛校证:《郡斋读书志校证·郡斋读书志》卷一,第41页。
⑦程颢、程颐撰,王孝鱼点校:《河南程氏文集》卷九,《二程集》上,第613页。
⑧邵博撰,刘德权、李剑雄点校:《邵氏闻见后录》卷五,第39页。

舒州通判。对于王安石并不满意的《易解》,程颐却推崇备至,原因何在?
原来是因为王安石义理解《易》的治经方法与程颐同道。

对于王安石的早期著作《淮南杂说》,二程也曾给予高度评价。二程曾
感慨道:"王介甫为舍人时,有《杂说》行于时,其粹处有曰:'莫大之恶,成于
斯须不忍。'又曰:'道义重,不轻王公;志意足,不骄富贵。'有何不可? 伊川
尝曰:'若使介甫只做到给事中,谁看得破?'"①所谓"王介甫为舍人时",当
为王安石任知制诰时,时为嘉祐六年至八年。由此可见,二程对于王安石
早期的学术思想是充分肯定的。

对于王安石中后期的著作《三经新义》与《字说》,二程则表现出某种程
度的不屑。程颢讥其捕风捉影,"荆公尝与明道论事不合,因谓明道曰:'公
之学如上壁。'言难行也。明道曰:'参政之学如捉风。'"②程颐则讥其支离
破碎,"杨时于新学极精,今日一有所问,能尽知其短而持之。介父之学,大
抵支离。伯淳尝与杨时读了数篇,其后尽能推类以通之"③。可见,程颢对
新学的批评集中于新学缺乏学术依凭,而程颐的批评则集中在新学的支离
破碎上。

随着王安石变法的推行,思想界出现一股反对新法的思潮,为了统一
人们的思想认识,回击反对派对新法的攻击,王安石撰著了《三经新义》,并
于熙宁八年六月颁行学官。对于《三经新义》,二程的批判集中于《周官新
义》上,而对于《诗经新义》和《尚书新义》,据笔者所掌握的资料,二程则鲜
有提及。这一方面是因为《周官新义》是王安石亲手所撰,并且王安石是以
《周官新义》作为其变法的理论依据的,批驳了王安石的《周官新义》,也就
批倒了王安石变法的理论基础;另一方面是因为王安石的《三经新义》的确
超出同时代学者之上,二程也不能罔顾事实、妄加菲薄。正如同属旧党的
苏轼所言:"王氏之文,未必不善。"④同样,程氏后学朱熹对《三经新义》的
态度,应该说在一定程度上也可以代表二程的态度。朱熹说:"王氏《新经》
尽有好处,盖其极平生心力,岂无见得著处?"⑤而对于王氏新经,朱熹则推

①程颢、程颐撰,王孝鱼点校:《河南程氏外书》卷十二,《二程集》上,第434页。
②程颢、程颐撰,王孝鱼点校:《河南程氏遗书》卷十九,《二程集》上,第255页。
③程颢、程颐撰,王孝鱼点校:《河南程氏遗书》卷二上,《二程集》上,第28页。
④苏轼撰,孔凡礼点校:《苏轼文集》卷四十九《答张文潜县丞书》,第1427页。
⑤黎靖德编,王星贤点校:《朱子语类》卷一百三十《自熙宁至靖康用人》,第3099页。

重《易解》《尚书新义》《诗经新义》《周官新义》。"《易》则兼取胡瑗、石介、欧阳修、王安石、邵雍、程颐、张载、吕大临、杨时,《书》则兼取刘敞、王安石、苏轼、程颐、杨时、晁说之、叶梦得、吴棫、薛季宣、吕祖谦,《诗》则兼取欧阳修、苏轼、程颐、张载、王安石、吕大临、杨时、吕祖谦,《周礼》则刘敞、王安石、杨时。"①朱熹在此为举子们开列了一个学习儒家经典的参考书目,王安石的《易解》《尚书新义》《诗经新义》《周官新义》,均名列其中。可见,朱熹对王安石的经说不乏欣赏与推重。

纵观二程对于《周官新义》的批评,我们发现也颇武断牵强。二程为了釜底抽薪,将批评的矛头直指《周礼》本身。"《周礼》不全是周公之礼法,亦有后世随时添入者,亦有汉儒撰入者"②,不仅如此,《周礼》一书还有很多"讹缺"。可见,二程对《周礼》给予了部分否定。但作为封建礼制的维护者,二程不敢全盘否定《周礼》,于是在指出《周礼》不可全信的基础上,也指出《周礼》不可全不信,因为"周公致治之大法,亦在其中"③。对于其中不可信的内容,自然在否定之列;而对于其中可信的内容,也要看谁来解读,"须知道者观之,可决是非也"④,就是说,只有懂得圣人之道的人,才能判断《周礼》的是非。在二程的眼里,王安石不属于"知道者",所以王安石所撰《周官新义》不能判断《周礼》之是非,亦不能改正《周礼》中存在的讹缺,这样是非不分、讹缺不辨的《周官新义》,固然不能用于指导变法。可见,二程并没有详列《周官新义》的具体不足,而是以王安石不知圣人之道为借口,武断地对新学予以否定。

对于王安石晚年的《字说》,程颐则予以大肆批判:"'如荆公穷物,一部《字解》,多是推五行生成。如今穷理,亦只如此著工夫,如何?'曰:'荆公旧年说话煞得,后来却自以为不是,晚年尽支离了。'"⑤所谓"晚年尽支离了",主要指的是王安石晚年修改定稿的《字说》。之所以说其支离,在于王安石没有遵循文字学的基本规律,解字牵强附会,甚至援引佛经释字。应该说,在这个问题上,程颐的批评是有道理的。殊不知,汉字的产生早于佛

---

①朱熹撰,郭齐、尹波点校:《朱熹集》卷六十九《学校贡举私议》,四川教育出版社1996年,第3638页。

②程颢、程颐撰:王孝鱼点校:《河南程氏外书》卷十,《二程集》上,第404页。

③程颢、程颐撰,王孝鱼点校:《河南程氏遗书》卷十八,《二程集》上,第230页。

④程颢、程颐撰,王孝鱼点校:《河南程氏遗书》卷十八,《二程集》上,第230页。

⑤程颢、程颐撰,王孝鱼点校:《河南程氏遗书》卷十九,《二程集》上,第247页。

经的传入,用佛经解字岂能不张冠李戴、牵强附会?

　　由此可见,二程对于早期新学基本上是肯定的,但并不排除在某些具体问题上有所批评;对于中后期新学,二程的批评集中在《周官新义》和《字说》上。之所以出现这种情况,是因为二程站在传统儒家的立场上来审视王安石的学术思想,与传统儒家思想相符的观点,二程则赞成;反之,就会予以批判。

　　具体而言,二程对王安石新学的批判主要表现在以下方面:

　　(一)批判王安石不懂圣人之道。"道"是中国传统哲学的核心范畴,古代多数思想家都是以"道"为最高范畴来建构自己的哲学体系的。王安石与二程也不例外,"道"也是二程与王安石建构学术体系的根范畴。因此,二程对王安石的批评从王安石的"道"入手,可以说是颇具洞察力的。

　　在王安石的哲学体系中,"道"具有三种属性:首先,道有本有末、有体有用,是本末、体用的统一。"道有本有末。本者,万物之所以生也;末者,万物之所以成也。本者,出之自然,故不假乎人之力,而万物之所以生也。末者,涉乎形器,故待人力而后万物以成也。"①"道有体有用。体者,元气之不动;用者,冲气运行于天地之间。"②其次,道包含无与有,是无与有的统一。"道一也,而为说有二。所谓二者,何也?有无是也。无则道之本,而所谓妙者也;有则道之末,所谓徼者也。故道之本,出于冲虚杳渺之际;而其末也,散于形名度数之间。是二者,其为道一也。"③"无,所以名天地之始;有,所以名其终,故曰'万物之母'。"④再次,道是形而上与形而下的统一,是自然和形器的统一。"无者,形之上者也,自太初至于太始,自太始至于太极,太始生天地,此名天地之始。有,形之下者也,有天地然后生万物,此名万物之母。母者,生之谓也。"⑤由此可见,王安石的道论明显地汲取和改造了老子、《易传》和王弼的道论,用一分为二的辩证思维方法,以本末体用论道,以有无论道,提出道是元气与冲气的统一、是无与有的统一、是自然与形器的统一的观点,把道概括为自然界和人类社会的最为基本的

---

① 王安石撰,罗家湘辑校:《王安石老子注辑佚会钞·第十一章》,第35页。
② 王安石撰,罗家湘辑校:《王安石老子注辑佚会钞·第四章》,第23页。
③ 王安石撰,罗家湘辑校:《王安石老子注辑佚会钞·第一章》,第15页。
④ 王安石撰,罗家湘辑校:《王安石老子注辑佚会钞·第一章》,第14页。
⑤ 王安石撰,罗家湘辑校:《王安石老子注辑佚会钞·第一章》,第14页。

法则。然而,随着变法的推行,保守派以变法导致天变为借口,反对王安石变法。在这种情况下,王安石不得不修正自己的天命观,主张天命归天命,人事归人事。与此相适应,王安石由强调天人合一转变为强调天人相分。在王安石看来,天有天之道,人有人之道,"远而尊者,天道也;迩而亲者,人道也"①。但天道对人道又有决定作用,人道具有相对的独立性。

那么,什么是二程的道呢? 二程的道,是集宇宙本体、自然规律、伦理道德为一体的哲学范畴。首先,道是无形的宇宙本体。"有形皆器也,无形惟道。"②"有形总是气,无形只是道。"③其次,道是自然的法则。"言天之自然者,谓之天道。"④"天之法则谓天道也。"⑤再次,道是五常,且"道之大本"是五伦。所谓五常,即仁、义、礼、智、信。所谓五伦,即君臣、父子、夫妇、兄弟、朋友五种人伦关系。五常是处理五种人伦关系的准则。二程认为,五常即是道,"且如五常,谁不知是一个道?"⑥"合而言之皆道,别而言之亦皆道也。"⑦并且,二程进一步认为,"道之大本"在于五伦。"道之大本如何求? 某告之以君臣父子夫妇兄弟朋友,于此五者上行乐处便是。"⑧这样,二程就将伦理意义上的"五常"上升到了本体意义上的"道",从而使"五常"成了具有本体论意义的范畴,从而将人道与天道合而为一了。

由于这一根本分歧,二程认为,王安石不懂圣人之道,并力图从批评新学的"道"这一基本概念入手,来彻底否定新学。二程说:"介甫只是说道,云我知有个道,如此如此。只佗说道时,已与道离。佗不知道,只说道时,便不是道也。"⑨当有人问程颐:"介甫言'尧行天道以治人,舜行人道以事天',如何?"曰:"介甫自不识道字。道未始有天人之别,但在天则为天道,在地则为地道,在人则为人道。"⑩同样,在《论道篇》中,二程也批判了王安石将天道和人道分开的做法。"或问:'介甫有言,尽人道谓之仁,尽天道谓

---

① 王安石撰,唐武标点校:《王文公文集》卷三十一《郊宗议》,第 357 页。
② 程颢、程颐撰,王孝鱼点校:《河南程氏粹言》卷一,《二程集》下,第 1178 页。
③ 程颢、程颐撰,王孝鱼点校:《河南程氏遗书》卷六,《二程集》上,第 83 页。
④ 程颢、程颐撰,王孝鱼点校:《河南程氏遗书》卷十一,《二程集》上,第 125 页。
⑤ 程颢、程颐撰,王孝鱼点校:《周易程氏传》卷一,《二程集》下,第 703 页。
⑥ 程颢、程颐撰,王孝鱼点校:《河南程氏遗书》卷十八,《二程集》上,第 223 页。
⑦ 程颢、程颐撰,王孝鱼点校:《河南程氏遗书》卷二十五,《二程集》上,第 318 页。
⑧ 程颢、程颐撰,王孝鱼点校:《河南程氏遗书》卷十八,《二程集》上,第 187 页。
⑨ 程颢、程颐撰,王孝鱼点校:《河南程氏遗书》卷一,《二程集》上,第 6 页。
⑩ 程颢、程颐撰,王孝鱼点校:《河南程氏遗书》卷二十二上,《二程集》上,第 282 页。

之圣。'子曰:'言乎一事,必分为二,介甫之学也。道一也,未有尽人而不尽天者也。以天人为二,非道也。'"①二程批判王安石不懂圣人之道的根本动机在于,"道"是新学的根范畴,又是新学的立论基础,否定了新学的"道",也就动摇了新学的学术根基与立论之本。耐人寻味的是,王安石也批评程颢不懂得圣人之道,"此人虽未知道,亦忠信人也"②。可见,二程与王安石学术分歧的根本点在于,二者对圣人之道的理解有着不可调和的区别。

在二程看来,王安石之所以不懂得"道",源于王安石"不会读书"。"张戬尝于政事堂与介甫争辨事,因举经语引证。介甫乃曰:'安石却不会读书,贤却会读书。'戬不能答。先生因云:'却不向道,只这个便是不会读书。'"③程颐这里指责王安石"不会读书",其用意包括两个方面:一是指责王安石读书"不向道",即不知以追求圣人之道为宗旨;二是指责王安石向儒经之外寻求圣人之道的发展途径,即向释道寻求发展圣人之道的材料。王安石少好读书,遍观群籍,"自百家诸子之书,至于《难经》、《素问》、《本草》,诸小说无所不读,农夫、女工无所不问,然后于经为能知其大体而无疑。盖后世学者与先王之时异矣,不如是不足以尽圣人故也。扬雄虽为不好非圣人之书,然于墨、晏、邹、庄、申、韩,亦何所不读? 彼致其知而后读,以有所去取,故异学不能乱也。惟其不能乱,故能有所去取者,所以明吾道而已"④。由此可见,王安石并不是二程所批判的那样"不向道",而是通过博览群书,汲取释道乃至诸子百家有益于圣人之道的观点来丰富、发展儒家思想。博览群书是其手段,发明圣人之道是其目的。对此,二程不能给予同情之理解,反而讥之为"不向道"。而二程呢? 后学游定夫说,"先生不好佛语"⑤。二程果真"不好佛语"吗? 答案是否定的。实际上,二程的理学也是糅合儒释道三家思想的产物,但是为了争夺在儒家道统中的正统地位,二程掩耳盗铃,矢口否认。据程颐为程颢所作《明道先生行状》记载,"先生为学:自十五六时,闻汝南周茂叔论道,遂厌科举之业,慨然有求道之

---

①程颢、程颐撰,王孝鱼点校:《河南程氏粹言》卷一,《二程集》下,第 1170 页。

②程颢、程颐撰,王孝鱼点校:《河南程氏遗书》卷十九,《二程集》上,第 255 页。

③程颢、程颐撰,王孝鱼点校:《河南程氏遗书》卷十九,《二程集》上,第 255 页。

④王安石撰,聂安福、侯体健整理:《临川先生文集》卷七十三《答曾子固书》,王水照主编:《王安石全集》第六册,第1314 页。

⑤程颢、程颐撰,王孝鱼点校:《河南程氏遗书》卷四,《二程集》上,第 69 页。

志。未知其要,泛滥于诸家,出入于老、释者几十年,返求诸《六经》而后得之"①。由此可见,程颢也曾向佛老之书上下功夫,他对圣人之道的发现也是有过程的,并不是一开始就发现了圣人之道,而是"出入于老、释者几十年",然后"返求诸《六经》"而得道的。乃弟程颐也并不是不读佛书,不从佛教当中汲取有益的东西,只是不愿意承认这一点罢了,否则,程氏后学为什么会称"叔不排释、老"②呢?既然如此,是否也可以说程颢、程颐"不会读书"呢?无论对于王安石而言,还是对于二程而言,建立独立的学术体系都经历了一个较长时期的学术探索过程。王安石心目中有王安石的圣人之道,二程心目中有二程的圣人之道,王安石的圣人之道不同于二程的圣人之道,基于对圣人之道的不同认识,王安石与二程对儒家道统的理解也不尽相同,他们属于不同的儒家学派。尽管观点不同,回归圣人之道是他们共同的治学愿望和学术理想,其学术大归是一致的。王安石认为,圣人之道始自伏羲,成于尧舜,处于上位而光大圣人之道的是禹、汤、文王、武王,处于下位而传承圣人之道的是伊尹、伯夷、柳下惠、孔子。"昔者道发乎伏羲,而成乎尧、舜,继而大之于禹、汤、文、武。此数人者,皆居天子之位,而使天下之道寖明寖备者也;而又有在下而继之者焉,伊尹、伯夷、柳下惠、孔子是也。"③王安石认为,秦汉以来,圣人之道发生分裂,其思想分散于儒墨道法之中,因此,王安石主张要恢复圣人之道的本来面目,就必须遍观群籍,百家诸子无所不读,只有这样,才能钩沉索隐,使处于分裂散佚状态的圣人之道回归本来面目。尽管二程也承认,"出入于老、释者几十年,返求诸《六经》而后得之"④,但为了争夺儒家道统的正统地位,即便暗中吸纳了佛道的思想成果,也不得不板起面孔予以否认,甚至将佛道视为异端邪说,以维护洛学儒家正统派的形象。

二程认为,王安石新学追逐功利,化革人心,危害最大:上坏帝王之心,下误后生学者。二程说:"浮屠之术,最善化诱,故人多向之。然其术所以化众人也,故人亦有向有不向者。如介甫之学,佗便只是去人主心术处加功,故今日靡然而同,无有异者,所谓一正君而国定也。此学极有害。以介

---

① 程颢、程颐撰,王孝鱼点校:《河南程氏文集》卷十一,《二程集》上,第638页。
② 程颢、程颐撰,王孝鱼点校:《河南程氏遗书》卷六,《二程集》上,第80页。
③ 王安石撰,唐武标点校:《王文公文集》卷二十八《夫子贤于尧舜》,第323页。
④ 程颢、程颐撰,王孝鱼点校:《河南程氏文集》卷十一,《二程集》上,第638页。

甫才辩,遽施之学者,谁能出其右? 始则且以利而从其说,久而遂安其学。今天下之新法害事处,但只消一日除了便没事。其学化革了人心,为害最甚,其如之何! 故天下只是一个风,风如是,则靡然无不向也。"①在皇权专制社会里,任何一种思想体系要想取得专制社会意识形态的主导地位,非取得皇权的支持不可,王安石是如此,二程何尝不是如此? 只不过二程在世期间,洛学未能实现其主导思想理论界的愿望而已。

(二)批判王安石学术不醇。程颢利用面君的机会,在神宗面前批判王安石新学博而不约。"[神宗]又尝称介甫,颢对曰:'王安石博学多闻则有之,守约则未也。'"②程颐也认为新学失之于正,"学不贵博,贵于正而已矣"③。二程批判新学援佛入儒、援道入儒,博而不约,杂而不醇,心术不正,学术不纯,未能恪守儒家道统,属于所谓的杂学。中国文化传统非常重视学术的纯正性与延续性,如果被视为杂学,则意味着难入正统之列,甚至会有被踢出儒家道统之虞。

二程批判王安石重外王而轻内圣,其心性学说不符合圣人之道。"宋代道学家因注重于'心、性、命、理'的讨论而往往给人以重内圣、轻外王的印象,其实,他们不是不重外王,而是由于认定外王须奠基于正确的内圣之学之上,故对内圣格外讲求。……道学家们之格外讲求内圣之学,既与应对佛教有关,也与熙宁变法失败有关。"④在二程眼里,人们要反躬自省,向内心寻求,加强道德修养,塑造圣人品格,只有内圣做好了,才有资格追求外王,经由内圣走向外王,才符合圣人之道的要求。范祖禹评价程颢:"其学,本于诚意正心,以圣贤之道可以必至,勇于力行,不为空文。……先生于经,不务解析为枝辞,要其用在己而明于知天。其教人曰:'非孔子之道,不可学也。'盖自孟子没而《中庸》之学不传,后世之士不循其本而用心于末,故不可与入尧、舜之道。"⑤文中所谓"不循其本而用心于末"的"后世之士",批评的就是王安石,意思是王安石不在内圣上下功夫,只是汲汲于事功,与程颢等人的追求不同,所以其最终也不可能与程颢等人一起步入尧

---

①程颢、程颐撰,王孝鱼点校:《河南程氏遗书》卷二下,《二程集》上,第50页。
②程颢、程颐撰,王孝鱼点校:《河南程氏遗书》卷二上,《二程集》上,第17页。
③程颢、程颐撰,王孝鱼点校:《河南程氏遗书》卷二十五,《二程集》上,第321页。
④王光松:《在"德"、"位"之间》,华东师范大学出版社2010年,第125页。
⑤程颢、程颐撰,王孝鱼点校:《河南程氏遗书·附录》,《二程集》上,第333页。

舜之道。实际上,王安石也主张内圣为本,外王为末,内圣外王,一以贯之。但在二程看来,王安石内圣功夫不足,新学在内圣领域有所欠缺。二程批评道:"学也者,使人求于内也。不求于内而求于外,非圣人之学也。"①圣人之道的目的是加强心性修养,塑造圣贤人格,新学不向自身下功夫,却向身外之物用功,不符合圣人之道的要求。同时,二程认为王安石变法以理财为目的,也不符合圣人之道。"学也者,使人求于本也。不求于本而求于末,非圣人之学也。"②那么,什么是二程所说的本末呢?"德者本也,财者末也。"③在二程眼里,修身养性是本,追求财利是末,亦即内圣为本,外王为末。二程认为王安石新政之所以失败,就是因为王安石没有正确处理内圣与外王的关系,本该由内圣功夫入手追求外王事业,向"格君心之非"上下功夫,而王安石却汲汲于外王事业,本末倒置,终至失败。

(三)批判王安石新学违背祖宗法度。二程认为,王安石的《三经新义》违背了祖宗法度。朝廷颁布《三经新义》时,程颢当即上疏,反对"以经试于有司,必宗其说"④。二程认为,王安石以《三经新义》作为取士标准,用以统一人们的思想,是践踏了祖宗关于尊卑贵贱的法度。《三经新义》是王安石变法的理论基础,用以为变法制造理论根据和培养人才,他不拘祖宗法度而求当世之功,自然触犯了维护传统的世家大族的利益。在二程看来,王安石采取的削上补下的改革措施,侵夺了二程所代表的世家大族的利益,当然是"用贱陵贵";荆公新学以义利统一论来代替传统儒家的重义轻利论,对于维护世家大族的利益不利,自然是"以邪妨正"⑤。从阶级立场上看,二程代表着世家大族的阶级利益,因为王安石的科举改革给予了中小地主阶级以上升通道,这样,自然就触犯了世家大族的既得利益。从学术立场上看,二程站在传统儒家正统派的立场上,主张重义轻利,王安石以理财为手段的改革措施,自然不符合二程重义轻利的价值观,其新学自然属于旁门左道。

对于新学否定祖宗法令、极力推动变法的主张,二程说:"居今之时,不

---

①程颢、程颐撰,王孝鱼点校:《河南程氏遗书》卷二十五,《二程集》上,第319页。

②程颢、程颐撰,王孝鱼点校:《河南程氏遗书》卷二十五,《二程集》上,第319页。

③程颢、程颐撰,王孝鱼点校:《河南程氏经说》卷五,《二程集》下,第1128页。

④黄宗羲原著,全祖望补修,陈金生、梁运华点校:《宋元学案》卷九十八《荆公新学略》,第3239页。

⑤程颢、程颐撰,王孝鱼点校:《河南程氏文集》卷一,《二程集》上,第458页。

安今之法令,非义也。若论为治,不为则已,如复为之,须于今之法度内处得其当,方为合义。若须更改而后为,则何义之有?"①作为旧党的理论代表,二程认为,生活在这个时代,必须遵守这个时代的法令制度,如果不遵守这个时代的法令制度,就不符合儒家的道义。即使变革,也只能在现有法令制度允许的范围内进行,否则就不合道义。显然,这是在批判王安石变法变更了祖宗既有法令制度。既然王安石变更了祖宗法令制度,当然就是不合道义的了。接下来,二程批判王安石变法完全出于实现个人理想的目的,而不顾给社会所带来的危害。二程说:"介父当初,只是要行己志,恐天下有异同,故只去心上把得定,佗人不能摇,以是拒绝言路,进用柔佞之人,使之奉行新法。今则是佗已去,不知今日却留下害事。"②出于实现个人理想的目的,其动机是自私的,以自私的动机谋天下之公事也是自私的,"虽公天下事,若用私意为之,便是私"③。二程将动机与效果完全割裂开来,将自身价值与大众利益完全对立起来,主张即便是为天下人牟利的公事,只要出于自私的动机,也是谋私,完全否定合理的、适度的个人价值的追求。

(四)批判王安石新学不合道义。二程关于新学不合道义的批判,主要集中在新学的价值观上。义利之辨是自孔孟以来儒家争论的重要命题。孔子曰:"君子喻于义,小人喻于利。"④将义利割裂开来,并使之对立起来,并且将义和利作为区分君子与小人的标准。孟子继承了孔子的义利观,也将义利对立起来。

> 孟子见梁惠王。王曰:"叟不远千里而来,亦将有以利吾国乎?"孟子对曰:"王何必曰利?亦有仁义而已矣。王曰:'何以利吾国?'大夫曰:'何以利吾家?'士庶人曰:'何以利吾身?'上下交征利而国危矣。万乘之国弑其君者,必千乘之家;千乘之国弑其君者,必百乘之家。万取千焉,千取百焉,不为不多矣。苟为后义而先利,不夺不餍。未有仁而遗其亲者也,未有义而后其君者也。王亦曰仁义而已矣,何必

---

① 程颢、程颐撰,王孝鱼点校:《河南程氏遗书》卷二上,《二程集》上,第18页。
② 程颢、程颐撰,王孝鱼点校:《河南程氏遗书》卷二上,《二程集》上,第45页。
③ 程颢、程颐撰,王孝鱼点校:《河南程氏遗书》卷五,《二程集》上,第77页。
④ 朱熹撰:《论语集注》卷二《里仁》,《四书章句集注》,第73页。

曰利?"①

可见,孟子主张追求仁义,反对谋取财利。

到北宋中期,义利关系依然是思想理论界存在争议的热门话题。面对北宋中期强敌环伺的危险局面,面对政府财政拮据、社会信仰迷失的重重危机,对于义利问题,权贵士大夫依然喋喋不休、争议不断。富弼说:"臣闻为国者以义为利,不以利为利。"②富弼等人坚持传统儒家义利对立的观点,主张以义为利,要义不要利,这在治国理政中对于坚持公义公正、维护社会公平正义有其积极意义,但对于解决北宋中期所面临的内外危机和政治经济诸问题实在是远水不解近渴。而另外一些富有创新精神的大儒则主张义利统一、调和义利。王安石的乡党李觏说:"利可言乎? 曰:人非利不生,曷为不可言?"并批评孟子的言论过于偏激,"孟子谓'何必曰利',激也。焉有仁义而不利者乎?"③李觏大胆言利,主张仁义与财利是统一的。王安石进一步发展了李觏的义利观,主张在"政事"的范畴内,义和利是统一的。"孟子所言利者,为利吾国,如曲防遏籴,利吾身耳。至狗彘食人则检之,野有饿莩则发之,是所谓政事。所以理财,理财乃所谓义也。一部《周礼》,理财居其半,周公岂为利哉? 奸人者因名实之近,而欲乱之,眩惑上下,其如民心之愿何? 始以为不请,而请者不可遏;终以为不纳,而纳者不可却。盖因民之所利而利之,不得不然也。"④王安石并没有简单地将义与利对立起来,而是将利分为三个不同的层次:或为"利吾国",即谋求封建国家之整体利益;或为"利吾身",即追求统治集团之局部利益;或为"民之所利",即所谓的民众利益。在王安石看来,前者为后两者之和。王安石受孟子"民为贵,社稷次之,君为轻"⑤的观点影响,认为第一位的是为"民"理财,第二位的是为国理财,第三位的才是为君主为代表的封建统治阶级理财。在谋求"民之所利"的前提下,义和利就统一起来了;换言之,为"民"理财本身就是义。如果是为封建国家理财,王安石主张义以至上,"以义理

---

① 朱熹撰:《孟子集注》卷一《梁惠王上》,《四书章句集注》,第 201 页。
② 李焘撰,上海师范大学古籍整理研究所、华东师范大学古籍整理研究所点校:《续资治通鉴长编》卷三百三十六元丰六年闰六月丙申,第 8107 页。
③ 李觏撰,王国轩点校:《李觏集》卷二十九《原文》,第 326 页。
④ 王安石撰,唐武标点校:《王文公文集》卷八《答曾公立书》,第 97 页。
⑤ 朱熹撰:《孟子集注》卷十四《尽心下》,《四书章句集注》,第 375 页。

财"，"聚天下之人，不可以无财；理天下之财，不可以无义"①。为封建国家理财，则需要义在利先、以义理财，要兼顾统治阶级和被统治阶级的利益，照顾社会公平正义。王安石反对将以君主为代表的王公贵族的集团利益凌驾于百姓利益和封建国家整体利益之上。由此可见，王安石并不是不重视义，在为封建国家理财时，他主张把义放在首位，在追求社会公平正义的前提下，谋求封建国家的整体利益；而在为"民"理财时，他认为理财本身就是义，义在利中，义利统一。在王安石看来，造福于民，是统治者的头等大事，是统治者应尽的义务，是封建政权的道义所在，是维护封建政权长治久安的关键所在。因此，造福于民即所谓义。这说明，王安石继承并发扬了孟子的民本思想，主张理财的原则是民众利益至上，为包括大地主阶级在内的整个地主阶级理财。尽管新法在执行过程中发生了偏差，普通民众并没有得到其应得的实际利益，变法效果不尽理想，但其动机是值得肯定的。

针对王安石的义利统一论，二程从义利对立的观点出发，对王安石进行了无情的批判。程颢指出："大凡出义则入利，出利则入义。天下之事，惟义利而已。"②这就是说，非利即义，非义即利，二者非此即彼、不能并存于一个统一体中。二程认为，世上只有两种人：一种是"皆知趋利而避害"③的众人；另一种是"不论利害，惟看义当为与不当为"④的圣人。而区分众人与圣人的标准则是如何处理义利关系，处理义利关系的原则在于把握其动机是为义还是为利。"孟子辨舜、跖之分，只在义利之间。"⑤在二程看来，君子与小人的区别在于追求利，还是追求义。判断君子与小人的标准，不仅要看其行为是追逐利还是追求义，更要看其动机，即便是追求义的行为，如果出于自利的动机，也是小人而非君子之举。"不独财利之利，凡有利心，便不可。如作一事，须寻自家稳便处，皆利心也。圣人以义为利，义安处便为利。"⑥二程认为，不但不能有追求财利的行为，就连追求财利的动机也不能有。

公私之辨也是中国传统价值哲学经常争辩的话题之一。二程非常重

---

① 王安石撰，唐武标点校：《王文公文集》卷三十一《乞制置三司条制》，第364页。
② 程颢、程颐撰，王孝鱼点校：《河南程氏遗书》卷十一，《二程集》上，第124页。
③ 程颢、程颐撰，王孝鱼点校：《河南程氏遗书》卷十七，《二程集》上，第176页。
④ 程颢、程颐撰，王孝鱼点校：《河南程氏遗书》卷十七，《二程集》上，第176页。
⑤ 程颢、程颐撰，王孝鱼点校：《河南程氏遗书》卷十七，《二程集》上，第176页。
⑥ 程颢、程颐撰，王孝鱼点校：《河南程氏遗书》卷十六，《二程集》上，第173页。

视公私之辨,认为公与私是对立的。在《周易程氏传》对"益"卦的解释中,二程阐明了什么是公:"苟公其心,不失其正理,则与众同利,无侵于人,人亦欲与之。"①不因自己的利益而侵害他人的利益就是公。接着,二程又阐释了什么是私:"若切于好利,蔽于自私,求自益以损于人,则人亦与之力争,故莫肯益之,而有击夺之者矣。"②为了追求自身利益而损害他人的利益即是私。在二程看来,公可称之为道心天理,而私可称之为人心私欲,"人心私欲,故危殆。道心天理,故精微。减私欲则天理明矣"③。这就将公私关系提升到天理与人欲的对立上来。二程进一步将义利关系归结为公私关系。"义与利,只是个公与私也。"④显然,二程不仅反对追求财利,亦反对"以利为心",即反对以追求财利为动机。当有人问道:"利与'以利为本'之利同否?"程颐则回答:"凡字只有一个,用有不同,只看如何用。凡顺理无害处便是利,君子未尝不欲利。然孟子言'何必曰利'者,盖只以利为心则有害。如'上下交征利而国危',便是有害。'未有仁而遗其亲,未有义而后其君。'不遗其亲,不后其君,便是利。仁义未尝不利。"⑤由此可见,二程主张以仁义为处世的动机,不必言利,因为利在仁义之中,"仁义未尝不利"。针对王安石"理财乃所谓义也"的观点,二程提出"不言利"的价值观。程颢是闭口不言利,"自安石用事,颢未尝一语及于功利"⑥。对于程颢"不言利"的做法,程颐赞许道:"时王荆公安石日益信用,先生每进见,必为神宗陈君道以至诚仁爱为本,未尝及功利。"⑦程颢不但反对个人牟利,而且反对封建国家牟利,"国不以利为利,以义为利"⑧。程颐在《伊川先生改正大学》一文中也表达了同样的观点。二程之所以竭力提倡以义为利,其动机是反对王安石以理财为手段的变法。他们认为,以富国强兵为目的的王安石变法即便能收到一些效果,解决部分财政困难,从长远来看,会败坏社会风气,也是得不偿失。所以,在王安石推行新政之初,程颢便说:"设

---

① 程颢、程颐撰,王孝鱼点校:《周易程氏传》卷三,《二程集》上,第917页。
② 程颢、程颐撰,王孝鱼点校:《周易程氏传》卷三,《二程集》下,第918页。
③ 程颢、程颐撰,王孝鱼点校:《河南程氏遗书》卷二十四,《二程集》上,第312页。
④ 程颢、程颐撰,王孝鱼点校:《河南程氏遗书》卷十七,《二程集》上,第176页。
⑤ 程颢、程颐撰,王孝鱼点校:《河南程氏遗书》卷十九,《二程集》上,第249页。
⑥ 脱脱等撰:《宋史》卷四百二十七《道学传一》,第12715页。
⑦ 程颢、程颐撰,王孝鱼点校:《河南程氏文集》卷十一,《二程集》上,第634页。
⑧ 程颢、程颐撰,王孝鱼点校:《河南程氏经说》卷五,《二程集》下,第1129页。

令由此侥幸,事小有成,而兴利之臣日进,尚德之风浸衰,尤非朝廷之福。"①在程颢看来,即便王安石变法侥幸取得一些成果,也会造成重利轻义局面,从而败坏社会风气、造成道德缺失,而这对统治阶级也是弊大于利。对此,程颐批评道:"若乃恃所据之势,肆求欲之心,以严法令举条纲为可喜,以富国家强兵甲为自得,锐于作为,快于自任,贪惑至于如此,迷错岂能自知? 若是者,以天下徇其私欲者也。勤身劳力,适足以致负败,夙兴夜寐,适足以招后悔。以是而致善治者,未之闻也。"②这就是说,如果以富国强兵为追求目标的话,即便"勤身劳力""夙兴夜寐",也只能"致负败""招后悔",其后果是严重而可怕的。

那么,在二程看来,统治者应该以什么为追求目标呢? 那就是义。"国不以利为利,以义为利也。"③面对北宋中期内忧外患的严峻形势,王安石力图通过"大明法度""众建贤才"来实现富国强兵,"盖夫天下至大器也,非大明法度,不足以维持,非众建贤才,不足以保守"④;二程反对王安石追求事功的做法,认为治国理政的当务之急是格君心之非,正君心以正朝廷,正朝廷以正百官,正百官以正天下,而不是变革法度,追求财利,激发百官、百姓的贪利之心,前者是治国之本,后者是治国之末,王安石颠倒本末,未能抓住治国之要。"治道亦有从本而言,亦有从事而言。从本而言,惟从格君心之非、正心以正朝廷,正朝廷以正百官。若从事而言,不救则已,若须救之,必须变。大变则大益,小变则小益。"⑤"格君心之非",固然是治国理政的要义,但是,面对积弊丛生的北宋政治、经济、社会状况,如果不力挽狂澜、实行变法,而从"格君心之非"入手,未免有些愚远而阔于事情。"始悟今世之儒士自以为得正心诚意之学者,皆风痹不知痛痒之人也。举一世安于君父之仇,而方低头拱手以谈性命,不知何者谓之性命乎!"⑥南宋陈亮对二程后学津津乐道心性之学,而置国家民族安危于不顾的做法嗤之以鼻。其实,陈亮的批评不仅适用于二程后学,也同样适用于他们的祖师爷二程兄弟。

①程颢、程颐撰,王孝鱼点校:《河南程氏文集》卷一,《二程集》上,第458页。
②程颢、程颐撰,王孝鱼点校:《河南程氏文集》卷五,《二程集》上,第530页。
③程颢、程颐撰,王孝鱼点校:《河南程氏经说》卷五,《二程集》下,第1129页。
④王安石撰,唐武标点校:《王文公文集》卷一《上时政书》,第17页。
⑤程颢、程颐撰,王孝鱼点校:《河南程氏遗书》卷十五,《二程集》上,第165页。
⑥脱脱等撰:《宋史》卷四百三十六《陈亮传》,第12938页。

（五）批判王安石新学不能判别《周礼》中的是非讹缺。二程作为封建礼制的维护者，对于《周礼》是不敢随便否定的，但也不排除其对《周礼》的部分内容提出质疑。二程说："《周礼》不全是周公之礼法，亦有后世随时添入者，亦有汉儒撰入者。"①二程的意思是说，既然《周礼》并不全是周公之礼法，那么，对《周礼》就应该区别对待：对于周公之礼法部分，固然可以作为变法的理论依据；而对于非周公之礼法部分，自然不能作为变法的理论依据。由此出发，二程批评王安石的《周官新义》不能辨别是否属于周公之礼法，因此，依靠这样的《周官新义》来指导变法实践，其指导思想就值得怀疑了；在这样的思想指导下的变法实践，其效果就可想而知了。这样，就从根本上否定了作为变法指导思想的《周官新义》。除对《周礼》的部分内容予以怀疑外，二程还指出《周礼》中存在讹缺之处。当有人问及："《周礼》之书有讹缺否？"程颐回答道："甚多。"但又接着说："周公致治之大法，亦在其中，须知道者观之，可决是非也。"②这里，程颐认为只有懂得圣人之道者，才有能力判断《周礼》的是非讹缺。联系上文二程对于王安石不懂得圣人之道的批评，程颐这里显然是说王安石由于不懂得圣人之道，所以不能判断《周礼》之是非讹缺。既然王安石不能判断《周礼》之是非讹缺，那么，王安石的《周官新义》还有多少价值可言，也就不言而喻了。冯友兰先生指出："在宋朝，王安石和道学家们都主张变法，也都主张变法要以《周礼》为蓝图，可是道学家和王安石互相反对，不能合作。其根本分歧在于：道学家认为，主张变法的人必须从至诚恻怛之心出发，而不可从计算功利之心出发。他们认为，没有至诚恻怛之心的人，是不能行周公之法的。"③虽然二程也主张以《周礼》为指导实行变法，但二程认为王安石自身没有修养好，其心不正，其学不纯，焉能用这样的人来主持变法大业呢？又岂能用这种学术思想指导变法实践呢？

（六）批判王安石新学援佛入儒。王安石认为佛教之理与儒家之道有相符的地方，为了发展儒家学说，应该援佛入儒。对此，王安石不但这样做了，而且并不讳言。在与宋神宗的一次谈话中，王安石直言不讳地说："臣观佛书，乃与经合。盖理如此，则虽相去远，其合犹符节也。"神宗接着问：

---

①程颢、程颐撰，王孝鱼点校：《河南程氏外书》卷十，《二程集》上，第404页。
②程颢、程颐撰，王孝鱼点校：《河南程氏遗书》卷十八，《二程集》上，第230页。
③冯友兰：《中国现代哲学史》，广东人民出版社1999年，第91页。

"佛,西域人,言语即异,道理何缘异?"王安石回答道:"臣愚以为苟合于理,虽鬼神异趣,要无以易。"①在王安石看来,只要符合儒家的核心价值观,不管是佛家的言论,还是道家的言论,都可以拿来,加以吸收消化,为我所用。因此,援佛入儒、援道入儒以提高儒学的理论成果和思辨水平,则是顺理成章、无可厚非的事情。

　　然而,二程并不赞成王安石融合儒佛的做法。据二程后学游定夫记载:"先生不好佛语。或曰:'佛之道是也,其迹非也。'曰:'所谓迹者,果不出于道乎? 然吾所攻,其迹耳;其道,则吾不知也。使其道不合于先王,固不愿学也。如其合于先王,则求之《六经》足矣,奚必佛?'"②二程站在儒家正统派的立场上,反对王安石对佛老的汲取,摆出一副纯儒的形象,与王安石相抗衡。事实上,二程也汲取了佛老的某些理论成果来充实自己的学术体系,如二程借鉴佛教华严宗的"理事说"提出了"一物之理即万物之理"③的观点,但为了争夺儒家道统中的正统地位,二程拒不承认。正如叶适所云:"程、张攻斥老、佛至深,然尽用其学而不知者。"④王安石为了重建北宋社会的主流意识形态,采取拿来主义的态度,以儒家的核心价值观为标准来衡量、测度包括佛老在内的诸子百家,凡是有助于弥补儒家学说之不足的均大胆吸收、公开汲取。在王安石看来,既然佛道之理与儒家之道有相符的地方,那就应该援佛入儒、援道入儒,融合儒佛、融合儒道来充实、发展儒家学说。

　　对于王安石融合儒释的做法,二程坚决反对。二程把新学打入异端邪说,甚至认为新学的危害远甚于佛老,称其败坏了学术风气,带坏了后生学者,"杨、墨之害,甚于申、韩;佛、老之害,甚于杨、墨"⑤;"今异教之害,道家之说则更没可辟,唯释氏之说衍蔓迷溺至深。……然在今日,释氏却未消理会,大患者却是介甫之学。……如今日,却要先整顿介甫之学,坏了后生学者"⑥。在二程眼里,对于儒家学说而言,先秦之时,杨墨之害甚于申韩;

①李焘撰,上海师范大学古籍整理研究所、华东师范大学古籍整理研究所点校:《续资治通鉴长编》卷二百三十三熙宁五年五月甲午,第5660页。

②程颢、程颐撰,王孝鱼点校:《河南程氏遗书》卷四,《二程集》上,第69页。

③程颢、程颐撰,王孝鱼点校:《河南程氏遗书》卷二上,《二程集》上,第13页。

④黄宗羲原著,全祖望补修,陈金生、梁运华点校:《宋元学案》卷十四《明道学案下》,第578页。

⑤程颢、程颐撰,王孝鱼点校:《河南程氏遗书》卷十三,《二程集》上,第138页。

⑥程颢、程颐撰,王孝鱼点校:《河南程氏遗书》卷二上,《二程集》上,第38页。

隋唐以降,佛老之害又甚于杨墨;而在北宋中期,新学之害甚于佛老。所以,二程极力主张"整顿介甫之学",清除新学的影响,并将新学以杂学之名逐出儒家道统。

三、苏轼、苏辙对新学的批判

作为蜀学领军人物的苏轼兄弟,政治上反对王安石变法,学术上与新学相角立。尽管蜀学在某种程度上是作为新学的对立面而存在的,但毕竟同属于儒家学派,苏轼兄弟对新学的评价还算客观公允。"元祐中,东坡知贡举日,并行诗赋、经义。《书》题中'出而难任人,蛮夷率服'。注云:'任,佞也。难者,拒之使不得进也。难任人,则忠信昭而四夷服。'东坡习大科日曾作《忠信昭而四夷服论》,而新经与注意同。当时举子以谓东坡故与金陵异说,以谓难于任人则得贤者,故四夷服。及东坡见是说,怒曰:'举子至不识字。'辄以'难'去声为'难'平声,尽黜之,惟作'难'去声字者皆得。盖东坡元不曾见新经,而举子未尝读注故也。"①这表明苏轼还是尊重新学的学术价值的,并不因政治上与王安石相对立而全盘否定新学。这与苏轼对新法并非全盘否定的态度是一致的。

元祐年间,苏轼在给杨元素的信中,对于人们全盘否定新法的现象提出了批评意见:"昔之君子,惟荆是师。今之君子,惟温是随。所随不同,其为随一也。"②苏轼是一位有独立见解的儒者,早年曾反对熙宁变法,但当元祐二年司马光全盘否定新法时,苏轼又反对全盘否定新法,批评台谏一味追随司马光,"专欲变熙宁之法,不复校量利害,参用所长也"③。可见,苏轼对待新法的态度是一分为二的,他既非全盘否定王安石变法,亦非全盘肯定司马光更化,而是在基本否定新法的基础上,承认其有合理性,在基本肯定"更化"的同时,也承认其有矫枉过正的一面。

元祐元年四月六日,王安石卒。苏轼在给张耒的回信中,不无感慨地说:"王氏之文,未必不善也,而患在于好使人同己。"④一言以蔽之,苏轼对

---

① 马永卿撰:《嬾真子录》卷一,《宋元笔记小说大观》,第 3137 页。
② 苏轼撰,孔凡礼点校:《苏轼文集》卷五十五《与杨元素》,第 1655 页。
③ 苏轼撰,孔凡礼点校:《苏轼文集》卷二十七《辩试馆职策问札子》,第 792 页。
④ 苏轼撰,孔凡礼点校:《苏轼文集》卷四十九《答张文潜县丞书》,第 1427 页。

新学的基本态度是,承认新学有可取之处,但反对新学搞文化专制。五月,苏轼奉诏撰《王安石赠太傅》,在制词中,苏轼对王安石其人其学给予客观评价:"将有非常之大事,必生希世之异人。使其名高一时,学贯千载。智足以达其道,辩足以行其言。瑰玮之文,足以藻饰万物;卓绝之行,足以风动四方。用能于期岁之间,靡然变天下之俗。具官王安石,少学孔、孟,晚师瞿、聃。网罗六艺之遗文,断以己意;糠秕百家之陈迹,作新斯人。"①苏轼不愧是文章高手,寥寥几笔就将新学的学术渊源和治学特点勾勒出来:早年以儒为宗,"少学孔、孟";晚年流入佛老,"晚师瞿、聃",这就是新学的学术渊源及其演变路径。而对于新学的治学特点,苏轼概括为有继承、有批判:有批判基础上的继承,在批判先儒成果的基础上,借鉴、吸收先儒的思想成果,并按照己意做出判断,此即所谓"网罗六艺之遗文,断以己意";有继承基础上的批判,在继承先儒主旨的基础上,对先儒的错误思想进行清算,并援引佛道、融合佛道,进行学术创新,此即所谓"糠秕百家之陈迹,作新斯人"。由此可知,与二程一样,苏轼对王安石早期的学术是肯定的,他对新学的批判集中在其后期的流入佛老以及文化专制上。这就是苏轼对王安石新学的基本认识。苏轼兄弟也正是从这一基本认识出发展开对新学的批判的。

　　尽管苏轼政治上反对王安石变法,学术上与王安石新学相角立,但两人的品格都很正直,文学上都有卓越成就与崇高声望,所以,苏轼与王安石基本保持着君子之交。王安石与苏轼是北宋文坛上的两颗巨星,二人惺惺相惜,彼此敬重。王安石年长苏轼十余岁,堪称苏轼的学长。王安石初见苏轼,即赞扬道:"尔方尚少,已能博考群书,而深言当世之务,才能之异,志力之强,亦足以观矣。"②可见,王安石对苏轼的才华、学问乃至议政能力颇为欣赏。当苏轼因乌台诗案而身陷囹圄、有人企图置之死地时,王安石并不因苏轼曾反对新法而落井下石,他大声疾呼:"岂有圣世而杀才士者乎?"③王安石希望保全苏轼的性命。对于苏轼的学术,王安石批评其学术不正,但也并不否定苏轼学问中所显露的才华:"轼才亦

①苏轼撰,孔凡礼点校:《苏轼文集》卷三十八《王安石赠太傅》,第1077页。
②王安石撰,聂安福、侯体健整理:《临川先生文集》卷五十一《应才识兼茂明于体用科守河南府福昌县主簿苏轼大理评事制》,王水照主编:《王安石全集》第六册,第967页。
③曾枣庄主编:《宋代序跋全编》卷一百二十九《读〈诗谳〉》,齐鲁书社2015年,第3648页。

高,但所学不正。"①由此可见,尽管苏轼是王安石变法的反对者,王安石也并不完全赞同苏轼的学术主张,但对苏轼其人其才还是颇为欣赏的,所以,生死攸关时刻,王安石不念个人恩怨,出面保护苏轼,体现了一个政治家爱才惜才的博大胸怀。

苏轼一生对王安石也颇为敬重,到了晚年甚至可以说敬仰有加。元丰七年,苏轼由黄州团练副使改授汝州团练副使。七月,苏轼北归途经江宁,拜见了赋闲在此的王安石,"某到此,时见荆公,甚喜,时诵诗说佛也"②。王安石劝苏轼置房江宁,以便常相往来,而苏轼也表达了同样的愿望,"某始欲买田金陵,庶几得陪杖履,老于钟山之下。既已不遂,今仪真一住,又已二十日,日以求田为事,然成否未可知也。若幸而成,扁舟往来,见公不难矣"③。不仅如此,苏轼还赠诗王安石,表达了对王安石的敬意和当年未曾追随的愧疚:"骑驴渺渺入荒陂,想见先生未病时。劝我试求三亩宅,从公已觉十年迟。"④此诗虽有应酬之意,未必没有真情,此时的王安石业已罢相,苏轼也是谪后余生,政见之争归于平淡,痛定思痛,二人也互相增添了一份同情与理解。更何况私交之外,二人的诗文才艺,实在也不能不使对方倾服。据记载:"王文公见东坡《醉白堂记》云:'此乃是韩、白优劣论。'东坡闻之曰:'不若介甫《虔州学记》,乃学校策耳。'二公相消或如此,然胜处未尝不相倾慕。元祐间,东坡奉祠西太一宫,见公旧诗云:'杨柳鸣蜩绿暗,荷花落日红酣。三十六陂春水,白头想见江南。'注目久之,曰:'此老野狐精也。'"⑤苏轼对王安石的诗词艺术高度赞赏,称其是"野狐精";而王安石对苏轼的才华同样颇为欣赏,叹道:"不知更几百年,方有如此人物。"⑥苏轼被贬黄州后,汲取因诗得罪的教训,减少诗词创作,开始了对儒经的研读与诠释。

元丰初年因乌台诗案,苏轼被贬黄州。苏轼于元丰三年二月来到黄州。黄州对于苏轼具有特殊的意义,它是苏轼政治生涯的转折点,也是苏

---

① 黄以周等辑注,顾吉辰点校:《续资治通鉴长编拾补》卷七熙宁三年三月壬子,第 343 页。
② 苏轼撰,孔凡礼点校:《苏轼文集》卷五十一《与滕达道》,第 1487 页。
③ 苏轼撰,孔凡礼点校:《苏轼文集》卷五十《与王荆公二首》,第 1444 页。
④ 苏轼撰,孔凡礼点校:《苏轼诗集》卷二十四《次荆公韵四绝》,第 1252 页。
⑤ 胡仔纂集,廖德明点校:《苕溪渔隐丛话·前集》卷三十五《半山老人》,人民文学出版社 1962 年,
　　第 236 页。
⑥ 胡仔纂集,廖德明点校:《苕溪渔隐丛话·前集》卷三十五《半山老人》,第 236 页。

轼精神世界的转折点，从此，苏轼自号"东坡居士"，开始由相对的醇儒向儒释道融合的方向转变，世界观、人生观与价值观都发生了重大变化，因作诗而得罪的苏轼停止或减少了文学创作，将主要精力用于儒家经典的研读与诠释。苏轼著有《东坡易解》《东坡书传》《论语说》等经学著作。苏轼是奉父亲苏洵之命而进行《易传》的撰写的，苏轼自称："到黄州，无所用心，辄复覃思于《易》、《论语》，端居深念，若有所得，遂因先子之学，作《易传》九卷。又自以意作《论语说》五卷。"①《东坡易传》虽署名苏轼，但实际上是苏洵、苏轼、苏辙父子三人合作完成的。苏辙对《东坡易传》和《论语说》给予高度评价："先君晚岁读《易》，玩其爻象，得其刚柔远近、喜怒逆顺之情以观其词，皆迎刃而解。作《易传》，未完。疾革，命公述其志。公泣受命，卒以成书，然后千载之微言，焕然可知也。复作《论语说》，时发孔氏之秘。"②苏轼到黄州不久，便完成了《易传》《论语说》的写作。随后，苏轼又辗转惠州、儋州，他便不断地对《易传》进行修改，一直持续到元丰八年蛰居儋州时才告结束。苏轼自称："某闲废无所用心，专治经书。一二年间，欲了却《论语》、《书》、《易》，舍弟已了却《春秋》、《诗》。"③可见，苏辙完成《春秋》《诗》当在苏轼完成《易传》《论语说》之前。苏辙撰有《诗集传》《春秋集传》《论语拾遗》《孟子解》等经学著作。苏轼、苏辙的经学著作主要作于元丰年间，是专门针对王安石的新经学而作。苏轼的《东坡书传》即为批驳王安石的《尚书新义》而作。晁公武指出："熙宁以后，专用王氏之说，进退多士，此书驳异其说为多。"④苏辙的《诗集传》《春秋集解》大约也是针对王安石的《诗经新义》及其对《春秋》经的诋毁而发。

　　同为儒家学派，苏氏蜀学与荆公新学有其共同点，具有相近的学术渊源，即以儒为宗，援佛入儒，援道入儒，都是融会百家、综合创新的产物，全祖望称："荆公欲明圣学而杂于禅，苏氏出于纵横之学而亦杂于禅。"⑤然而，由于政治立场的对立、学术取舍的不同，二者在学术思想上也存在着明显的差异。

①苏轼撰，孔凡礼点校：《苏轼文集》卷四十八《黄州上文潞公书》，第1380页。
②苏辙撰，陈宏天、高秀芳点校：《苏辙集》卷二十二《亡兄子瞻端明墓志铭》，第1127页。
③苏轼撰，孔凡礼点校：《苏轼文集》卷五十一《与滕达道》，第1482页。
④晁公武撰，孙猛校证：《郡斋读书志校证·郡斋读书志》卷一，第58页。
⑤黄宗羲原著，全祖望补修，陈金生、梁运华点校：《宋元学案》卷九十八《荆公新学略》，第3237页。

批判王安石新学违背人情。情本论是苏氏蜀学的立足点,也是苏氏蜀学评判异学的出发点。情本论由苏洵创立,集中体现在苏洵的《六经论》中。在《六经纶》中,苏洵从情本论出发解释儒家经典:"圣人之道所以不废者,《礼》为之明而《易》为之幽也。"①也就是说,圣人用《礼》来规范人们的行为,用《易》来塑造人们的心灵。苏洵还认为,圣人利用人情来维护《易》的地位,"观天地之象以为爻,通阴阳之变以为卦,考鬼神之情以为辞。探之茫茫,索之冥冥,童而习之,白首而不得其源。故天下视圣人如神之幽,如天之高,尊其人而其教亦随而尊。故其道之所以尊于天下而不敢废者,《易》为之幽也"②。在苏洵看来,《易》之所以要弄得茫茫冥冥、神秘莫测,在于圣人要利用人们对神秘莫测东西的崇敬心与好奇心,来维护圣人之道的崇高地位。同样,苏洵论《礼》《乐》《诗》《春秋》,都是以情本论为出发点的。

苏轼兄弟继承并发展了乃父的情本论,用以指导其社会实践和学术批判。在治国之道上,苏轼反对王安石变法,认为新法与治道相违背。熙宁四年(1071)二月,苏轼上疏神宗皇帝,阐述了自己的变革主张:"臣之所欲言者三,愿陛下结人心、厚风俗、存纪纲而已。"③苏轼认为,国祚之长短在于人心之向背、风俗之厚薄,而不在于贫富强弱。"夫国家之所以存亡者,在道德之浅深,不在乎强与弱,历数之所以长短者,在风俗之厚薄,不在乎富与贫。道德诚深,风俗诚厚,虽贫且弱,不害于长而存。道德诚浅,风俗诚薄,虽强且富,不救于短而亡。"④三月,苏轼再次上书神宗皇帝:"《书》曰:'与治同道,罔不兴,与乱同事,罔不亡。'陛下自去岁以来,所行新政,皆不与治同道。立条例司,遣青苗使,敛助役钱,行均输法,四海骚动,行路怨咨。自宰相以下,皆知其非而不敢争。"⑤可见,就治国之道而言,苏轼是反对王安石变法的。在苏轼看来,王安石变法忤逆人情、违背治道,因而不得人心。

针对王安石以富国强兵为目的、以理财为手段的变法措施,苏轼认为,

---

①苏洵撰,邱少华点校:《苏洵集》卷六《六经论》,中国书店出版社 2000 年,第 44 页。

②苏洵撰,邱少华点校:《苏洵集》卷六《六经论》,第 45 页。

③苏轼撰,孔凡礼点校:《苏轼文集》卷二十五《上神宗皇帝书》,第 729 页。

④苏轼撰,孔凡礼点校:《苏轼文集》卷二十五《上神宗皇帝书》,第 737 页。

⑤苏轼撰,孔凡礼点校:《苏轼文集》卷二十五《再上皇帝书》,第 749 页。

王安石没有抓住为政之本。在苏轼看来,北宋所面临的主要问题源于社会道德领域,当务之急是从社会的道德规范入手,通过规范道德行为,整顿社会风俗,解决社会积弊。"愿陛下务崇道德而厚风俗,不愿陛下急于有功而贪富强。"①可见,王安石主张通过增加财政收入而实现富国强兵,苏轼主张通过加强道德教化而扭转社会风气,一个从物质层面入手,一个从精神层面着力。然而,随着新法的推进,苏轼对王安石变法的认识也有所变化,他曾致书滕达道,言语之间流露出对当初反对新法的后悔之意:"吾侪新法之初,辄守偏见,至有异同之论。虽此心耿耿,归于忧国,而所言差谬,少有中理者。今圣德日新,众化大成,回视向之所执,益觉疏矣。"②可见,经过乌台诗案的打击,苏轼反思自己对于王安石变法的一言一行,认识有所转变,对王安石变法也给予了某种程度的同情与理解,以至于元丰年间流露出"从公已觉十年迟"的伤感。

在学术思想上,苏轼兄弟从情本论出发,创立蜀学体系,与新学相角立。苏轼说:"夫圣人之道,自本而观之,则皆出于人情。"③苏辙则说:"六经之道,惟其近于人情,是以久传而不废。"④可见,苏轼兄弟不但把儒家思想的出发点归结为情本论,而且还用情本论作为理论依据指导其社会实践和学术批判。比较而言,苏轼较之苏辙对王安石及其新学的看法更加客观,态度也相对平和。苏轼只把批判的矛头指向新政和新学,而对王安石的人格未曾否定,苏辙较之乃兄更为偏激,甚至将批判的矛头指向王安石的人格。当王安石所著《三经新义》颁行于世时,苏辙批评道:"世之迂学,乃皆曲为之说,虽其义之不至于此者,必强牵合以为如此,故其论委曲而莫通也。"⑤苏辙将王安石新学视为不切实际的"迂学",批评王安石新学不近人情,王安石变法不得人心,并站在既得利益集团的立场上,对王安石大肆进行人格攻击:"王介甫,小丈夫也。不忍贫民而深疾富民,志欲破富民以惠贫民,不知其不可也。……及其得志,专以此为事,设青苗法,以夺富民之利。"⑥可见,苏辙是站在富民——大地主、大商人、高利贷者的立场上来

①苏轼撰,孔凡礼点校:《苏轼文集》卷二十五《上神宗皇帝书》,第737页。
②苏轼撰,孔凡礼点校:《苏轼文集》卷五十一《与滕达道》,第1478页。
③苏轼撰,孔凡礼点校:《苏轼文集》卷二《中庸论中》,第61页。
④苏辙撰,陈宏天、高秀芳点校:《苏辙集》卷四《诗论》,第1273页。
⑤苏辙撰,陈宏天、高秀芳点校:《苏辙集》卷四《诗论》,第1273页。
⑥苏辙撰,陈宏天、高秀芳点校:《苏辙集》卷八《诗病五事》,第1230页。

反对王安石变法的,他甚至破口大骂王安石为"小丈夫",对王安石的君子人格提出质疑。苏辙在否定王安石的君子人格之后,批评王安石站在"小丈夫"的立场上,随意更改天下之礼法:"后世有小丈夫,不达其意之本末,而以为礼义之教,皆圣人之所作为以制天下之非僻,徒见天下邪放之民,皆不便于礼义之法,乃欲务矫天下之情,置其所好而施其所恶。"①可见,苏轼兄弟是从情本论出发,批判王安石其政其学的,其观点如出一辙;所不同的是,苏轼的态度较为客观冷静,而苏辙的态度较为偏颇激烈。

　　在批判王安石学术立场的错误之后,苏轼兄弟进一步批判了王安石的霸道学风。苏轼主张学术自由,反对思想专制。"万物并育而不相害,道并行而不相悖。"②由此出发,苏轼对新学并非全盘否定,但对新学搞思想专制深恶痛绝。苏轼一方面高度赞赏新学的批判意识和创新精神,另一方面对于新学利用政治优势搞思想专制非常不满。元祐元年四月王安石病逝后,思想文化界掀起一股批判甚至清算新学的浪潮。针对思想文化界对新学的过度指责,苏轼则给予较为客观的评价:"文字之衰,未有如今日者也。其源实出于王氏。王氏之文,未必不善也,而患在于好使人同己。"③可见,苏轼对新学的学术贡献不无赞赏之处,而对新学专擅非常不满,认为独尊新学是当今之大患。在苏轼看来,独尊新学,搞思想专制,只能有两种结果:一是不利于思想创新,造成学术荒芜,"自孔子不能使人同,颜渊之仁,子路之勇,不能以相移。而王氏欲以其学同天下! 地之美者,同于生物,不同于所生。惟荒瘠斥卤之地,弥望皆黄茅白苇,此则王氏之同也"④;二是不利于人才培养,导致人才匮乏。"士之不能自成,其患在于俗学。俗学之患,枉人之材,窒人之耳目……王氏之学,正如脱埏,案其形模而出之,不待修饰而成器耳,求为桓璧彝器,其可乎?"⑤应该说,苏轼的见解是客观而中肯的,新学的日渐式微也证明了苏轼的批判是有道理的。

　　学术思想发展的规律是百家争鸣,百花齐放。如果说将新学上升到皇权国家意识形态层面,尚非王安石凭一己之力所能为,那么,王安石对苏轼

---

① 苏辙撰,陈宏天、高秀芳点校:《苏辙集》卷八《臣事下》,第1311页。
② 苏轼撰,孔凡礼点校:《苏轼文集》卷十一《思堂记》,第363页。
③ 苏轼撰,孔凡礼点校:《苏轼文集》卷四十九《答张文潜县丞书》,第1427页。
④ 苏轼撰,孔凡礼点校:《苏轼文集》卷四十九《答张文潜县丞书》,第1427页。
⑤ 苏轼撰,孔凡礼点校:《苏轼文集》卷十《送人序》,第325页。

早期文章的不屑,表明王安石在气度与胸襟上的确格局不够。"东坡中制科,王荆公问吕申公:'见苏轼制策否?'申公称之。荆公曰:'全类战国文章,若安石为考官,必黜之。'"①可见,王安石对不同风格的文章不能包容,缺乏大家的胸襟与气度,这是王安石的性格缺陷,也是王安石新学最终走向式微的原因之一。

元祐三年(1088)三月,苏轼上疏要求改革科举考试,希望不分经义、诗赋。元祐八年五月,苏轼又上疏反对科举专用王氏注疏,主张诗赋论题从经、史、子书及其注中杂出。所有这一切,都是为了扭转新学独擅的局面。与乃兄立场一致,苏辙也主张科举兼取诸家,反对专取王学。元祐元年四月,苏辙上疏道:"盖缘诗赋,虽号小技,而比次声律,用功不浅,至于兼治他经,诵读讲解,尤不可轻易。要之来年皆未可施行,臣欲乞先降指挥,明言来年科场一切如旧,但所对经义,兼取注疏及诸家议论。或出己见,不专用王氏之学。"②鉴于天下士子多年修习新学,不可能一朝一夕废除,所以,在礼部商议恢复诗赋取士时,一向主张诗赋取士的苏辙提出了折中措施,建议经义诗赋兼顾,以免士人因无所适从而惶惑懑乱,对于经义则主张或兼取诸家,或独抒己见,不必专用王氏之言。苏辙反对王安石废黜诗赋和汉唐经学的做法,曾赋诗予以讥讽:"声病消磨只古文,诸儒经术斗纷纭。不知旧学都无用,犹把新书强欲分。"③苏辙对王安石科举改革抛弃汉唐注疏、独尊王氏新经的做法,表达了深深的不满。

苏轼兄弟对荆公新学的批判集中在《三经新义》和《字说》上。熙宁八年六月,《三经新义》修成,作为学校教材与科举考试的指定书目颁行官学,"一时学者,无敢不传习,主司纯用以取士,士莫得自名一说,先儒传注,一切废不用"④。由于封建政府推行文化专制,出现新学独大的局面。在科举考试中,《三经新义》成为唯一的指定教材和不容置疑的标准答案。针对这种现象,当时的思想学术界颇多微词。首先发声的是反对王安石变法的急先锋司马光,程颢兄弟与苏轼兄弟则继踵而至。据《扪虱新话》记载:"王荆公行新法,同时诸公皆不以为然,二苏颇有论列。荆公于《三经新义》托

①邵博撰,刘德权、李剑雄点校:《邵氏闻见后录》卷十四,第111页。
②苏辙撰,陈宏天、高秀芳点校:《苏辙集》卷三十八《言科场事状》,第665页。
③苏辙撰,陈宏天、高秀芳点校:《苏辙集》卷四《和顿主簿起见赠二首》,第73页。
④脱脱等撰:《宋史》卷三百二十七《王安石传》,第10550页。

意规讽,至《大诰》篇则几乎骂矣。《召公论》真有为而作也。后东坡作《书》《论语》语诸,又矫枉过直而夺之牛(矣)。"①可见,苏轼诠释《尚书》《论语》,目的是矫新学之枉。

首先,毁《周礼》。王安石十分推崇《周礼》,以《周礼》作为变法的指导思想。"其人足以任官,其官足以行法,莫盛乎成周之时;其法可施于后世,其文有见于载籍,莫具乎《周官》之书。"②王安石亲自训释《周礼》,撰成《周官新义》,用以指导变法实践。苏轼则对《周礼》提出了大胆的质疑,认为《周礼》"非圣人之全书"。在这一点上,苏轼与二程采取了同样的手法。二程从否定《周礼》入手,反对王安石以《周礼》作为变法的理论依据:"《周礼》不全是周公之礼法,亦有后世随时添入者,亦有汉儒撰入者。"③既然《周礼》所载不全是周公之礼法,打着效法周公旗号的王安石,自然不能把这样的《周礼》作为变法的理论依据。而王安石的《周官新义》不能辨别《周礼》是否属于周公礼法,依靠这样的《周官新义》来指导变法,其指导思想就值得怀疑了;在这样的指导思想下进行的变法实践,其效果也就大打折扣了。

同为旧党人物,苏轼兄弟与二程兄弟的政治立场是一致的,学术主旨也较为接近。苏轼也是从否定《周礼》开始,进而否定《周官新义》,通过否定《周官新义》来否定王安石变法。苏轼指出:

> 公侯百里、伯七十里、子男五十里。自《孟子》《王制》皆云尔,此周制也。郑子产言:"列国一同,今大国数圻,若无侵小,何以至焉?"而《周礼》乃曰:公之地五百里,侯四百里,伯三百里,子二百里,男百里,凡五等。《礼》曰:封周公于曲阜,地方七百里。皆妄也。先儒以谓周衰,诸侯相并,自以国过大违礼,乃除灭旧文,而为此说。独郑玄之徒,以谓周初因商三等,其后周公攘戎狄、斥广中国,大封诸侯。夫攘戎斥地,能拓边耳,自荒服以内诸侯,固自如也。周公得地于边,而增封于内,非动移诸侯,迁其城郭庙社,安能增封乎? 知玄之妄也。而近岁学者,必欲实《周礼》之言,则为之说曰:公之地百里而已,五百里者,并附庸言之。夫以五百里之地,公居其一,而附庸居其四,岂有此理哉? 予

①陈善撰,袁向彤点校:《扪虱新话》卷一《王荆公新法新经》,第10页。
②王安石撰,唐武标点校:《王文公文集》卷三十六《周礼义序》,第426页。
③程颢、程颐撰,王孝鱼点校:《河南程氏外书》卷十,《二程集》上,第404页。

专以《书》、《孟子》、《王制》及郑子产之言考之,知《周礼》非圣人之全书明矣。①

苏轼通过考察《尚书》《孟子》《王制》等经典的记载以及郑国子产所言,指出《周礼》对公、侯、伯、子、男封地的记载与周制不符。苏轼认为,公侯百里、伯七十里、子男五十里,应是周制;而《周礼》所说的公之地五百里、侯四百里、伯三百里、子二百里、男百里,则与周制不符。苏轼由此判定,《周礼》"非圣人之全书"。苏轼在进策中指出:"其言五等之君,封国之大小,非圣人之制也,战国所增之文也。"②既然《周礼》"非圣人之全书",乃"战国所增之文",那么,王安石拿这样的《周礼》作为变法的理论依据,去力图再现三代政治,岂不是南辕北辙!

苏辙在论及周公时,认为《周礼》经过秦汉诸儒的增删,并非周公之完书:"以吾观之,秦、汉诸儒以意损益之者众矣,非周公之完书也。"③苏辙又从情本论出发,认为《周礼》中存在着诸多忤逆人情的地方,因而不足信:"凡《周礼》之诡异远于人情者,皆不足信也。"④通过否定《周礼》作为儒家经典的可信性,苏辙就否定了作为变法指导思想的《周官新义》。在苏轼兄弟看来,王安石变法是打着祖述尧舜的旗号进行的,是以《周礼》为指导思想的,而《周礼》并非"圣人之全书",乃"战国所增之文",甚至经过秦汉诸儒的增删,这样的《周礼》怎么能够体现先王的典章制度呢?以此为指导又岂能达到祖述尧舜的目的?

其次,讥《书》之《胤征》《顾命》。王安石十分重视《尚书》,撰著《尚书新义》,用以指导变法。王安石说:"惟虞、夏、商、周之遗文,更秦而几亡,遭汉而仅存,赖学士大夫诵说,以故不泯,而世主莫或知其可用。天纵皇帝大智,实始操之以验物,考之以决事。"⑤王安石是打着再现三代政治的旗号而进行变法的,这就需要到虞、夏、商、周那里寻找先王的制度依据,而"虞、夏、商、周之遗文",经秦历汉,损毁严重,依靠士大夫的口口相传保存下来,

---

① 苏轼撰,舒大刚、张尚英点校:《东坡书传》卷九《武成》,舒大刚、李文泽主编:《三苏经解集校》上,四川大学出版社 2017 年,第 287 页。
② 苏轼撰,孔凡礼点校:《苏轼文集》卷七《天子六军之制》,第 222 页。
③ 苏辙撰,陈宏天、高秀芳点校:《苏辙集》卷七《历代论一》,第 960 页。
④ 苏辙撰,陈宏天、高秀芳点校:《苏辙集》卷七《历代论一》,第 961 页。
⑤ 王安石撰,唐武标点校:《王文公文集》卷三十六《书义序》,第 428 页。

如今保存在《尚书》中。因此,《尚书》可以作为变法的理论依据,指导变法实践。而苏轼则否定《尚书》经典的神圣性和权威性,认为其对尧舜时代典章制度的记载已不甚严谨,"至于《书》出于一时言语之间,而《易》之文为卜筮而作,故时亦有所不可前定之说,此其于法度已不如《春秋》之严矣"①。因此,用对三代制度记载不严谨的《尚书》指导变法是大错特错的:"掇拾三代之遗文,补葺汉、唐之故事,以为区区之论,可以济世,不已疏乎!"②晁公武评价苏轼的《书传》说:"熙宁以后,专用王氏之说,进退多士,此书驳异其说为多。"③可见,苏轼《书传》是为驳异王安石《尚书新义》而作。

在《书传》中,苏轼对《尚书》提出如下质疑:第一,针对《胤征》书序"羲和湎淫,废时乱日,胤往征之,作《胤征》"的记载,苏轼据《春秋》《史记》等文献做出推断,自太康失国至少康祀夏,正值后羿、寒浞专政,羲和实际上是忠于仲康而与后羿对立的,仲康不可能命胤去征讨他,"苏氏以为羲和贰于羿、忠于夏者,故羿假仲康之命,命胤侯征之"④。苏轼由此做出判断,《尚书·胤征》的记载与史实不符。第二,苏轼针对《康王之诰》"群公既皆听命,相揖趋出,王释冕,反丧服"的记载提出质疑,认为"成王崩未葬,君臣皆冕服"的记载不足信。"成王崩未葬,君臣皆冕服,礼欤?曰:非礼也。谓之变礼可乎?曰:不可。"⑤苏轼认为,当时成王崩,康王与其臣子不应冕服,如此凶礼之中有吉礼,不符合古代礼制。基于以上分析,苏轼认为《胤征》《康王之诰》实不足信。第三,苏轼批判王安石任法而不任人,导致法条繁密。《东坡书传·周官》曰:"今律令之外,科条数万,而不足于用,有司请立新法者日益而不已。呜呼!任法之弊,一至于此哉!"⑥王安石重视制度建设,主张从变法入手,加强顶层设计和制度变革;而苏轼重视道德建设,反对任法,主张任人。"先王任人而不任法,劳于择人而佚于任使,故法可以

---

① 苏轼撰,孔凡礼点校:《苏轼文集》卷二《诗论》,第55页。
② 苏轼撰,孔凡礼点校:《苏轼文集》卷八《策略一》,第227页。
③ 晁公武撰,孙猛校证:《郡斋读书志校证·郡斋读书志》卷一,第58页。
④ 苏轼撰,舒大刚、张尚英点校:《东坡书传》卷六《胤征》,舒大刚、李文泽主编:《三苏经解集校》上,第247页。
⑤ 苏轼撰,舒大刚、张尚英点校:《东坡书传》卷十七《康王之诰》,舒大刚、李文泽主编:《三苏经解集校》上,第371页。
⑥ 苏轼撰,舒大刚、张尚英点校:《东坡书传》卷十六《周官》,舒大刚、李文泽主编:《三苏经解集校》上,第359页。

简。法可以简,故官可以省。"①可见,在治国理政是任人还是任法的问题上,苏轼与王安石的观点也是针锋相对的。

再次,黜《诗》之《序》。王安石撰著《诗经新义》,作为变法的理论依据。王安石认为,《诗》上通道德,下止礼义,按照《诗》的要求行事,可以兴君子、成圣人,有利于为皇权国家培养通经致用的人才,所以,王安石对《诗》进行训释,用以作为培养变法人才和进行政治教化的工具。而苏轼则从根本上否定《诗经》的神圣性和权威性,认为《诗经》并非圣人所作,而是"匹夫匹妇羁臣贱隶"所作:"而况《诗》者,天下之人,匹夫匹妇羁臣贱隶悲忧愉佚之所为作也。"②关于诗序,历来多认为乃圣人所作,王安石也持此种看法,而苏辙则否定诗序为圣人所作。苏辙认为,现存诗序都是毛氏之学,是由卫宏辑录而成,"是以其言时有反复烦重,类非一人之词者,凡此皆毛氏之学而卫宏之所集录也"③。苏辙认为:"《毛诗序》为卫宏作,非孔氏之旧,止存其首一言,余皆删去。"④苏辙对待诗序的态度,与王安石截然相反。

复次,王安石认为,由于《三传》不足信,导致《春秋》难解,所以《春秋》不能用以造就人才。"至于《春秋》三传,既不足信,故于诸经尤为难知。"⑤而苏轼则针锋相对,批判王安石诋毁《春秋》的做法。"治经方笑《春秋》学,好士今无六一贤。"⑥对于《春秋》一经,苏轼是非常看重的,认为《春秋》比其他经典更能代表圣人的思想。"夫圣人之为经,惟其《礼》与《春秋》合,然后无一言之虚而莫不可考,然犹未尝不近于人情。"⑦苏辙作《春秋集解》,目的就是矫正王安石对《春秋》的诋诬。"近岁王介甫以宰相解经,行之于世。至《春秋》,漫不能通,则诋以为断烂朝报,使天下士不得复学。呜呼!孔子之遗言而凌灭至此,非独介甫之妄,亦诸儒讲解不明之过也。故予始自熙宁谪居高安,览诸家之说而裁之以义,为《集解》十二卷。"⑧

---

①苏轼撰,孔凡礼点校:《苏轼文集》卷六《唐虞稽古建官惟百夏商官倍亦克用义》,第172页。
②苏轼撰,孔凡礼点校:《苏轼文集》卷二《诗论》,第55页。
③苏辙撰,李文泽点校:《诗集传》卷一《关雎》,舒大刚、李文泽主编:《三苏经解集校》下,第429页。
④晁公武撰,孙猛校证:《郡斋读书志校证·郡斋读书志》卷二,第67页。
⑤王安石撰,唐武标点校:《王文公文集》卷七《答韩求仁书》,第81页。
⑥苏轼撰,孔凡礼点校:《苏轼诗集》卷十四《寄黎眉州》,第684页。
⑦苏轼撰,孔凡礼点校:《苏轼文集》卷二《诗论》,第55页。
⑧苏辙撰,李文泽点校:《春秋集解·春秋集解引》,舒大刚、李文泽主编:《三苏经解集校》下,第643页。

　　如果说苏轼对王安石《三经新义》的批评尚未超出正常的学术讨论,那么其对王安石《字说》的批评则几近嘲讽了。岳珂认为,苏轼之所以遭遇牢狱之灾,不仅因其作诗嘲讽时政,或许与其对王安石《字说》的嘲讽有关:

　　　　王荆公在熙宁中,作《字说》,行之天下。东坡在馆,一日因见而及之,曰:"丞相赜微窅穷,制作某不敢知,独恐每每牵附,学者承风,有不胜其凿者。姑以'犇'、'麤'二字言之,牛之体壮于鹿,鹿之行速于牛,今积三为字而其义皆反之,何也?"荆公无以答,迄不为变。党伐之论,于是浸阔。黄冈之贬,盖不特坐诗祸也。①

　　元丰七年,苏轼由黄州团练副使改授汝州团练副使。七月,苏轼路过金陵,登门拜见王安石。二人交游逾月,谈诗论文,参禅礼佛,适逢王安石修订《字说》,偶尔亦展开讨论。"元丰间,王文公在金陵,东坡自黄北迁,日与公游,尽论古昔文字,闲即俱味禅悦。"②这则材料说明,苏轼对《字说》不敢苟同,言谈间颇多戏谑。另据记载:"东坡曰:'鸠字从九从鸟,亦有证。《诗》曰"鳲鸠在桑,其子七兮",和爷和娘,恰是九个。'"③可见,苏轼对王安石"晚师瞿、聃"的批评,主要是针对《字说》而言。

　　苏辙则批评王安石以《字说》强解经书,并用以指导科举考试,造成士子奔竞浮躁的不良学风。"缘饰小学家,睥睨前王作。声形一分解,道义因附托。安行厌衢路,强挽就縻缚。纵横施口鼻,烂漫涂丹垩。强辩忽横流,漂荡终安泊。忆惟法初传,欲讲面先怍。新科劝多士,从者尽高爵。"④诚然,王安石在《字说》中,强并"六书"为会意、象形解字,不符合文字学的一般规律,难免牵强扞格。

　　苏轼还把王安石与王衍、王缙之徒相提并论,认为新学败坏社会风俗,变法遭天下耻笑。苏轼说:"昔王衍好老庄,天下皆师之,风俗陵夷,以至南渡。王缙好佛,舍人事而修异教,大历之政,至今为笑。"⑤苏轼在《王安石赠太傅》的制词中,批评王安石晚年抛弃孔孟、师法佛老,是对圣人之道的背叛,并对新学融会佛老而立新说予以讥笑:"欧阳子没十有余年,士始为

①岳珂撰,黄益元点校:《桯史》卷二《犇麤字说》,《宋元笔记小说大观》,第4342页。
②丁传靖著:《宋人轶事汇编》卷十《王安石》,第492页。
③王安石撰,张宗祥辑,曹锦炎点校:《王安石〈字说〉辑》卷二,第72页。
④苏辙撰,陈宏天、高秀芳点校:《苏辙集》卷四《和子瞻监试举人》,第78页。
⑤苏轼撰,孔凡礼点校:《苏轼文集》卷二十五《议学校贡举状》,第725页。

新学,以佛老之似,乱周孔之真,识者忧之。"①王安石援引佛老的心性之学
于儒家学说之中,创立了独具特色的道德性命之学,弥补了传统儒家心性
学的不足,这是新学对儒学的一大贡献;并且,在道德性命之学的指导下,
王安石主持了轰轰烈烈的变法大业。为了反对王安石变法,包括苏轼在内
的旧党均将矛头指向其道德性命之学。苏轼说:"夫性命之说,自子贡不得
闻,而今之学者,耻不言性命,此可信也哉!"②苏轼认为,儒家的性命之学
子贡既已不得而闻,而现在的士大夫受王安石的影响,"耻不言性命",他们
所谈论的性命之学,哪是儒家的性命之学呢,不过是佛老的性命之学罢了。

熙宁八年六月,王安石所撰《三经新义》修成,神宗指示颁行官学,使学
者统一思想。对此,苏辙作诗予以讥讽,略云:

> 辟雍新说从上公,册除仆射酬元功。太常弟子不知数,日夜吟讽
> 如寒虫。四方窥觇不能得,一卷百金犹复惜。康成颖达弃尘灰,老聃
> 瞿昙更出入。③

苏辙批判王安石废弃先儒传注,而以释老观点解释儒家经典,朝廷以科举
手段强迫士子诵习,造成一些士子为了一己之飞黄腾达而不顾学术之是非
的不良风气。

综上所述,司马光、刘挚、程颢、程颐、苏轼、苏辙等旧党人物虽然从不
同侧面对新学进行了不遗余力的批判,但其动机别无二致。

首先,就政治角度而言,否定新学是为了彻底否定新法。荆公新学是
熙宁变法的理论基础。作为制度和措施的熙宁新法是一纸命令即可叫停
的,而深入人心的变革思想则不是一朝一夕可以清除的。所以,司马光、刘
挚、程颢、程颐、苏轼、苏辙等人批判新学是为了从思想层面否定新法及其
影响,从而为保守派入主朝政扫清障碍。

其次,就道统而言,力求将王安石剔除儒家道统。唐代韩愈为了与释
道抗衡,提高儒学在思想文化领域的地位,鲜明地提出了儒家的道统观,并
将自己列入儒家道统之中。在王安石看来,韩愈由于不识儒学的"庐山真

---

①苏轼撰,孔凡礼点校:《苏轼文集》卷十《六一居士集叙》,第316页。
②苏轼撰,孔凡礼点校:《苏轼文集》卷二十五《议学校贡举状》,第725页。
③苏辙撰,陈宏天、高秀芳点校:《苏辙集》卷五《东方书生行》,第99页。

面目"，虽然"力去陈言夸末俗"，但对于儒学的发展终归是"可怜无补费精神"①，因此，没有资格列入儒家道统。那么，有资格接续儒家道统的是谁呢？在王安石看来，自然非我莫属。

为了与王安石争夺儒学的正统地位，司马光则针锋相对。王安石尊孟，司马光则抑孟；王安石抑荀，司马光则尊荀。司马光说："战国以降，百家蜂午（起），先王之道，荒塞不通。独荀卿、扬雄排攘众流，张大正术，使后世学者坦知去从。"②称赞荀子、扬雄继承先王学说，这样就绕开孟子，确立了自己通过扬雄继承荀子、再通过荀子继承孔子的道统观。司马光否定孟子，是为了将王安石连同孟子剔除儒家道统，以树立温公通过扬雄、荀子直承孔子的道统地位。

程颢、程颐则撇开韩愈，自我标榜继承孟子以来的儒家道统。程颐曾自诩道："周公没，圣人之道不行；孟轲死，圣人之学不传。道不行，百世无善治；学不传，千载无真儒。……先生生千四百年之后，得不传之学于遗经，志将以斯道觉斯民。"③程颐在将程颢抬进儒家道统之后，也将自己列入程颢之后的儒家道统："窃以圣人之学，不传久矣。臣幸得之于遗经，不自度量，以身任道。"④在此，程颢、程颐企图确立他们在儒家道统中的正统地位。二程之批判新学，将其讥为杂学，同样意在将新学清除出儒家道统。

对于王安石撇开韩愈，自我标榜继承孟子的道统地位，苏轼兄弟亦持反对态度。"近日士大夫皆有僭侈无涯之心，动辄欲人以周、孔誉己，自孟轲以下者，皆忺然不满也。此风殆不可长。"⑤可见，旧党人物不遗余力地开展对新学的批判，意在将新学剔除儒家道统，建立朔学、洛学、蜀学在儒家道统中的正统地位。

再次，从学统而言，是为了争夺北宋学术界的主导地位。司马光从维护学术多元出发，反对文化专制和科举考试中的新学独大，为包括温公学在内的其他学派的生存与发展拓展空间。"王安石不当以一家私学欲盖掩先儒，令天下学官讲解及科场程试，同己者取，异己者黜。"⑥新学借助皇权

---

① 王安石撰，唐武标点校：《王文公文集》卷七十三《韩子》，第776页。
② 司马光撰，李文泽、霞绍晖点校：《司马光集》卷十六《乞印行荀子扬子法言状》，第493页。
③ 程颢、程颐撰，王孝鱼点校：《河南程氏文集》卷十一，《二程集》上，第640页。
④ 程颢、程颐撰，王孝鱼点校：《河南程氏文集》卷六，《二程集》上，第546页。
⑤ 苏轼撰，孔凡礼点校：《苏轼文集》卷四十九《答李方叔书》，第1431页。
⑥ 司马光撰，李文泽、霞绍晖点校：《司马光集》卷五十二《起请科场札子》，第1082页。

的力量取得了学界的主导地位，虽然王安石并没有借助皇权的支持，抑制其他学派的生存与发展，但新学在封建社会意识形态领域的主导地位客观上抑制了其他学派的发展，挤压了其他学派的生存空间。同时，由于新经义被用于科举考试的标准答案，不但束缚了士子的思想，而且使新学凌驾于其他学派之上，客观上造成了学术发展的不平等、不自由，所以司马光必欲除之而后快。

洛学在嘉祐、治平年间处于萌芽阶段，熙宁、元丰年间处于形成时期，在王安石后学当政时期，洛学作为民间学术受到信奉新学的执政者的打压。正如胡安国所言："本朝自嘉祐以来，西都有邵雍、程颢及弟颐，关中有张载。此四人者，皆道学德行，名于当世；会王安石当路，重以蔡京得政，曲加排抑，故有西山、东国之厄。其道不行，深可惜也。"①

蜀学形成于熙宁、元丰年间，而此间正是新学的兴盛时期。"初，先生提举修撰经义，训释《诗》《书》《周官》，既成，颁之学官，天下号曰'新义'。晚岁，为《字说》二十四卷，学者争传习之，且以经试于有司，必宗其说，少异，辄不中程。"②苏轼的《易传》《书传》《论语说》就是在这样的科举制度与学术背景下完成的，其动机是批驳《三经新义》《字说》的牵强附会以及由此带来的浮躁学风。王十朋诗云："《易》《书》《论语》忘忧患，天下《三经》《字说》时。"③正好说明了苏轼三书的写作背景和写作动机。

元祐年间对新学的批判，是北宋朝野对新学发起的一次总攻击，是彻底批判和否定王安石及其变法的需要，同时，也是北宋中期意识形态领域斗争的需要。这次批判新学的运动，以司马光为旗帜，以二程兄弟、苏轼兄弟及温公后学刘挚等为急先锋，他们虽然能够维护学术批评的基本规范，但难免也有过激之处，如程颐、苏辙对王安石的攻击，则有违学术批评的规则。在司马光、刘挚、程颢、程颐、苏轼、苏辙等人的努力下，北宋最高统治者开始禁止士大夫修习《字说》，并恢复诗赋取士，复置《春秋》博士，王安石的《三经新义》虽然受到冲击，但并未从根本上动摇其地位。元祐元年四月，右司谏苏辙上书："臣欲乞先降指挥，明言来年科场一切如旧，但所对经

---

① 程颢、程颐撰，王孝鱼点校：《河南程氏遗书》附录，《二程集》上，第349页。
② 黄宗羲原著，全祖望补修，陈金生、梁运华点校：《宋元学案》卷九十八《荆公新学略》，第3239页。
③ 王十朋著，梅溪集重刊委员会编：《王十朋全集》卷二十四《游东坡十一绝》，上海古籍出版社1998年，第452页。

义兼取注疏及诸家议论,或出己见,不专用王氏之学。"①元祐二年正月,朝廷下诏:"自今举人程试,并许用古今诸儒之说,或出己见,勿引申、韩、释氏之书。考试官于经义、论、策通定去留,毋于《老》、《列》、《庄子》出题。"②可见,元祐年间,王安石的《字说》与申、韩、释氏之书一起遭到了查禁,但由于多年使用王安石新经义科举取士,士子也已习惯,一时尚无其他著述可以替代新经义在科举考试中的地位,所以,元祐年间遭受打压的只是王安石的《字说》,《三经新义》作为科举考试的标准读物并未受到冲击。

宋哲宗亲政后,宣布效法神宗政治,王安石配享神宗庙庭,新党人士被重新启用,原有的变法措施也渐次恢复,王安石的著述重新受到重视。绍圣元年五月,"诏进士罢试诗赋,专治经术"③。六月,礼部上疏言:"'元祐《贡举敕》乃令进士不得引用《字说》,而与申、韩、释氏之书同禁,乞除去《字说》之禁。'从之。"④十月,国子司业龚原奏:"赠太傅王安石,在先朝时尝进所撰《字说》二十二卷。其书发明至理,欲乞差人就王安石家缮写定本,降付国子监雕印,以便学者传习。"⑤绍圣二年十一月,朝廷批准将王安石的《字说》由国子监校定刊印。元祐元年六月遭查禁的《字说》,到绍圣元年十月朝廷下诏解禁,次年十一月朝廷批准国子监校定雕印《字说》,被禁近十年的《字说》,重又得以与《三经新义》并行于世。实际上,即便在查禁期间,《字说》在民间也未曾中断修习,因为《三经新义》依然是科举考试的必备教材与参考答案,而与之相匹配的《字说》,对于修习《三经新义》有着辅助作用,《字说》不被士子抛弃就是情理之中的了。

第二节　南宋时期的党争与学争

荆公新学在北宋中后期的官学地位是在熙宁八年确立起来的,其标志是《三经新义》作为官方指定教材而颁行学官。新学的这一地位,在哲宗亲

---

① 李焘撰,上海师范大学古籍整理研究所、华东师范大学古籍整理研究所点校:《续资治通鉴长编》卷三百七十四元祐元年四月庚寅,第 9060 页。
② 李焘撰,上海师范大学古籍整理研究所、华东师范大学古籍整理研究所点校:《续资治通鉴长编》卷三百九十四元祐二年正月戊辰,第 9593 页。
③ 黄以周等辑注,顾吉辰点校:《续资治通鉴长编拾补》卷十绍圣元年五月甲辰,第 415 页。
④ 黄以周等辑注,顾吉辰点校:《续资治通鉴长编拾补》卷十绍圣元年五月癸未,第 425 页。
⑤ 黄以周等辑注,顾吉辰点校:《续资治通鉴长编拾补》卷十一绍圣元年十月丁亥,第 452 页。

政前,虽遭遇短暂的挫折,但基本不影响其官学地位。宋钦宗即位后,开元祐学术之禁,新学在学术界的独尊地位发生动摇,但直至南宋前期高宗、孝宗二朝,新学作为一家独立的学术派别仍与洛学、蜀学交互参用、互争雄长。南宋时期,新学常被政客作为打击理学家的工具,而在理论上理学则对新学进行了严厉的批判和攻击。首先公开站出来批判荆公新学的是程门弟子杨时,此后理学的传人在其著作中大都少不了批判荆公新学,但对荆公新学的批判最为彻底的还是对理学的发展有集大成之功的朱熹。南宋理学家对新学的批判不外乎政治和学术两个层面,从政治角度,理学家把新学视为亡国之学,予以无情批判;从学术角度,理学家斥新学为异端邪说。两宋之际,将批判矛头率先指向新学的是二程的及门弟子杨时,继其踵者是杨时的同道胡安国及其后学胡宏、王居正等,其动机是与新学争夺儒家道统的正统地位及意识形态领域的主导地位,斗争的结果是新学的逐渐衰落和理学的日渐兴发。"堪称巧合的是,这场倒新学运动的轨迹又是和理学上升的轨迹相平行。"[1]

　　谈起南宋时期新学与理学的斗争及消长,必须追溯到北宋末年的学派斗争。自北宋末年以来,新学与理学的对立与斗争大致经历了三个阶段:第一阶段,由于靖康年间元祐学术的解禁,理学在宋高宗建炎、绍兴年间逐渐兴发起来,取得了与新学并峙的地位,理学为与新学争儒家道统的正统地位,不遗余力地打击新学,由于科举考试的需要,新学的地位虽有动摇,但作为必考科目仍然在科举中发挥着重要作用。在理学与新学的斗争白热化时,蜀学借机兴发起来,到孝宗时成为炙手可热的显学。这个阶段,大约从钦宗靖康年间到孝宗乾道、淳熙年间。第二阶段,新学与理学分庭抗礼,斗争达到白热化状态,最终出现"庆元党禁",理学遭到禁绝,而新学一度获得喘息的机会。这个阶段,大约从孝宗后期至宁宗嘉泰年间。第三阶段,是洛学后学张栻、朱熹、陆九渊等彻底清算新学的时期,经过张栻、朱熹、陆九渊等的努力,新学逐渐走向式微,最终被彻底淘汰,而与之角力的理学则上升到君临学坛的地位。这个阶段,大致自宁宗嘉定年间到理宗淳祐年间。

<hr>

[1]陶丰:《王安石新学兴废述》,王水照主编:《新宋学》第一辑,上海辞书出版社2001年,第339页。

一、两宋之际：新学与理学、蜀学之争

这一时期，大约从北宋钦宗靖康年间到南宋孝宗乾道、淳熙年间。由于北宋末年宋徽宗、蔡京集团打着推行新政的名义而从事祸国殃民的勾当，置国家前途与民族命运于不顾，最终导致北宋的灭亡。宋高宗继位之后，当务之急就是对北宋的灭亡有个交代，以便收拾人心，维护偏安一隅的南宋政权。为此，南宋朝廷建立伊始，为了开脱乃父乃兄对北宋灭亡所应负的罪责，宋高宗将全部责任推卸给蔡京，进而又将蔡京为搜刮民脂民膏而进行的所谓新政与王安石为实现富国强兵而进行的变法混为一谈，就这样把北宋灭亡的责任通过蔡京转弯抹角地推卸给了王安石。正如王水照先生所指出："洛党杨时在靖康国难当头之际，首倡'今日之祸，实安石有以启之'的说法，嗣后口诛笔伐，一片骂声。"[1]由于杨时在北宋末期最早将北宋的灭亡归结为王安石及其变法，这对于苦于对北宋的灭亡难以做出交代的宋高宗，无疑抓住了一棵救命稻草。宋高宗即位后，首先汲引杨时，利用他的学术声望清算新学的所谓罪责，为乃父乃兄开脱。

杨时生当北宋神宗、哲宗、徽宗、钦宗以及南宋高宗时期，正值北宋党争激烈、政治腐败、社会动荡乃至外敌入侵以及南宋重建时期。北宋末年，面对金人咄咄逼人的南下攻势，杨时在政治上极力抨击蔡京祸国殃民的罪行，主张抗金，反对与金议和；在学术上，杨时极力清算王安石变法及荆公新学，将北宋衰败的原因完全归咎于王安石变法及其新学。南宋时期，杨时迎合南宋最高统治者的政治需要，把北宋灭亡的责任转嫁到王安石身上，将王安石其人定为亡国之人，将王安石其法定为亡国之法，将王安石其学定为亡国之学，力图从人格上、政治上、学术上彻底否定王安石及其新学，"论邪说之害，则曰生于其心，害于其政"[2]。

杨时是一位对新学和洛学都比较精通的人物，是洛学南传的关键人物，也是两宋之际批判新学的领军人物。杨时一生的学术历程，可以分为前后两个时期：早期即熙宁时期，杨时出于科举考试的需要，研读的是荆公之学；自元丰年间始，杨时转修二程之学，遂信奉至笃，终身不移。杨时

---

①王水照：《王安石全集·总序》，王水照主编：《王安石全集》第一册，第 4 页。

②王梓材、冯云濠编撰，沈芝盈、梁运华点校：《宋元学案补遗》卷二十五《龟山学案补遗》，第 1625 页。

(1053—1135)字中立,世称龟山先生,宋南剑州将乐县人。熙宁年间,杨时宗荆公之学,借此博取高第,却调官不赴。元丰四年(1081),杨时由游酢引见,先是从学程颢于颍昌,后是从学程颐于洛阳,从此改换门庭。"明道喜甚,每言杨君会得最容易。……明道没,又见伊川于洛,先生年已四十,事伊川愈恭。一日,伊川偶暝坐,先生与游定夫侍立不去。伊川既觉,则门外雪深一尺矣。"①杨时从学程颐时,年已四十,然其尊师之恭、求学之切,在二程弟子中罕有其匹。"二程得孟子不传之秘于遗经,以倡天下。而升堂睹奥,号称高第者,游、杨、尹、谢、吕其最也。顾诸子各有所传,而独龟山之后,三传而有朱子,使此道大光,衣被天下,则大程'道南'目送之语,不可谓非前识也。"②由于杨时天资聪颖,勤奋好学,深得洛学奥旨,与游酢、谢良佐、吕大临并称程门四大高足。在程门弟子中,杨时深得程颢厚爱,学成归闽之日,程颢目送杨时远去,深情地说:"吾道南矣!"③可见,程颢对杨时在闽越大地传道寄予无限期望。由于杨时信道最笃、学术最纯、传道最勤,到南宋时期,后学中出现了一批杰出的儒者。《宋史》本传称:"凡绍兴初崇尚元祐学术,而朱熹、张栻之学得程氏之正,其源委脉络皆出于时。"④清儒全祖望称:"龟山独邀耆寿,遂为南渡洛学大宗,晦翁、南轩、东莱皆其所自出。"⑤杨时上承程颢、程颐,下启朱熹、张栻、吕祖谦,是宋学的发展与演变过程中继往开来的关键人物。

杨时传承了二程的衣钵,而二程弘发了孟子的学说。"宋嘉祐中,有河南二程先生,得孟子不传之学于遗经,以倡天下。"⑥杨时后半生宗奉程学,是程学在两宋之际的重要传人。杨时非常重视《孟子》《大学》《中庸》,"推本孟子性善之说,发明《中庸》、《大学》之道"⑦,他用儒家的核心价值观来评判王安石其人其政其学。

王安石自我标榜继承了孟子的仁政学说,其变法措施符合孟子的仁政思想,目的是在北宋实现孟子的仁政理想。然而,在杨时看来,只有具有仁

① 黄宗羲原著,全祖望补修,陈金生、梁运华点校:《宋元学案》卷二十五《龟山学案》,第944页。
② 黄宗羲原著,全祖望补修,陈金生、梁运华点校:《宋元学案》卷二十五《龟山学案》,第947页。
③ 黄宗羲原著,全祖望补修,陈金生、梁运华点校:《宋元学案》卷二十五《龟山学案》,第944页。
④ 脱脱等撰:《宋史》卷四百二十八《杨时传》,第12743页。
⑤ 黄宗羲原著,全祖望补修,陈金生、梁运华点校:《宋元学案》卷二十五《龟山学案》,第944页。
⑥ 杨时撰,林海权校理:《杨时集》附录二胡安国《龟山先生墓志铭》,第1134页。
⑦ 杨时撰,林海权校理:《杨时集》附录二胡安国《龟山先生墓志铭》,第1140页。

心的人才能推行仁政,而王安石不具有仁心,所以,也就不能推行仁政,王安石所标榜的仁政措施不符合孟子的仁政学说。孟子说:"是以惟仁者宜在高位。不仁而在高位,是播其恶于众也。"①杨时继承孟子的仁政学说,主张治国之术是以仁心行仁政。《孟子》一书,只是要正人心,教人存心养性,收其放心。"②杨时从儒家内圣之学出发,批判王安石不具备仁心,因其不具备仁心,故也不能行仁政,"格君心之非,一正君而国定"③。杨时主张人臣侍奉君王,要保持一颗仁心,人臣有仁心,才能辅佐君主以仁心治国,才能推行仁政。杨时认为,儒家的仁政学说,主张治国以德、治国以礼,而王安石"只是以政刑治天下","人臣之事君,岂可佐以刑名之说? 如此,是使人主失仁心也。人主无仁心,则不足以得人。故人臣能使其君视民如伤,则王道行矣"④。在杨时看来,王安石推行的不是儒家的仁政,而是法家的霸政,因为王安石用刑名之说做指导来治理国家,因此,王安石所推行的新政也就不符合儒家仁政的要求。

王安石之所以不能推行仁政,在于其存在人格缺陷。杨时引用神宗与程颢的对话,来说明王安石的人格缺点。"又尝问:'是圣人否?'伯淳云:'《诗》称周公"公孙硕肤,赤舄几几"。圣人盖如是。若安石,刚褊自任,恐圣人不然。'"⑤杨时接受二程对王安石的基本评价,承认王安石的君子人格:"荆公在上前争论,或为上所疑,则曰:'臣之素行,似不至无廉耻,如何不足信?'……夫廉耻,在常人足道,若君子,更自矜其廉耻,亦浅矣。"⑥杨时把王安石划入君子之列,并称赞其修身洁行足为楷模,"如彼修身之洁,宜足以化民矣"⑦;同时,杨时也指出王安石存在"刚褊自任"的性格缺陷,而由于这种性格缺陷,导致王安石做事不能公正无私,"圣人不容有私意"⑧。在杨时看来,只有圣人做事能够符合天意,要符合天意必须做到诚,王安石不具备圣人品格,所以做不到诚,"盖惟圣人与天同德者为能诚焉"⑨,做不到诚就不具备圣人气象,

---

① 朱熹撰:《孟子集注》卷七《离娄上》,《四书章句集注》,第281页。
② 杨时撰,林海权校理:《杨时集》附录五《孟子集注》,第1244页。
③ 杨时撰,林海权校理:《杨时集》附录五《孟子集注》,第1244页。
④ 杨时撰,林海权校理:《杨时集》卷十《语录一》,第262页。
⑤ 杨时撰,林海权校理:《杨时集》卷十二《语录三》,第345页。
⑥ 杨时撰,林海权校理:《杨时集》卷十《语录一》,第262页。
⑦ 杨时撰,林海权校理:《杨时集》卷十一《语录二》,第309页。
⑧ 杨时撰,林海权校理:《杨时集》卷十《语录一》,第234页。
⑨ 杨时撰,林海权校理:《杨时集》卷二十一《答吕秀才》,第571页。

更不能成就圣人事业，"自家先负一个'不诚'了，安得事成？"①王安石之所以做不到诚，是因为治国理政不能出于公心，"公则一，私则万殊"②，出于公心公义的法度就符合公平正义，出于私心私利的法度就会千差万别，王安石变法不是出于公心公义，因而所行并非善法、亦非仁政。在杨时看来，王安石处事不当，议事常常流于意气之争："荆公在朝，论事多不循理，惟是争气而已，何以事君？君子之所养，要令暴慢邪僻之气不设于身体。"③之所以如此，概因王安石自身修养不足，"夫君子和顺积中，而英华发外，故暴慢之气不设于身体。于君臣之间，狠愎如此，其所养盖可知矣"④。可见，杨时承认王安石自身修养堪称君子，足以教化天下，但比起王旦、吕公著、司马光等人，其修身养性相差甚远，因此尚谈不上圣人气象。

杨时评判人物的标准，是《大学》所阐述的"八条目"，亦即格物、致知、诚意、正心、修身、齐家、治国、平天下之道。由此出发，杨时对王安石在内圣外王上的不足予以了剖析。

首先，杨时认为，王安石不懂得格物、致知之理，格物、致知是内圣的前提。"然而非格物致知，乌足以知其道哉？《大学》所谓诚意、正心、修身，治天下国家之道，其原乃在乎物格，推之而已。"⑤由于王安石在格物、致知上存在认识误区，其内圣功夫也就缺乏前提条件，建立在此基础上的外王事业也就难免误入歧途。

其次，在诚意、正心方面，王安石也存在不足。"《大学》之修身、齐家、治国、平天下，其本只是正心、诚意而已。"⑥诚意、正心是实现外王事业的基础，而在二者之中，诚意又是正心的基础，所以，杨时更看重诚意。"自一身之修，推而至于天下，无二道也，本诸诚意而已。"⑦在杨时看来，王安石之所以推行不仁之政，原因在于王安石没有做到诚意："观王氏之学，盖未造乎此，其治天下，专讲求法度。如彼修身之洁，宜足以化民矣，然卒不逮

①杨时撰，林海权校理：《杨时集》卷十三《语录四》，第 377 页。
②杨时撰，林海权校理：《杨时集》卷十三《语录四》，第 376 页。
③杨时撰，林海权校理：《杨时集》卷十《语录一》，第 232 页。
④杨时撰，林海权校理：《杨时集》卷六《王氏神宗日录辨》，第 123 页。
⑤杨时撰，林海权校理：《杨时集》卷二十一《答学者》其一，第 566 页。
⑥杨时撰，林海权校理：《杨时集》附录五《孟子集注》，第 1244 页。
⑦杨时撰，林海权校理：《杨时集》卷一《上渊圣皇帝》，第 2 页。

王文正、吕晦叔、司马君实诸人者，以其所为无诚意故也。"①在《大学》所提倡的八条目中，王安石未做到诚意，这样他的内圣功夫就大打折扣。"自修身推而至于平天下，莫不有道焉，而皆以诚意为主。苟无诚意，虽有其道，不能行也。故《中庸》论天下国家有九经，而卒曰'所以行之者一'。一者何？诚而已。盖天下国家之大，未有不诚而能动者也。"②"夫诚者，天之道，性之德也。"③在杨时看来，诚乃天之道、人之性，君子做人要诚，而王安石不仅做不到诚，而且居心不正，"明道常曰：'有《关雎》、《麟趾》之意，然后可以行《周官》之法度。'盖深达乎此"④。从动机与效果统一的观点出发，杨时认为，王安石居心不正，所以变法措施不能体现《周官》之旨，这样的新政不能惠及百姓，因而也就不是仁政。

再次，既然王安石在格物、致知、诚意、正心上存在不足，其修身、齐家、治国、平天下的外王事业误入歧途，也就在所难免了。在杨时看来，王安石变法出于牟利之心，立意不诚，居心不正，没有诚意、正心这个前提，那么，其外王事业也就不符合圣贤之道，"此心一念之间，毫发有差，便是不正"⑤。杨时认为，王安石变法只要有丝毫不是出于公心公义，就是不正。在杨时看来，内圣外王是合二为一的："知合内外之道，则颜子、禹、稷之所同可见。盖自诚意、正心推之，至于可以平天下，此内外之道所以合也。故观其意诚心正，则知天下由是而平；观其天下平，则知非意诚心正不能也。"⑥诚意、正心与治国、平天下是体用关系，人君只要做到诚意、正心，就会实现治国、平天下。王安石之所以做不到诚意、正心，在于他格物、致知的功夫不足，致知是求取良知，格物是认知天理，而王安石却不懂得天理，不懂得天理就达不到圣人境界，"圣人不应不知天理"⑦，"凡事求可，功求成，取必于智谋之末而不循天理之正者，非圣贤之道也"⑧。王安石不懂天理，又要追求事功，这样，他就会"不循天理之正"，而去追求智谋之术，因此

---

① 杨时撰，林海权校理：《杨时集》卷十一《语录二》，第 309 页。
② 杨时撰，林海权校理：《杨时集》卷二十一《答学者》，第 566 页。
③ 杨时撰，林海权校理：《杨时集》卷二十一《答吕秀才》，第 571 页。
④ 杨时撰，林海权校理：《杨时集》卷十一《语录二》，第 309 页。
⑤ 杨时撰，林海权校理：《杨时集》卷十二《语录三》，第 333 页。
⑥ 杨时撰，林海权校理：《杨时集》卷十《语录一》，第 276 页。
⑦ 杨时撰，林海权校理：《杨时集》卷十三《语录四》，第 371 页。
⑧ 杨时撰，林海权校理：《杨时集》附录五《孟子集注》，第 1247 页。

就缺乏"至诚恻怛"之意，缺乏"至诚恻怛"之意，其心就会不正，其心不正，所行也就不符合圣贤之道。

　　杨时从儒家的王霸论出发，否定了王安石变法的指导思想。对于商鞅其人，王安石给予同情与理解，曾赋诗赞扬道："自古驱民在信诚，一言为重百金轻。今人未可非商鞅，商鞅能令政必行。"①王安石表达了对商鞅不屈不挠、矢志变革的认同；王安石还认为，商鞅的失误在于不能以礼义廉耻教化百姓："鞅为国，不失于变诈，失于不能以礼义廉耻成民而已。"②杨时认为，商鞅之术的根本在于变诈，哪有什么礼义廉耻可言，更何谈借此成民化人？杨时批判道："商鞅挟持浮说，以帝王之道干孝公，其术盖本于变诈，尚何礼义廉耻成民之有哉？谓其失不在于变诈，盖亦不究其本矣。"③在杨时看来，王安石变法实行的是以政治国、以刑治国，全然抛弃了以德治国、以礼治国："王氏只是以政刑治天下，道之以德、齐之以礼之事全无。"④"孔子曰：'为政以德。'离道德而为政事，非先王之政事也。"⑤王安石打着先王之政的旗号，实际上所行并非先王之政，"挟管、商之术，饰六艺以文奸言"⑥。杨时认为，指导王安石变法的并非儒家仁义之道，而是法家申商之术，由此指导下的变法，属于霸政，而非仁政。

　　道德性命之学是王安石对传统儒学的杰出贡献，它不仅是王安石变法的理论基础，而且是王氏后学绍述王安石新政的理论基础。针对王安石的道德性命之学，杨时著有《三经义辨》《神宗日录辨》《王氏字说辨》，专门予以批驳，意欲清除新学在两宋之际的影响。

　　早在靖康元年(1126)，正当金兵包围汴京、形势危殆之际，时任右谏议大夫杨时上疏宋钦宗，通过攻击蔡京进而将北宋衰亡的责任归咎于王安石。"臣伏见蔡京用事二十余年，蠹国害民，几危宗社，人所切齿，而论其罪者，曾莫知其所本也。盖京以继述神宗皇帝为名，实挟王安石以图身利，故推尊安石，加以王爵，配享孔子庙庭。而京所为，自谓得安石之意，使人无得而议。其小有异者，则以不忠不孝之名目之，痛加窜黜。人皆结舌，莫敢

① 王安石撰，唐武标点校：《王文公文集》卷七十三《商鞅》，第777页。
② 杨时撰，林海权校理：《杨时集》卷六《王氏神宗日录辨》，第126页。
③ 杨时撰，林海权校理：《杨时集》卷六《王氏神宗日录辨》，第126页。
④ 杨时撰，林海权校理：《杨时集》卷十三《语录四》，第367页。
⑤ 杨时撰，林海权校理：《杨时集》卷六《王氏神宗日录辨》，第124页。
⑥ 杨时撰，林海权校理：《杨时集》卷一《上钦宗皇帝》，第29页。

为言，而京得以肆意妄为，则致今日之祸者，实安石有以启之也。"①杨时把徽宗时期的弊政统统归之于蔡京，由于蔡京是打着"绍述"新政的旗号而倒行逆施的，也就顺理成章地将之归罪于王安石及其新政，又由于王安石的新政是以其新学为指导的，所以，杨时最终将批判的矛头指向荆公新学。"安石挟管、商之术，饰六艺以文奸言，变乱祖宗法度。当时司马光已言其为害当见于数十年之后，今日之事，若合符契。其著为邪说以涂学者耳目，败坏其心术者，不可缕数。"②基于新政变乱祖宗法度、新学败坏士人心术的认识，杨时建议夺去王安石的配享，清除王安石新学的影响。"臣伏望睿断，正安石学术之缪，追夺王爵，明诏中外，毁去配享之像，使淫辞不为学者之惑，实天下万世之幸。"③靖康元年五月，宋钦宗采纳杨时的建议，把王安石从"配享"降为"从祀"，并毁《三经新义》版。王安石虽从"配享"降到"从祀"，但王安石的牌位依旧供奉在孔庙。这一举措，标志着王安石在北宋官学系统中的地位有着大幅下降，也标志着新学在北宋意识形态领域的地位已经发生动摇。

　　但是，杨时对王安石的贬抑、对《三经新义》的非毁，损害了权贵阶层和追求金榜题名的士子们的利益，招致群臣及士子们反对。"然王氏之学，士子习之以取科第者，业数十年，不复知其非，忽闻以为邪说，相与聚哄，先生亦谨避之。"④时任尚书左丞、门下侍郎耿南仲上疏："或者以王氏学不可用，陛下观祖宗时，道德之学，人才、兵力、财用，能如熙、丰时乎？安可轻信一人之言以变之？"⑤耿南仲肯定了王安石变法的成绩，反对废除新学。杨时废除新学的倡议，遭到应考士子的反对，甚至引发一场学潮。"士之习王氏学取科第者，已数十年，不复知其非，忽闻以为邪说，议论纷然。谏官冯澥力主王氏，上疏诋时。会学官中有纷争者，有旨学官并罢，时亦罢祭酒。"⑥学潮的结果使杨时罢官奉祠，除徽猷阁直学士、提举嵩山崇福宫，不仅丢掉了国子祭酒的官帽，而且还打乱了借机上位的如意算盘。在朝野反

---

①杨时撰，林海权校理：《杨时集》卷一《上钦宗皇帝》，第29页。
②杨时撰，林海权校理：《杨时集》卷一《上钦宗皇帝》，第29页。
③杨时撰，林海权校理：《杨时集》卷一《上钦宗皇帝》，第30页。
④黄宗羲原著，全祖望补修，陈金生、梁运华点校：《宋元学案》卷二十五《龟山学案》，第946页。
⑤黄宗羲原著，全祖望补修，陈金生、梁运华点校：《宋元学案》卷二十五《龟山学案》，第947页。
⑥脱脱等撰：《宋史》卷四百二十八《杨时传》，第12742页。

对的声浪中，宋钦宗批答："前日指挥，更不施行。"①贬抑新学的主张遭到朝廷否定，理学在与新学争正统的过程中遭遇重大挫折。

靖康二年二月，北宋灭亡。同年五月一日，赵构即帝位于应天府，是为南宋。偏安一隅的南宋政权建立之初，当务之急是为北宋的灭亡寻找托词，而杨时的观点无疑给了宋高宗一根推卸乃父乃兄亡国罪责的救命稻草。于是，宋高宗即位伊始，就迫不及待地表示支持元祐党，重用旧党人物，打击新党势力，并进一步清算新政与新学的影响。适应这一政治需要，杨时一方面对王安石及其新政展开不遗余力的批判，将王安石及其新政作为北宋灭亡的罪魁祸首大肆挞伐；另一方面对王安石新学进行批判，试图清除新学在两宋之际意识形态领域的影响。杨时的《三经义辨》《字说辨》作于绍兴三年(1133)，正是这一政治形势下的产物。

谈及以上二书的写作动机，杨时说："荆公黜王爵，罢配享，谓其所论多邪说，取怨于其徒多矣。此《三经义辨》，盖不得已也。"②虽然杨时罢黜王安石的王爵、配享，指斥新学为异端邪说的主张，导致其丢掉了国子祭酒的官帽，但是，杨时并不善罢甘休，力图通过撰著二书，批判新学的基本观点，消除新学在士子们中的影响，"近因阅《三经义》，见有害义理处，略为之著论，以正王氏之失。盖尝论之于朝，去其王爵，罢配享，后生晚学，未必知其非也，故欲终此一事"③。在二书中，杨时继承了二程对于新学的基本评价，并进一步展开对新学的批判，"先生独得程氏不传之秘，力辟王氏邪说之非"④。杨时从传统儒家内圣之学出发，对王安石的道德性命之学发起攻讦，获得宋高宗的高度赞赏，称其"辨邪说以正人心，推圣学以明大义"⑤。杨时对于二书亦颇为自得，自称："某近著《三经义辨》，正王氏之学缪戾处。……庶可传后学也。"⑥对于杨时的自信，后学朱熹并不完全赞同，一方面赞扬杨时"长于攻王氏"⑦，另一方面又指出杨时的批评也有不

①黄宗羲原著，全祖望补修，陈金生、梁运华点校：《宋元学案》卷二十五《龟山学案》，第947页。
②杨时撰，林海权校理：《杨时集》卷二十《答胡康侯》，第553页。
③杨时撰，林海权校理：《杨时集》卷二十《答胡康侯》，第554页。
④杨时撰，林海权校理：《杨时集》附录一丘晟《重刻杨龟山先生文集序》，第1103页。
⑤杨时撰，林海权校理：《杨时集》附录四《高宗皇帝赠左太中大夫诰》，第1184页。
⑥杨时撰，林海权校理：《杨时集》卷二十《答胡康侯》，第557页。
⑦黎靖德编，王星贤点校：《朱子语类》卷一百三十《自熙宁至靖康用人》，第3099页。

当之处："然《三经义辨》中亦有不必辨者,却有当辨而不曾辨者。"①可见,作为三传弟子的朱熹,对于祖师爷杨时对新学的清算并不满意。尽管如此,二书在清除新学影响、提高理学地位方面确实起到了重要作用。

首先,杨时批判王安石不懂得圣人之道。王安石是打着先王之道的旗号推行变法的,杨时就批判王安石不懂得圣人之道。元祐元年,杨时曾指出:"某尝谓王金陵力学而不知道,妄以私智曲说眩瞀学者耳目,天下共守之,非一日也。"②针对王安石关于诚明关系的论述,杨时批判其"未尝知天道"。王安石说:"能不以外物累其心者,诚也。诚则于物无所蔽;于物无所蔽,则明矣。能学先王之道以解其心之蔽者,明也。明则外物不能累其心;外物不能累其心,则诚矣。人之所以不明者,以其有利欲以昏之。如能不为利欲所昏,则未有不明也。明者,性之所有也。"杨时则指出:"诚者,天之道也,非外物不能累其心者所能尽也。告子之不动心,岂利欲能昏之哉?然而未尝知义也。未尝知义,非明也。然则所谓明者,非物格知至,乌足与此哉?荆公自谓能不以外物累其心,故其言每以是为至。盖以其未尝知天道故也。"③王安石认为,明是人所有的本质属性,人们之所以达不到明的原因,在于人们有利欲之心,是利欲之心遮盖了人们的明,人们达到明的途径是学习先王之道,通过学习先王之道来解除其心蔽。杨时批评王安石所谓的诚,不能概括诚的含义。"盖王之与天,无二道也,一于诚而已。"④在杨时看来,天道与人道是统一的,二者统一于诚。诚既是天道,又是人道,人只有效法天,才可以做到诚。知义为明,不知义为不明,知义的途径是致知,致知的途径是格物,致知的最高境界就是知至,知至就是对天理的认识,认识了天理就会知义,知义乃明。杨时认为,王安石关于诚明关系的认识是错误的。之所以出现这种错误,在于王安石"不知道"。二程曾批判王安石"不知道",杨时继承乃师的观点,也认为王安石"不知道"。

在天道人道的关系上,王安石与二程的观点不同。二程主张天道与人道是合一的,而王安石则认为天道和人道是分开的。在王安石看来,天有

---

① 黎靖德编,王星贤点校:《朱子语类》卷一百三十《自熙宁至靖康用人》,第 3099 页。
② 杨时撰,林海权校理:《杨时集》卷十七《与吴国华》,第 467 页。
③ 杨时撰,林海权校理:《杨时集》卷六《王氏神宗日录辨》,第 113 页。
④ 杨时撰,林海权校理:《杨时集》卷五《经筵讲义》,第 96 页。

天之道，人有人之道，"远而尊者，天道也；迩而亲者，人道也"①。由于这一根本的分歧，二程便认为王安石不懂得圣人之道，并力图从批评新学的道入手，来从根本上否定新学。二程说："介甫只是说道，云我知有个道，如此如此。只佗说道时，已与道离。佗不知道，只说道时，便不是道也。"②有人问及："介甫言'尧行天道以治人，舜行人道以事天'，如何？"程颐答道："介甫自不识道字。道未始有天人之别，但在天则为天道，在地则为地道，在人则为人道。"③二程批判王安石不懂圣人之道，动机在于道是新学的根本范畴，又是新学的立论基石，否定了新学的道，也就动摇了新学的学术根基与立论之本。

杨时与乃师一样，其动机也是借否定王安石的道来否定新学的立论之体、践行之用。王安石指出："若夫功名爵禄，乃先王所以役使群众。使人人薄功名爵禄，上何以使下？故先王所以运天下，必有出于功名爵禄之外者，而未尝示人以薄功名爵禄也。"④王安石看到君主治理天下，不能全靠功名爵禄，但除了功名爵禄，君主还能依靠什么呢？王安石并没有给出明确的答案。对此，杨时指出："'圣人，人伦之至也。'于君臣、父子、夫妇、兄弟、朋友之间，各尽其道，所谓至也。至以其身为天下用，岂为功名爵禄哉？盖君臣者，人伦之大，为臣义当如此也。故三代之学，皆所以明人伦。人伦明于上，则人知自尽。虽有高明超卓之士出于功名爵禄之外者，亦孰敢不为用也哉？先王所以运天下，用此道而已。外是，皆谬悠荒唐之说也。夫名位爵禄，天之所以待有德，人主不得而私焉者也。……盖其学不足以知天，故其论每如此。"⑤在杨时看来，君臣关系乃人伦之大，人伦之大即为天理，为君尽君道，为臣尽臣道，人臣忠君乃天道世理，是臣子应尽的本分和义务，而不能考虑功名爵禄；而王安石将天道与人道割裂开来，这样就从根本上否定了臣子对君主应尽的义务，所以是不懂得君臣之义。

虽然王安石新学也是从道出发构建其哲学体系的，但是，在杨时看来，王安石所谓的道，并不是儒家之道，而是佛老之道。《字说》几乎是王安石

①王安石撰，唐武标点校：《王文公文集》卷三十一《郊宗议》，第357页。
②程颢、程颐撰，王孝鱼点校：《河南程氏遗书》卷一，《二程集》上，第6页。
③程颢、程颐撰，王孝鱼点校：《河南程氏遗书》卷二十二上，《二程集》上，第282页。
④杨时撰，林海权校理：《杨时集》卷六《王氏神宗日录辨》，第125页。
⑤杨时撰，林海权校理：《杨时集》卷六《王氏神宗日录辨》，第125页。

倾尽毕生精力撰著的一部文字学著作,王安石对《字说》很重视,认为他的道德性命之学集中体现在这部书中,"能知此者,则于道德之意,已十九矣"①。杨时认为,王安石的《字说》集中体现了新学的学术思想,"某观王氏之学,其精微要妙之义,多在《字说》"②。然而,贯穿王安石《字说》的主旨是佛老之道,而不是儒家之道。"故王氏末年溺于释、老,又为《字说》,此为大戾。夫知道者,暴且有'大戾'乎?且王氏奉佛,至舍其所居以为佛寺。其徒有为僧者,则作诗以奖就其志,若有羡而不及者。夫儒、佛不两立久矣。此是则彼非,此非则彼是。……今王氏所行,皆北其辕者也。尊佛、老为圣人,是指吴为越也,乌得谓知之未尽、行之未至耶?"③所以,杨时认为,王安石堪称好学,但不知道,因为他所谓的道并非儒家之道。"然以其博极群书,某故谓其力学;溺于异端以从夷狄,某固谓其不知道。"④在杨时看来,儒、释、道是势不两立的,而王安石融会儒释、调和儒道,是违背了儒学的宗旨,这样非但于儒学无补,且有害于儒学的发展。

杨时认为,新学还杂有申商之术,而申商之术是法家治术,不符合儒家之道。对于王安石新学,杨时曾引用二程的话予以概括:"神考问伯淳:'王安石如何人?'伯淳云:'安石博学多闻则有之,守约则未也。'"⑤王安石虽然博学多闻,但其学术不能恪守儒家之道,甚至流入异端。"熙宁更新法度,以经术造士。世儒妄以私智之凿,分文析字,而枝辞蔓说乱经矣。假六艺之文以济其申、商之术。"⑥杨时认为,以申商之术指导变法,会导致皇帝失去仁心而推行霸政。杨时批判新学羼杂佛老思想、申商之术,力图将新学剔除儒家道统,并将其逐出北宋中后期儒家主流学派的神坛。

其次,杨时从孟子的性善论出发,批判王安石的道德性命之学"未知性命之理"。王安石从《周易》《中庸》《性自命出》《孟子》等儒家元典出发,继承柳宗元、李翱等人的观点,融合僧徒契嵩、道家庄周的心性观点,创立了自己的道德性命之学。首先,王安石赋予性、情以明确的定义:"喜、怒、哀、乐、好、恶、欲未发于外而存于心,性也;喜、怒、哀、乐、好、恶、欲发于外而见

---

① 王安石撰,唐武标点校:《王文公文集》卷三十六《字说序》,第 429 页。
② 杨时撰,林海权校理:《杨时集》卷十七《答吴国华》,第 471 页。
③ 杨时撰,林海权校理:《杨时集》卷十七《答吴国华》,第 470 页。
④ 杨时撰,林海权校理:《杨时集》卷十七《答吴国华》,第 470 页。
⑤ 杨时撰,林海权校理:《杨时集》卷十二《语录三》,第 345 页。
⑥ 杨时撰,林海权校理:《杨时集》卷二十四《南剑州陈谏议祠堂记》,第 639 页。

于行,情也。"①在此基础上,王安石指出,性情之间是对立统一的关系:一方面,性与情是对立的,情生于性,但情又不等同于性,情可以言善恶,而性不可以言善恶。"性生乎情,有情然后善恶形焉,而性不可以善恶言也。"②喜、怒、哀、乐、好、恶、欲是天赋予的,人人皆有,它们内存于心,不表现出来,就谈不上善恶;喜、怒、哀、乐、好、恶、欲外化为言行,就可以做出价值判断,就有善有不善。判断言行善恶的标准是封建社会的核心价值观。因此,人的善恶不在于先天的性,而在于后天的习,一个人的言行是其后天修养的表现,"不善者,习也"③;同样,善也来源于习。习于善则为善,习于恶则为恶,习是可以改变的,一个人的善恶也是可以改变的。可见,王安石非常强调后天修养对于人性的影响。另一方面,王安石又认为性与情是统一的,"性者情之本,情者性之用,故吾曰性情一也"④。性是先天的,是人的天赋本能,情是后天的,是人对外界事物的反映,性是情的根源和本质,情是性的产物和表现。所以,一个人的性对其情是有影响的,先天的性无法改变,后天的情则可以改变,改变后天情的决定因素是习,亦即后天的修养。从这个意义上讲,性与情又是统一的。

　　杨时从孟子的性善论出发,对王安石的性情观予以了批判。杨时说:"《孟子》七篇之书,其要道'性善'而已。"⑤杨时认为,《孟子》的主旨是性善论。"言荆公云:'"天使我有是之谓命,命之在我之谓性。"是未知性命之理。其曰"使我",正所谓使然也。然使者可以为命乎?以命在我为性,则命自一物。若《中庸》言"天命之谓性",性即天命也,又岂二物哉?如云在天为命,在人为性,此语似无病,然亦不须如此说。性命初无二理,第所由之者异耳。"率性之谓道",如《易》所谓"圣人之作《易》,将以顺性命之理"是也。'"⑥王安石的道德性命之学将命与性割裂开来,主张"在天为命,在人为性",亦即天赋予人的叫作命,命体现在人身上叫作性。杨时认为,王安石的这一观点是未知道德性命之理,"天命之谓性"、"率性之谓道",或曰性即天命、性即道,天命与性、道是一体的,是不可分割的。所谓"天命"或

①王安石撰,唐武标点校:《王文公文集》卷二十七《性情》,第315页。
②王安石撰,唐武标点校:《王文公文集》卷二十七《原性》,第316页。
③王安石撰,唐武标点校:《王文公文集》卷二十七《性说》,第318页。
④王安石撰,唐武标点校:《王文公文集》卷二十七《性情》,第315页。
⑤杨时撰,林海权校理:《杨时集》卷二十一《答吕居仁》,第573页。
⑥杨时撰,林海权校理:《杨时集》卷十二《语录三》,第336页。

曰"性""道",在杨时看来,实际上就是天理。"所谓'率性',循天理是也。"①杨时认为,将天命与性分开的说法是错误的,王安石没有看到天命、性、天理三者名异而实同的关系。在杨时看来,王安石的道德性命之学将性割裂为命、性、情,将本属一体的性割裂为三,并认为在天为命,在人为性,性无善恶,情有善恶,这种观点违背了孟子的性善论,因而是错误的。

杨时指出:"《字说》所谓'大同于物者,离人焉'。曰:扬子言'和同天人之际,使之无间',不知是同是不同? 若以为同,未尝离人。又所谓'性觉真空者,离人焉'。若离人而之天,正所谓顽空通。……白净无垢,即孟子之言性善是也。言性善,可谓探其本。言善恶混,乃是于善恶已萌处看。荆公盖不知此。"②杨时认为,孟子关于人性善的认识是看到了人性的本质,孟子看到的是人性的本来状态,而王安石性无善恶、情有善恶的观点,看到的并不是人性的本来状态,而是善恶萌发时的状态,因此他看到的是情,而不是性。之所以出现这种情况,在于王安石其心不正,如果其心正,就不会犯此错误,"心得其正,然后知性之善"③。道德性命之学是王安石思想的核心,是王安石对传统儒学的杰出贡献,也是王安石用于指导变法的理论基础。杨时批判王安石的道德性命之学"未知性命之理",通过否定王安石对性命之理的认识,进而否定了王安石对道德之意的认识,从而也就否定了新学对儒家学说的贡献,进而也否定了新学指导下的变法实践。

再次,杨时批判王安石新学割裂内圣与外王的关系,从而导致北宋政风、学风、世风日下。内圣外王是儒家的基本命题,历代大儒都非常重视探讨内圣与外王的关系。传统儒家主张内圣外王一以贯之,杨时继承了儒家这一观点。杨时指出:"古之圣人自诚意正心至于平天下,其理一而已,所以合内外之道也。世儒之论,以高明处己,中庸处人,离内外,判心迹,其失是矣。"④由此出发,杨时批判王安石不懂得"合内外之道",割裂了内圣与外王之间的统一关系。"孟子言'大人正己而物正'。荆公却云:'正己而不期于正物,则无义;正己而必期于正物,则无命。'若如所论,孟子自当言正己以正物,不应言'正己而物正'矣。物正,物自正也。大人只知正己而已。

---

① 杨时撰,林海权校理:《杨时集》卷十二《语录三》,第 327 页。
② 杨时撰,林海权校理:《杨时集》卷十三《语录四》,第 392 页。
③ 杨时撰,林海权校理:《杨时集》附录五《孟子集注》,第 1244 页。
④ 杨时撰,林海权校理:《杨时集》卷二十六《题萧欲仁大学篇后》,第 694 页。

若物之正,何可必乎?惟能正己,物自然正,此乃笃恭而天下平之意。"①王安石认为,正己与正物是对立统一的关系,正己是为了正物,但正己不一定能正物,正己后,物或正或不正,一个人要懂得这一点,做到正己即可,不可一味追求正物,那是不知命的表现。杨时不赞成王安石的观点,主张正己必然正物,大人只要做到正己,物自然而正,只要做到诚意正心,则自然实现修齐治平。由此出发,杨时批评道"荆公之学,本不知此"②。

杨时从孟子"格君心之非"的观点出发,批评王安石自身不正,故做不到正君。"孟子言:'人不足与适也,政不足与间也。惟大人为能格君心之非。'盖人与政俱不足道,则须使人君心术开悟,然后天下事可循序整顿。然格君心之非,须要有大人之德。大人过人处,只是正己。正己,则上可以正君,下可以正人。"③在杨时看来,身处高位的人,必须做到正己,只有正己,才能正君正人,而王安石在正己上做得不够,所以,就谈不上正君,更谈不上正人。"今之贤者多尚权智,不把正己为先,纵得好时节,终是做不彻。或谓权智之人,亦可以救时。据某所见,正不欲得,如此人在人君左右,坏人君心术。"④杨时批评王安石不重视正心,却重视智谋权变,这样的人在人君左右,会败坏人君心术。王安石曾说:"人主若能以尧、舜之政泽天下之民,虽竭天下之力以充奉乘舆,不为过当。'守财'之言,非天下之正理。"对于王安石的这一观点,杨时持反对态度,批评道:"舜作漆器,群臣咸谏,况竭天下之力以自奉乎?虽庸人知其不可为也。荆公以师臣自任,为天下儒宗,而所以导其君如此。百世而下,谀臣得以借口为天下祸,庸非斯言乎?"⑤在杨时看来,王安石"竭天下之力以自奉"的观点,不但不符合圣人之道,而且会误导神宗乃至后世皇帝追求奢靡。"昔神宗皇帝尝称美汉文惜百金以罢露台,曰:'朕为天下守财耳。'此谨乃俭德,惟怀永图,正宜将顺。安石乃言:'陛下若能以尧、舜之道治天下,虽竭天下以自奉不为过,守财之言非正理。'曾不知尧、舜茅茨土阶,未尝竭天下以自奉。其称禹曰:'克俭于家。'则竭天下以自奉者,必非尧、舜之道。其后王黼以应奉花石之

①杨时撰,林海权校理:《杨时集》卷十三《语录四》,第391页。
②杨时撰,林海权校理:《杨时集》卷十三《语录四》,第391页。
③杨时撰,林海权校理:《杨时集》卷十二《语录三》,第323页。
④杨时撰,林海权校理:《杨时集》卷十二《语录三》,第323页。
⑤杨时撰,林海权校理:《杨时集》卷六《王氏神宗日录辨》,第130页。

事竭天下之力,号为享上,实安石'竭天下自奉'之说有以倡之也。……安石独倡为此说,以启人主之侈心。其后蔡京辈轻费妄用,专以侈靡为事,盖祖此说耳。则安石邪说之害,岂不甚哉?"①杨时批判王安石"竭天下以自奉"的主张,开启神宗、徽宗奢靡之心,从而败坏北宋政风、世风。

杨时认为,荆公新学不仅败坏政风、世风,而且对学风、士风也带来不良影响。王安石新学在北宋中后期成为皇权国家意识形态的主导思想,统治北宋思想文化界达六十年之久。由于科举考试的需要,天下士人无不尊奉,在北宋中后期出现新学一家独大的现象。"崇、宣之世,京、黼柄国,跻王安石于配享,位次孟子,而颁其《新经》以取士。士尊王安石为圣人,不复知有孔子,诵《新经》为圣言,不复知有古训,僭圣叛经凡数十年。"②在杨时看来,王安石名义上崇奉先王之道,实际上奉行的是管商之术,"假六艺之文以济其申、商之术,一有戾己,则流放窜殛之刑随其后"③。王安石通过严刑峻法,钳制社会舆论,导致正论熄灭、佞谀成风,严重败坏学风与士风,"著为邪说以涂学者耳目,败坏其心术者,不可缕数"④,造成学风颓废、士气萎靡,"佞谀成风,而正论熄矣,士气不振"⑤。

在杨时的鼓噪下,王安石新学的官学地位发生动摇,司马光、二程及杨时的政治地位与学术地位则日渐上升。绍兴五年,赵鼎迁左相。赵鼎崇奉程学,尽管他对程学"不大段理会得",却"好伊洛之学"⑥。他一方面利用手中权力,大肆重用元祐党子孙;一方面打压新党人物,批评王安石"设虚无之学,败坏人才"⑦。在赵鼎的主持下,是年科举时,朝廷"许用古今诸儒之说"⑧,然而实际上"专尚程颐之学,有立说稍异者,皆不在选"⑨。在赵鼎的大力扶持下,理学在南宋初年得到了较快的发展,以至于出现"绍兴初,

①杨时撰,林海权校理:《杨时集》卷一《上钦宗皇帝》,第29页。
②杨时撰,林海权校理:《杨时集》附录四《龟山先生杨时从祀孔庙议》,第1204页。
③杨时撰,林海权校理:《杨时集》卷二十四《南剑州陈谏议祠堂记》,第639页。
④杨时撰,林海权校理:《杨时集》卷一《上钦宗皇帝》,第29页。
⑤杨时撰,林海权校理:《杨时集》卷二十四《南剑州陈谏议祠堂记》,第639页。
⑥黎靖德编,王星贤点校:《朱子语类》卷一百三十一《中兴至今日人物上》,第3143页。
⑦皮锡瑞:《经学历史》九《经学积衰时代》,第277页。
⑧李心传编撰,胡坤点校:《建炎以来系年要录》卷九十绍兴五年六月甲子,中华书局1988年,第1507页。
⑨李心传编撰,胡坤点校:《建炎以来系年要录》卷一百七十三绍兴二十六年六月乙酉,第2847页。

程氏之学始盛"①的局面。"南宋以后,杨学即逐渐被统治阶级所重视,杨时在儒学中的地位也越来越高。"②

与杨时同时代的理学家中,胡安国、胡宏父子在清算新学、兴发理学上亦居功至伟。胡安国(1074—1138),字康侯,两宋之际建州崇安(治今福建武夷山市)人,学者称武夷先生,卒谥文定,故又称文定先生。胡安国自称:"吾于谢、游、杨三公,义兼师友,实尊信之。"③胡宏(1106—1162),字仁仲,学者称五峰先生,乃胡安国季子。胡宏幼闻庭训,随父习伊洛之学,又从学于二程弟子杨时及再传弟子侯仲良。胡安国、胡宏之批判新学是基于政治和学术的双重考虑。从政治上讲,胡安国一贯反对王安石变法以及徽宗朝之"绍述";宋高宗即位后,胡安国迎合宋高宗的政治需要,力图从政治上清算王安石变法的影响。从学术上讲,胡安国师从程颐之友朱长文、靳裁之,并从杨时、游酢、谢良佐游,其反对新学也是其学术秉承所致;胡宏受其家学、师学影响,以二程为孔孟儒学之正宗,"卒开湖湘之学统"④,配合乃父、乃师开展对王安石新学的清算,也是其职责所在。

胡安国与秦桧的关系颇为密切。早在秦桧南归之初,胡安国对秦桧便寄予很大的希望,"秦会之归自虏中,若得执政,必大可观"⑤。当得知秦桧入参大政时,胡安国更是"喜而不寐"⑥。绍兴元年(1131),秦桧投桃报李,推荐时任右文殿修撰、提举临安府洞霄宫的胡安国出任中书舍人兼侍读。胡安国便利用接近皇帝的机会,"力言桧贤于张浚诸人"⑦,竭力为秦桧取代吕颐浩制造舆论。对于胡安国的投之以桃,秦桧当然也报之以李。当胡安国因论朱胜非不当而罢去中书舍人兼侍读时,秦桧三上章奏,乞求留用胡安国。

早在靖康元年,胡安国就被任命为中书舍人。宋钦宗召见胡安国,胡安国奏曰:"明君以务学为急,圣学以正心为要。"⑧希望宋钦宗抛弃王安石

---

① 陆游撰,李剑雄、刘德权点校:《老学庵笔记》卷九,第118页。
② 杨时撰,林海权校理:《杨时集·前言》,第15页。
③ 黄宗羲原著,全祖望补修,陈金生、梁运华点校:《宋元学案》卷二十五《龟山学案》,第956页。
④ 黄宗羲原著,全祖望补修,陈金生、梁运华点校:《宋元学案》卷四十二《五峰学案》,第1366页。
⑤ 黎靖德编,王星贤点校:《朱子语类》卷一百三十一《中兴至今日人物上》,第3155页。
⑥ 黎靖德编,王星贤点校:《朱子语类》卷一百三十一《中兴至今日人物上》,第3153页。
⑦ 脱脱等撰:《宋史》卷四百七十三《秦桧传》,第13750页。
⑧ 脱脱等撰:《宋史》卷四百三十五《胡安国传》,第12909页。

富国强兵之学,代之以二程正心诚意之学,他还为张载、邵雍、程颢、程颐四位理学家争取正统地位,请求宋钦宗允他们"从祀"孔庙。对此,朝廷没有允准。

　　胡安国、胡宏父子与杨时一样是两宋之际批判新学的急先锋。对于王安石其人,胡宏继承二程对王安石内圣有缺的批评,指责王安石为聚敛之臣、奸臣贼子,"古之君国子民者,以义为利,不以利为利,故百乘之家不畜聚敛之臣,与其有聚敛之臣,宁有盗臣"①。从儒家重义轻利的价值观出发,胡宏不仅对王安石进行了无情抨击,甚至不惜对王安石进行人格侮辱。"王安石以为统于冢宰,则王者所以治内,可谓至公而尽正矣。夫顺理而无阿私之谓公,由理而无邪曲之谓正,修身以齐家,此王者治国平天下之定理,所自尽心者也。苟身不能齐家,而付之冢宰以为主也,悖理莫甚焉!又可谓之公正乎?噫!安石真奸人哉!"②胡宏抨击王安石身不能治、家不能齐,却要治国、平天下,有悖常理,甚至骂王安石为"奸人",其态度之恶劣、言词之偏激,远远超过前贤时杰对王安石的批评,达到无以复加的地步。

　　对于王安石变法,胡宏从儒家重农抑商的观点出发,批评变法为弃本逐末之举。"夫君相守恭俭,不向末作,使民务本,此足用长财之要也。"③胡宏还从儒家重义轻利的价值观出发,批判王安石变法见利忘义,败坏伦理纲常,导致北宋灭亡:"王安石轻用己私,纷更法令,弃诚而怀诈,兴利而忘义,尚功而悖道,人皆知安石废祖宗法令,不知其并与祖宗之道废之也。邪说既行,正论屏弃,故奸谀敢挟绍述之义以逞其私,下诬君父,上欺祖宗,诬谤宣仁,废迁隆祐。使我国家君臣父子之间,顿生疵疠,三纲废坏,神化之道泯然将灭。遂使敌国外横,盗贼内讧,王师伤败,中原陷没,二圣远栖于沙漠,皇舆僻寄于东吴。"④胡宏继承其师学家法,赤裸裸地将北宋灭亡的罪责归咎于王安石及其变法。

　　在儒家经典中,王安石轻视《春秋》,视之为"断烂朝报"。胡安国反对王安石对《春秋》的轻视态度,将天下大乱的原因归结为新学之废《春秋》。胡安国《春秋传序》曰:"《春秋》非五经比也。'泺水警予'与'凤皇来仪'并

----

① 胡宏撰,吴仁华点校:《胡宏集·皇王大纪论·极论周礼》,中华书局1987年,第255页。
② 胡宏撰,吴仁华点校:《胡宏集·皇王大纪论·极论周礼》,第256页。
③ 胡宏撰,吴仁华点校:《胡宏集·皇王大纪论·极论周礼》,第255页。
④ 脱脱等撰:《宋史》卷四百三十五《胡宏传》,第12924页。

载于《虞书》,'大木斯拔'与'嘉禾合颖'同垂于《周史》,《春秋》不书祥瑞而尽书灾异。史外传心之要典也。自安石建议以《春秋》为腐烂朝报,经筵不以进读,科目不以取士,驯至崇、观之间,奸臣用事,一卉一木之异指为嘉瑞,天地灾变,隐而不言,是与《春秋》正相反也。胡氏之论,盖攻安石学术之乱天下也。"①胡安国认为王安石不懂《春秋》为"史外传心之要典",废黜《春秋》,导致崇宁、大观年间奸臣用事,对于天地灾异,隐而不报,遂危害天下。"近世推隆王氏新说,按为国是,独于《春秋》,贡举不以取士,庠序不以设官,经筵不以进读,断国论者无所折衷,天下不知所适,人欲日长,天理日消,其效使夷狄乱华,莫之遏也。"②可见,胡安国将北宋灭亡的责任归咎于王安石新学坏人心术,人们无视天理,放纵私欲,导致世风衰败、人心涣散,终致异族入侵、北宋灭亡。胡宏与乃父配合,从新学对北宋学术的影响展开批判。"自秦焚书坑儒以后,章句紊乱,六经之义浸微浸昏,重以本朝丞相王安石专用己意训释经典,倚威为化,以利为罗,化以革天下之英才,罗以收天下之中流,故五十年间,经术颓靡,日入于暗昧支离,而六经置于空虚无用之地。"③胡宏批判王安石利用科举,化革人心,导致学术萎靡、支离暗昧,对北宋后期的学术不振应负主要责任。

胡安国还通过对《春秋》的讲解来批判新学的义利观。在鲁僖公十八年秋八月丁亥,葬齐桓公条下,胡安国阐释道:"桓公九合诸侯,不以兵车,威令加乎四海,几于改物,虽名方伯,实行天子之事。然而不能慎终如始,付托非人,柩方在殡,四邻谋动其国家而莫之恤,至于九月而后葬,以此见功利之在人浅矣。《春秋》明道正义,不急近功,不规小利,于齐桓、晋文之事,有所贬而无过褒以此。"④胡安国此论是依据孟子关于齐桓公、晋文公的评论而阐发的,集中体现了胡安国重义轻利的价值观。胡安国之所以如此,就是针对新学义利统一的价值观而发,目的在于配合宋高宗对王安石的政治清算,而从学术上对王安石新学予以彻底否定。

与二程、杨时一脉相承,胡安国也将新学定性为异端邪说。胡安国父子有一段对话,非常具有代表性。"文定作先生墓志,载先生奏安石为邪说

---

①佚名撰,汪圣铎点校:《宋史全文》卷十一熙宁二年二月己亥,中华书局2016年,第646页。

②胡安国撰,钱伟强点校:《春秋胡氏传·春秋传序》,浙江古籍出版社2010年,第2页。

③胡宏撰,吴仁华点校:《胡宏集·程子雅言后序》,第159页。

④胡安国撰,钱伟强点校:《春秋胡氏传》卷十二僖公十八年八月丁亥,第175页。

之事。五峰问文定:'此章直似迂阔,何以载之?'文定曰:'此是取王氏心肝底剑子手段,何可不书? 书之则王氏心肝悬在肉案上,人人见得,而陂淫邪遁之辞皆破矣。'"①将新学视为异端邪说,从而剔除儒家道统,是理学人物的惯用伎俩,胡安国也秉承这一做法,采用打棍子、扣帽子的办法,试图将新学剔除儒家道统。

胡宏继承二程、杨时否定《周礼义》的衣钵,并且有过之而无不及,连《周礼》也一并否定。收入《胡宏集》的《皇王大纪论》共八十篇,其中有四篇是专门攻击《周礼》的。胡宏抨击《周礼》为刘歆附会成书,并直称《周礼》为"刘歆《周礼》"②。而对于刘歆其人,胡宏则破口大骂:"彼刘歆者,叛父背君,不祥之人也,是乌知礼乐? 世儒懵懵然推尊其书,使与圣经并,此愚之所以拊膺太息、论之而不能自已者也。"③认为刘歆叛父背君,是典型的小人,由刘歆"附会成书"的《周礼》岂可称之为经,"《周礼》之书颠倒人伦,不可以为经也"④;更遑论与《易经》《诗经》《尚书》《春秋》相提并论:"刘歆颠倒鬼神,其书不得与《易》、《诗》、《书》、《春秋》比也。"⑤二程作为封建礼制的维护者,只是对《周礼》的部分内容提出质疑,总体上依然维护《周礼》的经书地位;而作为洛学后学的胡宏,比起二程更加肆无忌惮,通过否定刘歆其人,进而否定《周礼》其书,将其排除在《五经》之外。王安石以刘歆"附会成书"的《周礼》为周公致太平之典,作为变法的理论依据,胡宏认为这样的《周礼》"非周公致太平之典",以此为理论依据治国理政,怎能不导致国家灭亡呢? "若刘歆之说,是使百官有司不守三尺,上下交征利,虽剥其民以危亡其国之道,非周公致太平之典也。"⑥胡宏认为,《周礼》鼓励百官追逐财利,盘剥百姓,不是周公治国平天下的指导思想。"王安石乃确信乱臣贼子伪妄之书,而废大圣垂死笔削之经,弃恭俭而崇汰侈,舍仁义而营货财。不数十年,金人内侵,首足易位,涂炭天下,未知终始。原祸乱之本,乃在于是。"⑦胡宏与乃父一样,迎合宋高宗的政治需要,为了开脱徽宗、钦宗的亡

①黄宗羲原著,全祖望补修,陈金生、梁运华点校:《宋元学案》卷二十五《龟山学案》,第956页。
②胡宏撰,吴仁华点校:《胡宏集·皇王大纪论·周礼礼乐》,第253页。
③胡宏撰,吴仁华点校:《胡宏集·皇王大纪论·周礼礼乐》,第254页。
④胡宏撰,吴仁华点校:《胡宏集·皇王大纪论·周礼祀冕》,第253页。
⑤胡宏撰,吴仁华点校:《胡宏集·皇王大纪论·周礼祀冕》,第253页。
⑥胡宏撰,吴仁华点校:《胡宏集·皇王大纪论·极论周礼》,第255页。
⑦胡宏撰,吴仁华点校:《胡宏集·皇王大纪论·极论周礼》,第260页。

国罪责,把北宋灭亡的原因归咎于王安石变法,并最终归结到王安石新学上,将新学污蔑为亡国之学,从而置新学于万劫不复之地。

与胡氏父子相先后,向新学发起攻击的还有王居正。王居正(1087—1151),字刚中,两宋之际扬州(今属江苏)人,学者称为竹西先生。王居正原与秦桧友善,后与秦桧乖违,"桧为执政,与居正论天下事甚锐,既相,所言皆不酬。居正疾其诡,见帝言曰……桧衔之,出居正知婺州"①。王居正与杨时一样,自少攻读新经义,作为敲门砖赢取功名,然而功成名就之后,却将批判的矛头指向新学。"先生自少攻《新经》,及见龟山杨文靖公于阳羡,出所著《三经义辩》示之曰:'吾举其端,子成吾志。'先生益感厉,首尾十年,为《毛诗辩学》二十卷,《尚书辩学》十三卷,《周礼辩学》五卷,《三经辩学外集》一卷。"②王居正受杨时影响,对新学的态度发生转变,撰著《三经辩学》以及《外集》,向新学发起攻击,"荆公《新经义》盛行,先生非之,不肯作新进士语,流落者十年"③。

王居正曾利用面君的机会,在高宗面前诋毁新学。"其在兵部时,因入对,上偶及安石新学为士大夫心术之害,先生进曰:'臣侧闻陛下深恶安石之学久矣,不识圣心灼见其弊安在?'上曰:'安石之学,杂以霸道,取商鞅富国强兵之说。今日之祸,人徒知蔡京、王黼之罪,而不知天下之乱生于安石。'先生对曰:'祸乱之源,诚如圣训。然安石所学,得罪于万世者,不止于此。'为上陈安石训释经义无父无君者一二条。"④征得高宗同意后,王居正列举新学七大罪状,呈奉高宗:"其一曰,蔑视君亲,亏损恩义,凡所褒贬,悉害名教。其二曰,非圣人,灭天道,诋诬孔、孟,宗尚佛、老。其三曰,深惩言者,恐上有闻。其四曰,托儒为奸,以行私意,变乱经旨,厚诬天下。其五曰,随意互说,反复皆违。其六曰,排斥先儒,经术自任,务为新奇,不恤义理。其七曰,《三经》《字说》,自相抵牾。"⑤宋高宗生气地说:"是岂不害名教邪?孟子所谓邪说,正谓是矣。"⑥面君之后,王居正将上述对话写入序中,置于《辩学》之首。绍兴五年三月,王居正献《辩学》四十二篇,矛头直指

---

①脱脱等撰:《宋史》卷三百八十一《王居正传》,第11734页。
②黄宗羲原著,全祖望补修,陈金生、梁运华点校:《宋元学案》卷二十五《龟山学案》,第966页。
③黄宗羲原著,全祖望补修,陈金生、梁运华点校:《宋元学案》卷二十五《龟山学案》,第964页。
④黄宗羲原著,全祖望补修,陈金生、梁运华点校:《宋元学案》卷二十五《龟山学案》,第966页。
⑤李心传编撰,胡坤点校:《建炎以来系年要录》卷八十七绍兴五年三月庚子,第1449页。
⑥脱脱等撰:《宋史》卷三百八十一《王居正传》,第11736页。

新学,同时为洛学张目。

宋高宗为了开脱乃父乃兄的亡国罪责,维护赵宋统治的合法性,需要从政治和意识形态领域寻找北宋亡国的原因,最终将北宋灭亡的原因归结为王安石新政及其新学。洛学后学杨时、胡安国、胡宏、王居正等为了争夺儒家道统的正统地位,需要从学术上清除新学的影响。于是,君臣上下呼应,开始寻找新学误国的种种表现,竭力将北宋亡国的罪责转嫁给新学。

绍兴六年,吏部员外郎陈公辅上疏抨击新学,指责新学败坏社会风气,泯灭士人气节。疏曰:

> 今日之祸,实由公卿大夫无气节忠义,不能维持天下国家,平时既无忠言直道,缓急讵肯伏节死义,岂非王安石学术坏之邪?议者尚谓安石政事虽不善,学术尚可取。臣谓安石学术之不善,尤甚于政事,政事害人才,学术害人心,《三经》、《字说》诋诬圣人,破碎大道,非一端也。《春秋》正名分,定褒贬,俾乱臣贼子惧,安石使学者不治《春秋》;《史》、《汉》载成败安危、存亡理乱,为圣君贤相、忠臣义士之龟鉴,安石使学者不读《史》、《汉》。王莽之篡,扬雄不能死,又仕之,更为《剧秦美新》之文。安石乃曰:"雄之仕,合于孔子无可无不可之义。"五季之乱,冯道事四姓八君,安石乃曰:"道在五代时最善避难以存身。"使公卿大夫皆师安石之言,宜其无气节忠义也。[1]

陈氏奏疏对新学的攻击集中在三个方面:一是抨击王安石新学,"诋诬圣人,破碎大道",属于异端邪说;二是抨击王安石诋诬《春秋》,使之不得列于学官,不能用来培养人才,还抨击王安石轻视《史记》《汉书》,使得圣君贤相、忠臣义士不能知晓古今成败、安危、存亡之理;三是抨击王安石赞扬扬雄、冯道等无行之人,致使士人丧失气节、泯灭忠义,败坏士风与世风。

尽管建炎、绍兴年间,新学遭到来自朝野上下的无情批判,但作为高居北宋中后期意识形态领域主导地位的思想学说,并没有马上退出历史舞台。导致这一现象的原因有三点:一是科举考试的需要。士子多年修习新学,本指望借此猎取功名、获取实惠,一旦罢黜新学,士子们多年的冷板凳

---

[1] 脱脱等撰:《宋史》卷三百七十九《陈公辅传》,第11694页。

就白坐了，美好的前程就会付诸东流。谁敢拿士子们的前程开玩笑，他们就与谁过不去。所以，当杨时要废黜新学时，遭到士子们的强烈反对，以至于连国子祭酒的乌纱帽都保不住。当时，宗王学还是宗程学，成为令士子们左右为难的问题。胡寅少年时，曾向塾师请教，到底是王学好，还是程学好？"一日请诸塾师曰：'河南杨、谢所说，与王氏父子谁贤？'塾师曰：'彼不利于应科举，尔将趋舍选，则当遵王氏。'"①可见，士子们多年修习新学，用于应对科考，如果突然废除新学，一时还无法适应。二是当时还没有任何学术体系可以取代新学。创建于熙丰之际的洛学，其传人虽趁南宋统治者打击新学之际，极力弘扬洛学，企图使洛学凌驾于新学之上，但是由于长期以来洛学的传播多限于门人，在朝野立足未稳，尚未出现像张栻、朱熹、陆九渊那样富有影响力的大师级人物，因而那时的洛学还缺乏取代新学所必须的广泛影响和坚实基础。洛学如此，蜀学更是如此。三是秦桧为了与赵鼎争夺权势，扯起新学大旗，以打击倡导洛学的赵鼎，"数年以来，宰相执论不一，赵鼎主程颐，秦桧主王安石"②。秦桧这个权臣的支持与利用，无疑为新学维持其官学地位提供了强有力的政治支持。

作为当时的著名学者，杨时、胡安国、胡宏、王居正等人的观点颇能影响一些人，这无疑给了偏安一隅的宋高宗一根推卸乃父乃兄亡国罪责的救命稻草。宋高宗即位伊始，就公开声称支持旧党，迫不及待地重用旧党人物，打击新党势力，清算新学影响。杨时在开脱宋徽宗父子亡国罪责上的所谓贡献，使得宋高宗对其很是赏识。建炎元年（1127）十二月，宋高宗便将工部侍郎兼侍读的官帽送给杨时。建炎二年三月，宋高宗开经筵讲《资治通鉴》，并将司马光配享哲宗庙庭，科举考试恢复诗赋。同时，礼部侍郎王淘上疏高宗，主张科举考试不专用王氏之说，高宗表示同意。建炎三年四月，"举行仁宗法度，录用元祐党籍"③。六月，司勋员外郎赵鼎上疏："自熙宁间，王安石用事，肆为纷更，祖宗之法扫地，而生民始病。至崇宁初，蔡京托名绍述，尽祖安石之政，以致大患。今安石犹配飨庙庭，而京之党未族。臣谓时政之阙，无大于此，何以收人心而召和气哉？上纳其言。"④于

---

①曾枣庄主编：《宋代序跋全编》卷二十七《鲁语详说》序，第714页。
②脱脱等撰：《宋史》卷一百五十六《选举志二》，第3630页。
③李心传编撰，胡坤点校：《建炎以来系年要录》卷二十二建炎三年四月乙卯，第472页。
④李心传编撰，胡坤点校：《建炎以来系年要录》卷二十四建炎三年六月己酉，第494页。

是,"罢王安石配享神宗庙庭,以司马光配"①。建炎四年十一月,高宗下诏为旧党恢复名誉,追赠吕公著、吕大防、范纯仁等为国公或太师。司马光"配享哲宗庙庭",标志着旧党政治地位的提高。科举考试不专用王氏之说,标志着新学在意识形态领域的地位再次下降。

绍兴五年四月,杨时卒。"给事中朱震上言,先生尝'辩诬谤以明宣仁圣烈之功,雪冤抑以复昭慈圣献之位,排邪说以正天下学术之谬',为之请恤,诏谥文靖。"②绍兴七年十二月,宋高宗尝与杨时爱婿陈渊"面论程、王学术同异,高宗曰:'杨时《三经义辩》甚当理则。'对曰:'杨时始宗安石,后得程颐师之,乃悟其非。'"③绍兴十二年,高宗追封杨时为吴国公。

绍兴年间,秦桧把新学当作政治斗争的工具,用以打击政敌、清除异己。"自赵忠简去后,桧更主荆公之学,故上训及之,然桧非但不知伊川,亦初不知荆公也。……然自是又设专门之禁者十有余年,逮桧死乃已。"④绍兴二十五年十月,一代奸相秦桧归天,"士大夫之攻伊川者自是少息"⑤。绍兴二十六年六月,秘书省正字兼实录院检官叶谦亨向高宗进言:"学术粹驳,系于主司去取之间。向者朝论专尚程颐之学,有立说稍异者,皆不在选。前日大臣则阴佑王安石,而取其说稍涉程学者,一切摒弃。夫理之所在,惟其是而已。取其合于孔、孟者,去其不合于孔、孟者,可以为学矣,又何拘乎?愿诏有司,精择而博取,不拘一家之说,使学者无偏曲之弊,则学术正而人才出矣。"高宗答曰:"赵鼎主程颐,秦桧尚安石,诚为偏曲,卿所言极当。"⑥于是,下诏:"自今毋拘一家之说,务求至当之论。道学之禁稍解矣。"⑦道学之禁解除后,为洛学的发展赢得了难得的政治环境和学术氛围,大大拓宽了学术发展的空间,学术思想界呈现出新学、理学与蜀学三足鼎立的局面。

---

①脱脱等撰:《宋史》卷二十五《高宗本纪二》,第466页。
②黄宗羲原著,全祖望补修,陈金生、梁运华点校:《宋元学案》卷二十五《龟山学案》,第947页。
③黄宗羲原著,全祖望补修,陈金生、梁运华点校:《宋元学案》卷三十八《默堂学案》,第1264页。
④李心传辑,朱军点校:《道命录》卷四《汪勃乞戒场屋主司去专门曲说》,上海古籍出版社2016年,第39页。
⑤黄宗羲原著,全祖望补修,陈金生、梁运华点校:《宋元学案》卷九十六《元祐党案》,第3193页。
⑥李心传编撰,胡坤点校:《建炎以来系年要录》卷一百七十三绍兴二十六年六月乙酉,第2847页。
⑦脱脱等撰:《宋史》卷一百五十六《选举志二》,第3630页。

二、南宋中期:新学与洛学、蜀学再角力

随着洛学地位的逐渐上升,洛学遂取得了与新学、蜀学平起平坐的地位。这一时期,大约自孝宗淳熙年间至宁宗嘉泰年间。

南宋初年,收复故土始终是朝野人士的强烈愿望。由于秦桧任相后期打着新学的旗号,推行祸国殃民的勾当,致使授人以柄,在他身后新学遭到无情打击。在这种情况下,朝野人士便转而寄希望于洛学,希望洛学能够对抵御外侮、收复故土有所裨益。加之宋孝宗实行较前更为宽松的思想文化政策,给了洛学以喘息之机。这一时期,新学的地位虽然有所下降,但由于科举考试的需要,在学术界仍有着不可忽视的影响,但洛学在此期间也获得了长足的发展,出现了一批著名学者,成为影响力仅次于新学的重要学派。"伊洛之学行于世,至乾道、淳熙间盛矣。其能发明先贤旨意,溯流徂源,论著讲解卓然自为一家者,惟广汉张氏敬夫、东莱吕氏伯恭、新安朱氏元晦而已。"[①]乾道、淳熙之后,随着洛学地位的提高,洛学得到了长足的发展,洛学后学出现了陆九渊、张栻、吕祖谦、朱熹等硕学鸿儒,这些大儒的出现提高了洛学的影响力,为洛学的发展带来新的生机。出于与新学争道统的责任,以及弘扬洛学的使命,他们继承二程道统,不遗余力地开展了对新学的批判与清算。

南宋绍兴年间,在宋高宗的支持下,南宋朝野掀起了一股批判与清算王安石亡国罪责的高潮。宋高宗公然站在元祐党的立场上,一方面支持旧党,反对新党;另一方面扶持洛学,打压新学。绍兴四年八月,宋高宗与元祐党范祖禹之子范冲有如下对话:"对曰:'……王安石自任己见,非毁前人,尽变祖宗法度,上误神宗皇帝,天下之乱,实兆于安石,此皆非神祖之意。'上曰:'极是。朕最爱元祐。'"[②]绍兴五年三月,兵部侍郎王居正进言道:"臣闻陛下深恶安石之学久矣,不识圣心灼见,其弊安在?"高宗答道:"安石之学,杂以伯道,取商鞅富国强兵。今日之祸,人徒知蔡京、王黼之罪,而不知天下之乱,生于安石。"[③]正如漆侠先生所指出:"宋高宗之所以打击压制王安石变法、荆公学派,就在于……把靖康之祸推给蔡京、王黼,又拐弯抹角地推给王安石

① 周密撰,张茂鹏点校:《齐东野语》卷十一《道学》,中华书局1983年,第202页。
② 李心传编撰,胡坤点校:《建炎以来系年要录》卷七十九绍兴四年八月戊寅,第1289页。
③ 李心传编撰,胡坤点校:《建炎以来系年要录》卷八十七绍兴五年三月庚子,第1449页。

变法、王安石本人,以开脱宋徽宗亡国罪责,如此而已!"①宋高宗出于开脱徽宗亡国罪责的动机,将北宋的亡国以蔡京、王黼为媒介强加在王安石头上,于是朝野上下开始对王安石新政及其新学进行清算。

淳熙四年(1177)八月,宋孝宗视察太学,号称"耻读王氏书"的李焘建议:"从祀孔子,当升范仲淹、欧阳修、司马光、苏轼,黜王安石父子……众议不叶,止黜王雱而已。"②宋孝宗下诏,将王雱逐出孔子庙庭,而在孔庙里依然给王安石留了一个牌位。可见,孝宗年间,王安石在儒家道统中的地位虽发生严重动摇,但并未被彻底否定。

淳熙十四年十月,宋高宗赵构离世,对王安石及其新政新学打压的氛围有所缓解,重新评价王安石及其新政、新学,成为当时思想文化领域的一种强烈呼声。在这种背景下,淳熙十五年正月,抚州知州钱象祖重修王安石祠堂。陆九渊应钱氏之约,作《荆国王文公祠堂记》。作为同乡,陆九渊不顾时人强加给王安石的种种罪状,力图客观评价王安石,为王安石翻案。朱熹看到陆九渊的翻案文章后,针对陆九渊的观点提出不同意见。这一学术事件,朱熹称之为"临川之辨"。朱陆之间的争辩,集中在王安石的人格操守、性格特征及其新政、新学上。

在《荆国王文公祠堂记》中,对于王安石的人格品德、政治志向、学术操守,陆九渊均给予了高度评价:"英特迈往,不屑于流俗,声色利达之习,介然无毫毛得以入于其心,洁白之操,寒于冰霜,公之质也。扫俗学之凡陋,振弊法之因循,道术必为孔孟,勋绩必为伊周,公之志也。不蕲人之知,而声光烨奕,一时巨公名贤为之左次,公之得此,岂偶然哉?用逢其时,君不世出,学焉而后臣之,无愧成汤高宗。君或致疑,谢病求去,君为责躬,始复视事,公之得君,可谓专矣。新法之议,举朝欢哗,行之未几,天下汹汹,公方秉执《周礼》精白言之,自信所学,确乎不疑。君子力争,继之以去,小人投机,密赞其决,忠朴屏伏,憸狡得志,曾不为悟,公之蔽也。"③陆九渊称赞王安石人格高洁,志向远大,声色利达,不入于心;政治上目标高远,效法伊周;学术上荡涤俗学,取法孔孟。

陆九渊为王安石翻案的文章,遭到朱熹的坚决否定。朱熹承认王安石

---

①漆侠:《宋学的发展和演变》,第521页。
②脱脱等撰:《宋史》卷三百八十八《李焘传》,第11917页。
③陆九渊撰,钟哲点校:《陆九渊集》卷十九《荆国王文公祠堂记》,中华书局1980年,第232页。

道德节操过人,"盖介甫是个修饬廉隅孝谨之人"①,"若论其修身行己,人所不及"②,但同时指出王安石的性格存在缺陷,"天资亦有拗强处"③。在朱熹看来,这种拗强的性格具有两面性,可以是正能量,也可以是负能量,前提在于学术是否正确:"曰:'若学术是底,此样天资却更有力也。'曰:'然。'"④朱熹认为,王安石有着心胸狭隘、脾气倔强的性格缺陷,由于这种性格缺陷,导致王安石违众自用、足己自圣,进而斥君子、用小人。朱熹对王安石性格缺陷的批评,实际上源于司马光。熙宁年间王安石推行新法时,司马光曾批评王安石性格倔强、不近人情:"昔与王介甫同为群牧司判官,包孝肃公为使,时号清严。一日,群牧司牡丹盛开,包公置酒赏之;公举酒相劝,某素不喜酒,亦强饮,介甫终席不饮,包公不能强也。某以此知其不屈。"⑤司马光还批评王安石心胸狭隘、睚眦必报:"初,韩魏公知扬州,介甫以新进士签书判官事,韩公虽重其文学,而不以吏事许之。介甫数引古义争公事,其言迂阔,韩公多不从。介甫秩满去。会有上韩公书者,多用古字,韩公笑而谓僚属曰:'惜乎王廷评不在此,其人颇识难字。'介甫闻之,以韩公为轻己,由是怨之。"⑥对于这些批评王安石的记载,朱熹全部采入《宋名臣言行录》,表明他对司马光批评王安石性格缺陷的观点完全认同。《论语》指出:"子绝四:毋意,毋必,毋固,毋我。"⑦对照圣人的作为,在朱熹看来,王安石的所作所为,无一达到圣贤境界。

朱熹的另一则记载,也说明他对王安石内圣功夫的不屑。"神宗尝问明道云:'王安石是圣人否?'明道曰:'"公孙硕肤,赤舄几几",圣人气象如此。王安石一身尚不能治,何圣人为!'先生曰:'此言最说得荆公著。'"⑧二程认为,世界上只有两种人:一种人"皆知趋利而避害"⑨,这是众人;另一种人"不论利害,惟看义当为与不当为"⑩,这是圣人。而区分圣人与众

---

① 黎靖德编、王星贤点校:《朱子语类》卷一百三十《自熙宁至靖康用人》,第3112页。
② 黎靖德编、王星贤点校:《朱子语类》卷五十五《孟子·滕文公下·公都子问好辩章》,第1321页。
③ 黎靖德编、王星贤点校:《朱子语类》卷一百三十《自熙宁至靖康用人》,第3101页。
④ 黎靖德编、王星贤点校:《朱子语类》卷一百三十《自熙宁至靖康用人》,第3101页。
⑤ 邵伯温撰,李剑雄、刘德权点校:《邵氏闻见录》卷十,第108页。
⑥ 司马光撰,邓广铭、张希清点校:《涑水记闻》卷十六,第311页。
⑦ 朱熹撰:《论语集注》卷五《子罕》,《四书章句集注》,第109页。
⑧ 黎靖德编、王星贤点校:《朱子语类》卷一百三十《自熙宁至靖康用人》,第3097页。
⑨ 程颢、程颐撰,王孝鱼点校:《河南程氏遗书》卷十七,《二程集》上,第176页。
⑩ 程颢、程颐撰,王孝鱼点校:《河南程氏遗书》卷十七,《二程集》上,第176页。

人的标准则是如何处理义利关系,处理义利关系的准则在于把握其动机是为义还是为利。"孟子辨舜、跖之分,只在义利之间。"①判断君子与小人的标准,不仅看其行为的结果,更要看其行为的动机,即便是追求义的行为,如果出于自利的动机,也是小人而非君子之举。"不独财利之利,凡有利心,便不可。如作一事,须寻自家稳便处,皆利心也。圣人以义为利,义安处便为利。"②显然,二程不仅反对追求财利的行为,亦反对以追求财利为动机。在二程看来,王安石变法出于牟利动机,所以是众人或小人行为,远非圣贤所为。朱熹接受了程颢的看法,并借程颢之口表达了对王安石圣贤人格的质疑。传统儒家主张:"自天子以至于庶人,壹是皆以修身为本。其本乱而末治者否矣。"③在朱熹看来,王安石性格偏执,刚愎自用,自身尚未修养好,怎么能治国、平天下呢?朱熹通过批评王安石的性格缺陷,说明王安石内圣功夫不足,既然内圣功夫不足,自然其思想理论和外王事业也会大打折扣。

对于王安石的政治志向,朱熹则颇为赞赏:"而其始见神宗也,直以汉文帝、唐太宗之不足法者为言,复以诸葛亮、魏玄成之不足为者自任,此其志识之卓然,又皆秦汉以来诸儒所未闻者,而岂一时诸贤之所及哉!"④"其政事欲与尧舜三代争衡。"⑤对于王安石的行政能力,朱熹也给予了充分肯定:"如王介甫为相,亦是不世出之资。"⑥但朱熹在赞扬王安石的政治志向、行政能力的同时,也没有忘记批评王安石的性格缺陷:"然其为人,质虽清介而器本偏狭,志虽高远而学实凡近。其所论说,盖特见闻亿度之近似耳。顾乃挟以为高,足己自圣,不复知以格物致知、克己复礼为事,而勉求其所未至,以增益其所不能,是以其于天下之事,每以躁率任意而失之于前,又以狠愎徇私而败之于后。"⑦对于王安石的学术,朱熹表现出颇为矛盾的态度,一方面称赞王安石"学问高妙"⑧;另一方面批评王安石学术错

---

① 程颢、程颐撰,王孝鱼点校:《河南程氏遗书》卷十七,《二程集》上,第176页。
② 程颢、程颐撰,王孝鱼点校:《河南程氏遗书》卷十六,《二程集》上,第173页。
③ 朱熹撰:《大学章句》,《四书章句集注》,第4页。
④ 朱熹撰,郭齐、尹波点校:《朱熹集》卷七十《读两陈谏议遗墨》,第3660页。
⑤ 黎靖德编,王星贤点校:《朱子语类》卷五十五《孟子·滕文公下·公都子问好辩章》,第1320页。
⑥ 黎靖德编,王星贤点校:《朱子语类》卷一百二十七《神宗朝》,第3046页。
⑦ 朱熹撰,郭齐、尹波点校:《朱熹集》卷七十《读两陈谏议遗墨》,第3661页。
⑧ 黎靖德编,王星贤点校:《朱子语类》卷五十五《孟子·滕文公下·公都子问好辩章》,第1320页。

误，"只缘学术不正当，遂误天下"①。朱熹认为，王安石人品清介，但器量狭小；志向高远，但学术荒谬。

王安石一生的主要事功集中在变法上。陆九渊并不一概反对变法，主张"'法'是应该也可以变的，即使因办法不对，而产生不良后果，也不应该因噎废食，然而陆九渊反对骤变，如果变得太快，则其祸败较之不变还严重。据此，他主张：一要恢复三代古制，二要用缓和的办法进行变法"②。出于对王安石"振弊法之因循"的变法动机的同情与理解，对于那些诋訾新法的言论，陆九渊给予了严厉的批评："熙宁排公者，大抵极诋訾之言，而不折之以至理。平者未一二，而激者居八九。上不足以取信于裕陵，下不足以解公之蔽，反以固其意，成其事，新法之罪，诸君子固分之矣。"在陆九渊看来，那些诋毁新法的人，并不了解王安石变法的真正动机，对新法的诋毁，既不能顾全大局，也不能以理服人，而是一味地指责谩骂，遂造成新旧两党的意气之争，"熙宁之初，公固逆知己说之行，人所不乐，既指为流俗，又斥以小人。及诸贤排公，已甚之辞，亦复称是。两下相激，事愈戾而理益不明"③。元祐党人不但不能纠正王安石对变法的错误认识，反而更加坚定了王安石变法的意志，因此，新法之罪，旧党亦难辞其咎。首先，元祐党主张"祖宗之法不可变"。在陆九渊看来，祖宗之法有可变者、有不可变者，不可一概而论，要区别对待。变法本身没有错，而王安石变法错就错在没有利民、反而害民上了，而元祐党人高喊"祖宗之法不可变"，并没有切中王安石变法的要害，这种空洞的口号怎么能使王安石服气呢？"当时辟介甫者无一人就介甫法度中言其失，但云'喜人同己'，'祖宗之法不可变'。夫尧之法，舜尝变之；舜之法，禹尝变之。祖宗法自有当变者，使其所变果善，何嫌于同？……惜乎无以此辟之，但云'祖宗法不可变'，介甫才高，如何便伏？惟韩魏公论青苗法云'将欲利民，反以害民'，其切当。"④其次，在陆九渊看来，元祐党人批评王安石"喜人同己"，更是无稽之谈。"尚同一说，最为浅陋。天下之理但当论是非，岂当论同异。"⑤"古者道德一，风俗同，至

①黎靖德编，王星贤点校：《朱子语类》卷一百二十七《神宗朝》，第3046页。
②张立文：《走向心学之路》，中华书局1992年，第67页。
③陆九渊撰，钟哲点校：《陆九渊集》卷十九《荆国王文公祠堂记》，第233页。
④陆九渊撰，钟哲点校：《陆九渊集》卷三十五《语录下》，第441页。
⑤陆九渊撰，钟哲点校：《陆九渊集》卷十三《与薛象先》，第177页。

当归一,精义无二,同古者适所以为美。"①在陆九渊看来,天下的道理只能论是非,不能论异同,王安石所追求的"同"是同于三代的道德事功,如果实现三代的政治理想,岂不是天大的美事,那些批判王安石的言论根本没有批到要害。"熙宁排荆公者固多,尚同之说裕陵固尝以诘荆公,公对以道德一、风俗同之说,裕陵乃不直排者,然则荆公之说行,岂独荆公之罪哉?"②对于王安石的"道德一、风俗同"之说,即便是神宗也不反对,如果欲加之罪,神宗皇帝岂不也难辞其咎?

对于王安石变法,陆九渊并没有全盘肯定,他认为王安石变法存在两大失误:一是没有抓住为政之本;二是变法措施过于激进。那么,什么是为政之本呢? 陆九渊认为:"为政在人,取人以身,修身以道,修道以仁。仁,人心也。人者,政之本也,身者,人之本也,心者,身之本也。不造其本而从事其末,末不可得而治矣。"③陆九渊批评王安石不懂为政之道,为政之要在于人才,人才之要在于修身,修身之要在于正心、诚意。王安石不从正心、诚意入手,却从财利、法度上下功夫,这是典型的舍本逐末行为。"他当时不合于法度上理会。"④陆九渊认为,为政之道,人心为本,法度为末。变法应从道德教化入手,而不应从变革法度入手。

为什么会出现这种情况呢? 陆九渊认为,是因为王安石并没有做到穷理,只知追慕三代之名,而不懂得三代之实。"或问:'介甫比商鞅何如?'先生云:'商鞅是脚踏实地,他亦不问王霸,只要事成,却是先定规模。介甫慕尧舜三代之名,不曾踏得实处,故所成就者,王不成,霸不就。本原皆因不能格物,模索形似,便以为尧舜三代如此而已。所以学者先要穷理。'"⑤在陆九渊看来,王安石根本没有搞清三代之实,却要回归三代,三代实行的是王道政治,他却用霸道措施,结果弄得王不成、霸不就。

那么,什么是陆九渊所要穷的理呢? 那就是二程所说的天理。"凡事不合天理,不当人心者,必害天下,效验之著,无愚智皆知其非。然或智不烛理,量不容物,一旦不胜其忿,骤为变更,其祸败往往甚于前日。后人惩

---

①陆九渊撰,钟哲点校:《陆九渊集》卷三十五《语录下》,第442页。
②陆九渊撰,钟哲点校:《陆九渊集》卷十三《与薛象先》,第177页。
③陆九渊撰,钟哲点校:《陆九渊集》卷十九《荆国王文公祠堂记》,第233页。
④黎靖德编,王星贤点校:《朱子语类》卷一百三十《自熙宁至靖康用人》,第3098页。
⑤陆九渊撰,钟哲点校:《陆九渊集》卷三十五《语录下》,第442页。

之,乃谓无可变更之理,真所谓惩羹吹齑,因噎废食者也。"①陆九渊从天理论和人心说出发,批评王安石变法,上不合天理,下不符人心。"天下之事,有可立至者,有当驯致者。旨趣之差,议论之失,是惟不悟,悟则可以立改。故定趋向,立规模,不待悠久,此则所谓可立至者。至如救宿弊之风俗,正久隳之法度,虽大舜周公复生,亦不能一旦尽如其意。惟其趋向既定,规模既立,徐图渐治,磨以岁月,乃可望其丕变,此则所谓当驯致之者。"②在陆九渊看来,天下之事有的可以骤变,有的只能渐变。思想言论如果出现错误,没有意识到便罢,一旦意识到了,立即可以纠正;但风俗法度不是一朝一夕形成的,也不是一朝一夕可以改变的。王安石变法的错误在于,既没有抓住为政之本,又采取了错误的骤变措施。

朱熹则从动机与效果相统一的观点出发,批评王安石变法动机不坏、效果不好。之所以出现这种情况,首先是由于王安石犯了立场错误。"论来介甫初间极好,他本是正人,见天下之弊如此,锐意欲更新之,可惜后来立脚不正,坏了。"③所谓"立脚不正",就是犯了立场错误。在朱熹看来,王安石站在元祐党的立场上就是立脚正,而王安石站在熙宁党的立场上,就是"立脚不正"。其次由于王安石见识不明、方法不当,造成其学术错误。"先生论荆公之学所以差者,以其见道理不透彻。因云:'洞视千古,无有见道理不透彻,而所说所行不差者。但无力量做得来,半上落下底,则其害浅。如庸医不识病,只胡乱下那没紧要底药,便不至于杀人。若荆公辈,他硬见从那一边去,则如不识病证,而便下大黄、附子底药,便至于杀人。'刘叔通言:'王介甫,其心本欲救民,后来弄坏者,乃过误致然。'曰:'不然。正如医者治病,其心岂不欲活人? 却将砒霜与人吃。及病者死,却云我心本欲救其病,死非我之罪,可乎? 介甫之心固欲救人,然其术足以杀人,岂可谓非其罪?'"④朱熹认为,由于王安石见识不明、学术不正,采取了错误的变法措施,以逐利之心推行社会变革,结果导致朝野纷纷逐利,而将社会正义置诸脑后,本来是想拯救社会之弊,结果反而贻害社会。最后,王安石变法之所以失败,还有一个重要原因就是知人不明、用人不当。"然所用者尽

①陆九渊撰,钟哲点校:《陆九渊集》卷十八《删定官轮对札子》,第223页。
②陆九渊撰,钟哲点校:《陆九渊集》卷十八《删定官轮对札子》,第223页。
③黎靖德编,王星贤点校:《朱子语类》卷一百三十《自熙宁至靖康用人》,第3112页。
④黎靖德编,王星贤点校:《朱子语类》卷一百三十《自熙宁至靖康用人》,第3097页。

是小人,聚天下轻薄无赖小人作一处,以至遗祸至今。"①"朱熹尝论安石
'以文章节行高一世,而尤以道德经济为己任。被遇神宗,致位宰相,世方
仰其有为,庶几复见二帝三王之盛。而安石乃汲汲以财利兵革为先务,引
用凶邪,排摈忠直,躁迫强戾,使天下之人,嚣然丧其乐生之心。卒之群奸
肆虐,流毒四海,至于崇宁、宣和之际,而祸乱极矣'。"②在朱熹看来,王安
石排斥君子、任用小人,使得奸邪肆虐、忠直落寞,最终导致外敌入侵时无
人可用。

陆九渊关于王安石变法不应从法度入手的观点,朱熹并不赞成:"法度
如何不理会? 只是他所理会非三代法度耳。"③朱熹认为王安石打着三代
的旗号进行变法无可厚非,但他所推行的并不是三代法度,因此只能事与
愿违。在朱熹看来,王安石不懂得王霸之别,采用霸道的手段去追求王道。
王安石仰慕三代政治,力图在北宋再现三代之治,但又以"富国强兵"为目
标,此又是霸道政治,结果就出现了"王不成,霸不就"的尴尬局面。

陆九渊对王安石学术的批判集中在义利问题上,认为王安石言利不
当。对于古人的财利观,王安石有着自己独到的见解。"孟子所言利者,为
利吾国,如曲防遏籴,利吾身耳。至狗彘食人则检之,野有饿莩则发之,是
所谓政事。所以理财,理财乃所谓义也。一部《周礼》,理财居其半,周公岂
为利哉? 奸人者因名实之近,而欲乱之,眩惑上下,其如民心之愿何? 始以
为不请,而请者不可遏;终以为不纳,而纳者不可却。盖因民之所利而利
之,不得不然也。"④王安石打着周公的旗号大谈财利,陆九渊也不便妄加
指责,于是陆九渊就批评王安石所言财利并非周公之财利。"或言介甫不
当言利。夫《周官》一书,理财者居半,冢宰制国用,理财正辞,古人何尝不
理会利,但恐三司等事,非古人所谓利耳。不论此,而以言利遏之,彼岂无
辞? 所以率至于无奈他何处。"⑤正当王安石变法如火如荼地进行时,即有
人打着重义的旗号,反对王安石追求"利",而王安石将"利"分为利国、利
身、利"民"三个层次,主张为"民"牟利本身就是义,有效地反驳了元祐党人

---

① 黎靖德编,王星贤点校:《朱子语类》卷五十五《孟子·滕文公下·公都子问好辩章》,第 1320 页。
② 脱脱等撰:《宋史》卷三百二十七《王安石传》,第 10553 页。
③ 黎靖德编,王星贤点校:《朱子语类》卷一百三十《自熙宁至靖康用人》,第 3098 页。
④ 王安石撰,唐武标点校:《王文公文集》卷八《答曾公立书》,第 97 页。
⑤ 陆九渊撰,钟哲点校:《陆九渊集》卷三十五《语录下》,第 442 页。

的无端指责,但王安石变法所造成的效果是富国强兵,而整个地主阶级并没有得到多少实惠,所以,陆九渊说王安石所言财利并非周公之财利。如果说对于王安石变法,陆九渊还是有所肯定的话;那么,对于作为变法指导思想的荆公新学,陆九渊则是基本否定的。这是因为,在陆九渊看来,王安石政治志向远大,然而变法之所以失败,在于其指导思想的错误。"荆公英才盖世,平日所学,未尝不以尧舜为标的。及遭逢神庙,君臣议论,未尝不以尧舜相期。独其学不造本原,而悉精毕力于其末,故至于败。"①在陆九渊看来,王安石学术之不足,在于没有抓住尧舜之道的根本,即没有从道德教化入手,而是从谋求财利入手,这样就颠倒了本末。"惜哉!公之学不足以遂斯志,而卒以负斯志;不足以究斯义,而卒以蔽斯义也。"②王安石的学术思想不但不能帮助实现他的政治抱负,反而妨害了他的政治抱负的实现,不但不能彰显儒家的微言奥义,反而掩盖了儒家的微言奥义。

对于陆九渊关于王安石的评价,朱熹的看法是颇为矛盾的。朱熹与门人的一段对话颇能说明问题:"问:'万世之下,王临川当作如何评品?'曰:'陆象山尝记之矣,何待它人问?'"③这表明朱熹基本赞同陆九渊对王安石的评价,但他在答刘公度的信中,又对陆九渊的观点提出批评:"临川近说愈肆,《荆舒祠记》曾见之否?此等议论皆学问偏枯、见识昏昧之故,而私意又从而激之。"④由于朱熹对王安石及其新学的矛盾态度,导致后学出现调和朱陆的说法。刘公度致信朱熹:"世岂能人人同己,人人知己?在我者明莹无瑕,所益多矣。"⑤对此,朱熹大为光火,板起面孔教训道:"此等言语殊不似圣贤意思。无乃近日亦为异论渐染,自私自利,作此见解耶?……若公度之说行,则此等事都无人管,恣意横流矣。"⑥朱熹指责陆九渊为王安石翻案的文章为"异论",批评刘公度"为异论渐染",如果按照刘公度的意见,"此等事都无人管",岂不"恣意横流"!

对于朱熹的批评,陆九渊在给胡季随的信中作了回应:"《王文公祠记》,乃是断百余年未了底大公案,自谓圣人复起,不易吾言。余子未尝学

---

① 陆九渊撰,钟哲点校:《陆九渊集》卷九《与钱伯同》,第 121 页。
② 陆九渊撰,钟哲点校:《陆九渊集》卷十九《荆国王文公祠堂记》,第 232 页。
③ 黎靖德编,王星贤点校:《朱子语类》卷一百三十《自熙宁至靖康用人》,第 3101 页。
④ 朱熹撰,郭齐、尹波点校:《朱熹集》卷五十三《答刘公度》,第 2630 页。
⑤ 朱熹撰,郭齐、尹波点校:《朱熹集》卷五十三《答刘公度》,第 2630 页。
⑥ 朱熹撰,郭齐、尹波点校:《朱熹集》卷五十三《答刘公度》,第 2630 页。

问,妄肆指议,此无足多怪。同志之士犹或未能尽察,此良可慨叹!"①陆九渊批评朱熹"未能尽察",却妄加指摘,实在令人感慨,自信对王安石的评价,即便圣人复起,也不会与自己意见相左。经过一段时间的反思,朱熹也觉得自己的做法欠妥,他在给程正思的信中不无歉疚地说:"临川之辨当时似少商量,徒然合闹,无益于事也。"②承认自己与陆九渊因缺少沟通,陷入意气之争,虽然争得面红耳赤,却于事无补。可见,朱陆之辨虽为学术之争,但也难免带有意气之争的色彩。

朱熹对王安石的评价充满着矛盾,他一方面赞扬王安石的人品,另一方面又批评王安石的性格。但总体而言,朱熹对王安石的人品是肯定的,对王安石的批评集中于他的学术,"荆公德行,学则非"③。虽然朱熹对王安石的学术多所批评,但也并非一概否定:"王氏《新经》尽有好处,盖其极平生心力,岂无见得著处?"④然而,这种肯定在朱熹那里是次要的,重要的是朱熹认为王氏新学祸国殃民,"只缘学术不正当,遂误天下"⑤。朱熹与门人如下一段对话,颇能代表朱熹的观点:"'莫只是学术错否?'曰:'天资亦有拗强处。'曰:'若学术是底,此样天资却更有力也。'曰:'然。'"⑥在朱熹看来,王安石学术不正,加之固执己见、刚愎自用,结果导致败国殄民。

在评价王安石新政及其新学这个大是大非的问题上,朱熹基本上继承了二程的观点。通过对比朱熹与二程的观点,我们就不难看清朱熹对王安石新政、新学的批判及其实质。

首先,王安石认为佛教之理与儒家之道有相符的地方,为了发展儒家思想,应该援佛入儒。而二程则恪守儒家正统,排斥佛道,批评王安石调和儒佛,虽然二程对佛家思想不无吸收,但为了争儒学的正统地位,依然罔顾事实,反对王安石调和儒佛的做法。

朱熹继承了二程的这一观点,也认为王安石不懂圣人之道,错把佛老之道当作圣人之道。"熹窃谓学以知道为本,知道则学纯而心正,见于行事,发于言语,亦无往而不得其正焉。如王氏者,其始学也,盖欲凌跨扬、

---

①陆九渊撰,钟哲点校:《陆九渊集》卷一《与胡季随》二,第7页。

②朱熹撰,郭齐、尹波点校:《朱熹集》卷五十《答程正思》,第2459页。

③黎靖德编,王星贤点校:《朱子语类》卷一百三十《自熙宁至靖康用人》,第3097页。

④黎靖德编,王星贤点校:《朱子语类》卷一百三十《自熙宁至靖康用人》,第3099页。

⑤黎靖德编,王星贤点校:《朱子语类》卷一百二十七《神宗朝》,第3046页。

⑥黎靖德编,王星贤点校:《朱子语类》卷一百三十《自熙宁至靖康用人》,第3101页。

韩,掩迹颜、孟,初亦岂遽有邪心哉？特以不能知道,故其学不纯,而设心造事遂流入于邪。又自以为是,而大为穿凿附会以文之,此其所以重得罪于圣人之门也。"①"王氏之学,正以其学不足以知道,而以老释之所谓道者为道,是以改之,而其弊反甚于前日耳。"②因为新学"本原不正,义理不明"③,溺于异端、惑于佛老,根本不是正统的儒家学说,而是三家融合的大杂烩,"至于王氏、苏氏,则皆以佛老为圣人,既不纯乎儒者之学矣"④。王安石执政后,"知俗学不知道之弊,而不知其学未足以知道,于是以老释之似乱周孔之实,虽新学制,颁经义,黜诗赋,而学者之弊反有甚于前日"⑤。在荆公新学的指导下,王安石推行的科举改革,不仅给学术界造成思想混乱,而且带来祸国殃民的严重后果。"夫安石以其学术之误,败国殄民。"⑥之所以出现这种情况,原因在于王氏新学并非儒家圣人之道,而是佛老之道。"夫以佛老之言为妙道,而谓礼法事变为粗迹,此正王氏之深蔽。"⑦所以,新学的根本问题在于它以佛老之道淆乱儒家礼法,并用以指导社会变革,最终导致祸国殃民。

其次,王安石受孟子民贵君轻观点的影响,认为第一位的是"民之所利",其次是封建国家利益,再次才是以君主为代表的封建皇权的利益。如果为了"民之所利",义和利就是统一的。如果为了封建国家的利益,王安石则主张以义理财,"聚天下之人,不可以无财;理天下之财,不可以无义"⑧。王安石反对将以君主为代表的王公贵族的利益置于百姓利益和国家利益之上。针对王安石义利统一的观点,程颢走向另一个极端,矢志不言利,"自安石用事,颢未尝一语及于功利"⑨。乃弟程颐赞许道:"时王荆公安石日益信用,先生每进见,必为神宗陈君道以至诚仁爱为本,未尝及功利。"⑩二程之所以竭力提倡"以义为利",其动机是反对王安石以理财为突

---

①朱熹撰,郭齐、尹波点校:《朱熹集》卷三十《答汪尚书》,第 1276 页。

②朱熹撰,郭齐、尹波点校:《朱熹集》卷三十四《与东莱论白鹿书院记》,第 1497 页。

③黎靖德编,王星贤点校:《朱子语类》卷五十五《孟子·滕文公下·公都子问好辩章》,第 1320 页。

④朱熹撰,郭齐、尹波点校:《朱熹集》卷三十《答汪尚书》,第 1272 页。

⑤朱熹撰,郭齐、尹波点校:《朱熹集》卷三十四《与东莱论白鹿书院记》,第 1498 页。

⑥朱熹撰,郭齐、尹波点校:《朱熹集》卷七十《读两陈谏议遗墨》,第 3665 页。

⑦朱熹撰,郭齐、尹波点校:《朱熹集》卷七十《读两陈谏议遗墨》,第 3664 页。

⑧王安石撰,唐武标点校:《王文公文集》卷三十一《乞制置三司条制》,第 364 页。

⑨脱脱等撰:《宋史》卷四百二十七《程颢传》,第 12715 页。

⑩程颢、程颐撰,王孝鱼点校:《河南程氏文集》卷十一,《二程集》上,第 634 页。

破口的变法。

朱熹继承传统儒家重义轻利的观点,主张义在利先。在朱熹看来,圣人之道,莫先于义利公私之辨,"世间喻于义者则为君子,喻于利者即是小人"①。王安石认为,变法谋求的是百姓利益,本身就是义。朱熹不同意这种看法。朱熹认为圣人之道,第一位的是要区分义与利,从而区分君子与小人,义在利先的是君子,利在义先的是小人。朱熹反对只讲功利,不讲仁义,"古圣贤之言治,必以仁义为先,而不以功利为急"②。"以功利为急"治理国家,即便侥幸收获眼前利益,也会带来种种社会问题,损害国家的长远利益:"国虽富,其民必贫;兵虽强,其国必病;利虽近,其为害也必远。"③治理国家要以义为先,而不能以利为先,"仁义未尝不利"④;更不能以"利心"即自利之心求利,以"利心"求利反而不会得利,因为"利心"是受人的私欲影响的,它不合天理,满足了少数人的私欲,必然妨碍多数人的欲望的满足,其结果只能害人而害己。在朱熹看来,正是由于王安石义利不分、公私不辨,导致社会急功近利,道德滑坡,风俗颓坏,此其所以败国殄民者也。

再次,二程认为王安石变法以理财为目的,也不符合圣人之道。"学也者,使人求于本也。不求于本而求于末,非圣人之学也。"⑤那么,什么是二程所说的本末呢?"德者本也,财者末也。"⑥可见,在二程眼里,修德养性是本,追求财利是末。所以,二程认为王安石的内圣学说是错误的,王安石新政之所以失败,就是因为新政是建立在错误的内圣学说基础之上的。

时任谏议大夫陈师锡曾如此批判王安石:"改祖宗之法而行三代之政也,废《春秋》而谓人主有北面之礼也,学本出于刑名度数而不足于性命道德也,释经奥义多出先儒而旁引释氏也。"⑦对于陈师锡的观点,朱熹予以赞同:"是数条者,安石信无所逃其罪矣。然其所以受病之源,遗祸之本,则闲乐之言有所未及。"⑧在朱熹看来,陈师锡的批判并未触及问题的要害,

---

① 朱熹撰,郭齐、尹波点校:《朱熹集》卷二十九《与杨子直书》,第1253页。
② 朱熹撰,郭齐、尹波点校:《朱熹集》卷七十五《送张仲隆序》,第3935页。
③ 朱熹撰,郭齐、尹波点校:《朱熹集》卷七十五《送张仲隆序》,第3936页。
④ 朱熹撰:《孟子集注》卷一《梁惠王上》,《四书章句集注》,第201页。
⑤ 程颢、程颐撰,王孝鱼点校:《河南程氏粹言》卷一,《二程集》下,第1198页。
⑥ 程颢、程颐撰,王孝鱼点校:《河南程氏经说》卷五,《二程集》下,第1128页。
⑦ 朱熹撰,郭齐、尹波点校:《朱熹集》卷七十《读两陈谏议遗墨》,第3660页。
⑧ 朱熹撰,郭齐、尹波点校:《朱熹集》卷七十《读两陈谏议遗墨》,第3660页。

王安石"受病之源，遗祸之本"，并不在此。王安石危害天下的根本原因，在于其性格缺陷与学问不足。"然其为人，质虽清介而器本偏狭，志虽高远而学实凡近。其所论说，盖特见闻臆度之近似耳。顾乃挟以为高，足己自圣，不复知以格物致知、克己复礼为事，而勉求其所未至，以增益其所不能，是以其于天下之事，每以躁率任意而失之于前，又以狠愎徇私而败之于后。此其所以为受病之源而闲乐未之言也。"①朱熹对王安石新学的批判与陈师锡如出一辙，他批判王安石不懂得道德性命之理，误将道德性命与刑名度数本末倒置。"若夫道德性命之与刑名度数，则其精粗本末虽若有间，然其相为表里，如影随形，则又不可得而分别也。今谓安石之学独有得于刑名度数，而道德性命则为有所不足，是不知其于此既有不足，则于彼也亦将何自而得其正耶？"②在朱熹看来，道德性命之理是刑名度数的内在本质，而刑名度数是道德性命之理的外在表现。先王设法制令，皆本于道德性命之理，而王安石的道德性命之理不符合先王旨意，依此而制定的刑名度数又怎能符合先王之道呢？

　　最后，朱熹批判王安石注经骋私意、违本旨、弃旧说、惑异教、文奸言。朱熹说："若其释经之病，则亦以自处太高而不能明理胜私之故，故于圣贤之言既不能虚心静虑以求其立言之本意，于诸儒之同异又不能反复详密以辨其为说之是非，但以己意穿凿附丽，极其力之所通而肆为支蔓浮虚之说。至于天命人心、日用事物之所以然，既已不能反求诸身以验其实，则一切举而归之于佛老。及论先王之政，则又骋私意、饰奸言以为违众自用、剥民兴利、斥逐忠贤、杜塞公论之地。唯其意有所忽而不以为事者，则或苟因旧说而不暇择其是非也。闲乐于此乃不责其违本旨、弃旧说、惑异教、文奸言之罪，而徒讥其奥义多出郑、孔，意若反病其不能尽黜先儒之说，以自为一家之言者，则又不能使人无恨者五也。"③朱熹给王安石经说戴了五顶帽子，必欲将其剔除儒家道统而后快。

　　朱熹为了争夺南宋时期学术界的主流地位，将王安石新学批得几乎一文不值，甚至不惜将新学逐出儒家道统；为了争夺意识形态领域的主导地位，朱熹又将新学诬为亡国之学，必欲将新学逐下神坛而后快。然而，作为

①朱熹撰，郭齐、尹波点校：《朱熹集》卷七十《读两陈谏议遗墨》，第3661页。
②朱熹撰，郭齐、尹波点校：《朱熹集》卷七十《读两陈谏议遗墨》，第3663页。
③朱熹撰，郭齐、尹波点校：《朱熹集》卷七十《读两陈谏议遗墨》，第3665页。

学术大家,朱熹不能不遵循学术批评的基本规则,对王安石新学的学术创新不能视而不见,"介甫所见,终是高于世俗之儒"①;对于《三经新义》所取得的学术成就也不能熟视无睹,"王氏《新经》尽有好处,盖其极平生心力,岂无见得著处?"②朱熹对王安石《尚书新义》所取得的版本成果,也曾予以肯定。"问:'《武成》一篇,编简错乱。'曰:'新有定本,以程先生王介甫刘贡父李叔易诸本,推究甚详。'"③朱熹承认王安石的经解颇多可取之处:"如《易》则兼取胡瑗、石介、欧阳修、王安石、邵雍、程颐、张载、吕大临、杨时,《书》则兼取刘敞、王安石、苏轼、程颐、杨时、晁说之、叶梦得、吴棫、薛季宣、吕祖谦,《诗》则兼取欧阳修、苏轼、程颐、张载、王安石、吕大临、杨时、吕祖谦,《周礼》则刘敞、王安石、杨时……《大学》、《论语》、《中庸》、《孟子》则又皆有集解等书,而苏轼、王雱、吴棫、胡寅等说亦可采"。④对于朱熹忽而把新学骂得一文不值,忽而又将新学著作推荐给后生学者,清儒杨希闵颇为不解,质疑道:"此条于《易》、《书》、《诗》、《周礼》四经之说,兼取王安石,《论语》则并取王雱,他日《读两陈谏议遗墨》,则将王氏诸经,贬斥不遗余力,何爱憎无定如此?"⑤之所以出现如此令人不解的情况,是因为在开展学术批评时,朱熹尚能秉持学者本分,对新学的评价也较客观公允;然而,一旦上升到意识形态主导地位之争时,朱熹的批评就上纲上线,甚至超出正常的学术批评,沦为具有意识形态色彩的政治批判。这是理解朱熹在评价王安石新学时为何充满矛盾的关键所在。

　　综上所述,朱熹认为王安石的学术思想存在着两个方面的错误:一是学术荒谬,"论王荆公遇神宗,可谓千载一时,惜乎渠学术不是,后来直坏到恁地"⑥。"东坡云:'荆公之学,未尝不善,只是不合要人同己。'此皆说得未是。若荆公之学是,使人人同己,俱入于是,何不可之有?今却说'未尝不善,而不合要人同',成何说话!若使弥望者黍稷,都无稂莠,亦何不可?只为荆公之学自有未是处耳。"⑦二是王安石不应当以错误的学术思想指

①朱熹撰,郭齐、尹波点校:《朱熹集》卷八十三《书程子禘说后》,第4289页。
②黎靖德编,王星贤点校:《朱子语类》卷一百三十《自熙宁至靖康用人》,第3099页。
③黎靖德编,王星贤点校:《朱子语类》卷七十九《尚书·武成》,第2040页。
④朱熹撰,郭齐、尹波点校:《朱熹集》卷六十九《学校贡举私议》,第3638页。
⑤詹大和等撰,裴汝诚点校:《王文公年谱考略》节要附存卷一,《王安石年谱三种》,第659页。
⑥黎靖德编,王星贤点校:《朱子语类》卷一百三十《自熙宁至靖康用人》,第3095页。
⑦黎靖德编,王星贤点校:《朱子语类》卷一百三十《自熙宁至靖康用人》,第3099页。

导变法实践。朱熹在谈到贡举改革时指出："所以必罢诗赋者,空言本非所以教人,不足以得士,而诗赋又空言之尤者,其无益于设教取士,章章明矣。然熙宁罢之,而议者不以为是者,非罢诗赋之不善,乃专主王氏经义之不善也。"①此指熙宁八年六月,王安石把他主持编纂的《三经新义》颁行学官,用以作为学校教育和科举考试的指定教材。

　　朱熹与陆九渊对王安石的评价,分歧是明显的,归根结底可以概括为:(一)在陆九渊看来,王安石是圣贤,尽管其新政有为小人所利用的地方,但王安石本质上是圣贤人格。而朱熹借程颢之口质疑王安石的圣贤人格,从而也就质疑了王安石领导变法与新学作为居于意识形态领域主导地位的学术思想的合理性与合法性,这是朱陆关于王安石人格争论的实质所在。(二)陆九渊将北宋亡国之责归结为北宋中后期的党争,两党不顾实际,一味相争,陆九渊认为,北宋的灭亡作为反对派的元祐党难辞其咎。而朱熹则坚决反对陆九渊的观点,虽承认元祐诸公起初参与了变法,但中途都退出了变法队伍,将陆九渊所称的应该共担其责的仁人君子择出,将北宋亡国的责任强加在王安石一人头上。"新法之行,诸公实共谋之,虽明道先生不以为不是,盖那时也是合变时节。但后来人情汹汹,明道始劝之以不可做逆人情底事。及王氏排众议行之甚力,而诸公始退散。"②由此可见,"陆九渊要反对派与王安石同分亡国罪责,朱熹则不容置辩地将其全部推给王安石,这便是朱陆分歧的实质所在"③。(三)在朱熹看来,既然从熙、丰年间到宣、靖年间,以新学为国家主流意识形态,那么,北宋亡国的罪责自然非王安石新学莫属。"夫安石以其学术之误,败国殄民,至于如此,而起自熙、丰,讫于宣、靖,六十年间,诵说推明,按为国是。"④陆九渊从儒家正统思想出发,批评王安石新学,意在指出新学的学术错误,争夺儒家道统中的主流学派的地位。而朱熹则通过对新学的批判,不但要清除王安石在儒家学派中的主流地位,而且要将新学逐出儒家道统,视为异端邪说;不惟如此,朱熹还要清除新学在意识形态领域的主导地位,为程朱理学的上位排除障碍。也就是说,陆九渊对王安石及其新学的批判主要是从学术上来批

①朱熹撰,郭齐、尹波点校:《朱熹集》卷六十九《学校贡举私议》,第3636页。
②黎靖德编,王星贤点校:《朱子语类》卷一百三十《自熙宁至靖康用人》,第3097页。
③高继春:《论朱熹对王安石的批判》,《晋阳学刊》1994年第5期。
④朱熹撰,郭齐、尹波点校:《朱熹集》卷七十《读两陈谏议遗墨》,第3665页。

判,而朱熹对王安石及其新学的批判不仅有学术上的考量,更重要的是出于在意识形态领域取而代之的政治动机。朱熹这样一箭双雕,既迎合了南宋最高统治者的政治需要,又满足了将新学逐出圣门,为程朱理学进入意识形态领域主导地位扫清障碍的需要,这是朱陆关于新学争论的实质所在。

在洛学与新学的斗争如火如荼时,由于蜀学的意识形态色彩相对淡薄,蜀学后学相对宽容与洒脱,没有像洛学后学那样与新学后学针锋相对、势不两立,争夺意识形态领域的主导地位,因而蜀学相对于洛学率先脱颖而出,得到了南宋统治者的首肯与垂青。"高宗即位,赠资政殿学士,以其孙符为礼部尚书。又以其文置左右,读之终日忘倦,谓为文章之宗,亲制集赞,赐其曾孙峤。遂崇赠太师,谥文忠。"①在宋高宗的支持下,南宋初年出现苏轼文章独步天下的局面。"建炎以来,尚苏氏文章,学者翕然从之,而蜀士尤盛。亦有语曰:'苏文熟,吃羊肉。苏文生,吃菜羹。'"②可见,建炎以来,在新学与洛学争夺意识形态领域主导地位的过程中,蜀学得以兴发,苏轼及其作品得到知识界的追捧。

乾道九年(1173)闰正月,苏轼获赠"太师"称号,宋孝宗赐序《苏轼文集》,赞扬苏轼:"忠言谠论,立朝大节,一时廷臣无出其右,负其豪气,志在行其所学……至于轼所著,读之终日,亹亹忘倦,常置左右,以为矜式,可谓一代文章之宗也欤!"③在宋孝宗的倡导下,蜀学炙手可热,"所谓人传元祐之学,家有眉山之书,盖纪实也"④。经过高宗、孝宗两朝四十余年的大力提倡,到乾道、淳熙年间,蜀学得到了进一步的发展,形成新学、洛学、蜀学三足鼎立的局面。

蜀学在乾道、淳熙年间获得宋孝宗的垂青,而洛学就没有那么幸运了。淳熙五年(1178)正月,侍御史谢廓然上疏说:"近来掌文衡者,主王安石之说,则专尚穿凿;主程颢之说,则务为虚诞。虚诞之说行,则日入于险怪;穿凿之说兴,则日趋于破碎。请诏有司公心考校,无得徇私,专尚王、程之末

---

① 脱脱等撰:《宋史》卷三百三十八《苏轼传》,第 10817 页。
② 陆游撰、李剑雄、刘德权点校:《老学庵笔记》卷八,第 100 页。
③ 苏轼撰,孔凡礼点校:《苏轼文集》附录《苏轼文集序》,第 2385 页。
④ 罗大经撰,王瑞来点校:《鹤林玉露》卷二甲编《二苏》,第 33 页。

习。"①表明淳熙年间,理学的地位取得显著上升,但还立足未稳,更没有取代新学在学术界的主导地位。"方乾道、淳熙间,程氏学稍振,忌之者目为道学,将攻之。"②乾道、淳熙年间,程氏学只是"稍振"而已,并没有达到兴盛的地步。即便如此,理学还是受到了来自不同学派的批评与攻击。与谢廓然上疏大约同时,陈亮上疏孝宗批评理学:"今世之儒士自以为得正心诚意之学者,皆风痹不知痛痒之人也。举一世安于君父之仇,而方低头拱手以谈性命,不知何者谓之性命乎!"③淳熙七年二月,秘书郎赵彦中上疏孝宗,略云:"士风之盛衰,风俗之枢机系焉。且以科举之文言之,儒宗文师,成式具在。今乃祖性理之说,以浮言游词相高。士之信道自守,以六经圣贤为师可矣。今乃别为洛学,饰怪警愚,外假诚敬之名,内济虚伪之实。士风日弊,人材日偷。望诏执事,使明知圣朝好恶所在,以变士风。"于是,"诏禁洛学"④。淳熙十五年六月,宋孝宗以江西提刑朱熹为兵部郎官,朱熹因足疾未即就职,时任兵部侍郎林栗与朱熹论《易》《西铭》不合,便将矛头对准朱熹,批评道:"熹本无学术,徒窃张载、程颐之绪余,为浮诞宗主,谓之道学,妄自推尊。"⑤林栗指责朱熹为"浮诞宗主",要求禁绝道学。在洛学后学屡遭诟病之时,蜀学借机兴发起来,淳熙年间取得显学地位,"淳熙中,尚苏氏,文多宏放;绍熙尚程氏,曰洛学"⑥。可见,淳熙年间,蜀学的地位超过了洛学。直到宋光宗绍熙年间,洛学才超越蜀学,成为显学。

在理学与新学、蜀学三家争得不可开交时,社会上出现调和三家的声音。员兴宗(?—1170),字显道,号九华子,两宋之际四川仁寿人。作为蜀人的员兴宗自然对蜀学情有独钟,然而,他并没有一味偏袒蜀学,而是对三家给予了较为客观而公允的评价:"昔者国家右文之盛,蜀学如苏氏,洛学如程氏,临川如王氏,皆以所长,经纬吾道,务鸣其善鸣也。……考其渊源,皆有所长,不可废也。然学者好恶,入乎彼则出乎此,入者附之,出者污之,此好恶所以萌其心者。苏学长于经济,洛学长于性理,临川学长于名数,诚

---

① 毕沅撰:《续资治通鉴》卷一百四十六淳熙五年正月辛丑,中华书局1957年,第3896页。
② 脱脱等撰:《宋史》卷三百八十九《尤袤传》,第11929页。
③ 陈亮撰:《陈亮集》卷一《上孝宗皇帝第一书》,第8页。
④ 刘时举撰,王瑞来点校:《续宋中兴编年资治通鉴》卷九淳熙七年二月,中华书局2014年,第217页。
⑤ 脱脱等撰:《宋史》卷三百九十四《林栗传》,第12031页。
⑥ 赵彦卫撰,傅根清点校:《云麓漫钞》卷八,中华书局1996年,第135页。

能通三而贯一,明性理以辨名数,充为经济,则孔氏之道满门矣,岂不休哉!……今苏、程、王之学,未必尽非,执一而废一,是以坏易坏。置合三家之长,以出一道,使归于大公至正。"①员兴宗公开主张调和三家,取长补短。值得一提的是,漆侠先生在引用此段文字后,加了一段意味深长的按语:"员兴宗蜀人,对苏学不能不有所偏向,而在其写作是文时,程氏洛学正为显学,而荆公之学则受到宋高宗不遗余力的打击,此时强调不可偏废,'合三家之长,以出一道',这样才算'归于大公至正',不啻为受压制的荆公之学鸣冤叫屈,从这一侧面也反映了荆公之学即使到宋孝宗时在社会上仍然有它的重要影响。"②从其生平来看,员兴宗主要学术活动当在绍兴、隆兴、乾道年间,恰逢理学与新学的斗争处于白热化状态。此时理学的地位虽然已经有所上升,但立足未稳,新学尽管遭遇高宗的极力打压,但由于科举考试的需要,也尚未完全退出历史舞台。放眼南宋学术发展史,此间正处于洛学上升期与新学下降期。此时的员兴宗强调三家各有所长,当取长补短,无疑是有着鲜明的时代性和针对性的,正是为了解决皇权国家意识形态领域的混乱状况,企图融会三家,归于一统。

淳熙十六年(1189)二月,宋孝宗禅位给太子赵惇,是为宋光宗。富有戏剧意味的是,绍熙五年(1194)七月,赵汝愚发动宫廷政变,迫使光宗退位,拥立宋宁宗即位,赵汝愚也升任宰相。赵汝愚是道学的忠实信徒。他为了巩固自己的势力,重用以朱熹为代表的道学家,拉帮结派,排斥异己,出现"绍熙尚程氏"的局面。翌年,在赵汝愚与韩侂胄的权力斗争中,赵汝愚以失败告终,被贬往永州(今湖南零陵)安置,死于贬途。韩侂胄由保宁军节度使,加开府仪同三司,权力在丞相之上。在韩、赵的斗争中,韩侂胄最后取得胜利。赵汝愚死后,韩侂胄对道学进行了不遗余力的打击。据《宋史》记载,郑丙曾上奏道:"'近世士大夫有所谓"道学"者,欺世盗名,不宜信用。'盖指熹也。于是监察御史陈贾奏:'道学之徒,假名以济其伪,乞摈斥勿用。'道学之目,丙倡贾和,其后为庆元学禁。"③庆元二年(1196)十二月,"学禁"正式开始。监察御史沈继祖上疏:"朱熹剽窃张载、程颐之余论,寓以吃菜事魔之妖术,以簧鼓后进,张浮驾诞,私立品题,收召四方无行

---

① 员兴宗撰:《九华集》卷九《苏氏程氏王氏三家之学是非策》,文渊阁四库全书影印本。
② 漆侠:《宋学的发展和演变》,第31页。
③ 脱脱等撰:《宋史》卷三百九十四《郑丙传》,第12035页。

谊之徒,以益其党伍,相与餐粗食淡,衣褒带博,潜形匿迹,如鬼如蜮。"①沈
继祖给朱熹加上种种罪名,指责朱学有虚伪性和欺骗性,指控朱熹有政治
图谋,要求对其严惩。太常少卿胡纮上疏道:"比年以来,伪学猖獗,图为不
轨,动摇上皇,诋诬圣德,几至大乱。"②至此,以朱熹为核心的道学正式被
称为"伪学",宋宁宗下诏禁止在省试中以"伪学"取士。庆元三年十二月,
根据绵州知州王沆的奏请,南宋朝廷将道学之徒五十九人籍记成簿,赵汝
愚、朱熹名列其中,称为"伪学逆党"③。朱熹被斥为"伪学魁首",余嚞上疏
要求"斩朱熹,绝伪学"④。庆元学禁,标志着理学在与新学争夺意识形态
领域主导地位时再次遭遇挫折。庆元四年五月,韩侂胄加少傅,南宋政府
正式下诏禁绝"伪学"。庆元五年二月,韩侂胄感到借打击道学清除异己的
目的已经达到,"侂胄亦厌前事,欲稍示更改,以消中外意。时亦有劝其开
党禁,以杜他日报复之祸者,侂胄以为然"⑤。即便韩侂胄出于害怕日后政
敌报复的考量,放松了党禁,但学禁似乎并没有立即废除,由于学术被用作
政治斗争的工具,在实际的政治斗争和学术纷争中,"伪学"依然处于被压
制状态。在这种政治生态与学术氛围中,庆元六年三月,朱熹抑郁地离开
了人世。嘉泰二年(1202)二月,韩侂胄请宁宗下诏,弛"伪学"之禁。随后,
追复赵汝愚、朱熹等人官职。值此,历时六年的"伪学"之禁,得到了较大程
度的缓解,但并未从根本上彻底消除。

　　"伪学"之禁缓解后,理学学者抓住了难得的发展机遇。大约从宁宗嘉
泰年间到理宗淳祐年间,是理学逐渐走上神坛的时期。庆元党禁缓解之
后,韩侂胄就积极准备对金作战。开禧二年(1206)四月,南宋发动对金战
争,但是,宋军很快告败,韩侂胄被杀。这场战争,使宋军认识到了自己的
实力不足,收复故土之事从此再也无人提及。朝野上下苟且偷安,不思进
取,"暖风熏得游人醉,直把杭州作汴州"⑥。开禧三年,先是庆元党禁中最

①黄宗羲原著,全祖望补修,陈金生、梁运华点校:《宋元学案》卷六十二《西山蔡氏学案》,第
　1979页。
②脱脱等撰:《宋史》卷三百九十四《胡纮传》,第12024页。
③刘时举撰,王瑞来点校:《续宋中兴编年资治通鉴》卷十二庆元三年十二月,第275页。
④脱脱等撰:《宋史》卷三百九十四《谢深甫传》,第12041页。
⑤刘时举撰,王瑞来点校:《续宋中兴编年资治通鉴》卷十三嘉泰二年二月,第291页。
⑥元好问著,狄宝心校注:《元好问诗编年校注》卷二《西园》注三引宋林升《题临安邸》,中华书局
　2011年,第275页。

先被免职的袁燮被召回朝,他劝宁宗常存思贤之心;后有理学家真德秀入朝,他劝宁宗改弦更张、褒奖名节。嘉定年间,宁宗下诏赐朱熹谥号为"文",并录用其子朱在。嘉定四年(1211)五月,国子司业刘爚建议解除"伪学"之禁。十二月,秘书省著作郎李道传上奏,要求将《四书集注》作为太学教科书,用以培养人才。"学莫急于致知,致知莫大于读书,书之当读者莫出于圣人之经,经之当先者莫要于《大学》、《论语》、《孟子》、《中庸》之篇。故侍讲朱熹有《论语孟子集注》、《大学中庸章句》、《或问》,学者传之,所谓择之精而语之详者,于是乎在。臣愿陛下诏有司取是四书,颁之太学,使诸生以次诵习,俟其通贯浃洽,然后次第以及诸经,务求所以教育天下人才,为国家用。"①不仅如此,李道传还建议将邵雍、程颢、程颐、张载四人从祀孔庙。"臣闻绍兴中,从臣胡安国尝欲有请于朝,乞以邵雍、程颢、程颐、张载四人,春秋从祀孔子之庙。淳熙中,学官魏掞之亦言宜罢王安石父子勿祀,而祀颢、颐兄弟。厥后虽诏罢安石之子雱,而他未及行。儒者相与论说,谓宜推而上之,以及二程之师周敦颐。臣愿陛下诏有司,考安国、掞之所尝言者,议而行之,上以彰圣朝崇儒正学之意,下以示学者所宗,其所益甚大,其所关甚重,非特以补祀典之缺而已。陛下不以臣言为迂,诚能下除禁之诏,颁四者之书,定诸儒之祀,三事既行,人心兴起,当见天下之才日盛一日,天下之治岁加一岁。"②次年,朝廷下诏将朱熹的《论语集注》《孟子集注》作为太学教材颁行全国。然而,由于朝廷中有"不喜道学者",将程颢、程颐等从祀孔庙的请求"未及施行"③。嘉定十年正月,魏了翁向宁宗皇帝上疏,要求为程颢、程颐等追加美谥。"至于倡明正学于千有余载之后,上嗣去圣,下开来哲,如周敦颐、程颢、程颐、张载及一时淑艾高弟,其有功于生民之类,亦不为少矣。"④嘉定十三年六月,依魏了翁之请,朝廷追谥周敦颐为元,程颢为纯,程颐为正,张载为明。至此,理学最后摆脱了作为"伪学"屡遭禁止的命运,其政治处境与学术地位获得极大的改善和提高。嘉定十七年四月,宁宗又下诏:"伊川程颐绍明道学,为世儒宗。虽屡褒崇而

①陈邦瞻撰:《宋史纪事本末》卷八十《道学崇黜》,第878页。
②陈邦瞻撰:《宋史纪事本末》卷八十《道学崇黜》,第878页。
③陈邦瞻撰:《宋史纪事本末》卷八十《道学崇黜》,第878页。
④毕沅撰:《续资治通鉴》卷一百六十嘉定十年正月乙巳,第4359页。

世禄弗及,未足以称崇奖儒先之意。令尚书省访求其后,特与录用。"①这是南宋最高统治者第一次承认理学为宋儒之宗,并且下诏录用程颐后人。在周敦颐、程颢、程颐过世百余年后,经过朱熹、张栻、陆九渊、吕祖谦、魏了翁等人的大力表彰,在宋宁宗时期,周敦颐、程颢、程颐等人的政治地位与学术地位才得以显著改善。

三、理宗时期罢黜新学,独尊理学

宋理宗自年轻时起,就深受理学熏陶。即位之前,曾师从郑清之修习理学;即位之后,认识到在阶级矛盾日益尖锐、社会危机日益严峻的形势下,理学有利于巩固封建统治秩序,有利于维护封建伦理纲常,有利于偏安一隅的南宋江山的长治久安,有必要好好加以利用。于是,请中书舍人真德秀兼侍读,讲授朱熹《四书集注》。

宝庆三年(1227)正月,理宗下诏,称赞朱熹《四书集注》"发挥圣贤蕴奥,有补治道"②,并赠朱熹为太师,追封信国公。三月,理宗召见朱熹之子朱在,称赞其父道:"卿先卿《四书》注解,有补于治道,朕读之不释手,恨不与之同时。"③绍定三年(1230)九月,改封朱熹为徽国公,理宗称赞朱熹"传孔、孟之学,抱伊、傅之才",称赞《四书集注》"允为庶政之良规"④。理宗还亲自撰写《道统十三赞》,给伏羲、尧、舜、禹、汤、文王、武王、周公、孔子、颜子、曾子、子思到孟子这十三位圣贤分别作赞词,称其为一脉相承的道统。

淳祐元年(1241)正月,理宗下诏对周敦颐、张载、程颢、程颐、朱熹大加表彰,并以其接续孔孟道统。诏曰:"朕惟孔子之道,自孟轲后不得其传,至我朝周敦颐、张载、程颢、程颐,真见实践,深探圣域,千载绝学,始有指归。中兴以来,又得朱熹精思明辨,表里混融,使《大学》、《论》、《孟》、《中庸》之书,本末洞彻,孔子之道,益以大明于世。朕每观五臣论著,启沃良多,今视学有日,其令学官列诸从祀,以示崇奖之意。"⑤于是,将周敦颐、张载、程

---

①叶绍翁撰,冯惠民、沈锡麟点校:《四朝闻见录丙集·褒赠伊川》,中华书局1989年,第90页。
②脱脱等撰:《宋史》卷四十一《理宗本纪一》,第789页。
③毕沅撰:《续资治通鉴》卷一百六十四宝庆三年三月庚戌,第4459页。
④李心传辑,朱军点校:《道命录》卷十《晦庵先生改封徽国公制词》,第115页。
⑤脱脱等撰:《宋史》卷四十二《理宗本纪二》,第821页。

颢、程颐、朱熹等五人列入孔子从祀行列。"寻以王安石谓'天命不足畏,祖宗不足法,人言不足恤',为万世罪人,岂宜从祀孔子庙庭,黜之。丙午,封周敦颐为汝南伯,张载郿伯,程颢河南伯,程颐伊阳伯。"①宋理宗将王安石自孔庙从祀中清除,而将周敦颐、张载、程颢、程颐、朱熹从祀于孔庙,标志着理学的官学地位的确立和新学官学地位的彻底丧失。至此,以王安石被逐出孔庙、丧失在国家祭祀中的地位为标志,新学彻底结束了其与理学并峙的局面,这是南宋朝廷在灭亡之前对王安石及其新学做出的最后结论,也等于将北宋亡国的责任彻底推给了王安石及其新法、新学。从此之后,王安石就背上了"万世罪人"的骂名,新学被打入"亡国之学"的行列。继之而起,朱熹成为新儒学的宗师,《四书集注》成为凌驾于《五经》之上的士子必读书,王安石的《三经新义》遂被学子抛弃,理学成为封建正统思想和钦定的官方哲学。至此,新学与理学的斗争以新学的失败、理学的胜利而告终。

第三节　新学衰颓的外在原因

淳祐元年,宋理宗将周敦颐、张载、程颢、程颐、朱熹等五人列入孔子从祀行列,同时将王安石逐出孔子庙庭,标志着理学从此正式步入皇权国家意识形态领域主导地位的历史舞台,而新学则彻底退出皇权国家意识形态领域主导地位的历史舞台。新学之所以陷入被皇权国家所抛弃的命运,除了有其自身内在的矛盾外,还有着自身无法克服的外在因素。

一、皇室的捧扬与贬抑

新学能够居于北宋后期皇权国家意识形态的主导地位,并不完全取决于其自身,最高统治者的提倡和扶持是其达到这一地位的必要条件。如果说王安石还无意阻止异学发展的话,那么到了新学后学章惇、蔡京当政时期就出现了刻意禁锢异学的现象。对此,陈亮曾给予严厉的批评:"众贤角立,互相是非,家家各称孔孟,人人自为稷契,立党相攻以求其说之胜。最

---

① 脱脱等撰:《宋史》卷四十二《理宗本纪二》,第 822 页。

后章蔡诸人以王氏之说一之,而天下靡然,一望如黄茅白苇之连错矣。"①
直到崇宁元年(1102)十二月,宋徽宗下诏:"诸邪说诐行非先圣贤之书,及
元祐学术政事,并勿施用。"②徽宗独尊新学,禁绝元祐学术,距王安石谢世
已经十多年了,所以,徽宗时期新学一家独大,堵塞了其他学派的发展通
道,这笔账只能由宋徽宗、蔡京来担当,新学后学充其量起到的是推波助澜
的作用,起决定作用的依然是北宋最高统治者。

　　两宋之际,是中国封建社会大动荡之际,也是宋专制政府内外交困的
时期。这一时期,构成宋专制社会的主要矛盾是宋金之间的民族矛盾和宋
封建国家内部的阶级矛盾。由于宋高宗即位时机、条件的特殊性,致使高
宗对金一味求和。在宋金战争中,高宗既怕失败,做了北敌的俘虏;又怕取
胜,钦宗南归,危及自己的皇位。于是,宋高宗便采取了对金媾和的政策,
重用奸相秦桧,杀害抗金英雄岳飞,只求偏安江左、偷安一隅。然而,面对
北宋的灭亡,赵宋统治者需要对上对下有个交代。谁是北宋灭亡的罪魁祸
首? 什么是导致北宋政权灭亡的原因? 是南宋最高统治者即位伊始迫切
需要回答的问题。

　　宋高宗为了稳固其政权,开脱乃父乃兄的亡国罪责,将北宋亡国的全
部责任推卸给蔡京,并通过蔡京将北宋灭亡的罪责推卸给王安石,不遗余
力地抨击王安石变法,批判王安石新学。经过四十年的清算,新学日渐衰
微,理学逐渐兴发。最终,重视经世致用的新学逐渐被空谈性命之理的理
学所取代,对后世中国封建社会日益走向空疏产生了不可估量的影响。

二、宰臣的歪曲与利用

　　新学的迅速衰落还与当政者的歪曲利用密不可分。在北宋利用新学
以售其奸的是蔡京,而在南宋则是秦桧。这两个奸臣贼子对于新学的歪曲
利用,是导致新学丧失人心、迅速衰败的重要原因。

　　蔡京,字元长,北宋兴化军仙游(今属福建)人。熙宁三年进士。蔡京
迎合徽宗皇帝,名义上实施熙丰新政,实际上弄权固位,排斥异己,钳制言
论,倒行逆施;创立"丰亨豫大"之说,大兴土木,追求奢靡,劳民伤财,蠹国

①陈亮撰:《陈亮集》卷十五《送王仲德序》,第178页。
②脱脱等撰:《宋史》卷十九《徽宗本纪一》,第366页。

害民，被目为"六贼"之首。蔡京是一个彻头彻尾的政治投机分子，神宗时王安石执政，他支持新党；司马光上台后，他又投靠旧党以谋求官位；章惇执政后，他再次转投新党。如此首鼠两端、见风使舵的卑劣人物，怎么能指望他有什么道德操守、思想信仰？蔡京是打着推行新政的旗号上台的，然而，他上台后并没有出台任何变法措施，而是以实行新政为名，行清除异己之实。到蔡京当国时，制造元祐党禁与元祐学案，使得元祐党人物甚至包括曾布、章惇等新党人物遭受迫害，而这一切蔡京都是打着绍述王安石新政的旗号进行的。

且看蔡京的所作所为：

崇宁元年七月，蔡京出任右相。八月，即禁止司马光等二十一人的子弟在京做官。九月，又将元祐时和元符三年当政的文彦博、司马光、苏轼、秦观等文武官员及一些宦官凡一百二十人，编为党籍，徽宗亲书后刻石于文德殿前正南门——端礼门。十一月，公布元符三年上书人，将称颂改革者列为正等，将反对改革者列为邪等；列入正等者升官重用，列入邪等者贬官降级。

崇宁二年正月，以蔡京为尚书左仆射兼门下侍郎。四月，"追毁程颐出身文字，其所著书令监司觉察"①，"诏焚毁苏轼《东坡集》并《后集》印版"②，"诏焚苏洵、苏辙、黄庭坚、张耒、晁补之、秦观、马涓文集"③。

崇宁三年六月，诏以王安石配享孔子庙庭。诏曰："故荆国公王安石，由先觉之智，传圣人之经，阐性命之幽，合道德之散。训释奥义，开明士心，总其万殊，会于一理。于是学者廓然，如睹日月，咸知六经之为尊，有功于孔子至矣。其施于有政，则相我神考，力追唐虞三代之隆，因时制宜，创法垂后，小大精粗，靡有遗余，内圣外王，无乎不备。盖天降大任，以兴斯文，孟轲以来，一人而已。……夫时有后先，人无今昔，孔子之道，得公而明，求其所同，若合符节。春秋释奠，其与飨之，王安石可配飨孔子庙廷。"④七月，"毁苏轼凡所撰碑刻"⑤。

---

①脱脱等撰：《宋史》卷十九《徽宗本纪一》，第 367 页。

②黄以周等辑注，顾吉辰点校：《续资治通鉴长编拾补》卷二十一崇宁二年四月丁巳，第 739 页。

③李埴撰，燕永成校正：《皇宋十朝纲要校正》卷十六崇宁二年四月丁巳，中华书局 2013 年，第 439 页。

④司义祖整理：《宋大诏令集》卷一百五十六《故荆国公王安石配享孔子庙廷诏》，中华书局 1962 年，第 584 页。

⑤李埴撰，燕永成校正：《皇宋十朝纲要校正》卷十六崇宁三年七月乙亥，第 445 页。

　　政和三年(1113)正月,诏封王安石为舒王,配享文宣王庙;子雱为临川伯,从祀。诏曰:"昔赵普、潘美、王曾、韩琦、郑康成、孔安国从祀孔子,王安石被遇先帝,与其子雱修撰经义,功不在数子之下。"①在制辞中,对王安石给予了高度评价,略云:"学术精微,足以穷道奥;器识宏远,足以用事几。负命世亚圣之才,有尊主庇民之志。"②在褒扬王安石父子的同时,蔡京将元祐、元符当政及上书人中列入邪等者合并删节为元祐党籍,同时将著名改革派章惇、曾布等十余人列入元祐党籍。由此可见,蔡京以推行新政为名,行打击异己之实。"名为遵用熙丰之典,乃实自为纷更,未有一事合熙宁者。"③

　　宣和五年(1123)七月,禁元祐学术。"中书省言福建路印造苏轼、司马光文集,诏令毁板,今后举人传习元祐学术者,以违制论。"④

　　宣和六年冬,重申严禁元祐学术。诏曰:"朕自初服,废元祐学术,比岁至复尊事苏轼、黄庭坚;轼、庭坚获罪宗庙,义不戴天,片纸只字,并令焚毁勿存,违者以大不恭论。"⑤

　　在宋徽宗的支持下,蔡京指使宦官童贯在杭州主持金明局,为宋徽宗收集古玩字画;又在苏州设立应奉局,由苏州富商朱冲之子朱勔主持。在蔡京的支持下,童贯、朱勔之流,为了满足徽宗的穷奢极欲,大肆敲诈勒索,搜刮民脂民膏,搞得民不聊生、怨声载道;而所有这一切都是打着绍述新政、服膺新学的旗号进行的。像蔡京这样一个见风使舵的投机分子,哪里是真的服膺新学,他只不过是利用新学培植势力、清除异己,达到其专权固位的目的而已。就连反对新法、新学的朱熹对蔡京的两面派手法也提出了严厉批评:"蔡氏以'绍述'二字箝天下士大夫之口,其实神宗良法美意,变更殆尽。"⑥"蔡京虽名推尊王氏,然其淫侈纵恣,所以败乱天下者,不尽出于金陵也。"⑦

---

①黄以周等辑注,顾吉辰点校:《续资治通鉴长编拾补》卷三十二政和三年正月庚午,第1049页。
②司义祖整理:《宋大诏令集》卷二百二十二《王安石封舒王制》,第858页。
③徐自明撰,王瑞来校补:《宋宰辅编年录校补》卷十三靖康元年三月丙申,中华书局1986年,第841页。
④李埴撰,燕永成校正:《皇宋十朝纲要校正》卷十八宣和五年七月甲子,第530页。
⑤黄以周等辑注,顾吉辰点校:《续资治通鉴长编拾补》卷四十七宣和五年七月己未,第1456页。
⑥黎靖德编,王星贤点校:《朱子语类》卷一百二十八《法制》,第3072页。
⑦朱熹撰,郭齐、尹波点校:《朱熹集》卷三十《答汪尚书》,第1273页。

　　蔡京一伙的所作所为,不但未能给新法、新学增光添彩,反而由于其祸国殃民的罪恶行径,给新法、新学抹了黑,他打着新法的旗号倒行逆施,使得新学成为其祸国殃民的理论工具。吏部侍郎李若水指出:"熙丰间,王安石以辩诈之才摇神考之听,假先王之道,行商鞅之术。……于是,诠新进小生数十辈之附己者,行新法于天下。又出己意,作《三经新义》《字说》以笼学者,以困天下英豪之气。自崇宁初蔡京用事,严护而确守之。其有言新法不便者,目为奸党。有外《新义》《字说》之学者,目为邪说。小则削职贬秩,大则走瘴岭、锢海岛。一时耆旧,尝与之争者,零落既尽。而后生自儿时诵习王氏之文,以浸以渍,莫有悟其非者。及入仕,则以疲薾已熟之学,行久安不复疑之法。……呜呼,痛哉! 新法行,而天下之膏血尽矣;《新义》《字说》行,而天下之心术坏矣。"[1]南宋吕祖谦批评道:"熙宁中,王荆公安石以《新义》惑天下。其后章、蔡更用事,概以王氏说律天下士,尽名老师宿儒之绪言余论为曲学,学辄摈斥。当是时,内外校官非《三经义》、《字说》不登几案,他书虽世通行者,或不能举其篇秩。"[2]虽然蔡京打着新法、新学旗号倒行逆施、胡作非为,使得王安石及其新学受到牵连,遭到朝野上下的批评甚至攻讦;然而,蔡京所行与新政、新学格格不入,清儒王夫之曾予以批评:"乃考京之所行,亦何尝尽取安石诸法,督责吏民以必行哉? 安石之昼谋夜思,搜求众论,以曲成其申、商、桑、孔之术者,京皆故纸视之,名存而实亡者十之八九矣。则京之所为,固非安石之所为也。……呜呼! 安石岂意其支流之有蔡京哉? 而京则曰:'吾安石之嫡系也。'诸君子又从而目之曰:'京所法者,安石也。'京之恶乃益以昌矣。"[3]王水照先生亦曾明确指出:"至于章惇、蔡京等人在崇宁直至靖康长达二十多年所推行的'新法',实已变质,演成残民以逞的工具,排斥异己、倾轧报复的招牌,倒行逆施,国势日危,蔡京等人才是真正的亡国祸首。这与王安石无关,应作历史的划分。"[4]

　　打着新学旗号而为非作歹的另一个人物是南宋高宗时宰相秦桧。秦桧,字会之,两宋之际建康府(治今江苏南京)人。政和五年进士。秦桧为

①李若水著,张彬点校:《李忠愍集》卷一《上何右丞书》,河北大学出版社2017年,第215页。
②吕祖谦撰:《东莱吕太史文集》卷九《故左朝散郎徽猷阁待制提举江州太平兴国宫江都县开国子食邑五百户致仕赠通议大夫王公行状》,黄灵庚、吴战垒主编:《吕祖谦全集》第一册,浙江古籍出版社2008年,第139页。
③王夫之著,舒士彦点校:《宋论》卷八《徽宗》,中华书局1964年,第148页。
④王水照:《王安石全集·总序》,王水照主编:《王安石全集》第一册,第11页。

相十余年,广罗党羽,专断朝政,陷害岳飞,对金称臣,是一个彻头彻尾的投降派。这么一个臭名昭著的投机分子,却打着新学的旗号祸国殃民。南宋初年,"宰相执论不一,赵鼎主程颐,秦桧主王安石"①。其实,这种说法是错误的,只看到了表面的现象,并没有看到问题的实质。实际上,品德令人不齿的秦桧,哪里有什么学术持守,他根本不遵信任何学术思想。学术思想只不过是他弄权固位的工具,或者说是他达到某种政治目的的敲门砖而已。

且看秦桧拙劣而无耻的表演:

南宋建立之初,宋高宗为解脱乃父乃兄的亡国罪责,将靖康之难嫁祸于王安石及其变法,并最终转嫁于荆公新学。迎合这一政治需要,秦桧便利用新学与理学的学术之争,打压新学学派,扶植理学学派,援引理学学者为其所用,从而达到迎合皇帝、收揽人心的目的。

绍兴元年八月,秦桧升任右相,随即便追赠程颐为直龙图阁。在制词中,秦桧斥新学"曲学阿世",赞理学"高明自得"②。九月,吕颐浩任左相后,为了培植党羽,对抗吕颐浩,秦桧加速起用理学学者,以至形成以胡安国为首的"桧党"③,"布列要路,党与既植,同门者互相借誉,异己者力肆排摈"④。十一月,经秦桧推荐,提举临安府洞霄宫胡安国试中书舍人兼侍讲。

绍兴二年八月,给事中兼侍讲胡安国,因为弹劾朱胜非而不被高宗采纳请辞,高宗下诏允准。时任右仆射的秦桧屡次上章,请求挽留胡安国,高宗不从,秦桧遂居家不出。可见,秦桧对理学人士的厚爱和倚重。然而,正当"桧党"自鸣得意之际,九月,又遭左相吕颐浩排挤,秦桧罢相,"桧党"树倒猢狲散。此时,学术界出现理学盛行的说法,"时故崇政殿说书程颐之学盛行"⑤。

绍兴四年八月,宋高宗命范冲重修神宗、哲宗两朝大典,范冲趁机攻击王安石。且看宋高宗与范冲君臣之间的对话:

　　冲对曰:"……王安石自任己见,非毁前人,尽变祖宗法度,上误神宗皇帝。天下之乱,实兆于安石,此皆非神宗之意。"上曰:"极是。"上

---

① 脱脱等撰:《宋史》卷一百五十六《选举志二》,第3630页。
② 李心传编撰,胡坤点校:《建炎以来系年要录》卷四十六绍兴元年八月戊子,第835页。
③ 脱脱等撰:《宋史》卷三百六十二《吕颐浩传》,第11323页。
④ 李心传编撰,胡坤点校:《建炎以来系年要录》卷五十八绍兴二年九月戊午,第1003页。
⑤ 熊克撰:《中兴小记》卷十二绍兴二年六月,《丛书集成初编》,商务印书馆1936年,第152页。

又论史事,冲对:"先臣修《神宗实录》,首尾在院,用功颇多。大意止是尽书王安石过失,以明非神宗之意。其后安石婿蔡卞怨先臣书其妻父事,遂言哲宗皇帝绍述神宗,其实乃蔡卞绍述王安石。惟是直书安石之罪,则神宗成功盛德焕然明白。"……上又曰:"道君皇帝圣性高明,乃为蔡京等所误。"冲对:"道君皇帝止缘京等以绍述二字劫持,不得已而从之。"……上又论王安石之奸,曰:"至今犹有说安石是者。近日有人要行安石法度,不知人情何故直至如此。"冲对:"昔程颐尝问臣安石为害于天下者何事,臣对以新法,颐曰:'不然。新法之为害未为甚,有一人能改之即已矣。安石心术不正为害最大,盖已坏了天下人心术,将不可变。'臣初未以为然。其后乃知安石顺其利欲之心,使人迷其常性,久而不自知。"上曰:"安石至今犹封王,岂可尚存王爵。"①

对话表明,宋高宗为开脱乃父乃兄的亡国罪责,将北宋亡国的责任完全推给蔡京,并通过蔡京转弯抹角地推给王安石,视王安石为北宋灭亡的罪魁祸首,并且有意罢去王安石封爵。不仅如此,宋高宗公开声称"最爱元祐"②,公然站在元祐党立场上,反对熙宁新政与荆公新学。九月,赵鼎担任宰相,继续扶持洛学,"绍兴以来,宰相赵元镇好伊川程氏之学"③,曾被秦桧重用的洛学人物胡安国、张焘等再次被起用。"南渡以后的政治氛围已明显地不利于王学,风头转向洛学,诚是一不争的事实。"④

绍兴五年二月,赵鼎迁左相。赵鼎虽然"好伊洛之学",但"又不大段理会得"⑤。赵鼎完全是把洛学用作打击新党、新学的工具,他一方面扶持洛学,重用元祐党子孙;一方面批判新学败坏人才,打压新党人物。是年科举时,赵鼎表面上"许用古今诸儒之说"⑥,实际上"专尚程颐之学,有立说稍异者,皆不在选"⑦。在赵鼎的大力扶持下,洛学在南宋初年得到了较快发展,出现了"绍兴初,程氏之学始盛"⑧的局面。虽然修习洛学者中榜率较

①佚名撰,汪圣铎点校:《宋史全文》卷十九上绍兴四年八月戊寅,第1355页。
②李心传编撰,胡坤点校:《建炎以来系年要录》卷七十九绍兴四年八月戊寅,第1289页。
③邵博撰,刘德权、李剑雄点校:《邵氏闻见后录》卷十,第75页。
④何俊:《南宋儒学建构》,上海人民出版社2013年,第10页。
⑤黎靖德编,王星贤点校:《朱子语类》卷一百三十一《中兴至今日人物上》,第3143页。
⑥李心传编撰,胡坤点校:《建炎以来系年要录》卷九十绍兴五年六月甲子,第1507页。
⑦李心传编撰,胡坤点校:《建炎以来系年要录》卷一百七十三绍兴二十六年六月乙酉,第2847页。
⑧陆游撰,李剑雄、刘德权点校:《老学庵笔记》卷九,第118页。

高,但由于士子长年修习新学已经习惯,所以至此洛学依然没有取代新学在科举中的地位。"绍兴五年省试举人,经都堂陈乞,不用元祐人朱震等考试。盖从于新学者,耳目见闻既已习熟,安于其说,不肯遽变。而传河洛之学者,又多失其本真,妄自尊大,无以屈服士人之心。"①尽管遭到时相赵鼎打压,直到绍兴五年,新学依然作为科举考试的参考读物,与洛学并行于世。

绍兴六年十二月,赵鼎由于过分偏爱洛学人士而招致批评,被掌管军事的张浚压倒而罢相。赵鼎刚刚罢相,朝中便有人将矛头指向洛学。左司谏陈公辅上疏乞禁伊川之学:"狂言怪语,淫说鄙喻,曰此伊川之文也;幅巾大袖,高视阔步,曰此伊川之行也。能师伊川之文,行伊川之行,则为贤士大夫,舍此皆非也。臣谓使颐尚在,能了国家事乎? 取颐之学,令学者师焉,非独营私党、复有尚同之弊,如蔡京之'绍述',且将见浅俗僻陋之习,终至惑乱天下后世矣。……伏望圣慈特加睿断,察群臣中有为此学,相师成风、鼓扇士类者,皆屏绝之。……十二月二十六日,奉圣旨:'士大夫之学,当以孔、孟为师,庶几言行相称,可济时用。臣僚所奏,深用怃然,可布中外,使知朕意。'……自崇宁后,伊川之学为世大禁者二十有五年,靖康初乃罢之,至是仅十年而复禁。"②建炎以来,洛学有过短暂的复兴势头,然而历时仅仅十年,到绍兴六年底再次遭到打压,洛学的兴发之旅并非一帆风顺。这从一个侧面表明,绍兴初年新学在朝野依然有着广泛的社会基础和学术影响。

绍兴八年三月,秦桧再次任相。由于秦桧杀害岳飞,力主和议,向金人称臣纳贡等一系列罪恶行径,遭到洛学人士的反对。秦桧为了为自己的投降行径作辩护,以便固权崇位,由支持洛学转而打击洛学,指斥洛学为"专门之学"③,奉新学为圭臬,"会之再得政,复尚金陵,而洛学废矣"④。不久,赵鼎免相,秦桧独相,但因为赵鼎提倡洛学,团结了一批洛学人士,而这些洛学人士正是反对秦桧和议的骨干,为了打击不与秦桧合作的洛学人士,借机扫清赵鼎势力,秦桧开始对洛学人士进行清算。"及决屈己和戎之议,

---

① 李心传辑,朱军点校:《道命录》卷三《胡文定乞封爵邵张二程先生列于从祀》,第30页。
② 李心传辑,朱军点校:《道命录》卷三《陈公辅谕伊川之学惑乱天下乞屏绝》,第26页。
③ 脱脱等撰:《宋史》卷四百七十三《秦桧传》,第13762页。
④ 李心传撰,徐规点校:《建炎以来朝野杂记甲集》卷六《道学兴废》,中华书局2000年,第138页。

而一时仁贤争之尤力,桧大怒,遂尽斥之。盖桧初非知道学者,始特窃其名以倾吕元直,终则没其实以害赵忠简。"①原本支持洛学的秦桧抛弃洛学,转而扛起新学大旗,并借此打击洛学人士。对秦桧这种拉大旗做虎皮的做法,李心传给予了无情的揭露:"自赵忠简去后,桧更主荆公之学……然桧非但不知伊川,亦初不知荆公也。"②可见,对于秦桧这种不学无术的阴谋家而言,他既不懂得荆公之学,也不熟稔伊川之学。他之所以忽而崇尚荆公之学,忽而崇尚伊川之学,完全是出于个人政治利益的需要,利用什么、打击什么,完全要看这种学术思想对他固位崇权是否有利。

绍兴十二年六月,"有举子上书,乞用王安石《三经新义》,为言者所论。上曰:'六经所以经世务者,以其言皆天下之公也。若以私意妄说,岂能经世乎?王安石学虽博,而多穿凿以私意,不可用。'"③可见,虽然秦桧提倡新学,但由于宋高宗对新学的否定态度,新学欲独尊学坛,亦非易事。这就出现一种有趣的现象,即南宋皇帝高宗提倡理学、打压新学,而当朝权相秦桧提倡新学、打压理学,于是,新学与理学均受到来自一方势力的打压和来自另一方势力的推重。至于孰上孰下,完全要看皇帝与宰相的角力。虽然宋高宗出于不可告人的目的,公然站在旧党立场上,打压新学,但对于刚刚立足的南宋小朝廷来说,也只是将北宋亡国的责任归咎于新学,由于南宋初期新的意识形态尚未确立,所以,当时皇权国家意识形态领域呈现出莫衷一是的状态,即便宋高宗将北宋亡国的大帽子扣在新学头上,但荒淫无道、不学无术的宋高宗对新学也并不了然,对理学更是无知,新学、理学孰是孰非,在苟且偷安的南宋皇帝一时恐怕也难以理出头绪。所以,当秦桧再相、打起新学旗号排除异己时,一心想与金媾和的宋高宗,因为要依靠秦桧求和,也不得不做出妥协。在这种君相角力的背景下,南宋初期意识形态领域呈现出"城头变幻大王旗"的热闹景象。

绍兴十四年十月,右正言何若秉秦桧旨意上疏:"自赵鼎倡为伊川之学,高闳之徒从而和之,乃有横渠正蒙书圣传十论,大率务为好奇立异,而流入于乖僻之域。顷缘闳为国子司业,学者争投所好,于是曲学遂行。虽然凡试于有司者,未有不志于得也。伏望申戒内外师儒之官,有为乖僻之

①李心传辑,朱军点校:《道命录》卷四《尹和靖辞免待制侍讲劄子》,第38页。
②李心传辑,朱军点校:《道命录》卷四《汪勃乞戒场屋主司去专门曲说》,第39页。
③李心传编撰,胡坤点校:《建炎以来系年要录》卷一百四十五绍兴十二年六月癸未,第2333页。

论者,悉显黜之。如此则专门曲学,不攻自破矣。"①从此以后,秦桧将洛学视为"专门曲学","力加禁绝,人无敢以为非"②。

绍兴十五年正月,高宗下诏恢复经义、诗赋兼试进士。"己未,分经义、诗赋为二科以取士。"③

绍兴二十三年十一月,右正言郑仲熊上书说:"初赵鼎立专门之后,有司附会,专务徇私,不论才与不才,有是说必置之高等,士子扼腕二十年于兹。"④秦桧初次任相时,扶持洛学,以换取洛学人士的支持。然而,由于洛学人士非但不领情,反而对秦桧卖国投降的行径大加鞭挞,致使秦桧再相后转而打压洛学、扶持新学。秦桧党羽郑仲熊言:"一时群小所聚,而寅为之魁。"⑤秦桧视胡寅为洛党党首,不仅打压洛学,进而打压洛党人士。

绍兴二十五年十月,秦桧殁,洛学得以摆脱屡遭打压的厄运。"秦桧死,士大夫之攻伊川者自是少息。"⑥宋高宗下诏:"程、王之学,数年以来,宰相执论不一,赵鼎主程颐,秦桧主王安石。至是,诏自今毋拘一家之说,务求至当之论。道学之禁稍解矣。"⑦至此,宋高宗无需与秦桧媾和,不再默许新学独尊,被压抑多年的洛学,地位再次得到提升,并与新学平起平坐。

秦桧对新学的扶持,并非出自文化情怀或思想信仰,而是为了满足他弄权固位的需要。随着臭名昭著的秦桧投敌卖国行径的败露,人们纷纷把秦桧的卖国行为与新学联系起来,致使新学再次遭到无情打击。当南宋朝廷欲令学者参用王安石《三经新义》时,林之奇上书道:"王氏《三经》,率为新法地。晋人以王、何清谈之罪,深于桀、纣。本朝靖康祸乱,考其端倪,王氏实负王、何之责。在孔、孟书,正所谓邪说、诐行、淫辞之不可训者。"⑧类似言论一时甚嚣尘上,新学祸国殃民遂成为朝野人士的主流观点。在这样的政治环境和舆论氛围下,新学的衰颓自然就不可避免了。"相比于洛学,

①李心传编撰,胡坤点校:《建炎以来系年要录》卷一百五十二绍兴十四年十月甲午,第2453页。
②脱脱等撰:《宋史》卷四百七十三《秦桧传》,第13760页。
③李心传编撰,胡坤点校:《建炎以来系年要录》卷一百五十三绍兴十五年正月己未,第2462页。
④李心传编撰,胡坤点校:《建炎以来系年要录》卷一百六十五绍兴二十三年十一月甲午,第2704页。
⑤李心传编撰,胡坤点校:《建炎以来系年要录》卷一百六十五绍兴二十三年十一月甲午,第2704页。
⑥黄宗羲原著,全祖望补修,陈金生、梁运华点校:《宋元学案》卷九十六《元祐党案》,第3193页。
⑦脱脱等撰:《宋史》卷一百五十六《选举志二》,第3630页。
⑧脱脱等撰:《宋史》卷四百三十三《林之奇传》,第12861页。

南渡以后的王学是不幸的。元祐时期新法虽被费尽，但新学却得以留存，即便是有洛学对它的批评，但不足以撼动它的思想与学术的成就，也不足以根绝它的社会功能的实现。南渡以后，王学之渐失人心，诚如范宗尹所云：'安石学术本不至是，由蔡京兄弟以绍述之说敷衍被曼，浸失其意。'而章惇、蔡京所以如此推行绍述之国策，以张浚后来的看法，又是因'元祐待熙丰人太甚，所以致祸'，而秦桧之崇尚王学，则使王学更因秦桧恶名而遭灭顶之灾。"①

三、洛、蜀、朔党的批判

导致新学加速衰颓的另一个原因，就是来自洛、蜀、朔党及其后学的不遗余力的批判。王安石殁后，朝野人士共同推动了三次批判新学的浪潮：第一次是北宋元祐时期，始作俑者是旧党领袖司马光，而以程颢、程颐、苏轼、苏辙、刘挚为代表的洛、蜀、朔党人物则为这次批判新学浪潮的急先锋；第二次是在两宋之际的靖康、建炎至绍兴初年，其代表人物为洛学后学杨时，以及胡安国、胡宏、王居正等；第三次是在南宋乾道、淳熙年间，其代表人物则是朱熹、陆九渊、张栻等。由于洛学及其后学几代人的不懈努力和持续清算，使得新学日渐凋零，而洛学则逐渐兴发起来。旧党人士及其后学对新学的批判，前面已经详述，兹不赘言。

四、社会风气的转变

宋高宗依靠文武百官对赵宋政权的忠诚和广大军民反抗女真贵族的巨大力量，得以重建南宋政权；但高宗绝非中兴之主，而是一个极端自私、卑怯阴险甚至荒淫无道的统治者。面对女真贵族的入侵，高宗奉行苟且偷安、妥协投降的政策。为了表示对金妥协的诚意，不惜杀掉抗金名将岳飞以讨好金人；同时，视革新政治为非法，满足于得过且过、苟且偷生。因循守旧、苟延残喘，便构成了南宋政治、社会的基本面貌。"王安石新学的兴起固然与王安石在阐释道德性命之理上取得了超迈前人及同时代人的成就分不开，但也不可否认，王安石的经学思想更侧重于为现实服务，为社会

---

① 何俊：《南宋儒学建构》，第 14 页。

变革奠定理论基础。"①"山外青山楼外楼,西湖歌舞几时休? 暖风熏得游人醉,直把杭州作汴州。"②对于偏安一隅、得过且过的南宋朝野,沉浸在杭州的和风细雨之中,过着奢侈糜烂的生活,不仅谈不上修身养性,更是早已把收复故土、变革朝政抛到九霄云外去了。在这种政治氛围中,以"内之在知命厉节,外之在经世致用"③为使命的新学,为南宋最高统治者所抛弃不也是势所必然的吗? 另一方面,南宋每年要对金人交纳银二十五万两、绢二十五万匹,其国土面积、人口却少于北宋几近一半,而纳贡数量大于北宋一倍以上,使得南宋较之北宋时期更加民不聊生,因而,农民起义此起彼伏、连绵不断。在这种形势下,镇压农民起义、维护半壁江山是南宋政权的当务之急。将维护专制统治视为"天理",将人民推翻专制统治的起义视为"人欲"的理学,正好也迎合了南宋统治者维护专制统治的政治需要。

第四节　新学衰颓的内在原因

唯物辩证法认为,外因是变化的条件,内因是变化的根据,外因通过内因而起作用。由于新学的创新性和显学地位,其对扭转北宋中后期的学风、引领宋学发展的方向起到了其他学派所无法起到的作用,但是刻意创新的学术追求、服务于政治的治学目的,决定了新学存在着其自身无法克服的理论缺陷和学术失误。虽然新学的衰落有其政治的、社会的、学术的等外部原因,然而新学的衰落,更有其自身无法克服的内在矛盾,而这些矛盾最终导致新学走向衰亡。

一、官学地位

官学地位是一把双刃剑,既有利于学术思想的传播,也限制学术探讨的自由和学术思想的发展。由于经学具有意识形态与学术思想的双重属性,而作为政治哲学的意识形态性,常常凌驾于作为儒家学说的学术思想性之上。在经学发展的过程中,自然分化为居于主导地位的学派和居于次要地位的学派。新学作为指导变法的理论基础,赢得北宋皇权的支持,用

---

①李华瑞:《王安石变法研究史》,人民出版社 2004 年,第 17 页。
②陶元藻编,俞志慧点校:《全浙诗话》卷十六《林升》,中华书局 2013 年,第 429 页。
③梁启超:《王安石传》,第 243 页。

以作为士子的必读书和科举考试的标准答案,便取得经学主导派的地位,以官学的地位傲视学界;而在北宋中后期始终处于民间,尚未产生重要影响的洛学则居于学术界的次要地位,以私学行世。作为经学主导派的新学,为保持官学地位,而迫使解经始终服从于统治阶级的政治需要,服务于当时的社会变革要求,使得新学沦落为统治阶级的御用工具、沦落为现实政治的婢女,结果只能导致解经中的意识形态性凌驾于学术思想性之上,过分浓重的政治动机桎梏了学术思想的发展。同时,作为居于意识形态主导地位的新学,由于其至高无上的政治地位,使得同时代的洛学、蜀学、朔学等学派也没有与其平等对话、辩论争鸣的机会,新学也就失去了与诸家在学术争鸣中互相借鉴、互相吸收的可能。新学至高无上的政治与学术地位,也在一定程度上制约与影响了其他学派的发展。北宋中后期,与新学之君临天下相比,洛学处于次要地位,处于不为时君世主所取法的尴尬境地。王安石变法使得洛学学者屡遭打压,使得原本既与现实政治脱节、与社会实践脱离的洛学,更加背离经世的实学方向,这就决定了洛学只能走内圣的道路,且只能在学术层面进行经典阐释和学术创新,以便获得统治阶级的认可和支持。洛学学者的这一努力,在促进洛学自身转型的同时,客观上也推动了北宋中后期儒学的发展与演变。结果导致作为经学主导派的新学,力图通经致用,以达到"治世"的目的;而处于次要地位的洛学,则转而提倡通经穷理,以达到"治民"的目的。到了南宋,苟且偷生的最高统治者,在半壁江山难以自保的情况下,对"治世"早已失去信心,转而求诸"治民"。于是,"治民"有方的洛学就满足了南宋保守政治的需要,而逐渐成为经学正宗[①]。

　　王安石既是学问家,又是政治家。作为学问家,研究学术,追求真理,需要有怀疑精神、创新思维;作为政治家,推行新政,令行禁止,就必须统一思想、统一认识,而这与学术的怀疑精神、创新思维背道而驰。然而,王安石首先是一个政治家,其次才是一个学问家,其学术是为政治服务的。当学术的怀疑精神、创新思维与政治的服从要求、统一意识相冲突时,其学术创新只能服从于政治需要。服务于政治需要的学术探索,不可避免地会带有曲意解经甚至篡改经典以就己意的问题。

---

①郝明工:《南宋经学略说》,《重庆师范学院学报》(哲学社会科学版)1997年第3期。

王安石新学被北宋皇帝钦定为皇权国家的意识形态,既是王学之幸,亦是王学之不幸。应该说,学术思想被钦定为国家意识形态是思想家们所渴望的,由一家之言上升为全社会的公共意识,有利于学术思想的传播与普及;但学术毕竟是学术,学术固然有为现实政治服务的一面,然而更为重要的是学术要有独立性,要独立于现实政治之外,学术一旦成为政治的婢女、权利的附庸,就失去了自身的独立性。失去独立性的学术,就会随着政治的演进而盛衰兴替。王学之盛得益于北宋皇帝的提倡,而王学之衰也是由北宋皇帝一手所造成,真是成也萧何,败也萧何!

新学具有意识形态性与学术思想性双重属性。意识形态性是一种政治属性,作为上层建筑的重要组成部分,一定的意识形态是为一定的经济基础服务的,由于经济基础对上层建筑的决定作用,居于意识形态主导地位的新学,必须服务于封建国家的经济基础。对于宋最高统治者而言,政治的大一统需要思想的大一统,而最高统治者也只是利用新学的意识形态性来统一全社会的思想。然而,作为宋学的一个支脉,学术思想性才是新学的本质属性。新学的学术思想性,要求它平等地接受其他学派的学术批评,平等地参与当时的学术争鸣,及时地汲取新材料、新观点来充实自己、完善自己。然而,学术毕竟只是学术,新学作为一种学术体系,它并不具备意识形态的所有属性,因此,新学不能代替意识形态,统治者也不能用统一学术来统一思想,但北宋最高统治者恰恰在这个问题上犯下大错,错将统一学术代替统一思想。正如邓广铭先生所指出:“假如王安石不曾参预大政,不曾变法改制,他的那些学术思想见解,在他生前虽未必能那样风行于一时,到他的身后,却必定还要被治经术的儒家们长久传承。”①新学上升到皇权国家意识形态的主导地位后,强化了其意识形态属性,弱化了其学术思想属性。由于意识形态的强大功能,新学得到了广泛而有力的传播,增强了其社会影响力,但弱化了它的学术思想性,导致新学的发展受到桎梏,从而失去在学术争鸣和社会实践中自我发展、自我完善的机会。

王安石修撰《三经新义》作为变法的理论依据,其目的是统一人们的思想,为变法扫清障碍。借助封建皇权的力量,《三经新义》上升到皇权国家教科书的地位,确实起到了统一思想的作用;但他误把统一经义当作统一

①邓广铭:《王安石在北宋儒家学派中的地位》,《邓广铭治史丛稿》,第190页。

思想,将其他学说视为"异论","朝廷欲有所为,异论纷然,莫肯承听,此盖朝廷不能一道德故也"①。在宋神宗的支持下,把《三经新义》颁行学官,科举考试奉为圭臬,答案不符合新学的则不被录取。参加科举的士子们,不得不做《三经新义》的应声虫。久而久之,便逐渐形成固定的模式,以至于形成一种"时文",最终把秀才变成了学究。"王荆公改科举,暮年乃觉其失,曰:'欲变学究为秀才,不谓变秀才为学究也。'盖举子专诵王氏章句,而不解义,正如学究诵注疏尔。"②这种"专诵王氏章句"而不求甚解的做法,无形中禁锢了士子的头脑,抑制了学术的自由发展,从根本上违背了宋学怀疑、创新的精神。正如王曾瑜先生所说,虽然在一定程度上达到了"一道德"的目的,但客观上也起到了实行新学的思想专断的作用,树立了对王安石的绝对信仰,从而成为禁锢思想自由的反动措施③。但是,用新学统一思想是受宋神宗的指使,并非王安石凭一己之力所能为。早在熙宁六年,神宗向王安石提出,希望用其经学统一思想,"卿所著经,其以颁行,使学者归一"④。按照学术发展的逻辑而论,"百家争鸣"是学术发展的内在动力,"百花齐放"是学术繁荣的外在表现。从学术角度而言,新学之独尊,并非新学之幸,尤非王安石之幸,后来新学的衰落以及王安石遭遇的清算就说明了这一点。宋神宗与王安石通过政治手段,强行将新学上升到皇权国家意识形态主导地位的高度,通过统一经论来统一人们的思想,虽然在一定时期内、在一定程度上,也能部分起到化革人心、统一思想的作用,但由于缺乏经济基础的支撑,缺乏生产关系的调整,这种化革与统一也不过昙花一现,必将难以持久,更遑论深入人心!

二、内在矛盾

北宋建立新的统治秩序后,面临着迫切需要解决的两大问题:一是如何巩固皇权专制,维护赵宋政权长治久安;二是如何利用儒家的纲纪伦常收拾人心,重建封建社会的伦理秩序。这一时代要求反映在哲学上,要求思想家们解决:如何为统一社会意志以配合政治上的高度集权而提供理论

---

① 马端临撰:《文献通考》卷三十一《选举考四》,第 907 页。
② 陈师道撰,李伟国点校:《后山谈丛》卷一,中华书局 2007 年,第 24 页。
③ 王曾瑜:《王安石变法简论》,《凝意斋集》,兰州大学出版社 2003 年,第 41 页。
④ 脱脱等撰:《宋史》卷一百五十七《选举志三》,第 3660 页。

依据,如何为社会提供理想人格养成的理论指导。王安石新学在满足这一社会需要方面,存在着其自身无法克服的矛盾,这是封建时代的任何唯物论思想都无法避免的,这集中体现在其天人关系学说上。

王安石早期承认天人之间的联系,后来由于反对派总是拿天变作借口反对变法,王安石不得不改变原有的观点,从承认天人合一到主张天人相分。如果承认天人合一,就得接受反对派打着天变旗号的无端指责,这对其所从事的变革是不利的;这样一来,王安石只能改变其天人合一的观点,而主张天人相分。但是作为地主阶级的思想家,他不可能将天人相分的观点贯彻到底,从而割断上天与封建帝王的权力授受关系,因为如果割断了天人的联系,结果势必割断皇权与天的联系,这是任何封建时代地主阶级的思想家所不能为、也不敢为的。所以,每当涉及皇权与天的联系时,他便说:"天者固人君之所当法象也"①,"人君承天以从事"②。这里的"天",显然又是有意志的。天人相分的观点与封建的君权天授理论之间的矛盾,是作为地主阶级思想家的王安石自身所无法克服。主张天人相分,存在的更大的问题是,王安石不能像理学家那样用"理本论"去直接论证专制皇权的合法性,因而他就不能从本体论的高度去论证封建伦理纲常的合理性。他的本体哲学和政治哲学就不能有机地融为一体,他的政治伦理思想就缺乏无可置疑的天道观作基础。

然而,新学的这一不足,正是理学之所长。二程把本属于自然规律范畴的"天理",运用于社会伦理范畴,使社会伦理上升到本体高度的"天理"。二程说:"人伦者,天理也。"③所谓人伦,即"父子有亲,君臣有义,夫妇有别,长幼有序,朋友有信"④。二程把人伦作为天理,就把维护皇权专制的纲常伦理上升为整个宇宙的普遍法则,混淆了自然与社会的区别,使整个宇宙被"天理"所笼罩,从而使封建伦理纲常上升到本体论的高度,既为儒家的伦理纲常找到了本体论的哲学依据,又从本体论的高度论证了皇权专制制度和封建伦理纲常的合法性与合理性。正如程颐所说:"夫有物必有则,父止于慈,子止于孝,君止于仁,臣止于敬,万物庶事莫不各有其所,得

---

① 王安石撰,唐武标点校:《王文公文集》卷二十五《洪范传》,第293页。
② 王安石撰,唐武标点校:《王文公文集》卷三十《策问十道》,第355页。
③ 程颢、程颐撰,王孝鱼点校:《河南程氏外书》卷七,《二程集》上,第394页。
④ 朱熹撰:《孟子集注》卷五《滕文公上》,《四书章句集注》,第258页。

其所则安,失其所则悖。圣人所以能使天下顺治,非能为物作则也,唯止之各于其所而已。"①程颐把父子、君臣、夫妇等封建伦理纲常作为具有本体论意义的物则天理强加给人们,让人们绝对遵行,以便"天下顺治"。这完全符合赵宋王朝强调君权天授以维护皇权专制政治的需要,有利于构建和谐有序的等级社会和确保专制皇权的长治久安。可见,在为专制皇权提供封建统治的合法性和合理性的解释方面,理学比新学更胜一筹,更能满足皇权专制政治的需要。

更为重要的是,王安石新学进步的君臣观是封建帝王绝对无法容忍的。君臣关系是每一位封建国家的臣子都要时时面对并正面回答的问题。在君臣关系问题上,王安石继承了先秦孟子和荀子的君臣思想,主张有条件忠君,反对盲目的、无条件忠君。据《孟子》记载:"齐宣王问曰:'汤放桀,武王伐纣,有诸?'孟子对曰:'于传有之。'曰:'臣弑其君可乎?'曰:'贼仁者谓之贼,贼义者谓之残,残贼之人谓之一夫。闻诛一夫纣矣,未闻弑君也。'"②在孟子看来,尊君是有条件的,即君必须是仁义之君,如果君违背仁义,就是一夫,或曰独夫,像纣这样的独夫民贼,就没必要忠了。荀子说:"汤、武之诛桀、纣也,拱挹指麾而强暴之国莫不驱使,诛桀、纣若诛独夫。"③在荀子眼里,桀、纣就是独夫,诛桀、纣不是诛君,而是诛独夫。可见,荀子也是主张有条件忠君的,那就是君必须是仁义之君。受孟子、荀子的影响,王安石也认为,只有在"君之可爱"的前提下,臣才"不可以犯上"④;反之,如果君不可爱,就不必忠君。"在君臣关系上,王安石坚持的是先秦儒家'从道不从君'的原则。即,对于一个儒家士人来说,有一个更高的理念'道',是高于对君主的'忠'的。这个'道'便是儒家之道,包括内在的修身和外在的济世安民等。对于臣子而言,最重要的不是对某一位特定君主尽忠死节,而是'从道不从君'。只要能够行道,'正在安人而已',那么,人臣便不一定要为某一位君主尽忠死节,他可以在适当的时候选择自己尽忠的君主,甚至在特殊的情况下革君主之命。"⑤在解释《周易·乾卦》

---

①程颢、程颐撰,王孝鱼点校:《周易程氏传》卷四,《二程集》下,第968页。
②朱熹撰:《孟子集注》卷二《梁惠王下》,《四书章句集注》,第221页。
③王先谦撰,沈啸寰、王星贤点校:《荀子集解》卷十《议兵》,第325页。
④王安石撰,唐武标点校:《王文公文集》卷二十八《非礼之礼》,第323页。
⑤刘成国:《变革中的文人与文学》,浙江大学出版社2011年,第23页。

"九三"时,王安石说:"知九五之位可至而至之,舜、禹、汤、武是也,非常义也,故曰'可与言几也'。知此位可终则终之,伊、周、文王是也,可与存君臣之大义也。"①《乾卦》中的九三是臣子之位,九五是君主之位。王安石认为,下卦中的九三可以升至上卦的九五,人臣可以取代君主,并且以历史上的舜禹禅替、汤武革命为证。对于王安石的这种观点,程颐认为实属大逆不道,给予严厉批判:"大煞害事。使人臣常怀此心,大乱之道,亦自不识汤、武。"②与王安石相对立,二程主张无条件忠君:"为君尽君道,为臣尽臣道,过此则无理。"③二程从其无条件忠君的思想出发,批判王安石有条件忠君的主张"大煞害事"。从历史的眼光看,王安石的君臣观比二程的君臣观更加富有进步、民主和革命色彩,然而,在封建统治者眼里,哪种理论有利于维护专制统治,那种理论就被采纳。显然,相比于王安石有条件忠君的主张,二程无条件忠君的思想更加有利于维护皇权专制,因而更加受到专制皇权的欢迎。不仅如此,二程还把他们无条件忠君的主张,作为处理君臣关系的伦理纲常上升到"天理"的高度,从而使其具有至高无上的支配地位,那么,反对这一封建伦理纲常的则为"人欲"。他们"存天理,灭人欲"的理学体系,为维护皇权专制提供了更加有效、更富有欺骗性的理论工具。相比之下,洛学比新学更受最高统治者欢迎也就是理所当然了。

三、牵强附会

两宋之际吴曾指出:"庆历以前,学者尚文辞,多守章句注疏之学。至刘原甫为《七经小传》,始异诸儒之说。王荆公修《经义》,盖本于原甫。"④王安石受同时代的刘敞影响颇深,不仅继承了刘敞治经不拘训诂、大胆质疑的优点,同时也因袭了刘敞臆断解经、牵强附会的不足。治经敢于质疑,大胆破旧立异,是宋儒的真精神,也是宋学的新气象;但破旧需要依据,立异需要规则,不能矫枉过正。刘敞改经易字以就己说,难免臆断之弊。王安石援引佛道以注儒,不守"六书"而解字,亦难免六经注我、牵强附会。

《诗经新义》是王安石父子合作的著述,王雱训其词,王安石训其意,既

---

① 刘成国:《荆公新学研究》附录《王安石〈易解〉辑佚》,上海古籍出版社 2006 年,第 278 页。
② 程颢、程颐撰,王孝鱼点校:《河南程氏遗书》卷十九,《二程集》上,第 248 页。
③ 程颢、程颐撰,王孝鱼点校:《河南程氏遗书》卷五,《二程集》上,第 77 页。
④ 王梓材、冯云濠编撰,沈芝盈、梁运华点校:《宋元学案补遗》卷四《庐陵学案补遗》,第 527 页。

代表了王雱的诗学观点,也代表了王安石的诗学思想。对于《诗经》篇目的排列顺序,王安石认为,哪篇在前,哪篇在后,是有深意的。在《周南诗次解》中,王安石说:"王者之治,始之于家。家之序,本于夫妇正。夫妇正者,在求有德之淑女,为后妃以配君子也。故始之于《关雎》。夫淑女所以有德者,其在家本于女工之事也。故次以《葛覃》。有女功之本,而后妃之职尽矣,则当辅佐君子,求贤审官。求贤审官者,非所能专,有志而已。故次之以《卷耳》。有求贤审官之志,以助治其外,则于其内治也,其能有嫉妬而不逮下乎?故次之以《樛木》。无嫉妬而逮下,则子孙众多。故次之以《螽斯》。子孙众多,由其不妬忌,则致国之妇人亦化其上,则男女正,婚姻时,国无鳏民也。故次之以《桃夭》。国无鳏民,然后好德,贤人众多。故次之以《兔罝》。好德,贤人众多,是以室家和平,而妇人乐有子,则后妃之美具矣。故次之以《芣苢》。后妃至于国之妇人乐有子者,由文王之化行,使南国江汉之人,无思犯礼,此德之广也。故次之以《汉广》。德之所及者广,则化行乎汝坟之国,能使妇人闵其君子,而勉之以正。故次之以《汝坟》。妇人能勉君子以正,则天下无犯非礼,虽衰世公子,皆能信厚,此《关雎》之应也。故次之以《麟之趾》焉。"[1]王安石认为,十五国风的排列顺序,既不是按尊卑之序,也不是按国之大小,而是以美刺为序,美者在前、刺者在后,编者的目的在于表彰善恶、劝诫后世,"惟其序善恶以示万世,不以尊卑小大之为后先,而取礼之言以为经,此所以乱臣贼子知惧,而天下劝焉"[2]。《诗》三百篇,内容非常丰富,涉及西周初年至春秋中叶社会生活的方方面面,如劳动与爱情、战争与徭役、压迫与反抗、风俗与婚姻等,被誉为"中国古代社会百科全书",王安石用善恶作标准来分析《诗经》诸篇,难免以偏概全。关于《诗》的作用,孔子说:"《诗》,可以兴,可以观,可以群,可以怨。迩之事父,远之事君。多识于鸟兽草木之名。"[3]在孔子看来,学《诗》至少有三个作用:第一,学《诗》,可以兴观群怨。兴,即启迪思想;观,即观察社会;群,即凝聚人心;怨,即嘲讽现实。第二,近可事父,远可事君。在家,可以孝顺父母,和谐亲族关系,亦即孝;在外,可以侍奉君王,治国安邦理政,亦即忠。第三,多识花鸟鱼虫,增加博物知识。总而言之,学《诗》的作用体现

---

①王安石撰,邱汉生辑校:《诗义·周南诗次解》,《诗义钩沉》,第5页。
②王安石撰,邱汉生辑校:《诗义·国风解》,《诗义钩沉》,第4页。
③朱熹撰:《论语集注》卷九《阳货》,《四书章句集注》,第179页。

在增加知识、兴观群怨、孝亲忠君等方面。然而,王安石依据诗的内容,按善恶排序,再臆想出一个主题一以贯之,将内容丰富的《诗》三百篇一概以善恶别之,将百科全书式的《诗经》用作单纯的道德教科书、政治教化书,其解《诗》难免以偏概全、牵强附会。

《字说》是凝聚王安石毕生心血的一部重要著作,集中体现了其道德性命之学,该书的特点是会意说字。然而,其解字往往伤于穿凿,有时不顾造字法,误将形声字当会意字来解,如王安石释"波"字为"波者水之皮"①,如此解字,难免词不达意。即便是王安石自己对其《字说》也缺乏信心,曾赋诗自嘲云:

> 正名百物自轩辕,野老何知强讨论。但可与人漫酱瓿,岂能令鬼哭黄昏!②

又云:

> 鼎湖龙去字书存,开辟神机有圣孙。湖海老臣无四目,漫将糟魄污修门。③

王安石修撰《字说》时,是非常刻苦的。朱熹对王安石的治学态度,采取寓贬于褒的手法,表面上褒扬其废寝忘食,实则贬斥其牵强附会。朱熹道:"荆公作《字说》时,只在一禅寺中。禅床前置笔砚,掩一龛灯。人有书翰来者,拆封皮埋放一边。就倒禅床睡少时,又忽然起来写一两字,看来都不曾眠。字本来无许多义理,他要个个如此做出来,又要照顾须前后,要相贯通。"④同时,朱熹批评王安石不懂字学六法而随意解字:"安石既废其五法,而专以会意为言,有所不通,则遂旁取后来书传一时偶然之语以为证。至其甚也,则又远引老佛之言,前世中国所未尝有者而说合之,其穿凿舛谬,显然之迹如此,岂但不知性命道德之本,而亦岂可谓其有得于刑名度数之末哉?"⑤自仓颉造字到王安石撰《字说》,历时两千余年。其间字体历更篆隶,变易甚多,仅据东汉以后所存以偏旁类次之字,而一概以象形、会意

---

①王安石撰,张宗祥辑,曹锦炎点校:《王安石〈字说〉辑》卷二,第56页。

②王安石撰,唐武标点校:《王文公文集》卷七十五《进字说》,第807页。

③王安石撰,唐武标点校:《王文公文集》卷七十五《成字说后》,第807页。

④黎靖德编,王星贤点校:《朱子语类》卷一百三十《自熙宁至靖康用人》,第3100页。

⑤朱熹撰,郭齐、尹波点校:《朱熹集》卷七十《读两陈谏议遗墨》,第3664页。

取之,置指事、形声、转注、假借等造字法于不顾,难免随意比附、牵强附会。古人造字时,佛教亦尚未传入我国,道家也未萌芽,而王安石却援引佛道以解字,如此无中生有,随意比附,怎能不牵强附会。南宋叶适批评道:"凡字不为无义。但古之制字,不专主义,或声或形,其类不一,先王略别之,以为六书。……王氏见字多有义,遂一概以义取之,虽六书且不问矣,况所谓小学之专门者乎? 是以每至于穿凿附会,有一字析为三四文者,古书岂如是烦碎哉!"①可见,批评王安石《字说》牵强附会,并非朱熹一家之私言,而是当时学界之公论。

与新学的牵强附会不同,理学则显得体大思精、圆融无碍,并且其思辨性也远远超过新学,从而使新学在逻辑的严密、思维的缜密方面相形见绌。

四、支离穿凿

新学的最大特点是标新立异,然而常常陷入为标新而立异的歧途。王安石遵循综合创新的治学规律,大胆进行学术创新,然而由于学养不足、认识水平和时代局限以及治经方法的影响,王安石在创新过程中,常常出现融合三教、食古不化甚至扞格不通的现象,难以做到圆融无碍。所以,支离穿凿的问题在王安石训释儒家经典时常常有所表露。

程颐曾讥讽新学支离破碎、不成体系:"介父之学,大抵支离。"②程颐又说:"荆公旧年说话煞得,后来却自以为不是,晚年尽支离了。"③所谓的晚年支离,主要指的是王安石晚年所撰《字说》。之所以说其支离,在于王安石没有遵循语言学的基本规律,解字牵强附会,甚至援引佛经解释汉字。

朱熹对新学的总体评价也是支离穿凿。"王氏支离穿凿,尤无义味,至于甚者,几类俳优"④,"王氏伤于凿"⑤。谈及王安石的《三经新义》,朱熹批评道:"若其释经之病,则亦以自处太高而不能明理胜私之故,故于圣贤之言既不能虚心静虑以求其立言之本意,于诸儒之同异又不能反复详密以辨其为说之是非,但以己意穿凿附丽,极其力之所通而肆为支蔓浮虚之说。

————————
①马端临撰:《文献通考》卷一百九十《经籍考十七》,5536页。
②程颢、程颐撰,王孝鱼点校:《河南程氏遗书》卷二上,《二程集》上,第28页。
③程颢、程颐撰,王孝鱼点校:《河南程氏遗书》卷十九,《二程集》上,第247页。
④朱熹撰,郭齐、尹波点校:《朱熹集》卷三十《答汪尚书》,第1272页。
⑤朱熹撰,郭齐、尹波点校:《朱熹集·朱熹续集》卷三《答蔡仲默》,第5206页。

至于天命人心、日用事物之所以然,既已不能反求诸身以验其实,则一切举而归之于佛老。"①周公撰著《周礼》、孔子纂辑《诗经》《尚书》时,佛教尚未传入我国,道家学说也仅作为一家之言而存在,王安石却援引佛道经典以训释儒家经典,如此无中生有,随意比附,怎能不穿凿附会而流入佛老!在朱熹看来,支离穿凿不仅是王安石解经的弊端,而是新学学派共同的缺点,其子王雱解经也存在支离牵强的问题。"因论王氏之学,而曰:元泽幼即颖悟。尝有人笼獐、鹿各一,以遗介甫,元泽时俱未识也。或问之曰:'孰为鹿?孰为獐?'元泽曰:'獐边者是鹿,鹿边者是獐。'其后解经大抵类此。"②朱熹批评王雱并没有弄懂经典的微言大义而随意解经,这种解释又岂能不支离穿凿、牵强附会呢?但朱熹作为一代大儒,对新学也并非全盘否定,他认为王安石解经也有不支离穿凿之处:"荆公不解《洛诰》,但云:'其间煞有不可强通处,今姑择其可晓者释之。'今人多说荆公穿凿,他却有如此处。若后来人解《书》,又却须要解尽。"③可见,王安石解经确实存在支离穿凿之处,但也并非完全如此,其治经的宗旨与方法亦有可取之处。

清儒全祖望、皮锡瑞对王安石《字说》的评价也是穿凿破碎。全祖望说:"荆公解经,最有孔、郑诸公家法,言简意该,惟其牵缠于《字说》者,不无穿凿,是固荆公一生学术之秘,不自知其为累也。"④皮锡瑞则批评王安石菲薄先儒:"王氏新学,不尊古义。……说经之书,亦多空衍义理,横发议论,与汉、唐注疏全异。"⑤"夫既名为《新义》,则明教人弃古说,以从其新说。……赵鼎谓安石'设虚无之学,败坏人才';陈公辅谓安石使学者习其所为《三经新义》,皆穿凿破碎无用之空言也。"⑥王安石训释儒经本是为了用新经义培养人才,结果却事与愿违,"本欲变学究为秀才,不谓变秀才为学究"⑦,不但不利于人才的培养,反而误导后学、败坏人才。

---

① 朱熹撰,郭齐、尹波点校:《朱熹集》卷七十《读两陈谏议遗墨》,第3665页。
② 黎靖德编,王星贤点校:《朱子语类》卷一百三十《自熙宁至靖康人物》,第3101页。
③ 黎靖德编,王星贤点校:《朱子语类》卷七十八《尚书一》,第1987页。
④ 黄宗羲原著,全祖望补修,陈金生、梁运华点校:《宋元学案》卷九十八《荆公新学略》,第3252页。
⑤ 皮锡瑞:《经学历史》九《经学积衰时代》,第274页。
⑥ 皮锡瑞:《经学历史》九《经学积衰时代》,第277页。
⑦ 皮锡瑞:《经学历史》九《经学积衰时代》,第277页。

五、后继乏人

新学到南宋时期陷入后继乏人的状态,因此,在南宋时期,洛学后学展开对新学的批判时,新学后学几无招架之力。造成这种状况的原因,可以归结为:一、由于宋高宗将北宋灭亡的罪责通过蔡京横加在王安石身上,由否定王安石新政进而否定荆公新学,给新学的传播造成了极为不利的政治氛围和社会环境。在南宋最高统治者眼里,王安石是亡国之人,新法是亡国之法,新学是亡国之学。这种观念一时甚嚣尘上,笼罩着南宋初年的学术思想界,给新学的传播造成极为不利的政治生态和学术环境。二、由于新学著述被确定为北宋中后期科举考试的标准教材,而当时科举考试又是士大夫进身晋阶的重要手段,甚至是唯一途径,修习新学者不可避免地带有某种功利的色彩,往往把新学作为攫取功名的敲门砖,"一时学者,无敢不传习,主司纯用以取士,士莫得自名一说,先儒传注,一切废不用"[1],"哲、徽绍述,尚王氏学,非是无以得高第"[2];一旦达到目的,往往不吝弃之。这种功利的目的,导致在南宋最高统治者打击新学时,出现树倒猢狲散的状况。张舜民吟诗描述了王安石逝后门庭冷落、故旧门生不见踪影的情景:

> 门前无爵罢张罗,元酒生刍亦不多。恸哭一声唯有弟,故时宾客合如何?
>
> 去来夫子本无情,奇字新经志不成。今日江湖从学者,人人讳道是门生。[3]

然而,之所以出现"人人讳道是门生"的情景,固然与新学后学的品格操守有关,但当时恶劣的政治环境也难脱其咎。时任殿中侍御史吕陶曾经指出:"诸生有闻安石之死而欲设斋致奠,以伸师资之报者,隐辄形忿怒,将绳以率敛之法,此尤可鄙也。"[4]可见,在黄隐等人严刑酷法的威胁下,王氏后学不敢"设斋致奠",虽不值得嘉许,但也情有可原。元祐二年(1087)正月,

---

[1] 脱脱等撰:《宋史》卷三百二十七《王安石传》,第 10550 页。

[2] 脱脱等撰:《宋史》卷三百五十四《蔡薿传》,第 11172 页。

[3] 张舜民撰:《画墁集》卷四《哀王荆公》,中华书局 1985 年,第 33 页。

[4] 李焘撰,上海师范大学古籍整理研究所、华东师范大学古籍整理研究所点校:《续资治通鉴长编》卷三百九十元祐元年十月癸丑,第 9498 页。

朝廷下诏科举禁用王安石《字说》。虽然司马光不久前亦辞世,但旧党人士对新党的打击与迫害并未因此停止,作为新党领袖的王安石尽管已经辞世,但其思想学说却遭受了无情的批判。在这样的政治背景下,王氏后学出于自保,"人人讳道是门生",敢于公开传播新学的更是凤毛麟角。三、居于皇权国家意识形态领域主导地位的新学,同时也居于学术界的主流地位,由于其高高在上的政治地位和学术地位,使得当时的其他学派无缘也无力与其展开真正意义上的学术争鸣,从而导致新学故步自封、一家独大,在获得政治庇护的同时,也沦落为政治的婢女,成为为皇权专制服务的御用工具,从而失去了作为学派的独立性,失去了学术创新与发展的内在动力与外部压力,也就无法产生真正有思想、有影响的学问家,从而出现后继乏人的状况。

新学的后继乏人与洛学的后继有人,恰成鲜明对比。南宋时期,虽然依旧有人靠新学博取功名,但真正信奉新学者却寥寥无几,能够传承新学的代表性人物更是没有出现,所以,在与洛学、蜀学发生学派之争时,新学显得几无反驳之力。即便是借助新学获取功名如杨时、胡安国诸辈,也转而抛弃新学。《宋元学案·荆公新学略》所开列的新学传人大致到北宋末年,南宋时期几无传人,更是缺乏有影响力、有号召力的硕学鸿儒;洛学却传承不断,出现了像朱熹、陆九渊、张栻、吕祖谦等名家硕儒。据位于二程故里河南嵩县程村二程祠中的《二程门人名录碑》记载,二程弟子有影响的共有八十八人之多。其中,程颢的弟子有:刘立之、邢恕、谢良佐、游酢、吕大临、吕大忠、吕大钧、苏昞、杨时、李吁、刘绚、朱光庭、侯仲良、邵伯温、周纯明、田述古等人[1]。程颐的弟子更是遍布全国,有河南省属的谢良佐、尹焞、吕希哲、郭忠才、刘绚、李吁、朱光庭、邢恕、张绎、孟厚等;有河北省属的刘立之等;有山西省属的侯仲良等;有山东省属的马伸、焦瑗等;有陕西省属的吕大临、苏昞、范育等;有四川省属的谯定、谢湜等;有安徽省属的袁溉等;有江苏省属的周孚先、周恭先、唐棣、王蘋等;有浙江省属的周行己、许景衡、谢天申、刘安节、刘安上、陈经世等;有江西省属的晏敦复等;有福建省属的杨时、游酢、罗从彦等[2]。由此可见,南宋时期,洛学后学不仅分布

---

①卢广森、卢连章:《洛学及其中州后学》,河南大学出版社1999年,第14页。
②卢广森、卢连章:《洛学及其中州后学》,第18页。

地域广泛,几乎遍布全国各地,而且名家硕儒辈出,杨时、胡安国、胡宏、王居正、张栻、朱熹、陆九渊、吕祖谦等个个大名鼎鼎,影响颇巨。"乾道、淳熙间,儒风日盛。晦庵朱公在闽,南轩张公在楚,而东莱吕公讲道婺女。是时以学问著述为人师表者相望,惟三先生天下共尊仰之。"①在朱熹、张栻、吕祖谦等大儒的努力下,不仅理学得以薪火相传,而且不遗余力地抨击新学,使理学得到进一步弘发,终至战胜新学,取代其在皇权国家意识形态领域的主导地位。

　　新学与洛学之所以冰火两重天,归根结底还应在两个学派的内在属性上找原因。"王安石所强调的是,'先王所谓道德者,性命之理而已'。虽然'性命之理,出于人心',但性命之理'其度数在乎俎豆、钟鼓、管弦之间',因此,'惟道之在政事'。讲学必须是要落在现实的行政事务上,才能见分晓。洛学的宗旨与此有别。二程所要确立的思想是,有一个天理先于万物与人心而存在,同时天理又分殊于万物与人心之中,而成为物理与人性。讲学在于弄清物理与成就人性,而后进达天理。因此,政治的实践并不是唯一的落实,于个人的全部生活中来格物穷理和涵养持敬才是根本。"②由此可见,对于普罗大众来说,并不是人人都有机会参与行政事务,对于那些仕途蹭蹬或者无缘入仕的人,因为缺少付诸实践的平台,从而王安石的学说也就显得高高在上而不接地气了;而二程的学说比较而言来得更加平易朴实和裨益身心,与新学相较也更能赢得人心。所以,到凭借新学不能获取官位、谋取利益时,修习新学的便日渐稀少,也就可想而知了;与之相对应的是,由于洛学在人们格物穷理和涵养持敬方面的理论长处,更适宜普罗大众借此安身立命,其能最终赢得人心也就顺理成章了。

---

①楼钥撰,顾大朋点校:《楼钥集》卷五十二《东莱吕太史祠堂记》,浙江古籍出版社2010年,第970页。
②何俊:《南宋儒学建构》,第17页。

第七章　荆公新学对先秦
汉唐儒学的扬弃

审视王安石的学术历程,大致经历了:义理之学阶段,大约是庆历、皇祐年间,在这个阶段,王安石将以扬雄为代表的汉代经学给予了否定,彻底摒弃了汉代训诂之学。性理之学阶段,大约是嘉祐、治平年间,在这个阶段,王安石将以韩愈为代表的唐代经学否定了,创立了以道德性命之学为核心的新经学。经世之学阶段,大约是熙宁、元丰年间,在这个阶段,王安石用其道德性命之学指导北宋中期的变法实践,使其新学成为有体有用之学,并将先秦经学中的荀子经学基本给予了否定。对于孔孟经学,从体的角度看,王安石继承并发展了孔孟之学;但从用的角度看,王安石用其新经学指导变法实践,建立了超越孔孟的不世之功。

第一节　新学对先秦儒学的扬弃

一、王安石对孔子思想的扬弃

在北宋尊儒思潮的影响下,王安石十分尊崇孔子。他曾赋诗,立志弘扬孔子之道:

> 圣人道大能亦博,学者所得皆秋毫。虽传古未有孔子,蠛蠓何足知天高。桓魋武叔不量力,欲挠一草摇蟠桃。颜回已自不可测,至死钻仰忘身劳。[1]

在王安石看来,孔子不仅是道德的楷模,"圣之为名,道之极、德之至也"[2],而且是思想的宗师,"孔子不以贱而离道,孟子不以弱而失礼,故立乎千世

---

①王安石撰,聂安福、侯体健整理:《临川先生文集》卷九《孔子》,王水照主编:《王安石全集》第五册,第254页。

②王安石撰,唐武标点校:《王文公文集》卷二十六《三圣人》,第299页。

之上而为学者师"①。王安石甚至认为,孔子贤于尧舜。在王安石之前,即有孔子贤于尧舜的论调。"宰我曰:'以予观于夫子,贤于尧舜远矣。'子贡曰:'……自生民以来,未有夫子也。'有若曰:'……自生民以来,未有盛于孔子也。'"②孟子云:"自有生民以来,未有孔子也。"③尽管以上诸儒认为孔子贤于尧舜,但都没有给出充足的理由,被后儒视为"门人之私言"。王安石鉴于先儒的论证不足,给出了自己独到的解释,"尧虽能成圣人之法,未若孔子之备也"④。"孟子曰'孔子集大成者',盖言集诸圣人之事,而大成万世之法耳。此其所以贤于尧、舜也。"⑤在王安石看来,孔子之所以贤于尧舜,是因为孔子适应时代发展的需要,集先圣之大成。"夫以圣人之盛,用一人之知,足以备天下之法,而必待至于孔子者何哉? 盖圣人之心不求有为于天下,待天下之变至焉,然后吾因其变而制之法耳。至孔子之时,天下之变备矣,故圣人之法亦自是而后备也。"⑥法度要随着时代的变迁而变革,尧舜所制定的法度适应了尧舜时代的形势,到孔子之时,时代变迁了,法度需要与时俱进、因时而变。因为孔子生活与活动于春秋末期社会大变革时期,孔子能适应时代的发展制定更加完备的礼乐制度,因此是时代造就了孔子圣人之极的地位。

　　然而,随着王安石荣登北宋宰辅之位,其道德性命之学上升到意识形态领域的主导地位,并用于指导变法实践,王安石又产生了糠秕孔孟、比肩稷契的人生理想。王安石无疑继承了孔子的基本观点,但又在天命观、辩证法和人性论等方面发展了孔子的思想,弥补了以孔子为代表的传统儒家在这些方面的不足。

　　首先,孔子生活的时代是天命观念盛行的时代,然而,"先秦天命思想的发展演变,是一个宗教信仰和神的权威逐步被削弱的过程,也是理性思辨和人的作用被不断升华的过程,既有宗教色彩,又有人文内容,其趋势是逐步消解天命的神秘性,更多地赋予天命的道德性;既是有神的,又是无神的,其格局是有神与无神并存,无神影响大于有神作用;既强调天命的主宰

---

① 王安石撰,唐武标点校:《王文公文集》卷二十七《命解》,第 319 页。
② 朱熹撰:《孟子集注》卷三《公孙丑上》,《四书章句集注》,第 236 页。
③ 朱熹撰:《孟子集注》卷三《公孙丑上》,《四书章句集注》,第 235 页。
④ 王安石撰,唐武标点校:《王文公文集》卷二十八《夫子贤于尧舜》,第 323 页。
⑤ 王安石撰,唐武标点校:《王文公文集》卷二十八《夫子贤于尧舜》,第 323 页。
⑥ 王安石撰,唐武标点校:《王文公文集》卷二十八《夫子贤于尧舜》,第 323 页。

性和不可抗拒,又不否定人的努力和主观能动性,其发展是哲学的天命取代了宗教的天命"①。作为社会大变革时期的思想家,孔子更加关注活生生的、现实的人与社会,而对于神秘莫测的天命问题和隐秘幽微的人性问题却避而不谈。"夫子之文章,可得而闻也;夫子之言性与天道,不可得而闻也。"②

孔子不谈天命,不等于不承认天命的存在;实际上,孔子是承认天命的存在的,"死生有命,富贵在天"③。对于天命,孔子一方面承认其客观存在性以及天命的决定作用,"道之将行也与? 命也。道之将废也与? 命也。公伯寮其如命何!"④另一方面认为,天命是可以认知的,但只有君子能认知天命,同样也只有君子能敬畏天命;而小人既不能认知天命,也不懂得敬畏天命:"君子有三畏:畏天命,畏大人,畏圣人之言。小人不知天命而不畏也,狎大人,侮圣人之言。"⑤虽然承认天命的存在,但他更加重视人的主观能动作用。"春秋后期人的道德自觉大大提高,不再重视对天顶礼膜拜或祭祀,而是集中在自己的道德行为上。但是,一个重视传统文化的人如孔子,不可能真正完全放弃上古的重要宗教性观念,所以孔子仍然信天、畏命、敬神,只是这三者对他来说,色彩淡而不突出。"⑥孔子关注的中心问题是切近适用的人伦事理,对于神秘莫测的天命问题却存而不论。

关于天人关系,孔子一方面承认天命的存在,认为社会的治乱兴衰、个人的贤与不肖甚至成功与失败,都是与天命相关的;另一方面,孔子从"天道远,人道迩"⑦的观点出发,在承认天道存在的基础上,更加重视人道的作用。孔子非常重视道德的作用,"皇天无亲,惟德是辅"⑧。如果统治者有道德,天道就会有常;反之,就会"天命靡常"⑨。同时,他相信一个人只要道德在身,上天就一定会眷顾他。《论语·述而》说:"天生德于予,桓魋其如予何?"朱熹注曰:"魋欲害孔子,孔子言天既赋我以如是之德,则桓魋

---

① 夏海:《孟子与政治》,中华书局 2020 年,第 84 页。
② 朱熹撰:《论语集注》卷三《公冶长》,《四书章句集注》,第 79 页。
③ 朱熹撰:《论语集注》卷六《颜渊》,《四书章句集注》,第 135 页。
④ 朱熹撰:《论语集注》卷七《宪问》,《四书章句集注》,第 159 页。
⑤ 朱熹撰:《论语集注》卷八《季氏》,《四书章句集注》,第 173 页。
⑥ 陈来:《孔子·孟子·荀子》,第 65 页。
⑦ 杨伯峻:《春秋左传注》昭公十八年,中华书局 1981 年,第 1395 页。
⑧ 王先谦撰,何晋点校:《尚书孔传参正》卷二十六《周书·蔡仲之命》,中华书局 2011 年,第 813 页。
⑨ 王先谦撰,何晋点校:《尚书孔传参正》卷九《商书·咸有一德》,第 420 页。

其奈我何？言必不能违天害己。"①可见，在天人之际，孔子虽然承认天命的存在，但他更加强调人道的作用，更加重视人的道德品质的修炼及其作用。

在先秦儒家中，对于天的认识主要有两种观点：一种是唯物的，认为天是自然的、物质的，不具有任何神秘意义；另一种是唯心的，认为天是有意志、有人格的，具有某种神秘意义。孔子不但承认天命的存在，而且"一方面对天与天命有敬畏感；另一方面又有神往感，向往了解天命"②。在孔子眼里，"表面上看，天是四时行百物生的自然实体和过程，但在孔子内心深处，是把天作为一个历史、社会的主宰和命运的安排者"③。孟子受孔子天命观的影响，承认天与命都是外在的异己力量，"莫之为而为者，天也；莫之致而至者，命也"④；但他也看到了天与人的区别，天不能说话，天对人的作用，是通过社会人事体现出来的，"天不言，以行与事示之而已矣"⑤。在以孔孟为代表的大思想家都承认天命的时代，荀子却独树一帜，大胆否定了天命的神秘意义，"天行有常，不为尧存，不为桀亡"⑥。在此基础上，明确提出天人相分的思想，"明于天人之分"⑦。

王安石扬弃了孔子与荀子的天命观，他虽然承认天命的存在，但更加强调人的相对独立性。"所谓命者，盖以谓命之于天云耳。……则所谓非人力之所及而天之所命者也。"⑧在王安石变法期间，反对派打着天命的旗号对变法派予以无情攻讦，王安石擎起天人不相干的旗帜，主张天命归天命，人事归人事。对于天命，我们无可奈何，只好听之任之，"游民慕草野，岁熟不在天"⑨；但对于人事，我们应尽力而为，"是以圣人不言命，教人以尽乎人事而已"⑩。

其次，王安石的学术思想较之孔子充满着更加丰富的辩证法色彩。由

①朱熹撰：《论语集注》卷四《述而》，《四书章句集注》，第98页。
②陈来：《孔子·孟子·荀子》，生活·读书·新知三联书店2017年，第66页。
③陈来：《孔子·孟子·荀子》，第66页。
④朱熹撰：《孟子集注》卷九《万章上》，《四书章句集注》，第314页。
⑤朱熹撰：《孟子集注》卷九《万章上》，《四书章句集注》，第313页。
⑥王先谦撰，沈啸寰、王星贤点校：《荀子集解》卷十一《天论篇》，第362页。
⑦王先谦撰，沈啸寰、王星贤点校：《荀子集解》卷十一《天论篇》，第364页。
⑧王安石撰，唐武标点校：《王文公文集》卷二十七《对难》，第320页。
⑨王安石撰，唐武标点校：《王文公文集》卷五十一《省兵》，第578页。
⑩王安石撰，唐武标点校：《王文公文集》卷二十七《对难》，第321页。

于时代和认识的局限,孔子学说中缺乏辩证法观念,而王安石好《老子》,他在研读《老子》时,发现了《老子》中丰富的辩证法思想,并将之与传统儒家的唯物论相结合,提出了具有丰富辩证法色彩的唯物论思想。他在《洪范传》中就集中阐发了朴素的辩证法观点,并作为他后来分析问题、解决问题的理论工具,如对于哲学领域的有无问题、经济领域的开源与节流问题、政治领域的德治与法制问题、经学领域的心性之学与经世之学的关系问题、修身领域的性与情问题等等,他都是用辩证法作为钥匙来分析问题的。在此意义上,王安石弥补了孔子以来传统儒家辩证法思想的不足,对儒家的辩证法学说的丰富与发展做出了杰出贡献。正如漆侠先生所说:"从孔夫子以来的儒家思想,唯物论倒是有一些……但有关辩证法的思想甚少,以辩证法畅论自然界发展变化则从来未有。……王安石'奋乎百世之下',大量地吸收消化了《老子》哲学中的朴素辩证法,用来观察自然界及一些社会现象,给儒家学说注射了新的血液,使之产生了新的升华。"①实际上,王安石初步窥见了天道与人道的本末关系:天道为本,人道为末,天道决定人道,但在天道面前,人道并非无可作为,人道相对于天道具有一定的独立性。在社会实践中,王安石主张既要遵循天道,更要重视人道,面对自然灾害,人们无能为力,但可以致力人事,将灾害降低到最小程度。可见,在天道观上,王安石扬弃了孔子、荀子的观点,弥补了孔子学说罕言天道的不足,将儒家天道学说推进到一个新高度,因而也就在天道观上超越了先圣孔子。难能可贵的是,王安石不仅在理论上丰富、发展了以孔子为代表的传统儒家的辩证法思想,而且在实践中也贯彻了儒家的辩证法思想。

王安石之所以能够超迈孔子,提出更具科学性的天道观,一方面是随着时代的进步、科技的发展,人们的认识能力与思维水平得到了极大的提高;另一方面是由于王安石不拘于儒家一家,而是吸收了道家的辩证法思想,掌握了本末体用的辩证关系,并用以分析自然现象和社会现象,得出了超越孔子学说的、更加科学的天道观。

再次,关于人性问题,孔子曾经一言以蔽之曰:"性相近也,习相远也。"②而对于人性是善是恶语焉不详,结果导致后学在这个问题上见仁见

①漆侠:《宋学的发展和演变》,第19页。
②朱熹撰:《论语集注》卷九《阳货》,《四书章句集注》,第176页。

智。孟子说人性善,荀子说人性恶,告子说人性无善无不善。"儒家在孔子时代,主要探讨的,便是情,所谓爱人知人,亲亲尊尊,立人达人,都是围绕或发端于一个情字,或其外在化成的人际关系。低于情的欲,子所罕言;高于情的性,弟子也不可得而闻。到了孟子方大谈其性,那是因为学术发展了,而且别的学派都在谈性,逼得他也不得不谈之故。不过孟子把性落实为'心',而心统性情,所以他那些'恻隐之心'、'羞恶之心'、'辞让之心'、'是非之心',虽说是善性,是人之异于禽兽之性,也可以说是情,是人之待人乃至待物的基本感情。"①孔子热衷谈情却罕言性,孟子发展了孔子的学说,大谈特谈人性问题,并且将人性分为性与情,主张心统性情。然而,何者为性、何者为情,性与情的关系如何,孟子依然语焉未详。

唐代韩愈从孔子"惟上智与下愚不移"的观点出发,借鉴孟子的性善论和荀子的性恶论,采用折中的方法,在孟荀人性论的基础上,划分出一个中人来,于是,韩愈就提出了性三品说。在《性论》一文中,王安石批评韩愈这种做法混淆了性与才的区别:"其所谓愚智不移者,才也,非性也。性者,五常之谓也;才者,愚智昏明之品也。"接着,他阐述了何者为性、何者为才,并指明性与才的本质区别:"夫有性有才之分,何也? 曰:性者,生之质也,五常是也,虽上智与下愚,均有之矣。盖上智得之之全,而下愚得之之微也。夫人生之有五常也,犹水之趋乎下,而木之渐乎上也。谓上智者有之,而下愚者无之,惑矣。"②王安石认为,仁、义、礼、智、信五常是"性",是人天生就有的,而"才"是人的认知能力与思维水平,人的才能有高下之分、智愚之别。但人不论智愚,都具有五常之性,只是由于认知能力与思维水平的不同,智者得五常之全,愚者得五常之微,所以不能把五常之"性"等同于智愚之"才"。

在王安石看来,孔子所谓的"惟上智与下愚不移",是指人的"才"而言,非就人的"性"而言。"曰:然则圣人谓其不移,何也? 曰:谓其才之有小大,而识之有昏明也。至小者不可强而为大,极昏者不可强而为明,非谓其性之异。夫性犹水也,江河之与畎浍,小大虽异,而其趋于下同也。性犹木也,楩楠之与樗栎,长短虽异,而其渐于上同也。智而至于极上,愚而至于

---

① 庞朴:《三生万物——庞朴自选集》,首都师范大学出版社 2011 年,第 264 页。
② 王安石撰,聂安福、侯体健整理:《临川先生文集》附录一《临川先生文集佚文·性论》,王水照主编:《王安石全集》第七册,第 1828 页。

极下,其昏明虽异,然其于恻隐、羞恶、是非、辞逊之端,则同矣。故曰:仲尼、子思、孟轲之言,有才性之异,而荀卿乱之。扬雄、韩愈惑乎上智下愚之说,混才与性而言之。"①王安石继承了孔子性相近、习相远的观点,但他更加强调习的作用。王安石认为,人性并没有天生的善恶,人的善恶是由后天的习所决定,"相近之性,以习而相远,则习不可不慎"②。一个人只要修行得当,皆可为尧舜;反之,如果修行不当,就会成为桀纣。

孔子生逢礼崩乐坏的春秋末期,大同世界是孔子心目中的理想社会,孔子的文化理想是恢复被理想化了的周礼文化,"周鉴于二代,郁郁乎文哉! 吾从周"③,孔子的政治理想是重现西周以"敬德"为特色的道德政治。在孔子看来,最好的政治是德主政辅、礼本刑末,"道之以政,齐之以刑,民免而无耻;道之以德,齐之以礼,有耻且格"④,"为政以德,譬如北辰,居其所而众星共之"⑤。王安石的政治理想是在北宋再现三代政治,使当代君王成为尧舜那样的圣君,"致君尧舜上,再使风俗淳"⑥,使自己成为稷契那样的贤相,"材疏命贱不自揣,欲与稷契遐相睎"⑦。王安石看到一味追求德政礼治,在北宋中期的社会是行不通的,对于那些突破道德底线甚至律法底线的人,还是要绳之以法、齐之以刑,"所谓'文王之政'者,非独躬行之教,则亦有庆赏刑威存焉"⑧。因此,王安石在继承孔子治国以德、以礼的基础上,还主张辅之以法、以刑,两者相辅相成,不可偏废。

二、王安石对孟子思想的扬弃

孟子是战国中期著名的思想家,是孔子以后儒家学派的杰出代表。孟子主张人性善,"人性之善也,犹水之就下也。人无有不善,水无有不

---

①王安石撰,聂安福、侯体健整理:《临川先生文集》附录一《临川先生文集佚文·性论》,王水照主编:《王安石全集》第七册,第1828页。

②王梓材、冯云濠编撰,沈芝盈、梁运华点校:《宋元学案补遗》卷九十八《荆公新学略补遗》,第5848页。

③朱熹撰:《论语集注》卷二《八佾》,《四书章句集注》,第65页。

④朱熹撰:《论语集注》卷一《为政》,《四书章句集注》,第54页。

⑤朱熹撰:《论语集注》卷一《为政》,《四书章句集注》,第53页。

⑥杜甫著,仇兆鳌注:《杜诗详注》卷一《奉赠韦左丞丈二十二韵》,中华书局1979年,第74页。

⑦王安石撰,唐武标点校:《王文公文集》卷四十四《忆昨诗示诸外弟》,第512页。

⑧王安石撰,邱汉生辑校:《诗义》卷一《国风·召南·鹊巢义》,《诗义钩沉》,第23页。

下"①。孟子具有民本思想,提出"民贵君轻"的观点,主张"法先王""行仁政",恢复井田,薄赋省刑。

王安石非常推崇孟子,认为孟子是孔子之后最大的圣人,是孔子学说的继承人与传播者。"孟轲,圣人也。"②熙宁二年,在变法刚刚开始而反对派议论纷纷时,王安石赋诗明志,把孟子引为隔代知音。诗云:

> 沉魄浮魂不可招,遗编一读想风标。何妨举世嫌迂阔,故有斯人慰寂寥。③

那么,王安石为什么如此推崇孟子呢? 这要从道德品格、政治主张、学术思想等方面来理解。

从道德品格看,王安石十分赞赏孟子特立独行、不畏流俗的英雄气概。在《淮南杂说》中,王安石云"道义重,不轻王公;志意足,不骄富贵"④,这简直就是孟子"富贵不能淫,贫贱不能移,威武不能屈"⑤大丈夫精神的翻版。王安石还赞扬孟子具有特立独行的批判精神,以及在安邦治国与复兴儒学上"当今之世舍我其谁"的责任意识。《送孙正之序》,作于庆历二年闰九月,王安石时年二十二岁,体现了王安石早期的思想。在序中,王安石把孟韩并举,赞扬孟子在杨墨之学盛行的时代,不随波逐流,能够高举儒学大旗:"时乎杨、墨,已不然者,孟轲氏而已。时乎释、老,已不然者,韩愈氏而已。如孟、韩者,可谓术素修而志素定也,不以时胜道也。"⑥然而,随着时间的推移,王安石的思想发生了变化,由早年的孟韩并重,到中年登上相位后,发展为撇开韩愈独尊孟子,显示出将韩愈排除儒家道统之外,立志接续孔孟道统的理想。

作为政治家的王安石之所以尊崇孟子,是信奉孟子法先王的政治主张以及民本思想与仁政学说。从政治主张与政治实践看,王安石继承并践行了孟子法先王的政治主张。孟子主张法先王,把法先王贯穿于他的整个思想体系,落实到政治、经济、社会、人生各个领域。王安石继承并发展了孟

①朱熹撰:《孟子集注》卷十一《告子上》,《四书章句集注》,第331页。
②王安石撰,唐武标点校:《王文公文集》卷七《答龚深父书》,第86页。
③王安石撰,唐武标点校:《王文公文集》卷七十三《孟子》,第775页。
④程颢、程颐撰,王孝鱼点校:《河南程氏外书》卷十二,《二程集》,第434页。
⑤朱熹撰:《孟子集注》卷六《滕文公下》,《四书章句集注》,第270页。
⑥王安石撰,唐武标点校:《王文公文集》卷三十六《送孙正之序》,第433页。

子法先王的政治思想,主张通过托古改制,解决北宋中期面临的政治、经济、社会诸问题。在《上皇帝万言书》中,王安石对当时的国势与国运感到非常担忧,他惊呼:"顾内则不能无以社稷为忧,外则不能无惧于夷狄,天下之财力日以困穷,而风俗日以衰坏,四方有志之士,恚恚然常恐天下之久不安。"①在王安石看来,出现这种内忧外患局面的原因,在于北宋当局"不知法度"②。这并不是说北宋政府法令制度不健全,而是指当时的法令制度"多不合乎先王之政"③。可见,针对北宋中期所存在的诸多问题,王安石认为,当时实行的法令制度不符合先王的立法精神。解决问题的办法在于法先王。法先王不仅仅是继承先王的行政理念和礼乐制度,更重要的是要效法先王以民本思想为核心的仁政学说。

　　民本思想是儒家学说的精华,贯穿于儒家的政治主张与政治实践中。孔子从其仁学观点出发,首先提出了民本的主张:"樊迟问仁。子曰:'爱人。'"④孟子提出了民贵君轻的观点:"民为贵,社稷次之,君为轻。"⑤荀子则提出了民水君舟的观点:"君者,舟也;庶人者,水也。水则载舟,水则覆舟。"⑥在先秦儒家中,孟子是民本思想的集大成者;在先秦典籍中,《孟子》是早期儒家最为集中阐发民本思想的著述。王安石在训释《诗经》时,就贯穿着民本思想。王安石在《大雅·文王之什义》中云:"国以民为本,民居既奠之后,方事营建,先王之重民如此。"⑦"国以民为本",表明王安石是以民本思想为出发点来训释《诗经》的。在《小雅·鸿雁之什义》中,王安石还提出劳民、来民、还民、定民、安民、集民的观点:"宣王之民,劳者劳之,来者来之,往者还之,扰者定之,危者安之,散者集之。"⑧在这几项治民措施中,他尤其强调安民的意义:"民皆离散而不安其居,必矜之甚深,哀之甚切,不尔则无告之民,不足以自存矣。"⑨从民本思想出发,王安石反对对百姓的过度盘剥,主张封建统治者要庇荫百姓。他在《小雅·节南山之什义》中云:

①王安石撰,唐武标点校:《王文公文集》卷一《上皇帝万言书》,第1页。
②王安石撰,唐武标点校:《王文公文集》卷一《上皇帝万言书》,第1页。
③王安石撰,唐武标点校:《王文公文集》卷一《上皇帝万言书》,第1页。
④朱熹撰:《论语集注》卷六《颜渊》,《四书章句集注》,第140页。
⑤朱熹撰:《孟子集注》卷十四《尽心下》,《四书章句集注》,第375页。
⑥王先谦撰,沈啸寰、王星贤点校:《荀子集解》卷五《王制篇》,第180页。
⑦王安石撰,邱汉生辑校:《诗义》卷十六《大雅·文王之什义》,《诗义钩沉》,第229页。
⑧王安石撰,邱汉生辑校:《诗义》卷十一《小雅·鸿雁之什义》,《诗义钩沉》,第151页。
⑨王安石撰,邱汉生辑校:《诗义》卷十一《小雅·鸿雁之什义》,《诗义钩沉》,第151页。

"君之剥削于民而至于尽,犹人之侵伐林木以致薪蒸者也。"①在王安石看来,过度盘剥百姓,是缺乏远见的短视行为。他在《大雅·荡之什义》中云:"及'采其刘',则其下民为日所暴,不见庇荫而瘝矣。王失德剥丧,无以庇荫其民之譬也。"②如果统治者过度盘剥百姓,会造成民不聊生,最终会危及皇权统治,"而民无所得禄,则释王而从禄于他"③。可见,民本思想是王安石政治思想的出发点。

从民本思想出发,王安石主张在北宋实行仁政,这不仅贯穿在其政治思想中,而且贯彻在其推行变法的政治实践中。王安石从仁政思想出发,主张以善法治国。"盖君子之为政,立善法于天下,则天下治,立善法于一国,则一国治,如其不能立法,而欲人人悦之,则日亦不足矣。"④那么,什么是王安石心目中的善法呢?就是贯彻先王之道的法度。"孟子曰:'有仁心仁闻,而泽不加于百姓者,为政不法于先王之道故也。'以孟子之说,观方今之失,正在于此而已。"⑤可见,王安石主张效法先王之道,在北宋推行仁政,力图再现三代政治。漆侠先生指出:

> 儒家自孔丘以来,即讲求所谓的"仁政"。……孟轲不仅继续发挥了孔丘的"仁政"学说,而且还提出井田制方案,企图通过这个方案解决由土地买卖而加速的土地兼并问题。这个方案的提出,虽然是对已经崩溃的村社土地制度的一个挽歌式的眷恋,但也不可否认,每当土地兼并成为时代的严重问题时,这个挽歌就会发生不小的影响,并且和着时代的腔调而重新弹唱了。……王安石同这些士大夫一样,但比他们似乎更为虔诚,更为笃敬,把"仁政"和"井田"作为解决现实问题的重要手段。正是由于这种关系,历史的绳索就把他与孟轲紧紧地绾连在一起了。⑥

孟子生逢战国中期,面对战乱频仍、民不聊生的动荡局面,孟子继承西周以来"保民"的民本思想,主张通过实行仁政和井田制,回归尧舜时期的圣王

---

① 王安石撰,邱汉生辑校:《诗义》卷十二《小雅·节南山之什义》,《诗义钩沉》,第167页。
② 王安石撰,邱汉生辑校:《诗义》卷十八《大雅·荡之什义》,《诗义钩沉》,第259页。
③ 王安石撰,邱汉生辑校:《诗义》卷十二《小雅·节南山之什义》,《诗义钩沉》,第167页。
④ 王安石撰,唐武标点校:《王文公集》卷二十六《周公》,第302页。
⑤ 王安石撰,唐武标点校:《王文公集》卷一《上皇帝万言书》,第1页。
⑥ 漆侠:《王安石变法》,第75页。

政治,"尧舜之道,不以仁政,不能平治天下。今有仁心仁闻而民不被其泽,不可法于后世者,不行先王之道也"①。而王安石通过变法运动在北宋推行了孟子的民本思想与仁政学说,虽然这场变法运动轰轰烈烈地开始,也轰轰烈烈地失败了,但它毕竟使得孟子的仁政学说在北宋进行了一次波澜壮阔的政治实践,为日趋萎靡的北宋政治注入了一股新鲜的活力。

作为学问家,王安石继承并发展了孟子的心性学说,创立了自己的道德性命之学,并作为指导思想指导了北宋中期的变法实践。王安石对儒学的最大贡献是在孟子的心性学说沉寂千余年之后,重新发现孟子心性学说的价值,并以孟子的心性学说为基础,援引佛老的心性观点,进行融合创新,创立了独具特色的道德性命之学。王安石的心性学说继承了孟子的心性观点。"古之善言性者,莫如仲尼,仲尼,圣之粹者也。仲尼而下,莫如子思,子思,学仲尼者也。其次莫如孟轲,孟轲,学子思者也。"②这里,王安石列举了儒家言性的学统,认为孔子、子思、孟子的心性学说是一脉相承的,并且,执政前的王安石一直以孟子的继承人自居,表明早年的王安石是服膺孟子的性善论的,"夫民于襁褓之中,而有善之性"③。

然而,曾几何时,王安石的心性观点发生了重大转变,由承认性善转变为主张性无善恶、情有善恶。发生这一转变的关键,应该说是由于王安石对佛老心性学说的借鉴与吸收。在多年的政治实践中,王安石发现某些人的品行恶劣,不是所有人都是善良的,孟子的性善论无法合理地解释这些人的丑陋行径。为了解决这一矛盾,王安石运用本末体用的辩证方法,将性析为"性"与"情"两个部分,并借鉴告子性无善无不善、佛徒契嵩"善恶,情也,非性也"④的观点,提出性本情末、性体情用、性无善恶、情有善恶的观点。"王安石在人性论的问题上,一个重要的理论前提是将'性'与'情'作严格的区分,'性'是人之为人的本质,是'太极'、'道'散在万物的过程中化而为'人'身上的本根,所以,绝不可以善恶言之;'情'是人们在社会活动、为人处世过程中接于物的表现,即人之喜、怒、爱、恶、欲之动。"⑤从这

①朱熹撰:《孟子集注》卷七《离娄上》,《四书章句集注》,第280页。
②王安石撰,聂安福、侯体健整理:《临川先生文集》附录一《临川先生文集佚文·性论》,王水照主编:《王安石全集》第七册,第1827页。
③王安石撰,罗家湘辑校:《王安石老子注辑佚会钞·三章》,第20页。
④契嵩撰,钟东、江晖点校:《镡津文集》卷四《中庸解》,第76页。
⑤郑晓江、杨柱才:《宋明时期江西儒学研究》,第117页。

一观点出发,王安石对孟子的心性观点提出了批评:

> 夫太极生五行,然后利害生焉,而太极不可以利害言也。性生乎情,有情然后善恶形焉,而性不可以善恶言也。……孟子以恻隐之心人皆有之,因以谓人之性无不仁。就所谓性者如其说,必也怨毒忿戾之心人皆无之,然后可以言人之性无不善,而人果皆无之乎? 孟子以恻隐之心为性者,以其在内也。夫恻隐之心与怨毒忿戾之心,其有感于外而后出乎中者有不同乎?①

王安石认为,孟子主张人性善,混淆了"性"与"情"两个概念,错把"情"当作"性",没有看到"情"与"性"的本质区别。退一步而言,即便是把"情"当"性"来看待,孟子所谈论的亦仅仅是人性之偏而非人性之全。孟子说人性善,其出发点是人人都有恻隐之心,如果就此判断人性是善的,那么人就没有怨毒忿戾之心了吗? 显然不是。

王安石认为,天道是本,无所谓善恶,性命之理是天道在人身上的体现,也不能用善恶来界定。然而,当性命之理表现为情时,亦即体现在人们的言行中时,以封建社会的核心价值观来衡量,自然有当、有不当。符合封建社会的核心价值观则为当,当则为善;不符合封建社会的核心价值观则为不当,不当为恶。那么,封建社会的核心价值观是什么呢?"仁以亲之,义以帅之,信以成之,夫道也。"②可见,在王安石看来,封建社会的核心价值观即是仁、义、礼、智、信。这样,王安石一方面将心性学说与封建社会的核心价值观联系起来,满足了统治阶级维护封建伦理纲常的需要;另一方面将作为性命之理集中体现的封建社会的核心价值观与天道联系起来,将其上升到与天道相联系的高度,克服了新学由于在本体论上主张天人相分,从而割裂天人关系、切断君权与天的联系,导致否定封建伦理纲常至高无上性的理论缺陷,成为有本有末的心性学说。

王安石虽然承认有天生的圣人,但对于常人而言,他更重视后天的修习。一个人只要遵守封建伦理纲常,重视身心修养、道德实践,就可以成为尧舜那样的圣人,进而将心性修养与立身处世、治国平天下联系起来,使得儒家的心性学说成为有体有用的学说。这无疑是对孟子心性学说的继承

①王安石撰,唐武标点校:《王文公文集》卷二十七《原性》,第316页。
②王安石撰,邱汉生辑校:《诗义》卷五《国风·齐鸡鸣义》,《诗义钩沉》,第77页。

与发展,然而,王安石的心性学说在理论的缜密度和思辨性上都超越了孟子的性善论。

三、王安石对荀子思想的扬弃

北宋庆历年间,是韩学盛行的时期。受韩愈的影响,王安石十分尊崇孟子,而对荀子采取的是批判态度。然而,作为十一世纪杰出的思想家,王安石也汲取了荀子思想中一些有益的成分,为我所用。

荀子思想以儒为主,兼融法墨,是先秦哲学的总结者。荀子说:"天行有常,不为尧存,不为桀亡。应之以治则吉,应之以乱则凶。"[1]荀子是把"天行"或曰"天命"当作自然规律来看待的,天本身并不神秘,无任何意志可言,并且天的存亡生灭、吉凶祸福也不能随着人的意志而转移。同样,人类社会也有自己的运行规律,并不完全受天的运行所干扰,"强本而节用,则天不能贫;养备而动时,则天不能病;修道而不贰,则天不能祸"[2]。在荀子看来,天独立自存且有自身的运行规律,与人事无关;人间的治乱祸福是人自己招致的,与天道无涉,这叫天人相分。

对于荀子,王安石承认其学术源自尧、舜、周、孔:"荀卿之书,修仁义忠信之道,具礼乐刑政之纪,上祖尧、舜,下法周、孔,岂不美哉?"[3]但是,对于荀子贬低孟子,把孟子与杨朱、墨翟相提并论,王安石表示十分不满:"荀卿能知尧、舜、周、孔之道,而乃以孟子杂于杨朱、墨翟之间,则何知彼而愚于此乎?"[4]在王安石看来,孟子之道可以比肩尧、舜、周、孔之道,其在儒家道统中的地位足堪接续尧、舜、周、孔,"夫尧、舜、周、孔之道,亦孟子之道也;孟子之道,亦尧、舜、周、孔之道也"[5]。出于维护孟子地位的动机,王安石对荀子之学进行了批判。

首先,王安石早期是赞成孟子的性善论的,后来,在汲取佛老心性学说

---

①王先谦撰,沈啸寰、王星贤点校:《荀子集解》卷十一《天论篇》,第362页。

②王先谦撰,沈啸寰、王星贤点校:《荀子集解》卷十一《天论篇》,第362页。

③王安石撰,聂安福、侯体健整理:《临川先生文集》附录一《荀卿论上》,王水照主编:《王安石全集》第七册,第1826页。

④王安石撰,聂安福、侯体健整理:《临川先生文集》附录一《荀卿论上》,王水照主编:《王安石全集》第七册,第1826页。

⑤王安石撰,聂安福、侯体健整理:《临川先生文集》附录一《荀卿论上》,王水照主编:《王安石全集》第七册,第1826页。

的基础上,王安石既批判了孟子的性善论,也批判了荀子的性恶论。通过对孟子和荀子的人性观点的批判,王安石修正了自己的人性观点,从主张人性善转变为主张人性无所谓善恶而发之为情则有善恶。尽管王安石的人性观点前后有所变化,但对荀子的人性恶的批判却是前后一贯的。他批判荀子人性恶的观点简直是对孔孟仁义学说的践踏:"荀卿以为人之性恶,则岂非所谓祸仁义者哉?"①又说:

> 荀子曰:"其为善者伪也。"就所谓性者如其说,必也恻隐之心人皆无之,然后可以言善者伪也,为人果皆无之乎? 荀子曰:"陶人化土而为埴,埴岂土之性也哉?"夫陶人不以木为埴者,惟土有埴之性焉,乌在其为伪也?②

王安石认为,荀子所谓的人性恶,甚至包括孟子所谓的人性善,都是就情而言,所指并非人性。"且诸子之所言,皆吾所谓情也、习也,非性也。③ "性"与"情"的关系犹如"太极"与"五行"的关系。"夫太极生五行,然后利害生焉",这种"利害"是由"五行"的运行带来的,并非由"太极"所造成,所以"太极"是不可以言"利害"的。与此同理,"性"产生"情","情"表现出来可分为善恶,而"性"本身并不存在善恶的问题。荀子说人性恶,其出发点是一切善都是人刻意为之。按照荀子的说法,人就没有恻隐之心了吗? 当然亦不是。

按照荀子的性恶论,将人性归结为恶,那么就将儒家的仁、义、礼、智、信等道德剥离出了人心,而变成了外在的、后天的东西;而王安石则将包括仁、义、礼、智、信在内的道德归结为性命之理,并且将性命之理溯源于人心,"先王之道德,出于性命之理,而性命之理,出于人心"④。王安石进一步指出,性命之理与道德之意是体用关系,性命之理是体,道德之意是用,"先王所谓道德者,性命之理而已"⑤。这样,王安石就将仁、义、礼、智、信归入内在的、先天存在的人性,而仁、义、礼、智、信五常并不包含恶的成分,

---

①王安石撰,聂安福、侯体健整理:《临川先生文集》附录一《荀卿论上》,王水照主编:《王安石全集》第七册,第1827页。
②王安石撰,唐武标点校:《王文公文集》卷二十七《原性》,第316页。
③王安石撰,唐武标点校:《王文公文集》卷二十七《原性》,第316页。
④王安石撰,唐武标点校:《王文公文集》卷三十四《虔州学记》,第402页。
⑤王安石撰,唐武标点校:《王文公文集》卷三十四《虔州学记》,第401页。

所以,人性观念转变后的王安石,既不完全赞成孟子的性善论,更不赞同荀子的性恶论。"'德'是人得自于'天之道',体现于人便是'性命之理',因此,要理解人之'性命之理',非得从'天道'的性质来谈,否则就陷入谬误。既然如此,孟子和荀子以善恶论人性,实为将'天道'归入善恶的范畴,当然是不妥的。"①

其次,王安石批评荀子不知礼。王安石在《礼论》一文中,开门见山批评荀子:"呜呼,荀卿之不知礼也!其言曰'圣人化性而起伪',吾是以知其不知礼也。知礼者贵乎知礼之意,而荀卿盛称其法度节奏之美,至于言化,则以为伪也,亦乌知礼之意哉?故礼始于天而成于人,知天而不知人则野,知人而不知天则伪。圣人恶其野而疾其伪,以是礼兴焉。今荀卿以谓圣人之化性为起伪,则是不知天之过也。"②在王安石看来,礼有本末,礼之本来自于天,礼之末源自人,在天为天道,在人为礼义,礼义是天道在人类社会的体现,懂得礼之本而不懂礼之末则不免流于粗野,懂得礼之末而不懂礼之本则不免流于浮伪。王安石认为,圣人因应人情之善恶而制礼,既有成就其先天善性的一面,又有节制其后天欲望的一面。荀子主张化性起伪,则是出于对人性恶的错误认知。

再次,王安石批评荀子的认知具有片面性。王安石在《周公》一文中,直言不讳地说:"甚哉,荀卿之好妄也。"③在王安石看来,由于荀子生于乱世,不懂得以治世之法来考量天下之事,而是用乱世之法考量天下之事,"荀卿生于乱世,不能考论先王之法,著之天下,而惑于乱世之俗,遂以为圣世之事亦若是而已,亦过也"④;同样,荀子也不懂得以善世的标准衡量圣人,而是用乱世的标准衡量圣人,"荀卿生于乱世,而遂以乱世之事量圣人"⑤,结果导致荀子得出人性恶的错误判断。由此,王安石认为,荀子在儒家学派中的地位,不但不能与孟子比肩,"然后世之名,遂配孟子,则非所宜矣"⑥;就连继孟子之后接续儒家道统也不够格,"后世之士,尊荀卿以为

---

① 郑晓江、杨柱才:《宋明时期江西儒学研究》,第117页。
② 王安石撰,唐武标点校:《王文公文集》卷二十九《礼论》,第337页。
③ 王安石撰,唐武标点校:《王文公文集》卷二十六《周公》,第302页。
④ 王安石撰,唐武标点校:《王文公文集》卷二十六《周公》,第302页。
⑤ 王安石撰,唐武标点校:《王文公文集》卷二十六《周公》,第303页。
⑥ 王安石撰,聂安福、侯体健整理:《临川先生文集》附录一《荀卿论上》,王水照主编:《王安石全集》
　　第七册,第1826页。

大儒而继孟子者,吾不之信矣"①。这样一来,王安石就将荀子剔除了儒家道统。

尽管王安石对荀子否定有加,但作为一个唯物主义思想家,王安石受荀子的影响也是明显的。荀子是把"天行"或曰"天命"当作自然规律来看待的,天本身并不神秘,无任何意志可言,并且天的存亡生灭、吉凶祸福也不能随着人的意志而转移,"天行有常,不为尧存,不为桀亡"②。同样,人类社会也有自己的运行规律,并不完全受天的运行所干扰,"强本而节用,则天不能贫;养备而动时,则天不能病;修道而不贰,则天不能祸"③。荀子强调,面对自然,"明于天人之分,则可谓至人矣"④;反之,则为惑人。王安石继承并发展了荀子的唯物主义的天道观,指出:"夫天之为物也,可谓无作好,无作恶,无偏无党,无反无侧,会其有极,归其有极矣。"⑤王安石与荀子一样,认为天是物质的,是客观存在的,按照它自己的规律运行着,是不以人的意志为转移的。

在天人关系上,荀子主张天人相分,"夫星之队,木之鸣,是天地之变、阴阳之化、物之罕至者也,怪之可也,而畏之非也"⑥;但他并不否认天命的存在,主张与其听从天命,不如利用天命,"从天而颂之,孰与制天命而用之?"⑦王安石在继承孔子天命论的基础上,吸收了荀子天人不相干的观点,一方面承认天命的存在,另一方面又强调天命与人事互不相干,并且王安石汲取了荀子"制天命而用之"的观点,主张充分发挥人的主观能动性,"游民慕草野,岁熟不在天"⑧。王安石援引荀子天人不相干的观点,主张自然界有自然界的规律,人类社会有人类社会的规律,对于自然界的规律,并非人力所能左右,我们只要尽人事以听天命,从而提出天变不足畏的充满唯物主义色彩的战斗口号。

---

① 王安石撰,唐武标点校:《王文公文集》卷二十六《周公》,第 303 页。
② 王先谦撰,沈啸寰、王星贤点校:《荀子集解》卷十一《天论篇》,第 362 页。
③ 王先谦撰,沈啸寰、王星贤点校:《荀子集解》卷十一《天论篇》,第 362 页。
④ 王先谦撰,沈啸寰、王星贤点校:《荀子集解》卷十一《天论篇》,第 364 页。
⑤ 王安石撰,唐武标点校:《王文公文集》卷二十五《洪范传》,第 287 页。
⑥ 王先谦撰,沈啸寰、王星贤点校:《荀子集解》卷十一《天论篇》,第 371 页。
⑦ 王先谦撰,沈啸寰、王星贤点校:《荀子集解》卷十一《天论篇》,第 375 页。
⑧ 王安石撰,唐武标点校:《王文公文集》卷五十一《省兵》,第 578 页。

第二节　新学对汉唐儒学的扬弃

王安石对汉唐儒学颇有微词，一方面是因为汉唐经学拘泥于章句训诂，于经典义理的发明乏善可陈；另一方面汉唐经学尚未摆脱天人感应的神秘学说，对于王安石力推的变法大业颇为不利。但作为十一世纪杰出的思想家，王安石也不可能无视汉唐儒学的存在，对于汉代思想家扬雄、唐代思想家韩愈，王安石还是比较推崇的，王安石的学术思想也或多或少地受到二人的影响。

一、王安石对汉代儒学的扬弃

在汉代文学家、思想家中，王安石对扬雄情有独钟。扬雄字子云，是西汉著名文学家和思想家。扬雄早年崇拜乡贤司马相如，仿司马体作了大量辞赋；并对诗人屈原敬仰有加，每读《离骚》，不禁潸然泪下，立志追求文学事业。然而，步入中年后，扬雄志趣发生改变，对于早年热衷的文学事业颇为不屑：“或问‘吾子少而好赋’。曰：‘然。童子雕虫篆刻。’俄而，曰：‘壮夫不为也。’”①年届四十四岁，扬雄弃文从经，开始经学研究。扬雄早年曾游学严遵之门，受其影响，治学遵循先道后儒、由道入儒的路径。扬雄十分推崇《周易》《论语》，“以为经莫大于《易》，故作《太玄》；传莫大于《论语》，作《法言》”②。《太玄》一书内容虽包含儒学的成分，但也夹杂着老子乃至阴阳家的思想；可喜的是，该书充满着辩证法的光芒，“夫道有因有循，有革有化。……夫物不因不生，不革不成”③。到了晚年，扬雄又模仿《论语》作《法言》，思想完全摆脱了老子和阴阳家的影响，扬雄指出天自然无为，神怪不可信，“神怪茫茫，若存若亡”④，闪烁着唯物论和无神论的思想光芒。从治学方法上看，扬雄对当时盛行的章句之学颇为不屑，“雄少不师章句，亦于《五经》之训所不解”⑤，堪称最早对章句之学表示不满的学者。

---

①扬雄撰，汪荣宝注疏：《法言义疏》三《吾子卷》，中华书局1987年，第45页。
②班固撰，颜师古注：《汉书》卷八十七下《扬雄传》，中华书局1962年，第3583页。
③扬雄撰，司马光集注：《太玄集注》卷七《玄莹》，中华书局1998年，第190页。
④扬雄撰，汪荣宝注疏：《法言义疏》卷十《重黎》，第327页。
⑤钱绎撰，李发舜、黄建中点校：《方言笺疏》卷十三《扬雄答刘歆书》，中华书局1991年，第520页。

王安石视扬雄为孟子以下儒学第一人，"杨雄者，自孟轲以来，未有及之者"①，并不吝笔墨，赋诗称赞扬雄：

> 儒者陵夷此道穷，千秋止有一杨雄。当时荐口终虚语，赋拟相如却未工。

> 九流沉溺道真浑，独溯颓波讨得源。岁晚强颜天禄阁，只将奇字与人言。

> 千古雄文造圣真，眇然幽思入无伦。他年未免投天禄，虚为新都著剧秦。②

王安石之所以推崇扬雄，主要基于以下考量：首先，孟子殁后两百年间渐被社会遗忘，到汉代扬雄高举孟子的大旗，王安石在宋代重新发现孟子的价值，在尊孟这一点上，二者堪称隔代知音。扬雄推崇孟子"贫贱不能移，富贵不能淫，威武不能屈"的大丈夫气概，称其"勇于义而果于德，不以贫富、贵贱、死生动其心"③。王安石同样推崇孟子的大丈夫精神，在人格追求上二人心有戚戚焉。其次，扬雄赞赏孟子特立独行的学术追求和批判精神，"古者杨、墨塞路，孟子辞而辟之"④。扬雄在西汉弘扬孟子学说，力求捍卫孔孟儒学的地位。王安石在北宋重新发现孟子的价值，希望通过弘发孔孟儒学战胜佛道的挑战。穿越千年时空，二人在复兴儒学上成为同道。"孔孟如日月，委蛇在苍旻。……杨子出其后，仰攀忘贱贫。……往者或可返，吾将与斯人。"⑤在王安石看来，扬雄是孔孟儒学的真正继承人，"孟子没，能言大人而不放于老、庄者，杨子而已"⑥。再次，扬雄治学遵循的是"由道入儒"的路径，早年推崇老子，晚年尊崇孔子，力求调和儒道；王安石早年亦曾酷爱老子，其后援道入儒，融汇儒道，二者治学路径十分相似。最后，扬雄不师章句的治经方法，亦为王安石所推崇。扬雄以儒为主，融会异学，又能恪守儒家的学术立场，深为王安石所赞同。"扬雄虽为不好非圣人之书，然于墨、晏、邹、庄、申、韩，亦何所不读？彼致其知而后读，以有所去取，故

---

①王安石撰，唐武标点校：《王文公文集》卷七《答龚深父书》，第 86 页。
②王安石撰，唐武标点校：《王文公文集》卷七十三《杨子》，第 776 页。
③扬雄撰，汪荣宝注疏：《法言义疏》卷十一《渊骞》，第 419 页。
④扬雄撰，汪荣宝注疏：《法言义疏》卷二《吾子》，第 81 页。
⑤王安石撰，唐武标点校：《王文公文集》卷三十八《杨雄》，第 447 页。
⑥王安石撰，唐武标点校：《王文公文集》卷七《答王深甫书》，第 83 页。

异学不能乱也。"①王安石称赞扬雄出入百家,最终又能回到儒家立场上,不但不为异学所乱,反而能汲取异学之长以补儒学之短。

尽管王安石对扬雄十分推重,但在充分肯定扬雄对儒学做出的贡献的同时,他也看到了扬雄思想的不足:"自秦汉以来儒者,惟杨雄为知言,然尚恨有所未尽。今学士大夫,往往不足以知雄,则其于圣人之经,宜其有所未尽。"②在王安石看来,扬雄在研读圣人之经、弘扬圣人之道方面,也有不尽如人意之处。王氏后学陆佃更是直言不讳地批评扬雄之学不纯,"平生共学王丞相,更觉荀扬未尽醇"③。其实,扬雄之学何止是不纯的问题,简直是流入道家。南宋王应麟在《三字经》中,将扬雄与荀子、文中子、庄子、老子列入"五子",明确是将其视为道家人物的。

二、王安石对唐代儒学的扬弃

唐代思想家对王安石影响最大的当属韩愈。北宋的儒学复兴思潮是在尊韩的历史与文化背景下拉开帷幕的。青年时期的王安石立志学习孟韩,做宋代古文运动与儒学复兴运动的主将。王安石作为北宋中期儒学复兴思潮的大纛,对韩愈的认识有一个发展过程:早年的王安石在庆历年间尊韩思潮的影响下,对韩愈极为推崇,赞扬韩愈在骈文流行的时代,能够担当古文复兴的重任;在佛老盛行的时代,能够拒斥佛老,致力于恢复儒学的正统地位,由此将韩愈提到与孟子并列的高度。壮年时期的王安石撇开韩愈、独尊孟子,表现出对韩愈文章事功的不屑,以及继承孔孟道统、推行仁政的学术志向和政治抱负。执政以后的王安石,臧否人物的标准是道、学、政三位一体,以此来衡量,王安石自认为韩愈其道其学其政均逊色一筹。

《送孙正之序》,作于庆历二年闰九月,王安石时年二十二岁,体现了王安石早期的思想倾向。序中说:"时乎杨、墨,己不然者,孟轲氏而已。时乎释、老,己不然者,韩愈氏而已。"④称赞孟子在杨墨流行的时代,能够拒斥杨墨;韩愈在佛老盛行的时代,能够攘斥佛老。孟子、韩愈之所以能够内以

①王安石撰,聂安福、侯体健整理:《临川先生文集》卷七十三《答曾子固书》,王水照主编:《王安石全集》第六册,第1314页。
②王安石撰,唐武标点校:《王文公文集》卷七《答吴子经书》,第88页。
③陆佃撰:《陶山集》卷二《依韵和李元中兼寄伯时二首》,第27页。
④王安石撰,唐武标点校:《王文公文集》卷三十六《送孙正之序》,第433页。

儒术修身养性,外以儒道抗衡杨墨佛老,是因为他们早就树立了坚定的志向与操守:"如孟、韩者,可谓术素修而志素定也,不以时胜道也。"①可见,早年的王安石把孟韩并举,立志继承孟韩未尽之业,在北宋儒学复兴和古文运动中建言立功。

　　然而,随着其道德性命之学的创立,壮年时期的王安石,其观点悄然发生了变化,由早期的孟韩并重,发展为撇开韩愈、独尊孟子。嘉祐元年,王安石在京担任群牧判官,时任翰林学士欧阳修因为赏识其才学,赠诗以李白、韩愈相勉。诗云:

> 翰林风月三千首,吏部文章二百年。老去自怜心尚在,后来谁与子争先。朱门歌舞争新态,绿绮尘埃试拂弦。常恨闻名不相识,相逢尊酒盍留连。②

欧阳修诗学李白、文宗韩愈,对王安石的才学非常赏识,称赞王安石诗可与李白比肩,文堪与韩愈媲美,希望王安石在文学事业上独步天下,做欧阳修之后文坛的掌门人。早年的王安石热衷于文学事业,立志以孟韩之心为心,然而步入壮年的王安石人生理想发生了改变,无意担当文坛领袖,立志继承孔孟道统,一方面做北宋儒学复兴运动的主将,另一方面在北宋再现三代政治,像稷契一样致君尧舜,做一个内圣外王式的人物。他赋诗回赠欧阳修,表明自己的心志。诗略云:

> 欲传道义心虽壮,学作文章力已穷。他日若能窥孟子,终身何敢望韩公!③

王安石受儒家传统思想的影响,重视道义胜过文章。他表示,此生若能窥见孟子门墙,得传儒道足矣,已无力在文章上向韩愈看齐。这虽是自谦之词,但表明,随着其道德性命之学的创立,王安石更加重视接续孔孟道统,无意做一个舞文弄墨的文人骚客,而是立志做孔孟儒学的传承者、弘扬者、实践者,实现其再造三代政治的理想。

　　随着王安石道德性命之学的发展及其付诸实践,王安石对韩愈甚至表现出了某种程度的不屑,"韩愈在新古文运动的参加者中间,本是被当作偶

---

① 王安石撰,唐武标点校:《王文公文集》卷三十六《送孙正之序》,第433页。
② 欧阳修著,李逸安点校:《欧阳修全集》卷五十七《赠王介甫》,第813页。
③ 王安石撰,唐武标点校:《王文公文集》卷五十五《奉酬永叔见赠》,第620页。

像来崇拜的,只有王安石从韩愈身上看出了他的思想上的局限性和政治上的落后性,给予尖锐的批判"①。作于熙宁三年的《韩子》一诗,代表了变法时期王安石的观点。在这首诗中,王安石对韩愈的学术贡献表达了某种程度的不屑。

> 纷纷易尽百年身,举世何人识道真?力去陈言夸末俗,可怜无补费精神。②

韩愈在思想文化领域里的贡献主要体现在两个方面:一是发起并领导唐代中期儒学复兴运动,废除旧经学,提倡新经学,重建儒家道统谱系,以与佛教道统相抗衡;一是发起并领导唐代中期古文复兴运动,提倡文以载道,反对虚言浮夸,提倡写作创新,反对因循守旧。在王安石看来,韩愈的主要贡献在文学方面,他非常重视文学语言的创新,主张"惟陈言之务去"③。尽管韩愈也重视"道真"的传承与弘扬,"然愈之所志于古者,不惟其辞之好,好其道焉尔"④,然而由于韩愈并不认识"道"的真实面目,采取的卫道措施不甚得当,因此其对攘斥佛教、捍卫儒学的贡献也就"可怜无补"了。随着王安石道德性命之学的发展并以之指导实践,他评价人物的标准发生了变化:由青年时期重视文学事业到壮年时期重视儒学复兴,再到执政时希图做一个内圣外王式的人物,更加注重道、学、政的三位一体。与此相适应,王安石对韩愈在思想文化史上地位的评价,经历了由推崇其在古文运动中的贡献到否定其在儒学复兴运动中的贡献这样一个演变过程。

从青年时期起,王安石就希望当今圣上像三代圣君一样,"致君尧舜上,再使风俗淳"⑤;并立志做稷契那样的名臣贤相,"材疏命贱不自揣,欲与稷契遐相睎"⑥,其人生的最高理想是,在北宋再造三代政治。要做到这一点,必须到先王经典中寻找思想智慧和礼法制度,必须效法尧舜,"尧、舜之道,至简而不烦,至要而不迂,至易而不难"⑦。同时,以三代圣贤为楷

---

① 钱冬父:《唐宋古文运动》,中华书局1962年,第78页。
② 王安石撰,唐武标点校:《王文公文集》卷七十三《韩子》,第776页。
③ 韩愈撰,刘真伦、岳珍校注:《韩愈文集汇校笺注》卷六《答李翊书》,第700页。
④ 韩愈撰,刘真伦、岳珍校注:《韩愈文集汇校笺注》卷六《答李图南秀才书》,第725页。
⑤ 杜甫著,仇兆鳌注:《杜诗详注》卷一《奉赠韦左丞丈二十二韵》,第74页。
⑥ 王安石撰,唐武标点校:《王文公文集》卷四十四《忆昨诗示诸外弟》,第512页。
⑦ 脱脱等撰:《宋史》卷三百二十七《王安石传》,第10543页。

模,立志做当代圣贤,"成周三代之际,圣人多生儒中"①。

三代之后,由于道术的分裂、秦朝的焚经,先王之经已残缺不全,散布于儒墨道法、诸子百家之中。经历千余年的淘洗,要恢复三代之经的本来面目已非易事。为此,王安石希图博览群书,通过融会百家,再现三代经典。当时的经学状况是,人们沉迷于读经,但不足以了解儒经全貌,"然世之不见全经久矣,读经而已,则不足以知经"②。因此,要寻觅先王时代的"全经",就必须博采众长,融会贯通,从而恢复先王之经的本来面目,"故某自百家诸子之书,至于《难经》、《素问》、《本草》,诸小说无所不读,农夫、女工无所不问,然后于经为能知其大体而无疑"③。所以,儒家要战胜佛老,就要汲取诸家之长,弥补儒家之短,庶几可以找回先王时代的"全经",进而用先王时代的"全经"战胜佛老。

王安石之所以提出熔铸三教、再现"全经"的思想主张,是与他对儒释道关系的认识分不开的。王安石认为,儒释道原本就有相通的地方:"圣人之大体,[后世]分裂而为八九。……盖有见于无思无为,退藏于密,寂然不动者,中国之老、庄,西域之佛也。"④既然儒释道相通,那么,释道两家就有值得儒家借鉴、汲取的地方:"特礼乐之意大而难知,老子之言近而易晓。圣人之道得诸己,从容人事之间而不离其类焉;浮屠直空虚穷苦,绝山林之间,然后足以善其身而已。"⑤在王安石看来,儒道相比,孔子之道大而难知,老子之道近而易晓,老子之道可补孔子之道之不足;儒释相比,孔子之道不离人伦,浮屠之道离世绝俗,释家之心性学说可补儒家之不足。因此,王安石主张从先王时代的元典出发,辅之以佛老之道,去丰富、完善儒家学说,从而从根本上战胜佛老。

评价韩愈、王安石在儒学史上的贡献大小、优劣得失,需放在唐宋儒学复兴运动的大背景下来考察。刘复生先生曾指出:"儒学复兴思潮的核心问题有三点,这就是:从儒学内部而言,是用义理之学取代章句之学,这是

---

① 惠洪撰:《冷斋夜话》卷十《圣人多生儒佛中》,《宋元笔记小说大观》,第2225页。
② 王安石撰,聂安福、侯体健整理:《临川先生文集》卷七十三《答曾子固书》,王水照主编:《王安石全集》第六册,第1314页。
③ 王安石撰,聂安福、侯体健整理《临川先生文集》卷七十三《答曾子固书》,王水照主编:《王安石全集》第六册,第1314页。
④ 王安石撰,唐武标点校:《王文公文集》卷三十五《涟水军淳化院经藏记》,第422页。
⑤ 王安石撰,唐武标点校:《王文公文集》卷二十九《礼乐论》,第336页。

经学史上的一场革命,也是宋学与汉学的分界线;从儒学外部来讲,是要用儒学之道取代以佛老为代表的各种异端,力图要使儒学重新获得独尊地位;第三点是要用有为之学取代无用之学。……只有将这三点结合起来,才是北宋儒学复兴运动完整意义上的核心内容,所以说是三位一体而不可分的。"①陈寅恪先生对韩愈的贡献曾给予中肯的评价:一曰:建立道统,证明传授之渊源。二曰:直指人伦,扫除章句之烦琐。三曰:排斥佛老,匡救政俗之弊害。四曰:呵诋释迦,申明夷夏之大防。五曰:改进文体,广收宣传之效用。六曰:奖掖后进,期望学说之流传②。两位先生的观点,对于我们考察与评价韩愈、王安石对唐宋儒学的贡献具有指导意义。

(一)建立道统,证明传授之渊源。唐代中期,为了与佛教相抗衡,韩愈鲜明地提出儒家的道统观:"斯吾所谓道也,非向所谓老与佛之道也。尧以是传之舜,舜以是传之禹,禹以是传之汤,汤以是传之文、武、周公,文、武、周公传之孔子,孔子传之孟轲。轲之死,不得其传焉。"③因此,要寻求圣人之道,就必须从孟子那里寻绎。"自孔子没,群弟子莫不有书,独孟轲氏之传得其宗……故求观圣人之道者必自孟子始。"④至于荀子和扬雄,由于他们"择焉而不精,语焉而不详"⑤,其学说"大醇而小疵"⑥,在儒家道统中也就难以占据一席之地。这样,韩愈就将荀子连同以扬雄为代表的两汉经学的成就一笔抹杀了,从而确立了以韩愈为代表的唐代新经学直承孟子的道统地位。

受韩愈道统观的影响,北宋诸儒纷纷揭橥道统大旗,一方面标榜本学派是儒家正统,企图借此抬高本学派在思想文化界的地位;另一方面与佛老相抗衡,企图借此使儒学战胜佛老。流风所及,活跃于北宋中期的蜀学、洛学、新学等学派纷纷提出自己的道统观。

嘉祐二年,苏洵致书欧阳修,率先提出了蜀学的道统观:"自孔子没,百有余年而孟子生。孟子之后,数十年而至荀卿子。荀卿子后乃稍阔远,二百余年而扬雄称于世。扬雄之死,不得其继千有余年,而后属之韩愈氏。

---

①刘复生:《北宋儒学复兴要"复兴"什么》,《河北大学学报》(哲学社会科学版)2019年第5期。
②陈寅恪:《金明馆丛稿初编·论韩愈》,《陈寅恪集》,第319—332页。
③韩愈撰,刘真伦、岳珍校注:《韩愈文集汇校笺注》卷一《原道》,第4页。
④韩愈撰,刘真伦、岳珍校注:《韩愈文集汇校笺注》卷十《送王埙秀才序》,第1114页。
⑤韩愈撰,刘真伦、岳珍校注:《韩愈文集汇校笺注》卷一《原道》,第4页。
⑥韩愈撰,刘真伦、岳珍校注:《韩愈文集汇校集注》卷一《读荀子》,第112页。

韩愈氏没三百年矣,不知天下之将谁与也?"①由于苏洵出道较晚,学术上还不足以自称一派,更是没有资格列入儒家道统。所以,苏洵只是排出了唐及其以前的道统,而对于唐以后的道统则由其子苏轼排定。苏轼在继承乃父观点的基础上,将儒家道统由韩愈延至欧阳修,再由欧阳修延至苏轼、苏辙。"五百余年而后得韩愈,学者以愈配孟子,盖庶几焉。愈之后二百有余年而后得欧阳子,其学推韩愈、孟子以达于孔氏,著礼乐仁义之实,以合于大道。其言简而明,信而通,引物连类,折之于至理,以服人心,故天下翕然师尊之。自欧阳子之存,世之不说者,哗而攻之,能折困其身,而不能屈其言。士无贤不肖不谋而同曰:'欧阳子,今之韩愈也。'"②苏轼对韩愈极其推崇,认为韩愈是唐代新儒家的标志性人物:"自东汉以来,道丧文弊,异端并起,历唐贞观、开元之盛,辅以房、杜、姚、宋而不能救。独韩文公起布衣,谈笑而麾之,天下靡然从公,复归于正,盖三百年于此矣。"③继而,苏轼又将恩师欧阳修继韩愈之后列入儒家道统,认为欧阳修是北宋中期儒家的代表性人物:"宋兴七十余年,民不知兵,富而教之,至天圣、景祐极矣,而斯文终有愧于古。士亦因陋守旧,论卑气弱。自欧阳子出,天下争自濯磨,以通经学古为高,以救时行道为贤,以犯颜纳说为忠。长育成就,至嘉祐末,号称多士。欧阳子之功为多。"④然后,苏轼又以欧阳修的继承人自居:"考论师友渊源所自,复知诵习欧阳子之书。"⑤苏轼通过将韩愈、欧阳修列入儒家道统,并进而确立苏氏兄弟继承韩愈、欧阳修的志业,从而确立了苏氏兄弟在儒家道统中上承韩愈、欧阳修的地位。

韩愈虽然是唐代中期新儒家的代表,为唐代中期儒学复兴运动的兴起开辟了道路,成为"宋明新儒家之先河"⑥,但其对儒学发展的贡献的确乏善可陈。王安石在《送孙正之序》中,高度评价了韩愈在排斥佛老、维护儒家道统方面的贡献,但对于韩愈对儒学的创新则颇为不屑,称其"可怜无补费精神"。这似乎并非王安石一家之私见,而是当时乃至后世许多学者之共识。

①苏洵撰,邱少华点校:《苏洵集》卷十二《上欧阳内翰第二书》,第112页。
②苏轼撰,孔凡礼点校:《苏轼文集》卷十《六一居士集叙》,第316页。
③苏轼撰,孔凡礼点校:《苏轼文集》卷十七《潮州韩文公庙碑》,第509页。
④苏轼撰,孔凡礼点校:《苏轼文集》卷十《六一居士集叙》,第316页。
⑤苏轼撰,孔凡礼点校:《苏轼文集》卷十《六一居士集叙》,第316页。
⑥冯友兰:《韩愈李翱在中国哲学史中之地位》,《清华周刊》第37卷9—11期,1932年5月,第3页。

元丰八年,洛学学者程颐也提出二程直承孔孟的道统观:"周公没,圣人之道不行;孟轲死,圣人之学不传。……先生生千四百年之后,得不传之学于遗经,志将以斯道觉斯民。"①程颐将乃兄程颢列入儒家道统的同时,自然也就将自己纳入儒家道统之中了。值得注意的是,在程颐看来,道与学既相对独立,又相互联系,学以载道,但道亦可独行。程颐认为,圣人之道到周公就失传了,而圣人之学到孟子才失传,程颐自称与程颢一起接续孟子之学。与王安石相同的是,程颐也将韩愈剔除儒家道统,并对韩愈《原道》中的观点提出批评:"只云'仁与义为定名,道与德为虚位',便乱说。"②二程后学杨时对包括韩愈在内的反佛人士做出如此评价:"且佛之为中国害久矣,士之有志于古者,力排而疾攻之,世常有焉。若唐之韩退之,今之孙明复、石守道、欧阳公之徒,皆其人也。然此数人者,其智未足以明先王之道,传孔、孟之学,其所守不叛于道盖寡矣,况如彼何哉?"③二程后学朱熹继承二程之衣钵,以周敦颐、张载、二程直承孟子,将韩愈剔除儒家道统。现代学者杨东莼说:"昌黎韩愈,在文学上占着重要的地位,在学术思想界却没有特殊贡献。"④由于王安石创立了新学的道德性命之学,接着孟子讲道德性命之理,填补了韩愈只谈仁义、罕言道德之不足,所以,王安石对于韩愈在儒学史上的贡献评价不高,故将韩愈剔除儒家道统。

之所以出现这种情况,笔者认为,与他们对"道"的理解不同有关:道有广义之道,有狭义之道。广义之道并不单指儒家之道,而是含释老之道在内;狭义之道仅指儒家之道。苏氏父子眼中的"道",其内涵比广义之道还要宽泛,是以儒家之道为主,辅之以道家之道、佛家之道,甚至包含文艺创作之道。而王安石、二程的"道",是狭义之道,仅指儒家之道。虽然他们都汲取了释老的智慧,但这种释老智慧在他们看来,必须符合儒家的主旨。郭绍虞先生指出:"三苏论文,本不重在道。即偶有言及道者,其所谓道,也是道其所道,非惟不是道学家之所谓道,抑且不是柳、穆、欧、曾诸人之所谓道。"⑤朱东润先生也指出:"自古论文者多矣,然其论皆有所为而发,而为

---

①程颢、程颐撰,王孝鱼点校:《河南程氏文集》卷十一,《二程集》上,第640页。
②程颢、程颐撰,王孝鱼点校:《河南程氏遗书》卷十九,《二程集》上,第262页。
③杨时撰,林海权校理:《杨时集》卷十八《与陆思仲》,第487页。
④杨东莼:《中国学术史讲话》,江苏教育出版社2005年,第140页。
⑤郭绍虞:《中国文学批评史》,商务印书馆2010年,第374页。

文言文者绝少,古文家论文多爱言道,虽所称之道不必相同,而其言道则一,韩、柳、欧、曾,罔不外此。王安石论文,归于礼教政治,然亦有为而作。至于苏氏父子,始摆脱羁勒,为文言文,此不可多得者也。"①

（二）直指人伦,扫除章句之烦琐。王安石认为,汉唐诸儒的章句训诂之学,沉溺于名物制度的注疏与考证,忽视对经典义理的思考和探求,错把手段当目的,这是儒学发展中的方向性错误。这种烦琐无聊的治经方式,导致儒学式微,"章句之文胜质,传注之博溺心,此淫辞诐行之所由昌,而妙道至言之所为隐"②。对于汉儒扬雄,王安石十分欣赏,视之为隔代知音,称其是孟子以下第一人,"杨雄者,自孟轲以来,未有及之者"③;并且是秦汉儒家唯一懂得孔孟之道的人,"自秦汉已来儒者,惟杨雄为知言"④。对于扬雄以儒为主,融会异学,又能恪守儒家宗旨的治学精神,王安石深表赞赏。"扬雄虽为不好非圣人之书,然于墨、晏、邹、庄、申、韩,亦何所不读?彼致其知而后读,以有所去取,故异学不能乱也。"⑤但是,王安石在充分肯定扬雄对儒学贡献的同时,也看到了扬雄的局限性:"今学士大夫,往往不足以知雄,则其于圣人之经,宜其有所未尽。"⑥王安石认为,扬雄在研读圣人之经、弘扬圣人之道方面的贡献,并不能令人满意。因此,在王安石的道统观中,汉儒扬雄未入其法眼。

唐代经学步汉代经学之后尘,亦步亦趋,"汉学重在明经,唐学重在疏注"⑦,而对于经典意蕴的开掘乏善可陈。唐太宗诏国子祭酒孔颖达撰《五经正义》,以"注不驳经,疏不驳注"⑧为原则,末流所及,"宁道孔、孟误,讳言郑、服非"⑨,不仅以疑经为叛道,而且以破注为非法,"名为创定,实属因仍"⑩。这种僵化保守的学术风气,严重地桎梏着学子的头脑,阻碍着学术

---

① 朱东润:《中国文学批评史大纲》（校补本）,上海古籍出版社 2016 年,第 139 页。
② 王安石撰,唐武标点校:《王文公文集》卷十八《谢除左仆射表》,第 207 页。
③ 王安石撰,唐武标点校:《王文公文集》卷七《答龚深父书》,第 86 页。
④ 王安石撰,唐武标点校:《王文公文集》卷七《答吴子经书》,第 88 页。
⑤ 王安石撰,聂安福、侯体健整理《临川先生文集》卷七十三《答曾子固书》,王水照主编:《王安石全集》第六册,第 1314 页。
⑥ 王安石撰,唐武标点校:《王文公文集》卷七《答吴子经书》,第 88 页。
⑦ 皮锡瑞:《经学历史》六《经学分立时代》,第 186 页。
⑧ 皮锡瑞:《经学历史》七《经学统一时代》,第 201 页。
⑨ 皮锡瑞:《经学历史》九《经学积衰时代》,第 281 页。
⑩ 皮锡瑞:《经学历史》七《经学统一时代》,第 202 页。

的发展。

北宋初期的经学,沿袭唐代旧有学风,谨守孔郑家法,结果导致儒学复兴步履维艰。"经学自唐以至宋初,已陵夷衰微矣。然笃守古义,无取新奇;各承师传,不凭胸臆;犹汉、唐注疏之遗也。"[1]这种因循守旧的训诂学风,一直笼罩着宋初学术界,导致宋初学术陈陈相因,了无生气,"章句训诂不能尽厌学者之心,于是宋儒起而言义理"[2]。

庆历新政犹如一声春雷,打破宋初思想界的死气沉沉,思想家们从冬眠之中惊醒,发扬人文精神,大胆惑传疑经,乃至改经删经、自出新意解经,一时间经学领域呈现一派活跃气象。"由于范仲淹和'宋初三先生'等人的共同努力,庆历新政确立了'明体达用之学',成就了儒学的复兴之势。"[3]庆历新政是北宋历史上一次重要的政治改革运动,政治改革的实施,要求思想界突破藩篱、解放思想,而解放思想首先应从学术界开始。"经学自汉至宋初未尝大变,至庆历始一大变也。"[4]在范仲淹、欧阳修、胡瑗、孙复等人倡导下,北宋儒学复兴运动取得了阶段性的成果,章句之学的主导地位已经发生动摇,但并没有从根本上得到废除。

皮锡瑞在《经学历史》中,将庆历年间称为"经学变古时代"。事实上,这个变古时代并不是一步到位的,它可以划分为两个阶段:第一个阶段是庆历年间对汉唐训诂之学的否定,使得宋代经学进入义理之学阶段;第二个阶段是嘉祐、治平间在义理之学基础上的创新,并使经学进入性理之学阶段。实事求是地说,庆历时期新儒家们的贡献主要在于"破",即对汉唐章句训诂之学的摒弃,突破了汉唐经学名物训诂的旧藩篱;而在"立"方面,即对儒家经典义理的发掘和创新经义方面成效不彰。直至皇祐、至和年间,刘敞撰著《七经小传》,大胆弃旧说、出新意,对当时学风的转变起到了推波助澜的作用,成为庆历之后义理解经的一面旗帜。但是,其对转变北宋的学风并没有起到根本性的作用,也仅仅是令人"稍尚新奇"而已。到嘉祐、治平间,王安石创立以探讨道德性命问题为核心的荆公新学,并借助封建皇权的力量,将其上升到皇权国家意识形态领域的主导地位。这是

---

①皮锡瑞:《经学历史》八《经学变古时代》,第 220 页。
②皮锡瑞:《经学历史》三《经学昌明时代》,第 90 页。
③李存山:《范仲淹与宋学精神》,第 42 页。
④皮锡瑞:《经学历史》八《经学变古时代》,第 220 页。

中国儒学发展史上至关重要且影响深远的一次变革,其影响堪与汉武帝"罢黜百家,独尊儒术"相伯仲。王安石所著《三经新义》的刊布,彻底摒弃了拘泥训诂的旧传统,为学术界带来义理解经的新学风。可以说,打破章句之学一统天下的局面,真正使义理之学取代章句之学的,是王安石的新学。不仅如此,新学还将宋代儒学推向一个新阶段,由义理之学推向性理之学,使得宋代经学由治经方法的转变进一步发展为经学内容的创新。王安石凭借身居相位的政治优势,借助行政力量对新经学的强力推进,在否定章句之学、弘扬义理之学方面,在弥补汉唐诸儒道德性命之学不足方面,起到了包括唐代中期新儒家韩愈甚至宋初诸儒难以企及的作用。

王安石是继承先秦儒学,在批判和汲取汉唐诸儒观点的基础上创立新学的,因此,他超越了包括韩愈在内的汉唐诸儒,他对韩愈的超越主要体现在天道观和人性论方面。

天人关系问题是先秦思想家争论的核心问题,也是汉代儒家学者最关心的问题之一;即便是到唐代中期,韩愈、柳宗元等依然还在把天人关系问题作为一个哲学命题加以探讨。"虽然汉代以后,作为普遍的社会思潮,天人感应早已破产,但在历代朝廷之上,它仍然是一个严重的思想问题,甚至是政治问题,唐顺宗退位,唐宪宗做皇帝,也说是天意、天命。因此,天人感应,对于唐代思想家,仍是一个严重的思想问题。"①在天人关系问题上,韩愈摇摆于天命论与自然论之间,尚未完全摆脱天命论的影响。"凡祸福吉凶之来,似不在我。惟君子得祸为不幸,而小人得祸为恒;君子得福为恒,而小人得福为不幸。以其所为,似有以取之也。必曰'君子则吉,小人则凶'者,不可也。贤不肖存乎己,贵与贱、祸与福存乎天,名声善恶存乎人。存乎己者,吾将勉之;存乎天、存乎人者,吾将任彼而不用吾力焉。"②韩愈认为,人的贵贱祸福存乎天,人生由天命决定,存在着明显的天命论倾向。"形于上者谓之天,形于下者谓之地,命于其两间者谓之人。形于上,日月星辰皆天也;形于下,草木山川皆地也;命于其两间,夷狄禽兽皆人也。……故天道乱,而日月星辰不得其行;地道乱,而草木山川不得其平;人道乱,而夷狄禽兽不得其情。天者,日月星辰之主也;地者,草木山川之

---

① 张跃:《唐代后期儒学》,第 53 页。
② 韩愈撰,刘真伦、岳珍校注:《韩愈文集汇校笺注》卷七《与卫中行书》,第 804 页。

主也；人者，夷狄禽兽之主也。主而暴之，不得其为主之道矣。是故圣人一视而同仁，笃近而举远。"①韩愈将天地人并列为三，强调天有天之道、地有地之道、人有人之道，只有圣人能够一视同仁，笃近举远。这表明在天人关系问题上，韩愈还存在着自然论倾向。作为唐代中期新儒家的倡导者，由于阶级与时代的局限，韩愈的认识水平受到限制，摇摆于天命论与自然论之间，属于从天命论向自然论的过渡阶段，但还带有浓重的天命论色彩。

　　到北宋中期，天人关系问题依然是个争论不休的话题。在中国古代，天具有自然之天、主宰之天等基本含义。天命论认为，天赋予民族、国家和个人命运。孔孟将个人命运归结于天，强调顺天知命。荀子反对传统的天命观念，主张"制天命而用之"②。西汉董仲舒用"君权神授"说将传统的天命观念发展成为维护封建统治的神权理论。唐代韩愈仍然认为天有意志。到王安石生活的年代，天命论依然有其市场，仍然有人在利用天命论维护自己的利益。王安石指出，天不具备人的感情属性和意志属性，天作为自然现象也没有善恶的价值属性，善恶只是人才具有的社会属性。"夫天之为物也，可谓无作好，无作恶，无偏无党，无反无侧。"③王安石认为，天是自然的、物质的，沿着它自己的道路——"天道"运行着，是没有任何意志、任何目的的，因此也不具备任何主宰的功能。在王安石变法期间，反对派打着天命论的旗号对变法派予以攻击。对此，王安石从天人相分的观点出发，对反对派的思想武器天命论予以反击：一方面，王安石强调天人相分，天变不足畏，"天地与人了不相关，薄食震摇，皆有常数，不足畏忌"④；另一方面，王安石指出，自然灾害即使与社会人事有所遇合，也纯属偶然，没有必然联系，天命论实不足信，"天文之变无穷，人事之变无已，上下傅会，或远或近，岂无偶合？此其所以不足信也"⑤。随着变法遭遇反对，王安石提出天人相分的观点，借以回击反对派打着天命的旗号对新法的攻讦。

　　王安石认为，自然界和人类社会既有其自身发展、变化的特殊性，同时又遵循着新故相除的共同规律。一方面王安石承认，天有天之道，人有人

①韩愈撰，刘真伦、岳珍校注：《韩愈文集汇校笺注》卷一《原人》，第 67 页。
②王先谦撰，沈啸寰、王星贤点校：《荀子集解》卷十一《天论篇》，第 317 页。
③王安石撰，唐武标点校：《王文公文集》卷二十五《洪范传》，第 287 页。
④司马光撰，李文泽、霍绍晖点校：《司马光集》卷七十二《学士院试李清臣等策目》，第 1472 页。
⑤李焘撰，上海师范大学古籍整理研究所、华东师范大学古籍整理研究所点校：《续资治通鉴长编》卷二百六十九熙宁八年十月戊戌，第 6597 页。

之道,天人之间是相分的。王安石在训释《诗经·蒹葭》时云:"降而为水,升而为露,凝而为霜,其本一也。其升也,降也,凝也,有度数存焉,谓之时。此天道也。畜而为德,散而为仁,敛而为义,其本一也。其畜也,敛也,散也,有度数存焉,谓之礼。此人道也。"①天道与人道有其相对独立性,自然界运行的规律是自然而然的,是不以人的意志为转移的,"阴阳代谢,四时往来,日月盈虚,与时偕行,故不召而自来"②,"天不因人不成"③。另一方面,王安石认为,天道和人道都遵循着共同的规律,那就是新故相除。"有阴有阳,新故相除者,天也。有处有辨,新故相除者,人也。"④王安石初步看到了天人之间对立统一的辩证关系,并且运用这种理论做武器去回击反对派对新法的攻讦。王安石指出,自然界经常会出现灾异,"天之有五物,一极备凶,一极无亦凶,其施之小大缓急无常,其所以成物者,要之适而已"⑤。这些灾异的出现是自然界的正常现象,与人的作为没有必然联系,"水旱常数,尧、汤所不免"⑥。如果将自然灾害完全归咎于人的作为,那么像尧汤等圣王在位时自然灾害犹不能免,则又做何解释? 灾异的发生虽然与人为没有必然联系,但灾异发生之后,却不能听之任之,要充分发挥人的主观能动性,采取措施积极应对。"道之将兴欤,命也;道之将废欤,命也。苟命矣,则如世之人何?"⑦在王安石看来,如果一切都要遵从天命、听之任之,那还要人做什么呢? 王安石反对将一切推给天命的消极做法,主张充分发挥人的主观能动性。

　　为了回击反对派借天变对变法的攻讦,王安石必须割裂天人之间的联系。然而,如果完全抛弃天命论,就切断了封建皇权与天的联系,君权天授就没有了理论根基与法理依据。为了解决这一矛盾,王安石否定了传统儒家带有神秘色彩的天命观念,将天命改造为自然规律,从而恢复了天命的自然属性。"所谓命者,盖以谓命之于天云耳。"⑧王安石将天命视为天的

①王安石撰,邱汉生辑校:《诗义》卷六《国风·秦车邻义》,《诗义钩沉》,第95页。

②王安石撰,罗家湘辑校:《王安石老子注辑佚会钞·七十三章》,第90页。

③王安石撰,杨小召点校:《周官新义》卷十一《春官四》,第162页。

④王安石撰,张宗祥辑,曹锦炎点校:《王安石〈字说〉辑》卷一,第27页。

⑤王安石撰,唐武标点校:《王文公文集》卷二十五《洪范传》,第292页。

⑥李焘撰,上海师范大学古籍整理研究所、华东师范大学古籍整理研究所点校:《续资治通鉴长编》卷二百五十二熙宁七年四月己巳,第6147页。

⑦王安石撰,唐武标点校:《王文公文集》卷二十八《行述》,第330页。

⑧王安石撰,唐武标点校:《王文公文集》卷二十七《对难》,第320页。

本质属性,实际上就是自然规律,但由于自然规律是自然而然的,并非人力所能左右,所以在天命面前,人们只能敬而远之。这样一来,封建皇权的神圣性又如何维护,就成了新的问题。于是,王安石又指出:"人君固辅相天地以理万物者也,天地万物不得其常,则恐惧修省,固亦其宜也。今或以为天有是变,必由我有是罪以致之;或以为灾异自天事耳,何豫于我,我知修人事而已。盖由前之说,则蔽且葸;由后之说,则固而怠。"①在王安石看来,人君是协助天地治理天下、燮理万物的,这样,又弥补了天人相分理论给维护封建皇权神圣性带来的理论缺陷。对待自然灾害,人君的正确态度应该是既要重视自然灾害,又不能被自然灾害所吓倒,要采取积极措施应对自然灾害。"是以圣人不言命,教人以尽乎人事而已。"②在面对自然灾害时,王安石主张不信天命信人事,修人事以应天变,体现出他既尊重自然规律,又重视人为的思想特色,这就既否定了传统的天命观念,又保全了君主与天的联系,从而在天人关系上超迈了韩愈在天命论与自然论之间的摇摆不定,将宋儒对天人关系的认识提高到超迈唐代新儒家韩愈的新高度。

王安石不仅在韩愈仁义学说盛行的时代,重新发现道德的价值;而且在天命盛行的年代,重新发现人的心性的价值。王安石认为,一方面空谈仁义不足以解决北宋中期所面临的诸多社会问题,更不足以从根本上战胜佛老、重树儒学的独尊地位;另一方面韩愈的仁义学说,注重仁义对人的内在约束,王安石看到这种仁义学说,对于人的行为的约束有限,不足以解决北宋社会所面临的道德滑坡问题。于是,王安石继承孟子的心性学说,接着孟子往下讲,丰富、完善了儒家的内圣之学,企图使社会大众外以道德约束言行,内以性理修养身心,并将修身养性作为治国平天下的前提条件,回击了反对派对新学外王有余、内圣不足的批判,从而将内圣与外王一以贯之。可见,其对儒学的贡献不仅体现在治经方法的创新上,更重要地体现在创新经义和重塑封建社会的伦理秩序上。

在心性问题上,王安石对包括韩愈在内的唐代新儒家进行了清理,提出了新学独具特色的心性之学。韩愈继承孔子"惟上智与下愚不移"的观点,并在此基础上,又划分出一个中人来,于是就构成了韩愈的性三品说。

①王安石撰,唐武标点校:《王文公文集》卷二十五《洪范传》,第293页。
②王安石撰,唐武标点校:《王文公文集》卷二十七《对难》,第321页。

韩愈从仁、义、礼、智、信五者来判断人性,并且将人性分为上、中、下三品,认为上品之性善,下品之性恶,中品之性善恶混。对于韩愈的心性学说,王安石开门见山地指出:"韩子之言性也,吾不有取焉。"①王安石不赞成韩愈的性三品说,批评韩愈的性三品说不能自圆其说。"且韩子以仁、义、礼、智、信五者谓之性,而曰天下之性恶焉而已矣。五者之谓性而恶焉者,岂五者之谓哉?"②"夫仁、义、礼、智、信,孰而可谓不善也?"③王安石质问道,仁、义、礼、智、信五常,哪个包含不善的因素? 如果说仁、义、礼、智、信五者归于恶,那还是仁、义、礼、智、信吗? 王安石由此判定,韩愈的心性学说是错误的。

王安石认为,孔子的上智与下愚之分,是就人的才智而言,并非就心性而言。从这种观点出发,王安石对韩愈的性三品说进一步提出了批评:

> 其所谓愚智不移者,才也,非性也。性者,五常之谓也;才者,愚智昏明之品也。欲〔明〕其才品,则孔子所谓"上智与下愚不移"之说是也。欲明其性,则孔子所谓"唯性相近习相远"、《中庸》所谓"率性之谓道"、孟轲所谓"人无有不善"之说是也。

> 夫有性有才之分,何也? 曰:性者,生之质也,五常是也,虽上智与下愚,均有之矣。盖上智得之之全,而下愚得之之微也。夫人生之有五常也,犹水之趋乎下,而木之渐乎上也。谓上智者有之,而下愚者无之,惑矣。④

在王安石看来,仁、义、礼、智、信五常是性,是人天生就有的,人不论智愚,都有五常之性,由于认识能力不同,智者得其全,愚者得其微,所以,智愚是才而不是性。在此基础上,王安石将人的智愚与善恶联系起来,并且用人的一生来考察,从而将韩愈的性三品说解释为才三品说。

> 然则孔子所谓"中人以上可以语上,中人以下不可以语上,惟上智与下愚不移",何说也? 曰:习于善而已矣,所谓上智者;习于恶而已

①王安石撰,唐武标点校:《王文公文集》卷二十七《性说》,第 317 页。
②王安石撰,唐武标点校:《王文公文集》卷二十七《原性》,第 316 页。
③王安石撰,唐武标点校:《王文公文集》卷二十七《性说》,第 318 页。
④王安石撰,聂安福、侯体健整理:《临川先生文集》附录一《性论》,王水照主编:《王安石全集》第七册,第 1828 页。

矣,所谓下愚者;一习于善,一习于恶,所谓中人者。上智也、下愚也、中人也,其卒也命之而已矣。有人于此,未始为不善也,谓之上智可也;其卒也去而为不善,然后谓之中人可也。有人于此,未始为善也,谓之下愚可也;其卒也去而为善,然后谓之中人可也。惟其不移,然后谓之下愚,皆于其卒也命之,夫非生而不可移也。[①]

在王安石看来,人的善恶、智愚都是就其一生而言的,善恶本可改变,智愚亦可改变,恶者可转变为善者,愚者亦可转变为智者。判断一个人是上智、中人、还是下愚,都是从其一生的作为来判断的。从其一生来看,如果一个人习惯于为善则为上智,习惯于为恶则为下愚,既习惯于为善、又习惯于为恶,则为中人。如果一个人开始为善,可谓上智,转而为恶,则为中人;如果一个人开始为恶,可谓下愚,转而为善,则亦为中人。可见,王安石将人的性与才区分开来,强调道德品质为性,认知能力为才,两者既有区别、又有联系。对于一个人而言,性无差别,才有高下。王安石认为,孔子所谓的"惟上智与下愚不移",是指人的才而言,非就人的性而言。

　　　曰:然则圣人谓其不移,何也? 曰:谓其才之有小大,而识之有昏明也。至小者不可强而为大,极昏者不可强而为明,非谓其性之异也。夫性犹水也,江河之与畎浍,小大虽异,而其趋于下同也。性犹木也,楩楠之与樗栎,长短虽异,而其渐于上同也。智而至于极上,愚而至于极下,其昏明虽异,然其于恻隐、羞恶、是非、辞逊之端,则同矣。故曰:仲尼、子思、孟轲之言,有才性之异,而荀卿乱之。扬雄、韩愈惑乎上智下愚之说,混才与性而言之。[②]

王安石认为,人性虽然无所谓善恶,但一个人只要努力修行,皆可为尧舜。由此可见,王安石运用本末体用的方法,将传统儒家的"性"分为先天的"性"与后天的"情"两个概念,提出了性体情用的观点。他借鉴告子性无善无恶、李翱"情有善有不善,而性无不善焉"[③]以及契嵩"善恶,情也,非性

---

①王安石撰,唐武标点校:《王文公文集》卷二十七《性说》,第317页。
②王安石撰,聂安福、侯体健整理:《临川先生文集》附录一《性论》,王水照主编:《王安石全集》第七册,第1828页。
③李翱撰:《复性书中》,董诰编:《全唐文》卷六百三十七,中华书局1983年,第6436页。

也"①的观点,提出了性无善恶、情有善恶的人性论,从而将孟子人性本善的观点,改造为人性向善的观点,强调了修习在人生中的重要作用,指明只有圣人有先天善性,但对于常人而言,能否修成圣贤,关键在于后天的修习。一个人只要重视修习,都可以修炼为尧舜那样的圣人,这就为人们指明了成圣成贤的途径,从而克服了传统儒家心性学说的理论缺陷,对孔孟以来儒家心性学说的发展做出了重要贡献。不仅如此,王安石心性学说的创立,还改变了汉唐以来儒者由于空谈仁义而流于无用的状况,使得新学的道德性命之学一端连着儒家的内圣之学,一端连着儒家的外王之道,使儒者通过对王安石新学的修习,既可以实现直达圣域的人格修养,又可以实现治国平天下的外王理想。王安石打通内圣外王之间的壁垒,将儒家的内圣之学与外王之术贯通起来,使之成为有体有用的思想体系,实现了儒学由有体无用之学向明体达用之学的转变,并用这套明体达用之学指导北宋中期的社会实践,开展了轰轰烈烈的变法运动,其理论价值与实践意义均非韩愈的仁义学说所能比拟。

（三）排斥佛老,匡救政俗之弊害。韩愈与柳宗元同为唐代中期的儒家学者,但在对待佛教的态度上有所不同:韩愈对佛教是全盘否定,其态度是不遗余力地攘斥佛教,采取的措施是"人其人,火其书,庐其居",这样做对攘斥佛教固然有利,但其对儒学发展的促进作用微不足道。在对待佛教的问题上,柳宗元与韩愈采取的态度有着明显的区别:韩愈对佛教采取的是全盘否定的态度,批评柳宗元"不斥浮图"②;而柳宗元对佛教采取的是一分为二的态度,有批判,有吸收,认为"浮图诚有不可斥者,往往与《易》《论语》合"③。对于韩愈对佛教的批判,柳宗元认为韩愈批判的是佛教的外在表现,并非其内在本质。柳宗元认为,佛教应该受到批判的,是其不事生产与不劳而获。"退之所罪者其迹也,曰:'髡而缁,无夫妇父子,不为耕农蚕桑而活乎人。'若是,虽吾亦不乐也。"④至于其思想观点,也有可取之处,"退之忿其外而遗其中,是知石而不知韫玉也"⑤。出于这种认识,柳宗元

---

①契嵩撰,钟东、江晖点校:《镡津文集》卷四《中庸解》,第76页。

②柳宗元撰,柳宗元集点校组点校:《柳宗元集》卷二十五《送僧浩初序》,中华书局1979年,第673页。

③柳宗元撰,柳宗元集点校组点校:《柳宗元集》卷二十五《送僧浩初序》,第673页。

④柳宗元撰,柳宗元集点校组点校:《柳宗元集》卷二十五《送僧浩初序》,第674页。

⑤柳宗元撰,柳宗元集点校组点校:《柳宗元集》卷二十五《送僧浩初序》,第674页。

主张对佛教要一分为二,批判其不劳而获的寄生观念,汲取其有益于儒学发展的思想元素。

在唐代中期儒学复兴运动中,与韩愈、柳宗元同时,还有一个标志性人物——李翱。李翱是韩愈的弟子,就其儒学思想而言,李翱服膺韩愈的基本观点。但在对待佛教的态度上,二人还是有差异的。"虽然二人都看到了佛教'入侵'在文化、社会习俗和经济生产上给唐朝带来的全面危机,都主张坚决抵制佛教,但抵制的坚决程度还是有区别的,相比较而言,韩愈更为彻底。……反观李翱,虽也抵制佛教,却没有这么激烈的举动。实际上李翱对佛教还并不是持一棍子打死的看法,他与佛僧澄观有交往,非常重视研究佛学中的'性命'学说,并将其中一些合理成分运用到了自己的思想中。在他看来,单纯作为一门思想的佛学和单纯作为一门宗教的佛教都有存在的价值,问题只是在于佛教现在过盛,妨碍了中华正统思想文化的发展,所以要进行限制。只要佛教控制在一定范围内,他还是愿意接受的。"①由此可见,李翱对待佛教的态度,与韩愈还是有区别的,韩愈对待佛教是全盘否定、彻底抵制,而李翱对于佛教并没有全盘否定,也没有彻底抵制,而是主张要限制佛教,甚至主张援引佛教的观点发展儒学思想,这一点与柳宗元属于同道。正如漆侠先生所说:"把佛教在社会上形成的种种弊害同佛教思想区分开来,并从佛家思想中寻觅出与儒学思想相通之处加以比较研究,推动学术思想的发展是非常必要的。柳宗元的这个见解和做法,比韩愈要高明得多!"②

北宋中期以来,随着儒学复兴运动的发展,社会上再度兴起抨斥佛老的思潮,其涉及范围之广、影响时间之长,堪与唐代中期韩愈发起的抨击佛老运动媲美。鉴于韩愈排佛效果不理想,受柳宗元、李翱的启发,王安石并不排斥释道,采取的是融合三教、汇通诸家的措施,由于其学术视野的广阔,善于博采众长、为我所用,因而其对儒家学说的贡献也就非韩愈所能媲美。从发展儒学的动机来看,王安石认为,道法杨墨乃至诸子百家,作为先王之道的组成部分,自然有其合理的因素,即便是来自异域的佛教也有其

---

① 谭绍江:《李翱》,陕西师范大学出版社 2017 年,第 67 页。
② 漆侠:《宋学的发展和演变》,第 123 页。

合理因素,因而不可尽废,"臣愚以为苟合于理,虽鬼神异趣,要无以易"①。在王安石看来,韩愈之排佛,实际上是排其"迹",手段简单粗暴,效果不甚理想。王安石采取汲取佛教之长弥补儒家之短的办法,通过发展儒学最终战胜佛教,其手段比韩愈更加高明,效果也比韩愈更加明显。与韩愈对待佛教的态度所不同,王安石接受了柳宗元、李翱的做法,对于佛老站在儒家的立场上去分析,凡是符合儒家学说的就借鉴、汲取,凡是不符合儒家学说的就攘斥、摒弃。正如徐文明先生所言:"王安石对佛教的态度是公正的,措施也是适宜的,既不排斥,也不纵容。这种态度不仅超越了那些盲目反佛的前辈和朋友,而且也胜过了后世程朱一派的道学家们。王安石主张通过吸收佛教中所包含的合理因素来发展儒家思想,从而使儒学蓬勃发展,达到甚至超越佛教的水平,重新获得统治地位。……王安石恰恰成为儒学发展过程中的一道分水岭。在他以前,儒学家大都以拒斥佛教来反佛教,基本是继承韩愈;在他之后,道学家大都以窃取佛教来反佛教,基本上是师承李翱。"②在王安石看来,韩愈虽然致力于儒学复兴,但由于韩愈不识儒学的"真面目",不能汲取佛老之长来丰富、发展儒学,只是在文章风格上"力去陈言",虽然也得到世人的竞相夸尚,但其贡献毕竟主要体现在古文复兴方面,而对于儒学复兴终归是徒费精神。

从外王层面看,韩愈虽然也主张内圣与外王达成一致,儒者修习儒学,一方面要修身养性,直抵圣贤之域;另一方面要达成外王之业,建立不世之功。"古之所谓正心而诚意者,将以有为也。"③希望在政治上有所作为,也是韩愈的人生理想,而匡救政俗之弊,是韩愈外王事业的集中体现。但是,韩愈的政治思想与王安石有着本质的不同。首先,在政治立场上,韩愈反对政治改革,而王安石则积极推动政治改革。这一政治立场的不同,决定了王安石由早期推崇韩愈到后期批判韩愈的转变是必然的。其次,由于韩愈仕途坎坷,缺乏良好的政治平台,其外王事业受到外在条件的限制,无法实现其政治抱负。韩愈一生可谓仕途坎坷,二十五岁进士及第,二十九岁开始为官。任监察御史时,因替关中灾民请求减免赋役,被贬为阳山令。

---

① 李焘撰,上海师范大学古籍整理研究所、华东师范大学古籍整理研究所点校:《续资治通鉴长编》卷二百三十三熙宁五年五月甲午,第 5660 页。
② 徐文明:《出入自在——王安石与佛禅》,第 46 页。
③ 韩愈撰,刘真伦、岳珍校注:《韩愈文集汇校笺注》卷一《原道》,第 3 页。

元和十四年(819),又因反对迎拜佛骨,触怒唐宪宗,贬为潮州刺史。后虽历任国子祭酒、兵部侍郎和吏部侍郎,但毕竟均属从官,施展政治抱负的空间不大,其对唐代政治最突出的影响在排击佛教和提倡儒学上。对于排击佛教,由于未能取得最高统治者的支持,加之方法欠妥,效果不甚理想;至于提倡儒学,韩愈未能将儒家学说上升到皇权国家意识形态领域的主导地位,更谈不上用以解决唐代中后期的政治、经济、社会诸问题。而王安石新学是以经世致用为目的,王安石将宋代儒学推进到道德性命之学阶段,用以指导北宋中期的社会变革。王安石认为,儒家学说的价值在于治国安邦,不在于章句名数。"夫圣人之术,修其身,治天下国家,在于安危治乱,不在章句名数焉而已。"①从修齐治平的治学目的出发,王安石与吕惠卿、王雱共同撰著《三经新义》,发掘儒家经典中有利于变法的内容,服务于当时的变法实践。在最高统治者的支持下,新学不仅取得学术界的主流地位,而且取得了皇权国家意识形态领域的主导地位,也深刻影响了北宋中后期乃至南宋、元、明的政治、经济、思想文化。从外王层面看,王安石使儒家学说重回独尊地位,并用于治国安邦、经世济民,其贡献远非韩愈所能望其项背。

①王安石撰,唐武标点校:《王文公文集》卷八《答姚辟书》,第94页。

第八章　荆公新学对儒学发展的影响及其在儒学史上的地位

第一节　新学对两宋儒学的影响

邓广铭先生指出："或明或暗地吸收和汲引释道两家的心性义理之学于儒家学说之中,使儒家学说中原有一些抽象的道理更得到充实和提高,不但摆脱了从汉到唐正统儒生的章句训诂之学的束缚,也大不同于魏晋期内的玄学的空疏放荡,这就是我们称之为宋学的结构。假如说,晁迥所代表的还只是这一学术取向的初期,那么,活跃于北宋中期的学术界的王安石,则是推动这一学术取向达于高峰的一个代表人物。"①大凡一个变革的时代,要变革社会的政治或经济制度,往往从意识形态领域入手,通过解放思想,为变革鸣锣开道、扫除障碍,并借以提供理论依据。庆历年间的疑传疑经,乃是北宋初期的一次思想解放运动。但随着庆历新政的失败,这场轰轰烈烈的思想解放运动便偃旗息鼓了,对北宋立国八十年来学术界的影响,也仅限于突破不敢议论孔安国、郑康成的学术禁区,从而开创了惑传疑经的新学风。正如皮锡瑞所说:"宋儒抛弃传注,遂不难于议经。排《系辞》谓欧阳修,毁《周礼》谓修与苏轼、苏辙,疑《孟子》谓李觏、司马光,讥《书》谓苏轼,黜《诗序》谓晁说之。此皆庆历及庆历稍后人,可见其时风气实然,亦不独咎刘敞、王安石矣。"②继之而起的王安石变法,无论从规模上、持续时间上还是取得的变革成就以及对后世的影响上,都为庆历新政所不及。伴随着这一政治革新运动的开展,意识形态领域的思想解放运动更是开展得如火如荼,由惑传疑经更是发展到己意解经甚至改经就义,以至于出现"循守注疏者,谓之腐儒;穿凿臆说者,谓之精义"③。这一做法虽有矫枉过正

---

①邓广铭:《王安石在北宋儒家学派中的地位》,《邓广铭治史丛稿》,第178页。
②皮锡瑞:《经学历史》八《经学变古时代》,第220页。
③司马光撰,李文泽、霞绍晖点校:《司马光集》卷四十五《论风俗札子》,第974页。

之嫌,但却是北宋中期思想文化领域里的一种较为普遍的现象,是对庆历以来宋学的大胆怀疑以及创新精神的进一步弘扬,也是对汉唐经学谨守师法家法的一次反拨,其对北宋后期乃至南宋、元、明的思想文化领域的影响是深入而广泛的。

一、罢黜佛道诸家,重建儒学独尊

从经学史看,荆公新学对儒家经学史的发展有着重大而深远的影响。其中有三件事特别值得重视:一是熙宁四年二月,王安石推行科举改革,废除诗赋及明经诸科,改以经义和论策取士。这一措施的实施,突破了经学重章句训诂的旧传统,推动了经学重义理的新学风,对后世经学走出烦琐的章句之学,走向通经明理的义理之学起到了决定性的作用。二是熙宁六年三月,设置经义局,撰著《三经新义》,摒弃训诂之旧传统,高扬义理之新学风。这一点对巩固义理之学在北宋学术界的主导地位起到了重要作用,由此而开启北宋道德性命之学与社会实践相结合之先河。如果不是王安石借助皇权专制的力量来推动这一学术转型,北宋中后期儒学的发展是很难取得如此丰硕的成果的,也很难产生如此广泛而深刻的影响。三是熙宁八年六月,北宋最高统治者颁行《三经新义》于学官,作为义理解经的标准答案,用于统一士子的思想,并用做指导变革的理论基础。这一做法虽有搞文化专制之嫌,但试想在众说纷纭、莫衷一是的舆论环境下,封建政权每要有所作为都会受到来自士大夫的种种批评甚至指责,如果不能统一思想、统一认识,封建政权又怎能实现行政方向的一致和行政效能的提高呢?

学术思想与意识形态有着本质的区别,但在新学被上升为皇权国家主流意识形态的历史条件下,学术承担了其自身所无法承担的社会职责和政治功能,这是北宋政权强加给新学的,虽然提供了新学超常发展的政治条件和社会氛围,但同时也埋下了新学迅速衰落的种子。汉武帝实行“罢黜百家,独尊儒术”,使得儒学取得了皇权国家意识形态领域的主导地位,其发展演变与盛衰兴替往往同当时的政治密切相关。魏晋南北朝时期,意识形态领域里起支配作用的是儒道融合而来的玄学;隋唐时期,继之以异军突起的佛老思想,出现儒释道三教并尊的局面,而自魏晋南北朝到隋唐儒学始终未取得君临学坛的地位。新学官学地位的确立,使得儒学再次回归皇权国家意识形态领域的主导地位,是自两晋南北朝隋唐以来儒学首次战胜佛道,并改变叨陪末座的局面。

荆公后学陆佃对此予以高度评价:"嗟乎,道之不一久矣! 而临川先生起于弊学之后,不向于末伪,不背于本真,度之以道揆,持之以德操,而天下莫能罔,莫能移。故奇言异行,无所遁逃,而圣人之道,复明于世。"①从这个意义上讲,新学之君临学坛,是对汉唐以来儒学在意识形态领域屈居末座状况的一次拨乱反正,是董仲舒"罢黜百家,独尊儒术"主张在北宋中期的再一次重申和又一次实践,其意义和影响甚至可与汉武帝之确立儒学独尊地位相媲美,其对于中国封建社会提倡儒学治国、回归儒家道统、实现儒学复兴有着重要而深远的影响。南宋淳熙前后,儒学出现以朱熹、陆九渊、陈亮、叶适为代表的大家辈出、学派纷呈的繁荣局面,如果溯其源流,可以发现朱熹对新学的批判与吸收,陆九渊对新学的肯定与继承,即便是陈亮、叶适经世致用的实学精神也无不可以在新学找到其源头。如果从它对中国封建社会后期在意识形态领域的影响来看,新学再次夺得意识形态领域的独尊地位,成为最高统治者认可的官方哲学,确立了儒家思想在中国封建社会后期意识形态领域的主导地位,也确立了儒家学说在中国封建社会后期学术文化界的主流地位,规范了中国封建社会后期以儒治国的大致路向,对两宋乃至元、明的政治、经济、社会以及思想文化产生了广泛而深刻的影响。

二、废除训诂之学,弘扬义理之学

漆侠先生指出:"以义理之学的宋学代替了汉学的章句之学,其主要的、基本的区别在于:汉儒治经,从章句训诂方面入手,亦即从细微处入手,达到通经的目的;而宋儒则摆脱了汉儒章句之学的束缚,从经的要旨、大义、义理之所在,亦即从宏观方面着眼,来理解经典的含义,达到通经的目的。总之,从方法论上说,汉学属于微观类型,而宋学则属于宏观类型。"②这里,漆侠先生从方法论上指出了宋儒与汉儒治经方法的区别。实际上,宋儒与汉儒在治经目的上也有着各自鲜明的特色,那就是汉儒以明理为目的,为了明理而通经;而在宋儒那里,明理仅是手段、不是目的,致用才是

---

① 陆佃撰:《陶山集》卷十二《答李贲书》,第131页。
② 漆侠:《宋学的发展和演变》,第5页。

目的。

打开一部经学史,我们可以发现,不同的时代有不同的治经特点。概括而言,可以分为汉、宋学术;而汉代学术,前汉、后汉又有区别。正如皮锡瑞在《经学历史》中所概括的:"治经必宗汉学,而汉学亦有辨。前汉今文说,专明大义微言;后汉杂古文,多详章句训诂。章句训诂不能尽厌学者之心,于是宋儒起而言义理。此汉、宋之经学所以分也。"①总体而言,汉学从微观入手,宋学从宏观着眼,汉学重训诂,宋学重义理。

汉儒治经严守师法家法,"前汉重师法,后汉重家法"②。由于恪守师说,不敢越雷池一步,导致经学因缺乏创新,显得烦琐而毫无生气。"汉人治经,各守家法;博士教授,专主一家"③;"师之所传,弟之所受,一字毋敢出入;背师说即不用"④。汉代说经之烦琐,令人不堪卒读。皮锡瑞批评汉儒:"一经说至百余万言,说五字至二三万言。"⑤他又引用桓谭《新论》的观点以自证:"秦近君能说《尧典》篇目两字之谊,至十余万言;但说'曰若稽古',三万言。"⑥如此烦琐无聊的学风,必然导致注经的空疏无用。"凡学有用则盛,无用则衰。存大体,玩经文,则有用;碎义逃难,便辞巧说,则无用。有用则为人崇尚,而学盛;无用则为人诟病,而学衰。"⑦这样烦琐无聊、空疏无用的汉代经学,其走向衰落也就无可避免了。两汉经学居于儒学的主导地位达三百年之久,但两晋以后却面临着严峻的挑战,"自晋讫隋,老佛显行,圣道不断如带"⑧。

唐代前期经学步汉代经学之后尘,亦步亦趋,缺乏创新。"汉学重在明经,唐学重在疏注。"⑨不管是汉学还是唐学,对于经典意蕴的开掘均乏善可陈。唐太宗诏国子祭酒孔颖达撰《五经正义》,以"注不驳经,疏不驳注"⑩为原则,不仅以疑经为叛道,而且以破注为非法。《五经正义》"名为

①皮锡瑞:《经学历史》三《经学昌明时代》,第 89 页。
②皮锡瑞:《经学历史》四《经学极盛时代》,第 136 页。
③皮锡瑞:《经学历史》三《经学昌明时代》,第 75 页。
④皮锡瑞:《经学历史》三《经学昌明时代》,第 77 页。
⑤皮锡瑞:《经学历史》四《经学极盛时代》,第 134 页。
⑥皮锡瑞:《经学历史》四《经学极盛时代》,第 134 页。
⑦皮锡瑞:《经学历史》四《经学极盛时代》,第 134 页。
⑧欧阳修、宋祁撰:《新唐书》卷一百七十六《刘义传》,中华书局 1975 年,第 5269 页。
⑨皮锡瑞:《经学历史》六《经学分立时代》,第 186 页。
⑩皮锡瑞:《经学历史》七《经学统一时代》,第 201 页。

创定,实属因仍"①。这种僵化保守的学术风气,严重地桎梏着学者的头脑,阻碍着学术的自由发展。"儒学在《五经正义》经学框架的束缚下,步履艰难,'止限于记诵章句,绝无意义之发明'。在高宗、武则天以后,逐渐丧失了在社会政治中的地位。"②到唐代中期,以韩愈、柳宗元、李翱为代表的新经学出现,才使得唐代中期的经学出现些许新的苗头。但由于唐末五代战乱频仍,新经学的幼苗未能长成参天大树。

　　宋初沿袭唐代前期旧有学风,谨守孔、郑家法。皮锡瑞指出:"唐至宋初数百年,士子皆谨守官书,莫敢异议矣。"③又说:"经学自唐以至宋初,已陵夷衰微矣。然笃守古义,无取新奇;各承师传,不凭胸臆;犹汉、唐注疏之遗也。"④北宋初期,儒生治经"守训诂而不凿",科举考试更是不得逾越注疏。景德二年(1005)三月科试,李迪试赋落韵,贾边论述有与注疏异者,"参知政事王旦议落韵者,失于不详审耳;舍注疏而立异论,辄不可许,恐士子从今放荡无所准的。遂取迪而黜边"⑤。仅仅因为贾边的论述不同于先儒注疏,即被淘汰。景德年间科举考试,凡"舍注疏而立异论"者,一概不取。这一科场规则,对于北宋初期学风的形成有着至关重要的影响,因为士子不遵循这一规则,就难免板凳徒坐十年冷。这种因循守旧的训诂学风,一直笼罩着北宋初期的学术界,导致宋初学术陈陈相因,缺乏生气,"章句训诂不能尽厌学者之心,于是宋儒起而言义理"⑥。据叶国良《宋人疑经改经考》附录"宋人疑经改经年表",从宋真宗景德年间开始,陆续就有"不守古训"的情况出现。庆历新政,犹如一声春雷,打破宋初学术界的死气沉沉,学者们纷纷冲破旧学藩篱,自出新意解经,追求通经致用,主流经学呈现出一派崭新的气象。或许矫枉难免过正,一味追求创新的新经学也出现过于浮躁的现象,司马光对此予以批评:"窃见近岁公卿大夫好为高奇之论,喜诵老庄之言,流及科场,亦相习尚。新进后生,未知臧否,口传耳剽,翕然成风。至有读《易》未识卦、爻,已谓《十翼》非孔子之言;读《礼》未知篇

①皮锡瑞:《经学历史》七《经学统一时代》,第202页。
②赵吉惠等主编:《中国儒学史》,中州古籍出版社1991年,第473页。
③皮锡瑞:《经学历史》七《经学统一时代》,第207页。
④皮锡瑞:《经学历史》八《经学变古时代》,第220页。
⑤李焘撰,上海师范大学古籍整理研究所、华东师范大学古籍整理研究所点校:《续资治通鉴长编》
　　卷五十九景德二年三月甲寅,第1322页。
⑥皮锡瑞:《经学历史》三《经学昌明时代》,第90页。

数,已谓《周官》为战国之书;读《诗》未尽《周南》《召南》,已谓毛、郑为章句之学;读《春秋》未知十二公,已谓《三传》可束之高阁。"①刘复生先生指出:"北宋中叶的儒学复兴运动,其锋芒所指,在于'异端'和旧儒。前者以佛、老二教为其大端,后者以因循守旧、脱离社会实际为特征。庆历时期,学统四起,新风大盛,将这一运动推向高潮。无论是在疑经和反佛老这两大时代思潮中,或者是在古文运动、史学更新、政风之变、学校兴立、贡举改革等思想文化以及政治领域的实践中,新儒们都揭橥三代理想大旗,以儒学义理为指导,对'异端'和旧儒习气发起了猛烈的攻击,终于一新天下,在我国文化变迁史上树起了新的里程碑。"②庆历新政是北宋历史上首次大规模的政治改革运动,政治改革的实施,要求抛弃旧有成见,突破思想藩篱,积极解放思想,而解放思想首先应从学术界开始,这就要求学术界抛弃章句训诂的旧学风,致力于探索微言大义的新学风,以满足解释现实世界和改造现实世界的需要。适应这一需要,"经学自汉至宋初未尝大变,至庆历始一大变也"③。庆历以后,在范仲淹、欧阳修、胡瑗、孙复、石介等人为代表的经学义理派的倡导下,北宋儒学复兴运动取得了初步的成果,章句之学的主导地位开始发生动摇。在这种思潮的影响下,庆历进士刘敞大胆地抛弃旧说、独出新意,对当时学风的转变起到了推波助澜的作用,成为庆历年间儒学复兴运动的一面旗帜。在《七经小传》中,刘敞摒弃了汉儒注疏之学的传统,独出己意解经。他修撰《春秋传说例》,模仿《公羊》《穀梁》二传,经说多出新意。陈钟凡对此评价道:"学风之变,荒经蔑古,莫兹为甚。然怀疑之风既著,治学之道日新,诸儒乃能舍训诂而言性与天道,以造成近代之新儒学也。"④庆历年间的学风之变,成为宋代新儒学的开端,正如叶纯芳所概括:"宋初的八十年,在官方是重新整理图书文献的时期。……在民间,学者有人专研汉唐注疏学,也有人愿意承袭啖派学术精神治经。故此时期,可视为汉唐注疏学告成、宋代新经学也崭露头角的时期。"⑤宏观而言,庆历时期儒学家们的主要贡献在于"破",即对汉唐章句训诂旧学风的

①司马光撰,李文泽、霞绍晖点校:《司马光集》卷四十五《论风俗札子》,第973页。
②刘复生:《北宋中期儒学复兴运动》,台湾文津出版社1991年,第209页。
③皮锡瑞:《经学历史》八《经学变古时代》,第220页。
④陈钟凡:《两宋思想述评》,东方出版社1996年,第8页。
⑤叶纯芳:《中国经学史大纲》,北京大学出版社2016年,第289页。

摒弃,而在"立"方面有所欠缺,对于儒学的内容创新有所不足。弥补这一不足的是,嘉祐、治平以来以胡瑗、孙复、石介、李觏、王安石等为代表的新儒家学者。

熙宁时期,以王安石为代表的经学革新派,借助封建皇权的力量,致力于义理之学取代章句之学。真正使义理之学取代章句之学,并占据学术界主流地位的,则是由王安石的《三经新义》开其端。王安石解经的目的是为现实政治服务。要达到这一目的,再拘守汉唐章句之学就无法满足解经目的的需要。于是,王安石摒弃章句之学,提倡义理解经,深入发掘蕴含于儒家经典中的内圣外王思想,为北宋中期学术界注入一股源头活水,带来一种求真务实、经世致用的新学风。在给姚辟的信中,王安石曾指出:"夫圣人之术,修其身,治天下国家,在于安危治乱,不在章句名数焉而已。"[1]王安石认为,儒家思想的价值在于治国安邦,不在于章句名数。从修身、齐家、治国、平天下的治经目的出发,王安石否定了汉儒章句之学的烦琐守旧,与吕惠卿、王雱等人共同撰著《三经新义》,进一步推动了由庆历新政开启的章句之学向义理之学的转变。在最高统治者的支持下,新学取得北宋意识形态领域的主导地位,科举考试唯新学独尊,士大夫出于追逐功名的需要,纷纷修习新学,章句之学渐被士林冷落。熙宁四年二月,王安石更定贡举法,以经义、策论取士。"古之取士皆本于学校,故道德一于上,习俗成于下,其人材皆足以有为于世。自先王之泽竭,教养之法无所本,士虽有美材而无学校师友以成就之,此议者之所患也。今欲追复古制以革其弊,则患于无渐。宜先除去声病偶对之文,使学者得以专意经义……今定贡举新制,进士罢诗赋、帖经、墨义,各占治《诗》、《书》、《易》、《周礼》、《礼记》一经,兼以《论语》、《孟子》。每试四场,初本经,次兼经并大义十道,务通义理,不须尽用注疏。"[2]在王安石的主持下,北宋朝廷改革了科举制度,规定科举考试需通义理,不须尽用注疏。王安石借助科考的指挥棒,废除宋初通行的笺注之作,使义理之学彻底取代了章句之学,促使北宋中期的学风发生了根本性的转变,出现"视汉儒之学若土梗"的局面。可见,由于王安石身居相位的独特政治优势,借助行政力量对新经学的强力推进,使得王安石

---

① 王安石撰,唐武标点校:《王文公文集》卷八《答姚辟书》,第94页。
② 李焘撰,上海师范大学古籍整理研究所、华东师范大学古籍整理研究所点校:《续资治通鉴长编》卷二百二十熙宁四年二月丁巳,第5334页。

在否定章句之学、弘扬义理之学方面起到了他人难以企及的作用。

皮锡瑞在《经学历史》中指出："宋人治经，务反汉人之说。"①那么，王安石治经与汉儒治经到底有哪些不同呢？第一，汉儒治经，重在章句训诂、名物度数，对于经典大义，则不求甚解，致使"章句之文胜质，传注之博溺心。此淫辞陂行之所由昌，而妙道至言之所为隐"②。王安石认为，治经的目的应该是发掘经典中的微言大义，而汉儒治经重视章句传注，致使经典中的妙道至言不能充分发掘出来，这种学风应该摒弃，正确的治经方法应该以阐明经典义理为主。第二，王安石摒弃了汉儒烦琐无聊的注经方法，大力提倡言简意赅的解经方法。汉儒注经烦琐空疏，已到了令人难以卒读的地步，一个人穷其一生也难通一经，"说'尧典'二字至二万言"③。这种烦琐的笺注之作，貌似渊博，实则空疏；貌似博大，实则无用。王安石摒弃了这种烦琐的旧学风，努力发明经典奥旨，他撰著的《洪范传》连同原文不足万言，却钩沉索微，独辟蹊径，将经典的微言大义阐发得晓畅明白。全祖望称赞王安石："荆公解经，最有孔、郑诸公家法，言简义该。"④陆心源也给予高度评价："《三经新义》不尽出荆公之笔，《周礼》无假手焉，言简意该，深得马、郑家法。"⑤侯外庐先生对于新学的学术贡献同样给予充分肯定："训释经义，主要在阐明义理，反对章句传注的烦琐学风。"⑥可见，王安石的经解在北宋中后期摒弃训诂之学、弘扬义理之学方面的贡献，是前人难以望其项背的。

三、重视心性之学，促进理学转型

北宋中期之学风，以荆公新学的产生为标志，可以分为截然不同的两个阶段：在新学产生之前，学界不知道德性命之理；而在新学产生之后，学界非道德性命之理不谈。变化如此之大，发生转折的关键就是新学的产

---

① 皮锡瑞：《经学历史》八《经学变古时代》，第 257 页。
② 王安石撰，聂安福、侯体健整理：《临川先生文集》卷五十七《除左仆射谢表》，王水照主编：《王安石全集》第六册，第1080 页。
③ 徐世昌等编纂，沈芝盈、梁运华点校：《清儒学案》卷六十五《董浦学案》，中华书局 2008 年，第 2533 页。
④ 黄宗羲原著，全祖望补修，陈金生、梁运华点校：《宋元学案》卷九十八《荆公新学略》，第 3252 页。
⑤ 陆心源著，王增清点校：《仪顾堂集》卷十七《临川集书后》，浙江古籍出版社 2015 年，第 340 页。
⑥ 侯外庐：《中国思想通史》第四卷上，人民出版社 1959 年，第 440 页。

生;而新学的产生,又是以《淮南杂说》和《洪范传》的刊行为标志的。可见,两部著作对北宋中期学界所产生的影响之大,对于推动北宋学术实现由义理之学向性理之学的过渡做出了重要贡献。

嘉祐、治平年间,《淮南杂说》《洪范传》得以雕版印行,在当时的学术思想界产生了巨大反响。据荆公弟子陆佃记载:"嘉祐、治平间……淮之南,学士大夫宗安定先生之学,予独疑焉。及得荆公《淮南杂说》与其《洪范传》,心独谓然,于是愿扫临川先生之门。后余见公,亦骤见称奖,语器言道,朝虚而往,暮实而归。觉平日就师十年,不如从公之一日也。"[1]陆佃又赋诗云"平生共学王丞相,更觉荀扬未尽醇"[2],透露出江宁时期王安石讲学的内容是其道德性命之理。蔡卞评价道:"自先王泽竭,国异家殊。由汉迄唐,源流浸深。宋兴,文物盛矣,然不知道德性命之理。安石奋乎百世之下,追尧、舜、三代,通乎昼夜阴阳所不能测而入于神。初著《杂说》数万言,世谓其言与孟轲相上下,于是天下之士,始原道德之意,窥性命之端云。"[3]宋兴之初,学术界尚"不知道德性命之理","嘉祐治平以前,濂、洛之说未盛,儒者沿唐代余风,大抵归心释教"[4]。嘉祐、治平年间,王安石《淮南杂说》的刊行有力地推动了北宋中期学风的转变。此前,北宋学术思想界依然是佛教的天下,人们称之为"近来朝野客,无座不谈禅"[5];此后,由于该书集中探讨"通乎昼夜阴阳所不能测而入于神"的"道德性命之理",引发士大夫"始原道德之意,窥性命之端"。于是乎,道德性命问题成为北宋中期学术思想界乃至社会大众谈论的热门话题。由此可见,王安石在北宋中期率先发掘儒经中的道德性理之理,有力地扭转了当时学术思想界沉湎于佛教的局面,有力地提升了儒家内圣之学在学术思想界乃至整个社会中的地位。因此,《淮南杂说》一书获得了良好的社会反响,被目为"与孟轲相上下"。

与《淮南杂说》不同,《洪范传》由于曾上奏朝廷,得以保存下来。考王安石的《洪范传》,有两点贡献值得关注:一是《洪范传》力图用唯物主义观

---

[1] 陆佃撰:《陶山集》卷十五《傅府君墓志》,第 164 页。
[2] 陆佃撰:《陶山集》卷二《依韵和李元中兼寄伯时二首》,第 27 页。
[3] 晁公武撰,孙猛校证:《郡斋读书志校证·郡斋读书志》卷十二,第 525 页。另据《郡斋读书志校证》卷十九《王介甫临川集》下之题解,知蔡京当为蔡卞之误,故径改。
[4] 纪昀、陆锡熊、孙士毅撰,四库全书研究所整理:《钦定四库全书总目》卷一百四十五,第 1926 页。
[5] 司马光撰,李之亮笺注:《司马温公集编年笺注》卷十五《戏呈尧夫》,巴蜀书社 2009 年,第 488 页。

点去解释《洪范》,把《洪范》的五行说从陈陈相因的神秘说教中解放出来。此前,汉儒董仲舒用阴阳五行理论解释《洪范》。董仲舒认为,自然界的不正常现象,是由于金、木、水、火、土五行的失序,而五行的失序与统治者的作为有关。"王者不明,善者不赏,恶者不绌,不肖在位,贤者伏匿,则寒暑失序,而民疾疫。"①封建帝王在董仲舒天人感应的精神枷锁束缚下,终日如临如履,不敢有所作为,更谈不上变革旧政。王安石正是看到了天人感应学说对人们思想和行为的桎梏作用,才亲自训释《洪范》,批判董仲舒天人感应思想,阐释了唯物主义的天道观,把人们从天人感应的神秘说教中解放出来,起到了破除迷信、解放思想的作用。二是用辩证观点来阐释"五行"的相生相克。在《洪范传》中,王安石将老子的辩证法思想援引入儒家的唯物论之中,畅谈五行"相生""相克"产生新的物质的观点,并用"有耦""有对"两个概念,概括了《老子》哲学中高下相倾、祸福相倚等事物的矛盾是由两个对立面而形成的思想;"性命之理,道德之意",便存在于两个对立事物的无穷变化之中。可见,所谓的道德性命之理,即是王安石关于自然、社会和人的身心的规律的认识,"阴阳往来不穷,而与之出入作息者,天地万物性命之理,非特人事也"②。由于王安石的道德性命之理,对于人们认识自然、社会和人的身心具有指导意义,一经传播,即征服了重视心性修养的士大夫,出现"士大夫非道德性命不谈"的局面。作为反对王安石变法急先锋的司马光,对新学的影响虽不无批判,但从反面证明了新学在嘉祐、治平年间的流传之广、影响之大。熙宁二年,司马光上疏对当时的科场习气给予严厉批评:"且性者,子贡之所不及;命者,孔子之所罕言。今之举人,发言秉笔,先论性命,乃至流连忘返,遂入老庄。纵虚无之谈,骋荒唐之辞,以此欺惑考官,猎取名第。"③靖康元年四月,有臣僚上疏云:"熙宁间,王安石执政,改更祖宗之法,附会经典,号为新政。以爵禄招诱轻进冒利之人,使为奥援,挟持新政,期于必行,自比商鞅,天下始被其害矣。以至为士者,非性命之说不谈,非庄、老之书不读。"④由此可见,王安石援道入儒,调和儒道,用唯物论阐释儒家的天道学说,用辩证法诠释儒家的道德性命之理,

①苏舆撰,钟哲点校:《春秋繁露义证》卷十四《五行变救》,中华书局 2015 年,第378 页。
②王安石撰,邱汉生辑校:《诗义》卷八《国风·豳七月义》,《诗义钩沉》,第 115 页。
③司马光撰,李文泽、霞绍晖点校:《司马光集》卷四十五《论风俗札子》,第 974 页。
④黄以周等辑注,顾吉辰点校:《续资治通鉴长编拾补》卷五十四靖康元年四月癸亥,第 1702 页。

对北宋中后期的意识形态乃至社会生活产生了不可低估的影响。

道德性命之理，曾是先秦诸子尤其是孟荀谈论的热门话题。由于汉唐儒生重视训诂之学，道德性命问题长期被搁置起来，没有得到应有的重视。直到宋代，王安石重新发现道德性命之理的价值，接着孟子的心性学说往下讲，撰写《洪范传》《淮南杂说》以阐述新学的道德性命之理。王安石之所以大力提倡道德性命之理，意在借助儒家的心性之学，改造士子的心性道德，重塑社会的礼乐刑政，扭转信仰迷失、道德滑坡的不良社会风气，重构与健全北宋的礼制法度，维护北宋封建政权长治久安，使其所从事的变法事业上接夏、商、周，在北宋再造三代政治，实现"致君尧舜上，再使风俗淳"的社会理想。王安石曾说："先王之道德，出于性命之理，而性命之理，出于人心。《诗》、《书》能循而达之，非能夺其所有而予之以其所无也。"①对于王安石的道德性命之理在儒家学派中的地位，邓广铭先生给予高度评价："王安石在'道德性命之理'的探索研究方面，也起了由汉到唐的诸代之衰。"②"王安石在'道德性命之理'方面之所以能有超越前人的成就，主要还应归功他对于佛老两家的学术和义理不存门户之见，凡其可以吸取之处，一律公开地而不是遮遮掩掩地加以吸取之故。"③实际上，传统儒家自孟荀以来，历经秦、汉、隋、唐、五代，道德性命之理既已湮没不彰，到宋兴依然"不知道德性命之理"，而王安石在《虔州学记》一文中，初步阐述了道德性命之理，"先王所谓道德者，性命之理而已。其度数在乎俎豆、钟鼓、管弦之间"④。在这篇文章里，王安石拿俎豆、钟鼓、管弦的有规则的运动变化形成的旋律，来阐释事物发展变化的规律性，是颇有见地和富有创意的。

钱穆先生指出："北宋学术，不外经术、政事两端。大抵荆公新法以前，所重在政事；而新法以后，则所重尤在经术。"⑤北宋学术之所以出现从重视政事到重视经术的转变，其契机就在于王安石变法和荆公新学。北宋中后期"王氏学独行于世者六十年"⑥，对北宋的学术思想产生了广泛而深刻

---

① 王安石撰，唐武标点校：《王文公文集》卷三十四《虔州学记》，第 402 页。
② 邓广铭：《王安石在北宋儒家学派中的地位》，《邓广铭治史丛稿》，第 182 页。
③ 邓广铭：《王安石在北宋儒家学派中的地位》，《邓广铭治史丛稿》，第 183 页。
④ 王安石撰，聂安福、侯体健整理：《临川先生文集》卷八十二《虔州学记》，王水照主编：《王安石全集》第七册，第 1447 页。
⑤ 钱穆：《中国近三百年学术史》第一章《两宋学术》，商务印书馆 1997 年，第 5 页。
⑥ 马端临撰：《文献通考》卷一百七十七《经籍考四》，第 5284 页。

的影响,对理学的发展和演变也起了至关重要的作用。作为理学奠基者的程颢、程颐,其学术形成于熙宁、元丰年间,发展于元祐年间,成熟于大观、政和年间。而熙宁、元丰年间正是新学一统天下的时期。"自熙宁、元丰以来,士皆宗安石之学,沉溺其说。"[①]哲宗、徽宗时期,崇尚王氏新学,不习王氏之学,科举难登高第。"当大观、政和间,士惟王氏《三经义》《字说》是习。"[②]从熙宁、元丰到大观、政和年间,正是理学从形成走向成熟的时期。"如果考虑到北宋后期正是理学的逐渐完善、上升时期的话,我们可以认为理学的建构正是建立在对当代及以往学术的批判基础之上的。毫无疑问,王安石新学是二程兄弟最主要的批判对象之一。"[③]理学也正是在王安石变法刺激下、在荆公新学的影响下,通过对新学的批判,并汲取、借鉴新学的部分理论成果发展起来的。四库馆臣明确指出:"安石解经之说,则与所立新法各为一事。程子取其《易解》,朱子、王应麟均取其《尚书义》,所谓言各有当也。"[④]可见,理学家虽然以批判新学为天职,但以二程为代表的理学家也摆脱不了新学的影响,其学术的创立与发展是建立在对新学的批判和借鉴基础之上的。

北宋初期,经由庆历新政的冲击和庆历学者的提倡,学术风气虽然有所改观,由重视章句之学发展到重视义理之学,但学风的扭转绝不是一蹴而就的,在义理之学得到发展的同时,章句之学依然有着不可小觑的影响。针对这种现象,程颐对当时的学术风气提出了严厉的批评:"今之学者有三弊:溺于文章,牵于训诂,惑于异端。"[⑤]王安石对当时的学风也表示不满:"呜呼!学者不知古之所以教,而蔽于传注之学也久矣。"[⑥]为了扭转这种不良学风,王安石进行了不懈的努力,"为《新经》《说文》,推明义理之学"[⑦]。新学的产生尤其是取得皇权国家意识形态领域的主导地位后,沉溺于章句训诂的汉唐经学为学术思想界所摒弃。

---

①王梓材、冯云濠编撰,沈芝盈、梁运华点校:《宋元学案补遗》卷三十五《陈邹诸儒学案补遗》,第2081页。

②曾枣庄主编:《宋代序跋全编》卷三十三孙尚书《鸿庆集》序,第883页。

③陶丰:《王安石新学兴废述》,《新宋学》第一辑,第331页。

④纪昀、陆锡熊、孙士毅撰,四库全书研究所整理:《钦定四库全书总目》卷十九,第236页。

⑤程颢、程颐撰,王孝鱼点校:《河南程氏粹言》卷一,《二程集》下,第1185页。

⑥王安石撰,唐武标点校:《王文公文集》卷三十三《书洪范传后》,第400页。

⑦赵彦卫撰,傅根清点校:《云麓漫钞》卷八,第135页。

虽然新学与洛学有着较大的分歧,新学亦曾遭受二程及其后学的批判,但新学与洛学均重视义理的发明和性理的阐扬,治经方法同属于宋学范畴,也是不争的事实。二程生活在新学主导意识形态的时代,成长在新学独尊的政治生态和社会环境中。在这种情况下,新学对理学产生或多或少的影响也是不可避免的。

首先,新学之重视道德性命之理,开创了北宋中期新的学术思潮,改变了北宋中期学术界的学术取向:士大夫由"不知道德性命之理"转而"非道德性命不谈",儒家的内圣之学重新彰显其价值,以修身养性为主旨的道德性命之理,受到学术界乃至社会大众前所未有的追捧。在这一风气的影响下,加之二程始终处于封建官僚体制的较低层级,没有实现外王理想的平台,所以,二程加入到侈谈道德性命之理的行列中来,也是势所必然的。嘉祐二年十二月,程颢进士及第。熙宁二年二月,王安石为参知政事,设制置三司条例司,议行新法;四月,程颢作为使者之一,巡查新法执行情况;八月,由御史中丞吕公著推荐,授官太子中允权监察御史里行。熙宁三年四月,因反对新法,程颢遭京西路提点刑狱,程颢奏辞,又改为签书镇宁军节度判官,从此结束了为期九个月的在朝任职生涯。元丰八年五月,程颢再被召用,未赴而卒。在长达十四五年的时间里,程颢与乃弟程颐同在洛阳讲学授徒。可见,二程的学术思想基本形成于熙宁、元丰时期,且成员主要限于及门弟子,在当时的学术思想界尚谈不上有多大影响。熙宁、元丰年间,新学盛行,作为反变法派的代言人,程颢、程颐极力贬低新学,对于王安石的人格修养及其内圣之学均持否定态度。二程正是基于其关于新学内圣思想不足的认识,从而另辟蹊径,着重阐发儒家的内圣学说,走出了一条特立独行的学术道路。

其次,新学对洛学的影响表现为促进洛学转型。熙宁、元丰年间,新学居于皇权国家意识形态领域的主导地位,成为当时的官方哲学。洛学是在批判新学的过程中形成、完善自己的学术体系的。面对北宋中期积贫积弱、内忧外患的社会状况,二程起初也是主张变革的,并提出了一套自己的变革理论。早在皇祐二年十二月,程颐即上疏仁宗皇帝,希望仁宗"以王道为心,以生民为念,黜世俗之论,期非常之功"[1]。熙宁二年,程颢上疏神宗

---

[1]程颢、程颐撰,王孝鱼点校:《河南程氏文集》卷五,《二程集》上,第515页。

皇帝,阐述"更制"的必要性。"或谓:人君举动,不可不慎,易于更张,则为害大矣。臣独以为不然。所谓更张者,顾理所当耳。其动皆稽古质义而行,则为慎莫大焉,岂若因循苟简,卒致败乱者哉? 自古以来,何尝有师圣人之言,法先王之治,将大有为而返成祸患者乎? 愿陛下奋天锡之勇智,体乾刚而独断,需然不疑,则万世幸甚!"①由此可见,二程并非一概反对变法,而是反对王安石以谋利为目的的变法。

　　程颢对王安石变法也有个认识转变的过程。王安石起初是打着"变风俗,立法度"的幌子开始变法的。神宗曾经问道:"然则卿所施设以何先?"王安石答曰:"变风俗,立法度,最方今之所急也。"②熙宁二年二月,王安石开始议行新法,程颢作为属官,参与新法讨论。四月,程颢作为八使者之一,巡察诸路农田、水利、赋役,参与新法执行的监督工作。可见,起初程颢并不反对新法,起码是不公开反对;如若不然,他是不会作为使者参与对新法实施的监督工作的,王安石也不会让一个反变法的人物参与变法决策。七月,立淮浙江湖六路均输法。九月,立青苗法。十一月,颁行农田水利法。均输法和青苗法等的颁行,遭到了司马光、范纯仁、曾公亮、富弼、韩琦等元老重臣的反对。在上述诸公的影响下,程颢对王安石的变法措施也深感失望,便加入反对派的行列。"荆公浸行其说,先生意多不合,事出必论列,数月之间,章数十上。尤极论者:辅臣不同心,小臣与大计,公论不行,青苗取息,卖祠部牒,差提举官多非其人及不经封驳,京东转运司剥民希宠不加黜责,兴利之臣日进,尚德之风浸衰等十余事。"③可见,随着变法的推行,程颢开始与王安石政见相左,并屡次上章讥议新法,但此时的王安石深受神宗信任,对于新法自信十足,想要改变王安石的观念实属不易。面对这种情况,程颢则抓住面君的机会,企图向皇帝进谏,"先生每进见,必为神宗陈君道以至诚仁爱为本,未尝及功利"④。由此可以判断,王安石变法之前,程颢也不排除讲求功利;但由于王安石变法从理财入手,着意削上补下,损害了官僚贵族大地主等权贵阶层的利益,遭到权贵阶层的反对,程颢也由于受儒家传统观念的影响,并因反对变法被贬至地方,从此转而避谈

①程颢、程颐撰,王孝鱼点校:《河南程氏文集》卷一,《二程集》上,第451页。
②脱脱等撰:《宋史》卷三百二十七《王安石传》,第10554页。
③程颢、程颐撰,王孝鱼点校:《河南程氏文集》卷十一,《二程集》上,第634页。
④程颢、程颐撰,王孝鱼点校:《河南程氏文集》卷十一,《二程集》上,第634页。

功利,开口闭口都是至诚仁义之理。之所以出现这种变化,是因为程颢受儒家传统价值观的影响,本来就重义轻利,反对任何自利的逐利动机和不顾道义的逐利行为。王安石大谈功利,导致北宋政府片面追求财利,士大夫道德水平下滑,社会风尚每况愈下。矫枉何妨过正,于是程颢开始走向另一个极端,闭口不谈功利。可以说,王安石变法和荆公新学,刺激并强化了程颢重义轻利的价值观念,使之走向要义不要利,由此改变了程颢乃至程颐的价值取向。对此,任继愈先生也发现了其中的端倪:

> 新儒学发展到后来,经世致用之学与义理之学两者渐趋分离。在儒家的思想中,经世致用原是为了实现其理想,而义理之学也是为了经世致用。两者原不应分开,可是后来竟变成两派:一派是政治家,一派是理学家。在北宋的初期,这两派的距离还不甚远。大程及周濂溪均有心于治道,并且成绩斐然。而政治家王安石、司马光、欧阳修也未必不注重义理的研究。及至南渡以后,宋室偏安,都以为北宋之覆乃新党所致,新党的第一人,即以王安石变法为祸首。于是经术之士,乃讳言政事,专主义理。心性之学弥精,而事功之意愈淡。于是把有体有用之学讲成有体无用之学,其生命力渐渐衰退,遂成麻木不仁状态。理学与世道脱节,乃成为无用之虚学,于是儒家求仁的根本精神完全失去了。①

可见,二程由于缺乏达成外王之功的平台,由主张通过内圣达成外王转向重视内圣忽视外王。

内圣外王,本来是儒生们追求的人生理想。作为宋学的代表人物,二程具有宋学家的共同特性,主张通过内圣达成外王。事实上,二程经学起初也是讲究功利、讲究经世的。程颢曾说:“穷经,将以致用也。如‘诵《诗》三百,授之以政不达,使于四方,不能专对,虽多亦奚以为?’今世之号为穷经者,果能达于政事专对之间乎?则其所谓穷经者,章句之末耳,此学者之大患也。”②程颐也说:“治经,实学也。‘譬诸草木,区以别矣。’道之在经,大小远近,高下精粗,森列于其中。譬诸日月在上,有人不见者,一人指之,不如众人指之自见也。如《中庸》一卷书,自至理便推之于事。如国家有九

---

① 任继愈:《禅学与儒学》,《任继愈文集》第七卷,国家图书馆出版社 2014 年,第 405 页。
② 程颢、程颐撰,王孝鱼点校:《河南程氏遗书》卷四,《二程集》上,第 71 页。

经，及历代圣人之迹，莫非实学也。"①程颐不但认为九经"莫非实学"，而且主张通经致用："读书将以穷理，将以致用也。今或滞心于章句之末，则无所用也。此学者之大患。"②"百工治器，必贵于有用。器而不可用，工不为也。学而无所用，学将何为也?"③程颐批评拘泥于章句训诂而无所用，是当时学术界存在的普遍问题。程颐撰著《易传》，强调"体用一源，显微无间"，阐明内圣外王一以贯之之理。在二程眼里，内圣与外王是有体有用的，内圣为体，外王为用，儒生们要从自身做起，由内圣之学达成外王之功。

　　然而，曾几何时，如此重视外王事业的二程却抛弃外王、只求内圣，专门讲求心性修养，却把经世致用的原则抛诸脑后了呢? 作为二程的表叔，张载曾强调道学与政术的一体两面，绝不容许将其割裂，然则道学与政术怎样才能连成一体呢? 解决这两个问题的关键，自然是皇帝必须接受道学为治国平天下的根本原则。程颐"儒者得以道学辅人主，盖非常之遇"④一语，已将这个意思表达得十分清楚，这便是得君行道。由于二程终其一生未曾得君行道，时代并没有给予二程将其道学和政术结合起来的机会，没有得到以其道学兼善天下的平台，这样二程就只能向独善其身上下功夫了。

　　出现这一转折的关键，在于王安石变法。王安石变法之初，程颢并不反对新法，并且也参与了新法制订的拟议与执行情况的巡视。熙宁三年春，随着均输法、青苗法等的颁行，朝野掀起了一股反变法的浪潮。在反变法派的影响下，程颢也发生动摇，从变法派中游离出来，加入反对派行列。自此之后，程颢从镇宁军节度推官、监西京洛河竹木务到知扶沟县事、监汝州酒税等，所任均为低级官僚，历史再也没有提供舞台让这位理学大师施展其治国平天下的抱负，无奈程颢只好专注于内圣功夫，以弥补外王事业的缺憾。乃弟程颐更是沉沦下僚，没有机会实现外王理想。熙宁变法开始后，二程基本上生活于民间，处于与现实政治相脱离的地位，他们的身份决定了他们很难达成外王之功，按照传统儒家"穷则独善其身，达则兼善天下"的人生理想，二程不得不全身心地投入内圣之学的建构，汲汲于格物、

①程颢、程颐撰，王孝鱼点校:《河南程氏遗书》卷一，《二程集》上，第2页。
②程颢、程颐撰，王孝鱼点校:《河南程氏粹言》卷上，《二程集》下，第1187页。
③程颢、程颐撰，王孝鱼点校:《河南程氏粹言》卷上，《二程集》下，第1189页。
④程颢、程颐撰，王孝鱼点校:《河南程氏文集》卷六，《二程集》上，第542页。

致知、诚意、正心、修身,抛弃了齐家、治国、平天下的外王事业。二程将内圣外王之学割裂开来,只剩下内圣功夫,不见了外王事业,有体有用的内圣外王之道在二程那里沦落为有体无用的内圣之学。

钱穆先生指出:"北宋诸儒实已为自汉以下儒统中之新儒,而北宋之理学家,则尤当目为新儒中之新儒。"①由此可见,宋代新儒家是扬弃了汉唐儒学之后新儒学的代表人物,而二程又脱胎于宋代新儒家,是从宋代新儒家中分化出来的更新的一代儒学大师,是"新儒中的新儒"。"其更'新'之处,在于把对内心修养的问题看作是头等重要的事情。"②"把对'内圣'的要求强调到了最优先的地步,这正是程颐等理学家与北宋中期儒学复兴思潮中的新儒们的思想分野。"③二程指出,正心为第一要务,"正心以正身,正身以正家,正家以正朝廷百官,至于天下"④。二程还指出:"致知在格物,则所谓本也,始也;治天下国家,则所谓末也,终也。治天下国家,必本诸身,其身不正而能治天下国家者无之。"⑤也就是说,内圣为体,外王为用,一个人要治国平天下,就必须从修身做起,如果自身修养不好,就没有资格去治国平天下。以这个标准衡量王安石,二程认为,王安石自身修养存在不足,缺乏治国理政的资本。"神宗尝问明道云:'王安石是圣人否?'明道曰:'"公孙硕肤,赤舄几几",圣人气象如此。王安石一身尚不能治,何圣人为!'"⑥王安石通过行政手段将二程打入下层,使得二程无缘实现内圣外王相结合的抱负,二程对此耿耿于怀,一方面批评王安石自身修养不好,不适合治国理政,这里面难免夹杂有个人怨气;另一方面,二程走向当时大多数宋学家的反面,抛弃外王事业,专求内圣之功,颇有点此处不留爷,自有留爷处的意味。邓广铭先生对二程的批评颇中肯綮:"理学家们所着重的,只是内圣的工夫。……理学家们也是以为涉乎形器者皆不足言、不足为,故也抵去刑、政、兵、农而唯道之求,他们也是犯了脱离实际而务高之过。这与王安石之对于内圣外王同时并重,是大异其趣的。"⑦熙宁变法

---

①钱穆:《诸子学提纲》,生活·读书·新知三联书店 2014 年,第 18 页。
②刘复生:《北宋中期儒学复兴运动》,第 224 页。
③刘复生:《北宋中期儒学复兴运动》,第 225 页。
④程颢、程颐撰,王孝鱼点校:《河南程氏遗书》卷二上,《二程集》上,第 20 页。
⑤程颢、程颐撰,王孝鱼点校:《河南程氏遗书》卷二十五,《二程集》上,第 316 页。
⑥黎靖德编,王星贤点校:《朱子语类》卷一百三十《自熙宁至靖康用人》,第 3097 页。
⑦邓广铭:《王安石在北宋儒家学派中的地位》,《邓广铭治史丛稿》,第 191 页。

的失败,在二程看来,是由于王安石自身修养不足、新学内圣理论欠缺所致。由此可见,新学的重外王、讲功利,促进了理学的转型,使得理学从内圣外王并重转向重视内圣、忽视外王。

实际上,新学也并非不重视内圣。早在嘉祐、治平年间,新学针对儒家心性理论的不足,吸收佛道的心性论,用本末体用观点分析心性问题,提出了一系列独具特色的心性思想,大大推进了儒家心性学说的发展,并促使心性问题成为北宋中后期士大夫共同关注的热门话题。之所以出现这种现象,"溯其根源,实并出于传统儒学复兴之后与佛老异质文化互相融合和吸收的时代潮流"①。而开此风气的则非王安石莫属。事实上,二程之重视心性,也受到王安石道德性命之学的影响。为什么这样说呢?因为新学的产生,改变了北宋中期的学术取向:此前,宋学家们重视经世致用之学,而道德性命之理则鲜有提及,"自先王泽竭,士习卑陋,不知道德性命之理"②;新学兴起后,由于王安石既重视经世之学以治国安邦,又积极探索性命之理以修身养性,将性命之理与经世之学很好地贯通起来,实现了内圣外王一以贯之,并将其通过科举考试在全社会推广开来,让士大夫看到了修习新学,可以实现诚意正心、修身齐家乃至治国平天下的抱负,促使全社会形成"非道德性命不谈"的风气。由此可见,新学既集北宋中期经世思想之大成,又启北宋中后期心性学说之端绪,成为北宋中期学风转变的一个关键环节。由于新学"靡然而同,无有异者"的影响力,使得探讨道德性命之理成为时代的核心课题,成为士大夫街谈巷议的热门话题。在新学一统天下的背景下,二程要与王安石新学相反对,建立自己的内圣之学,对于王安石道德性命之理的批判与借鉴是不可避免的。正是在这个意义上,侯外庐先生指出:"道德性命之学,为宋道学家所侈谈者,在王安石的学术思想里,开别树一帜的'先河',也是事实。"③由此可见,王安石变法改变了二程在现实政治中的处境与志向,而新学则重塑了二程的价值观念和学术取向。

作为一种学术流派,荆公新学适应了北宋政治革新的社会需要和儒学复兴的文化需要,彻底摒弃了宋初一统天下的训诂之学,极大地推动了北

---

①陈植锷:《北宋文化史述论·前言》,中国社会科学出版社1992年,第12页。
②晁公武撰,孙猛校证:《郡斋读书志校证·郡斋读书志》卷十九,第1000页。
③侯外庐:《中国思想通史》第四卷上册,第423页。

宋中期义理之学的发展,而且新学心性修养和经世致用并重的治学理路,适应并指导了北宋中后期的政治变革实践和儒学复兴运动,并在这种实践和运动中,得到了进一步的完善和发展。同时,为了扭转北宋社会生活和精神文化领域里道德滑坡、信仰迷失的严峻局面,迎击佛老对儒学的挑战,新学构建了内圣外王相统一的学术体系,不仅推动了宋儒心性之学的发展,而且在推动内圣之学与外王之术相统一方面做出了独特的贡献,这一点为宋代以来其他儒者所不及。从而在一定程度上,对二程的心性之学也起着开源导流的作用。"从发生学的角度看,道学家'格君心之非'的角色定位其实是因受王安石'去人主心术处加功'之行动的启发而确立的,他们虽不满王氏,批评他学不见道,但王氏'一正君而国定'的行动取向实为他们所袭取。"①

纵观中国儒学史,王安石的心性之学与经世之术不仅对宋儒有着无可置疑的影响,而且对元、明诸代大儒也有着不可忽视的影响。王阳明是明代著名思想家、教育家,他继承了孟子的性善论,主张心之本体即性,性即理即天,性之本体寂然不动,是至善无恶的;然而至善之性,一经发动为情与意,就产生了善与恶,所谓善恶,即过与不及也,心之发动为情与意,符合"节"即为善,不符合"节"则为恶,而王阳明所谓的"节"亦即封建的伦理纲常。可见,王阳明借鉴了王安石的心性之学,只是将王安石的"理"替换为"节",作为判断情之善恶的标准。可以说,王安石在北宋中后期重新发现和重视传统儒家心性之学的价值,通过援引佛老心性观点入儒的办法,进一步丰富、发展了孟荀等原始儒家的内圣之学。从这个意义上可以说,王安石不仅影响和重塑了二程的学术取向,从而也在一定意义上,开启和影响了陆王心学。由此可以得出结论,王安石在两宋儒学发展史上是一个承前启后、继往开来的关键人物,其对儒学适应中国封建社会变革时期的政治与社会文化需要,对弘发传统儒家学说,以及使儒学重回皇权国家意识形态领域的主导地位,起到了他人难以企及的作用,是中国儒学发展史上一个重要的里程碑。

四、重视经世之学,开启后世实学

汉唐经学,由于只重视章句注疏、名物训诂的考索,无法满足北宋立国

①王光松:《在"德"、"位"之间》,第130页。

以来封建政权对于儒学经世致用的迫切要求。于是,北宋的儒家学者改造旧经学,开创新经学,摒弃训诂之学,阐发经典义理,并用之于为现实政治服务。嘉祐三年十月,王安石上书仁宗皇帝,提出改革主张,但没有得到仁宗的首肯。自此之后,王安石开始了对当时社会、政治、经济等状况和意识形态的反思。面对北宋王朝的积贫积弱,作为富有远见的政治家,王安石敏锐地洞察到当时内忧外患的社会政治危机,决心变风俗、立法度,通过变法解决北宋所面临的政治、经济、社会诸问题。要使变法顺利进行,就必须起用一批德才兼备的人才,而当时天下普遍存在人才匮乏状况。为什么会出现人才匮乏的状况呢? 王安石指出,原因在于"陶冶而成之者,非其道故也"①,也就是说,当时的教育违背教育规律,无法培育适用的人才。当时教育界的状况怎么样呢? 州县学校徒具墙壁,缺乏教师,太学虽有教师,选拔也不严格,水平参差不齐。从教学内容来看,侧重于章句之学和文章之学,而治国理政所需的礼乐刑政不在教学范围之内。王安石指出:"讲说章句,固非古者教人之道也。"②"夫课试之文章,非博诵强学穷日之力则不能。及其能工也,大则不足以用天下国家,小则不足以为天下国家之用。"③在王安石看来,传统的章句之学、文章之学用于经世济民是远远不够的,不能满足现实政治的需要。于是,他主张回归元典,从儒家经典中寻找经世致用的义理。"[熙宁]二年二月,拜参知政事。上谓曰:'人皆不能知卿,以为卿但知经术,不晓世务。'安石对曰:'经术正所以经世务,但后世所谓儒者,大抵皆庸人,故世俗皆以为经术不可施于世务尔。'"④经学服务于"经世务",即经学服务于治国理政,表明王安石的经学不再是那种有体无用的空洞说教,而是与社会实践相结合的有体有用的新经学。《三经新义》修撰前,宋神宗曾对王安石说:"经术,今人人乖异,何以一道德? 卿有所著可以颁行,令学者定于一。"⑤从这段文字,亦可窥见宋神宗下诏将《三经新义》颁行学官的大致用意,即用《三经新义》统一思想。在

---

① 王安石撰,唐武标点校:《王文公文集》卷一《上皇帝万言书》,第 3 页。
② 王安石撰、聂安福、侯体健整理《临川先生文集》卷三十九《上仁宗皇帝言事书》,王水照主编:《王安石全集》第六册,第 756 页。
③ 王安石撰,唐武标点校:《王文公文集》卷一《上皇帝万言书》,第 6 页。
④ 脱脱等撰:《宋史》卷三百二十七《王安石传》,第 10544 页。
⑤ 李焘撰,上海师范大学古籍整理研究所、华东师范大学古籍整理研究所点校:《续资治通鉴长编》卷二百二十九熙宁五年正月戊戌,第 5570 页。

《三经新义》中,只有《周官新义》是由王安石独立完成的。在《周官新义》中,王安石借助对《周礼》的训释阐发了自己的吏治思想。"王安石为反驳保守派的攻讦,为已经施行的各项新法阐述了具体的理论根据,尽可能地从经世观点出发,撰成一部实用的官务教材。这是本书的一大特色,也使王安石成为王莽之后的又一位以《周礼》为治国之方针者。"①王安石希望借助对《周礼》的训释,阐发圣王时期治国理政的政治思想以及圣王设官治吏的典章制度。可见,经世致用是荆公新学的出发点,也是其学术创新的归宿地。

在《洪范传》中,王安石将道德性命之理与朴素辩证法结合起来,提出了富有辩证色彩的道德性命之学。漆侠先生指出:"在《洪范传》中,王安石畅谈自然界由'五行'(金、木、水、火、土五种物质)'相生'、'相克',产生无限新的物质;并用'有耦'、'有对'两个概念,概括了《老子》哲学中高下相倾、祸福相倚等事物的矛盾是由两个对立而形成的;'性命之理,道德之意',便存在于两个对立事物的无穷变化之中。"②王安石用本末体用观点来解释道德性命之理,"性命之理,道德之意"即是对外在事物与内在心性在对立中不断变化的规律的认识。这样一来,王安石的道德性命之理,一端连着儒家诚意正心的内圣功夫,另一端又连着儒家治国平天下的外王事业,是有体有用、明体达用的思想体系。王安石通过用辩证法阐释道德性命之理,建立了新学的内圣之学,并以此作为理论指导,改造了北宋治国理政的典章制度,重建了宋儒治国平天下的外王事业。

新学在扭转北宋社会政治危机、开启后世实学方面的贡献和影响也不容低估。陈植锷先生指出:"在北宋,仁宗初年(11 世纪初期)和神宗初年(11 世纪后期)是两条重要的界线。前者是儒学复兴和义理之学创立的开始,后者则是宋儒由义理之学演进到以性命道德为主要探讨内容的性理之学的标志。"③前者主要是指庆历年间,首先是学术界由恪守师法家法向己意解经的转变,这种转变主要是对待儒家经典态度的变化;其次是训诂之学向义理之学的转变,这一转变主要是治经方法的变革。而后者主要是指熙宁变法期间以王安石为代表的新学,实现了义理之学向性理之学与经世

---

① 叶纯芳:《中国经学史大纲》,第 305 页。
② 漆侠:《宋学的发展和演变》,第 18 页。
③ 陈植锷:《北宋文化史述论·引言》,第 11 页。

之学相结合的转变,这一转变不仅是儒经内容的重新发掘,更重要的是儒经为现实政治、个人修养服务,是治经性质的变化。经学家们不再拘泥于对经典义理的阐释,而是通过借鉴、吸收佛老的性命之学与儒家经典中所蕴含的性命之理相结合,构建了新学将儒佛道诸家融为一体、博大深邃的道德性命之学,是宋学发展过程中一次革命性的变革,是经学内容的一次深化和创新。导致这一转变的原因,在于此前的儒者以拒斥佛老为能事,不知道汲取佛老思想中的有益成分,而此后的儒者则能够援引佛老之心性论与辩证法来弥补传统儒学在心性论方面的不足。如果说在前面的经学变革中,荆公新学起到了推波助澜的作用;那么,在后面的经学变革中,荆公新学则起了继往开来的作用。所谓继往,是指新学继承了先秦孔子、孟子、荀子等人的心性学说,借鉴、吸收佛老的心性学说,将儒家的内圣之学推进到一个新高度、新水平;所谓开来,是指新学在儒家内圣之学沉寂千年之后,重新发现儒家内圣之学的价值,在北宋中期运用辩证法探索道德性命之理,开创了宋儒道德性命之学的先河,并以此上接孔孟等原始儒学。难能可贵的是,新学并不满足于对先秦儒家道德性命之理的重新阐释,而是将佛老的心性学说以及辩证观念引入儒家学说之中,形成超越同时代儒者的辩证法思想,并用以指导探讨天道与人事、人与社会、人自身心与形的关系,从而创立具有浓郁辩证色彩的天道观、社会历史观以及心性学说,使得经学不再是空洞无用的经术,而是内可以修身养性、外可以经世致用的道德哲学与政治哲学,开启了后世实学的先河。

第二节 新学对域外儒学的影响

新学不仅在北宋得到很好的传播,对两宋儒学产生了广泛而深刻的影响,而且还先后在西夏和金朝得到传播,对西夏和金朝的社会、政治、经济尤其是思想文化产生了一定程度的影响。韩钟文先生指出:"西夏儒学,似乎唐、宋兼采,金代儒学,承袭辽和北宋,因占领的是辽和北宋地区,原来在北方流行的荆公新学、二程洛学、苏氏蜀学等儒学流派继续流行着,但相比较而言,苏氏蜀学似乎独领风骚、盛行一时。……'荆公新学'的命运不如苏氏蜀学,作为一个风行朝野的儒学流派,在金人统治的北方已不复存在,但其学术思想的影响仍然未消失。"①

　　大约在南宋初年,新学的一些著作传入西夏,出现夏文译本。据《西夏文献论稿》记载:"1966 年科罗科洛夫和克恰诺夫合作刊布了西夏文《论语》的全部照片共 47 张。"②又据该书记载,三年后,吴其昱发表题为《列宁格勒藏论语注的西夏译本考》。"在这篇文章中,吴其昱考证出这个《论语》注本是西夏的斡道冲据北宋陈祥道的《论语全解》翻译而成的,汉文原本成书于 11 世纪末,西夏译本则成于 12 世纪。"③另据《郡斋读书志》卷四著录,"王介甫《论语解》十卷王元泽《口义》十卷陈用之《论语》十卷",并云"右皇朝王安石介甫撰,并其子雱《口义》,其徒陈用之《解》,绍圣后皆行于场屋"④。陈用之乃王安石的弟子陈祥道,著有《论语全解》十卷,该书与王安石所著《论语解》、王雱所著《论语口义》,绍圣(1094—1098)后并行于场屋。由于译者在翻译该书时,有避夏仁宗仁孝的名讳现象,故判断该书译稿写成于夏仁宗在位期间(1140—1194)。可见,大约在南宋初年,该书被译为西夏文,并在西夏流布。

　　与此同时,吕惠卿的《孝经传》也被翻译成西夏文,并在西夏传播。据《西夏文献论稿》记载:"吕惠卿《孝经传》的西夏文译本 1909 年出土于内蒙古额济纳旗的黑水城遗址,随即被科兹洛夫率领的俄国皇家蒙古四川地理考察队携至圣彼得堡,今藏俄罗斯科学院东方研究所圣彼得堡分所。"⑤聂历山在《西夏文献及其典藏》一文中指出:"该书成于绍圣二年(1095),注释者为北宋名臣吕惠卿。"⑥同时在黑水城出土的,还有吕惠卿的《庄子义》。"黑水城出土的《庄子义》残本,原题为《吕观文进庄子内(外)篇义》。"⑦傅增湘云:"考陈氏言惠卿于元丰七年表进内篇,其余概续成之。按元丰七年惠卿为河东经略使,知太原府。至绍圣中知大名府,乃加观文殿大学士。知此书虽进于元丰,其成书付雕必在绍圣时。"⑧聂鸿音先生指出:"这里面

①韩钟文:《中国儒学史·宋元卷》,广东教育出版社 1998 年,第 596 页。

②聂鸿音:《西夏文献论稿》,上海古籍出版社 2012 年,第 10 页。

③聂鸿音:《西夏文献论稿》,第 10 页。

④晁公武撰,孙猛校证:《郡斋读书志校证·郡斋读书志》卷四,第 136 页。

⑤聂鸿音:《西夏文献论稿》,第 21 页。

⑥聂鸿音:《西夏文献论稿》,第 21 页。

⑦吕惠卿撰,汤君集校:《庄子义集校》附录四《北宋吕惠卿庄子义版本源流考》,中华书局 2009 年,第 635 页。

⑧吕惠卿撰,汤君集校:《庄子义集校》附录四《北宋吕惠卿庄子义版本源流考》,第 641 页。

有一个有趣的事实,即当时的西夏科举教材并没有选用何晏《论语集解》、赵岐《孟子章句》、唐玄宗《孝经注》之类的中原传统注本,而是清一色地采用了北宋'新经学派'的作品。不难想到,重义理而轻训诂的北宋'新经学派'在11世纪末确曾风行一时,但在夏仁宗执政的12世纪下半叶已成明日黄花,况且当初与吕惠卿、王安石等人同朝为官的大都是西夏早期统治者的死敌,按理说这些人不应该大受西夏统治者追捧。可惜的是,目前还没有直接的材料可以说明西夏之所以附庸北宋新经学派的缘故,对此我们只能提出两种设想:第一,因为地缘的关系,西夏和南宋的文化接触很少,这样,当初北宋新经学派的著作在西夏人眼里就一直是中原经学的最新研究成果;第二,12世纪下半叶的西夏在金朝支援下平定了权臣任得敬裂土分国的企图,迫切需要重新建立相关的国家制度,而把北宋新经学派的著作用于科举正是夏仁宗亲政之后实施的一系列标新立异的举措之一。至于西夏人为什么可以对北宋'不计前嫌',我们则应考虑到,夏仁宗时期的旧臣奉新即位的桓宗之命编写过一部《德行集》,其中征引了司马光和苏轼的著述,并且在序言中还劝谏桓宗不要'以人废言',这说明西夏早期统治者对北宋的敌意在12世纪末已经大大削减了,人们甚至认为北宋朝臣提出的治国方略是值得借鉴的。"[①]

新学的著作不仅在西夏广泛流布,在原为北宋辖区的金朝统治区也广为传播。据刘辉《金代儒学研究》考证,王若虚《滹南辨惑》引证王安石观点十一次,又引证其门人王补之观点一次,其弟王平甫观点一次。李纯甫引证王安石观点多次,认为王安石倡导三教合一,与苏轼一样有功于道学[②]。金朝灭掉北宋,占领了原来北宋在北方的统治区。出于维护金朝统治的需要,对于在北宋时期居于意识形态领域主导地位的新学,金朝朝野基本持否定态度,但作为意识形态的思想理论并不是一纸命令即可废除的。

赵秉文(1159—1232)字周臣,号闲闲,磁州滏阳(今河北磁县)人,是金代中叶的文坛盟主,同时也是儒学大家。他曾如是评价王安石变法:"元丰之政,初亦有为,但荆公新法,不合人情,温公继之,力革前弊。"[③]赵秉文对王安石变法基本持否定态度。由他反变法的政治立场所决定,赵秉文对新

①聂鸿音:《西夏文献论稿》,第31页。
②刘辉:《金代儒学研究》,中国社会科学出版社2017年,第99页。
③赵秉文撰,马振君整理:《赵秉文集》卷二十《题东坡书〈孔北海赞〉》,第385页。

学亦持否定态度,他说:"然学韩而不至,不失为儒者;学王而不至,其弊必至于佛老,流而为申韩,何则？道德性命之说,固圣人罕言之也。求其说而不得,失之缓而不切,则督责之术行矣,此老庄之后所以有申韩也与？过于仁,佛老之教也;过于义,申韩之术也;仁义合而为孔子。孟子法先王,荀卿法后王,荀、孟合而为孔子。"①赵秉文对新学的否定,集中体现在两个方面:一是认为新学为杂学。赵秉文认为自唐朝中叶韩愈以来,人们侈谈仁义,而鲜及道德性命,王安石首创道德性命之学,固然有功于儒门;但王安石之学越仁义而言道德,杂糅佛老申韩,如果学王而不至,难免流入佛老申韩。二是认为新学导致社会空谈道德,缺乏践行。王安石借助皇权的力量,通过学校教育和科举考试,将其道德性命之学推广开来,作为皇权国家的主流意识形态对北宋社会产生了重要影响,"自王氏之学兴,士大夫非道德性命不谈,而不知笃厚力行之"②;士大夫空谈道德性命有余,力行道德实践不足,结果必然导致,"实其蔽(弊)至于以世教为俗学,而道学之蔽(弊)亦有以中为正位,仁为种姓,流为佛老而不自知,其蔽(弊)反有甚于传注之学,此又不可不知也"③。可见,士大夫由于空谈道德性命而不知身体力行,遂造成"以世教为俗学"、流入佛老而不自知的弊端。

王若虚(1174—1243)字从之,号慵夫,入元自称滹南遗老,南宋藁城(今河北藁城)人,是金代著名文学家,同时也是著名学者。王若虚指出:"王安石《书解》,其所自见而胜先儒者,才十余章耳,余皆委曲穿凿,出于私意,悖理害教者甚多。想其于《诗》、于《周礼》皆然矣。谬戾如此,而使天下学者尽废旧说以从己,何其好胜而无忌惮也!"④王若虚作为学问大家,见识自然不俗,他肯定王安石的《书解》只有十余章胜过先儒,其余皆"委曲穿凿",从而想当然地认为王安石的《诗经新义》《周礼新义》皆然,难免有先入为主之嫌。对于用新学统一士子思想,王若虚持反对态度,他批评王安石争强好胜、肆无忌惮,未免以偏概全、意气用事。

---

① 赵秉文撰,马振君整理:《赵秉文集》卷一《原教》,第1页。
② 赵秉文撰,马振君整理:《赵秉文集》卷一《性道教说》,第3页。
③ 赵秉文撰,马振君整理:《赵秉文集》卷一《性道教说》,第3页。
④ 王若虚撰,马振君点校:《王若虚集》卷三十一《著述辨惑》,第367页。

第三节　新学在儒学史上的地位

南宋以来,受理学意识形态的影响,大多数的研究者贬低荆公新学,未给予其应有的学术地位。《宋元学案》本以时间顺序排列学案,却将产生于北宋中期,并在北宋中后期居于意识形态领域主导地位的新学置于全书末尾,还冠之以"略"字。可见,学案编纂者对新学之轻视。在他们眼里,新学是杂学,"荆公欲明圣学而杂于禅"①。

汉唐以来,学术界沉溺于传注训诂之学,使圣人之道湮没、圣人之学不明,儒学在佛老等异质文化的冲击下频频败北,逐渐失去活力及影响力,本来居于皇权社会主导地位的儒学却滑落到佛老之下。唐代皇帝自称是道教创始人李聃的后代,唐太宗在位时,道教地位最高,佛教其次,儒家则屈居末座。武则天当政时,佛教地位最高,道教其次,儒家仍然叨陪末座。到北宋初期,统治者奉行三教并重的国策,然而由于唐末五代长期战乱的影响,以及学术界尚未走出汉唐经学的老路,儒学并未走出低谷,虽然比起唐代,儒学的地位略有上升,实际上依然没有超越佛老。

北宋是继唐末五代战乱之后而建立的统一的封建国家,经过唐代安史之乱后,封建伦理纲常尤其是君臣一纲遭到严重破坏,恢复封建伦理纲常是北宋统治者面临的迫切任务,而谈伦理纲常是儒学的强项。但是,儒学的哲学思辨先天缺乏。儒学如果不能哲理化、思辨化,就无法满足知识分子和社会大众的精神文化需求,也就不能真正战胜佛老而实现君临天下的理想。而儒学要实现哲理化、思辨化,就必须借鉴佛老的思辨性自我充实与完善。王安石正是适应了这一时代要求,积极吸收佛老的思想营养,这主要表现在汲取道家的辩证法观点和佛教的心性论思想,并把道家的辩证法援引入儒家的唯物论,这是王安石对传统儒学的一大贡献;同时,他还把佛教的心性论引入传统儒学中,弥补了传统儒家心性学说的不足,从而发展了儒家的内圣学说,使得儒学具有严密的思想体系,并堪与佛老相抗衡,进而取代唐五代以来佛老思想在皇权国家意识形态领域中的主导地位。

---

①黄宗羲原著,全祖望补修,陈金生、梁运华点校:《宋元学案》卷九十八《荆公新学略序录》,第3237页。

正如刘复生先生所言:"若以'内圣外王'来评视宋学精神,那么北宋中期的新儒,其所致力更多地表现在'外王'方面,而从儒学复兴思潮中继起的'道学'家,首先注意的却是'内圣'功夫。"①而发生这一变化的转关就是王安石及其新学。在王安石之前,范仲淹、欧阳修、司马光、李觏等人继承并发展了儒家经世济民的思想,但他们对于心性问题似乎不感兴趣,缺乏系统而深入的研究,从而使得儒学在内圣之理上总是落后于佛老。欧阳修曾明确表示:"夫性,非学者之所急,而圣人之所罕言也。"②司马光也指出:"且性者,子贡之所不及;命者,孔子之所罕言。"③可见,在当时的儒家学者中有一种重外王、轻内圣的思想倾向,并且这一思想倾向几乎正在成为当时社会的主流思潮。更何况在传统儒家学说中,也谈到了内圣与外王的重要性,但由于传统儒家心性学说的贫乏,其内圣之学也存在种种理论上的不足和践行上的困难。金代学者赵秉文指出:"自韩子言仁义而不及道德,王氏所以有道德性命之说也。"④赵秉文肯定了韩愈重视仁义在儒学复兴运动中的意义,但是韩愈的仁义学说如果不能落实在道德实践层面就会成为空中楼阁,理论上高高在上,而在社会实践中无处挂搭。王安石敏锐地发现了韩愈仁义学说的这一缺陷,于是从道德性命角度阐释儒家经典,弥补传统儒学在道德性命领域的不足。王安石看到了当时人们对内圣之学的忽视,看到了改造外在物质世界和改造内在精神世界的同样重要性,在大力提倡儒学经世致用的外王之术的同时,也不忘充实、发展儒家的内圣之学,于是汲取佛教的心性观点,与传统儒家的外王思想相结合,运用辩证思维将内圣之学与外王之术统一起来,创立了新学的道德性命之学,弥补了传统儒家心性理论贫乏的缺陷,对北宋儒学的发展做出了独特的贡献。"从理想到现实,从内圣到外王,从仁义到功利,甚至从王到霸,对历史上的儒者来说,多半只是构想而已;由于缺乏整体的经验,往往重理想的不能切近现实,重仁义的又轻视功利,向往王道的则否定霸道,或偏于内圣,或偏于外王,并因此横生许多争端,这些,在王安石都不成为问题,都一一透过

---

① 刘复生:《北宋中期儒学复兴运动》,第 223 页。
② 欧阳修著,李逸安点校:《欧阳修全集》卷四十七《答李翊第二书》,第 669 页。
③ 司马光撰,李文泽、霞绍晖点校:《司马光集》卷四十五《论风俗札子》,第 974 页。
④ 赵秉文撰,马振君整理:《赵秉文集》卷一《原教》,第 1 页。

他的生命和实践,结合为一个人格的整体。"①由此可见,不管是内圣之学,还是外王之术,王安石都非常重视,并在理论和实践上均有所建树。他还将二者贯穿起来,使之成为一以贯之的有机整体,使得儒家的仁义学说通过道德性命的中间环节落实到现实的人生与社会中来。从这个意义上讲,王安石对内圣之学的重视,不仅启迪与影响了洛学的发展方向,而且对于洛学的成熟提供了理论借鉴和思想资料,同时,由于二程一生缺乏建功立业的平台,于是片面发展了儒家的内圣学说,从而或客观或主观忽视了外王之功的达成。王安石是从范仲淹、欧阳修、胡瑗、孙复、石介等宋学家走向程颢、程颐等理学家的承上启下的人物,王安石变法则是二程由内圣外王并重走向专注内圣、轻视外王的关键环节,因此,可以说王安石新学则是由内圣外王并重的宋学转向重内圣、轻外王的理学的中间环节。

综观唐宋儒学复兴运动,儒学的发展大致经历了五个阶段:一是唐代中期到北宋初年,出于对儒学屈居末座状况的不满,韩愈、柳宗元、李翱等儒家学者致力于建立儒家道统,攘斥佛老,这对于提高儒学的地位非常有意义,但由于韩愈、柳宗元、李翱等人缺乏实现政治抱负与学术理想的平台,并未根本改变儒学在唐代后期直至五代时期叨陪末座的状况,同时,韩愈、柳宗元、李翱等人虽然提倡新儒学,但终因学风的改变绝非一日之功,而对旧学风的转变功效不彰。二是以庆历新政为标志,儒家治经由训诂为主过渡到义理为主的时期,这一时期开启了宋儒义理治经的新学风,但由于庆历新政昙花一现,其对北宋学风的影响随着新政的失败而偃旗息鼓,因而其对北宋学风的改革并不彻底,对儒学的创新与贡献也主要体现在治经方法的革新上,对于经学内容的创新则贡献不足。三是北宋仁宗嘉祐、英宗治平年间,王安石的道德性命之学的产生,以及神宗熙宁、元丰年间到哲宗绍圣、元符年间直至徽宗大观、政和年间,王安石的道德性命之学上升到皇权国家意识形态领域的主导地位,作为官学影响着北宋的学风、政风乃至世风,以荆公新学为代表的新儒学真正战胜佛老,继汉武帝"罢黜百家,独尊儒术"之后,再次回归皇权国家意识形态领域的独尊地位。四是两宋之际直至南宋中期新学、理学、蜀学三足鼎立,争夺皇权国家意识形态领域和学术界主导地位的阶段,在这个过程中,以理学与新学的斗争为主线,

---

①韦政通:《中国思想史》,上海书店出版社 2003 年,第 698 页。

蜀学作为第三种力量,与新学、理学鼎足而立,并与之角力,总的趋势是理学日渐兴发、新学日渐衰落,南宋孝宗年间,蜀学曾经兴盛一时,此后逐渐与理学走向会同。五是南宋后期理学战胜新学,取得皇权国家意识形态领域的主导地位,并以官学的身份引导并影响着南宋后期乃至元、明的学术走向,理学实现其意识形态领域一家独大的显学阶段。当然,这种划分是相对的,每个阶段都有上个阶段的影子和下个阶段的萌芽,是一个互有涵容、逐渐演变的过程。

在唐宋儒学复兴运动中,王安石在丰富儒家义理、战胜佛老异端方面做出的贡献,也是唐宋时期其他儒者所望尘莫及的。陆佃对此给予高度评价:"道之不一久矣,而临川先生起于弊学之后,不向于末伪,不背于本真,度之以道揆,持之以德操,而天下莫能罔、莫能移,故奇言异行无所遁逃,而圣人之道复明于世。"①陆佃对王安石在宋代儒学复兴运动中的建树推崇备至,认为是王安石使得圣人之道重新被世人所认知、所信奉:"天赐我公,放黜淫诐。发挥微言,贻训万祀。"②如果说陆佃是王门弟子,对乃师的评价难免有所偏爱,那么,苏门弟子黄庭坚对新学的评价或许更为公允:"荆公六艺学,妙处端不朽。诸生用其短,颇复凿户牖。譬如学捧心,初不悟己丑。玉石恐俱焚,公为分别不。"③黄庭坚认为,虽然新学不乏牵强附会之处,但其特出之处亦堪称不朽,当时的学校教育和科举考试未用其长、反用其短,这犹如东施效颦,责任不在西施,而在于东施不善学习。

有清一代,学者陆心源对新学曾给予高度评价:"三代而下有经济之学,有经术之学,有文章之学,得其一皆可以为儒。意之所偏喜,力之所偏注,时之所偏重,甚者互相非笑,盖学之不明也久矣。自汉至宋千有余年,能合经济、经术、文章而一之者,代不数人,荆国王文公其一焉。"④在陆心源看来,儒学可以分为经济之学、经术之学和文章之学,在其中任一方面有所建树就堪称为儒,而能在三个方面均有建树则堪称大儒,而这样的大儒自汉迄宋寥寥无几。北宋时期,程氏兄弟长于经术,苏氏兄弟长于文章,但

①陆佃撰:《陶山集》卷十二《答李贲书》,第131页。
②陆佃撰:《陶山集》卷十三《江宁府到任祭丞相荆公墓文》,第147页。
③黄庭坚撰,刘琳、李勇先、王蓉贵点校:《宋黄文节公全集·正集》卷一《奉和文潜赠无咎篇末多见及以既见君子云胡不喜为韵》,《黄庭坚全集》第一册,第15页。
④陆心源著,王增清点校:《仪顾堂集》卷十七《临川集书后》,第340页。

都于经世济民为不足,而学兼经济、经术、文章三家之长者,非王安石莫属。清末民初学者梁启超也指出:"荆公之学术,内之在知命厉节,外之在经世致用,凡其所以立身行己与夫施于有政者,皆其学也,则亦何必外此以更求公之学术?"①在梁启超看来,新学是有体有用之学。自体而言,新学是修身养性、知命厉节之学;自用而言,新学是修齐治平、经世致用之学。从其学术创获而言,新学对儒家学术的贡献,既表现在内圣方面,也体现在外王方面,且将内圣之学与外王之术统一起来,并用于指导社会实践。就其治学方法而言,新学对于推动北宋中后期由训诂之学向义理之学的转变功莫大焉,并且创造性地弘发了儒家的道德性命之学,借助封建皇权的力量和科举的威权将这一学风推广开来,从而在宋学的发展和演变过程中起到了其他诸家望尘莫及的作用。

新中国成立以来,邓广铭先生对王安石在北宋儒家学派中的地位曾给予高度评价:"在北宋一代,对于儒家学说中有关道德性命的意蕴的阐释和发挥,前乎王安石者实无人能与之相比。由于他曾一度得君当政,他的学术思想在士大夫间所产生的影响,终北宋一代也同样无人能与之相比。……王安石援诸子百家学说中的合乎'义理'的部分以入儒,特别是援佛老两家学说中的合乎'义理'的部分以入儒,这就使得儒家学说中的义理大为丰富和充实,从而也就把儒家的地位提高到佛道两家之上。因此,从其对儒家学说的贡献及其对北宋后期的影响来说,王安石应为北宋儒家学者中高踞首位的人物。"②纵观一部儒学史,就新学对北宋儒学的复兴乃至儒学战胜佛老、回归皇权国家意识形态领域的主导地位来讲,邓先生的评价是中肯而切合实际的。漆侠先生对新学的学术贡献也曾给予高度评价:"从孔夫子以来的儒家思想,唯物论倒是有一些……但有关辩证法的思想甚少,以辩证法畅论自然界发展变化则从来未有。……王安石'奋乎百世之下',大量地吸收消化了《老子》哲学中的朴素辩证法,用来观察自然界及一些社会现象,给儒家学说注射了新的血液,使之产生了新的升华。无怪乎王安石的'道德性命之理'一经提出,即征服了许多士大夫,认为'与孟轲相上下',声名远远超出了胡安定。在荆公学派中,不仅荆公富有辩证法的

---

① 梁启超:《王安石传》,第243页。
② 邓广铭:《王安石在北宋儒家学派中的地位》,《邓广铭治史丛稿》,第189页。

思想,荆公之子王雱也注有《老子》、解释《庄子》,对老庄思想有着自己的独到见解。……王安石的同事吕惠卿等对老庄也很有研究。看来,以王安石为代表的变法派,正是在辩证法思想指导下,把巨大的社会变革付诸实践的。"①新学在天道观、心性论与工夫论方面均有自己的独特贡献,但其最杰出的贡献还是在辩证法方面,新学适应北宋中期"合变时节"的社会需要,在传统儒家学说中,注入辩证法思想,深化并升华了人们对于自然、社会的认识,提高了人们认识自然、认识社会的能力,指导了北宋中期轰轰烈烈的变法实践。"在两宋三百年或更长的时间内,王安石是地主阶级中站得高、看得远的一位杰出的思想家。"②

　　适应唐宋儒学复兴运动的需要,新学有着不同于传统儒学的诸多特点。首先,新学是一种义理之学,它彻底扭转了北宋初期章句训诂的旧学风,极大地弘扬了义理解经的新学风,彻底改变了北宋初期汉学一统天下的局面。其次,新学是一种心性之学,它继承并发展了孔孟佛老的心性之学,热衷于对心性问题的探讨,并使之成为时代的热门话题,从而使儒家的心性之学提高到了一个新水平,开辟了宋代儒学重视心性的新局面。复次,新学是一种经世之学,它是为当时的社会实践服务的,亦即为熙宁、元丰年间所推行的新政服务的,有着鲜明的经世致用的特点,彻底摒弃了汉唐传注训诂的旧学风,弘扬了宋儒经世致用的新学风。最后,新学是一种革新之学。这不仅表现在它为革新政治服务这一治经目的上,而且还表现在它以革新的精神,变革传统经学,创立了适应变革要求、具有时代特色的新的儒学体系上。新学不仅创造了中国古代唯物论哲学的较高成就,同时也达到了中国古代辩证法思想的较高境界。王安石集前人之大成,在吸收前人优秀学术成果的基础上,进行了深入的学术思考和系统的理论创新,总结运用了传统儒家唯物论和辩证法的既有成果,批判地借鉴、吸收了佛老诸家的观点,将唯物论和辩证法有机结合起来,既提高了唯物论的思辨水平,又克服了传统儒家辩证法观点缺乏唯物论支持的理论不足,他还汲取了佛教的心性论观点,弥补了传统儒家心性学说的不足,创立了道德性命之学,使得儒家的内圣之学发展到一个新高度,并通过制度创新和实践

①漆侠:《宋学的发展和演变》,第19页。
②漆侠:《王安石变法》,第89页。

创新,极大地丰富发展了儒家治国平天下的外王之术。以荆公新学为端绪,宋代及其以后的儒学花开两支:一支包蕴着经世致用的实学花蕾,一支绽放出诚意正心的心性之花。在新学的影响下,中国儒学进入一个崭新的阶段,并开启中国儒学走向兴盛的坦途。"宋、元、明经学实乃中国儒家经学史上一个崭新的发展阶段,它在援佛融老的过程中,创造性地解释了儒家经典,围绕心性问题,把儒家德性文化提升到形而上的层次,建立了道学体系,世称新儒家,并影响到社会政治和制度建设,成为传统社会后期的主流思想。"①因此,可以说荆公新学代表了北宋中后期封建士大夫认识自然、认识社会乃至改造自然、改造社会所能达到的较高的理论水平,是中国古代思想家突破学术桎梏,进行学术探索和理论创新的成功典型,它不仅对中国古代儒学的发展,而且对中国封建社会后期的政治、经济、社会、思想文化的发展都有着重要的意义与不容低估的影响。

---

① 牟钟鉴:《儒佛道三教关系简明通史》,人民出版社 2018 年,第 251 页。

结语　王安石在儒家道统中的地位

　　唐代中期,为了与佛老相抗衡,韩愈鲜明地提出儒家的道统观:"斯吾所谓道也,非向所谓老与佛之道也。尧以是传之舜,舜以是传之禹,禹以是传之汤,汤以是传之文、武、周公,文、武、周公传之孔子,孔子传之孟轲。轲之死,不得其传焉。"①熙宁年间,王安石也提出了新学的道统观。与王安石对汉唐儒学的否定态度相一致,对于韩愈的道统观,王安石采取了扬弃的态度,他采纳了韩愈道统观中汉以前的部分,即承认尧、舜、禹、汤、文、武、周公、孔子、孟子这一道统序列;但对于韩愈道统观中汉以后的序列,王安石则予以否定。"世传王荆公尝问张文定公曰:'孔子去世百年生孟子,亚圣后绝无人,何也?'文定公曰:'岂无,又有过孔子上者。'公曰:'谁?'文定曰:'江西马大师、汾阳无业禅师、雪峰、岩头、丹霞、云门是也。'公暂闻,意不甚解,乃问曰:'何谓也?'文定曰:'儒门淡薄,收拾不住,皆归释氏耳。'荆公欣然叹服。"②王安石将扬雄、韩愈诸儒的贡献一笔抹杀,孟子之后汉唐诸儒皆不能入其法眼。

　　对于古圣先贤,能否列入儒家道统,王安石有自己的评判标准。"由其道而言谓之神,由其德而言谓之圣,由其事业而言谓之大人。古之圣人,其道未尝不入于神,而其所称止乎圣人者,以其道存乎虚无寂寞不可见之间。苟存乎人,则所谓德也。是以人之道虽神,而不得以神自名,名乎其德而已。夫神虽至矣,不圣则不显,圣虽显矣,不大则不形,故曰此三者皆圣人之名,而所以称之之不同者,所指异也。"③在王安石看来,"神""圣""大人"都是普通民众所统称的圣人,是圣人的三种境界。"圣之为称,德之极;神之为名,道之至。故凡古之所谓圣人者,于道德无所不尽也。于道德无所不尽,则若明之于日月,尊之于上帝,莫之或加矣。《易》曰'大人者与天地

---

①韩愈撰,刘真伦、岳珍校注:《韩愈文集汇校笺注》卷一《原道》,第 4 页。
②陈善撰,袁向彤点校:《扪虱新话》卷十《儒释迭为盛衰》,第 123 页。
③王安石撰,唐武标点校:《王文公文集》卷二十九《大人论》,第 338 页。

合其德，与日月合其明，与四时合其序，与鬼神合其吉凶’，此之谓也。"①
"道"是指不以人的意志为转移的客观规律，只有"神"才能操控之；"德"是
指人的道德品质，就其道德境界而言，孔子堪称"圣"；而道通神明、德配天
地，且又建立帝王功业的才能称为"大人"。

在王安石看来，先圣可以区分为两种：有位的圣王和无位的圣人。"昔
者道发乎伏羲，而成乎尧、舜，继而大之于禹、汤、文、武。此数人者，皆居天
子之位，而使天下之道寖明寖备者也；而又有在下而继之者焉，伊尹、伯夷、
柳下惠、孔子是也。"②伏羲、尧、舜、禹、汤、文、武是有位的圣王，伊尹、伯
夷、柳下惠、孔子是无位的圣人。在有位的圣王中，王安石认为尧的贡献最
大，尧的贡献在于成就先王之法，"夫伏羲既发之也，而其法未成，至于尧而
后成焉"③。而在无位的圣人中，王安石认为孔子的贡献最大，孔子的贡献
在于使先王之法更加完备，"尧虽能成圣人之法，未若孔子之备也。……至
孔子之时，天下之变备矣，故圣人之法亦自是而后备也"④。

在有位的圣王与无位的圣人之间，王安石更看重有位的圣王。王安石
认为，孔子虽然是立德的圣人和立言的宗师，但由于其"素王"身份，终其一
生，未曾得君行道，政治上鲜有作为，立功上乏善可陈；孔子由于罕言天道
与人性，对于自然规律和社会规律乃至人的心性的认识与把握也不足，没
有达到神的境界，因此只能称为圣人。而王安石自认为集先圣之道德与先
王之功业于一身，达到了"大人"的境界。首先，就其道而言，王安石自认为
发现并把握了自然界和人类社会新旧相除的基本规律，并运用这一规律认
识和改造自然与社会以及人自身，达到了"神"的境界。其次，就其德而言，
王安石自认为并不比孔子逊色，可以说与孔子同登圣域。再次，就其术而
言，先王之道体现在得天地之全的"全经"之中，孔子的儒家学说则是得之
大半的一家之言，而王安石新学通过融合儒释道以及诸子百家，在某种程
度上再现了先王时代的"全经"，因此在这个意义上超越了孔子。更何况，
孔子所创立的儒家学说，在孔子时代是作为诸子之一子、百家之一家而存
在的，并没有达到君临学坛的地位，其主张也远未得到当时社会的普遍认

①王安石撰，唐武标点校：《王文公文集》卷二十八《夫子贤于尧舜》，第322页。
②王安石撰，唐武标点校：《王文公文集》卷二十八《夫子贤于尧舜》，第323页。
③王安石撰，唐武标点校：《王文公文集》卷二十八《夫子贤于尧舜》，第323页。
④王安石撰，唐武标点校：《王文公文集》卷二十八《夫子贤于尧舜》，第323页。

同,而王安石弘发了孔子的学说,弥补了孔子学说中天道观、辩证法、人性论思想的不足,对于自然规律与社会规律乃至人的心性的认识与把握比孔子更进一步。最后,就其业而言,王安石以执政之身,借助封建皇权的力量,将自己创立的新学上升到皇权国家意识形态领域的主导地位,作为统治思想为朝野所遵循,起到了统一全社会思想的作用,并通过对先王时代典章制度的借鉴,进行了一系列的法令制度建设,使得儒家的仁义礼智外化为礼乐刑政,内圣之学达成了外王之功,这一点也是孔子梦寐以求而未曾达成的理想。不仅如此,王安石用其创立的道德性命之学指导了轰轰烈烈的变法实践,缔造了超迈古圣先贤的事功,堪称达到了大人境界。"在王安石心目中,孔子并不是不可逾越的顶峰。他隐然以伏羲、尧、舜、禹、汤、文、武、周公等先王之道的继承人自居,对于孔子则并非推崇备至。"①

在王安石父子看来,能够承继儒家道统的非王安石父子莫属。王雱是王安石的长子,是王安石变法派和荆公学派的核心成员。在王雱看来,乃父王安石是超迈孔子的圣人,"列圣垂教,参差不齐,集厥大成,光于仲尼"②。而王安石对王雱则寄予无限的期望,曾赋诗怀念王雱。诗云:

> 斯文实有寄,天岂偶生才。一日凤鸟去,千秋梁木摧。烟留衰草恨,风造暮林哀。岂谓登临处,飘然独往来。③

孔子曾以凤鸟、梁木自喻,王安石既以此比儿子,就等于以儿子比孔子。"公父子皆以经术进,当时颂美者多以为周、孔,或曰孔、孟。范镗为太学正,献诗云:'文章双孔子,术业两周公。'公大喜,曰:'此人知我父子。'元泽卒,公辞相位,归金陵。杨元素为翰苑,当制,亦云:'俄属伯鱼之逝,遽兴王导之悲。'观此所述,公既处之不疑,以凤鸟、梁木拟元泽,无怪也。"④王安石把王雱视为当代孔子,体现了王安石对爱子道德文章的高度赞赏,虽不免有拔高之嫌,但是,"文章双孔子,术业两周公",被王安石视为"知我父子"之言,表明王安石父子在道术上自视为当代孔子,在事功上自视为当代周公,则是无疑的。

---

①徐文明:《出入自在——王安石与佛禅》,第54页。
②邵博撰,刘德权、李剑雄点校:《邵氏闻见后录》卷二十,第158页。
③王安石撰,唐武标点校:《王文公文集》卷六十五《宝公塔院祠堂》,第703页。
④王安石撰,李壁笺注,高克勤点校:《王荆文公诗》卷二十二《题雱祠堂》,《王荆文公诗笺注》,第516页。

　　平心而论，如果从事功的角度来考量，王安石接续周公，似无不当。自汉武帝实行"罢黜百家，独尊儒术"以来，以儒治国者代不乏人，但做出杰出贡献且影响深远者，似乎非王安石莫属。然而，从道术的角度考量，王安石超越孟子甚至超迈孔子，似有拔高之嫌。或许宋徽宗对王安石在儒家道统中的地位的评判更加符合实际。崇宁三年六月，以王安石配享孔子。"荆国公王安石，孟轲以来一人而已，其以配享孔子，位次孟轲。"①在宋徽宗眼里，王安石是孟子以来一人而已，地位无法与孔子比肩，更遑论超越孔子了，至于王雱就无缘列入儒家道统了。由此可见，王安石与二程一样，是把道与术分而言之的。就道而言，王安石立志接续周公；就术而言，王安石立志继承孔孟。正如南宋大儒陆九渊所言："道术必为孔孟，勋绩必为伊周，公之志也。"②王安石志向高远，笃志好学，并汲汲于功业。论其道术，他创立了荆公新学；论其勋绩，他推动了熙宁变法。合其道术与勋绩而言之，庶几可以酬斯志也。

①陈邦瞻撰：《宋史纪事本末》卷四十九《蔡京擅国》，第486页。
②陆九渊撰，钟哲点校：《陆九渊集》卷十九《荆国王文公祠堂记》，第232页。

参考文献

一、原始文献

白居易著,谢思炜校注:《白居易文集校注》,中华书局 2011 年。

白珽撰:《湛渊静语》,台北新文丰出版公司 1984 年。

班固撰,颜师古注:《汉书》,中华书局 1962 年。

北京大学古文献研究所编:《全宋诗》,北京大学出版社 1998 年。

本社编:《宋元笔记小说大观》,上海古籍出版社 2001 年。

毕沅撰:《续资治通鉴》,中华书局 1957 年。

蔡襄著,吴以宁点校:《蔡襄集》,上海古籍出版社 1996 年。

晁公武撰,孙猛校证:《郡斋读书志校证》,上海古籍出版社 2011 年。

晁说之撰:《景迂生集》,《钦定四库全书荟要》,吉林出版集团有限责任公司
  2005 年。

陈邦瞻撰:《宋史纪事本末》,中华书局 2015 年。

陈亮撰:《陈亮集》,中华书局 1974 年。

陈善撰,袁向彤点校:《扪虱新话》,山东人民出版社 2018 年。

陈尚君辑校:《全唐文补编》,中华书局 2005 年。

陈师道撰,李伟国点校:《后山谈丛》,中华书局 2007 年。

陈振孙撰,徐小蛮、顾美华点校:《直斋书录解题》,上海古籍出版社
  2015 年。

程颢、程颐撰,王孝鱼点校:《二程集》,中华书局 2004 年。

丁传靖著:《宋人轶事汇编》,中华书局 2003 年。

董诰等编:《全唐文》,中华书局 1983 年。

杜甫著,仇兆鳌注:《杜诗详注》,中华书局 1979 年。

范仲淹撰,李勇先、王蓉贵点校:《范仲淹全集》,四川大学出版社 2002 年。

方世举撰:《韩昌黎诗集编年笺注》,中华书局 2012 年。

方玉润撰,李先耕点校:《诗经原始》,中华书局 1986 年。

傅璇琮、祝尚书主编:《宋才子传笺证》,辽海出版社 2011 年。

郭象注,成玄英疏:《南华真经注疏》,中华书局 1998 年。

郭彧译注:《周易》,中华书局 2006 年。

韩愈撰,刘真伦、岳珍校注:《韩愈文集汇校笺注》,中华书局 2010 年。

胡安国撰,钱伟强点校:《春秋胡氏传》,浙江古籍出版社 2010 年。

胡宏撰:吴仁华点校:《胡宏集》,中华书局 1987 年。

胡仔纂集,廖德明点校:《苕溪渔隐丛话》,人民文学出版社 1962 年。

黄灵庚、吴战垒主编:《吕祖谦全集》,浙江古籍出版社 2008 年。

黄庭坚撰,刘琳、李勇先、王蓉贵点校:《黄庭坚全集》,四川大学出版社
   2001 年。

黄以周等辑注,顾吉辰点校:《续资治通鉴长编拾补》,中华书局 2004 年。

黄宗羲原著,全祖望补修,陈金生、梁运华点校:《宋元学案》,中华书局
   1986 年。

纪昀、陆锡熊、孙士毅撰,四库全书研究所整理:《钦定四库全书总目》,中华
   书局 1997 年。

赖永海主编:《佛教十三经》,中华书局 2013 年。

黎靖德编,王星贤点校:《朱子语类》,中华书局 1986 年。

李觏撰,王国轩点校:《李觏集》,中华书局 2011 年。

李零著:《郭店楚简校读记》,中国人民大学出版社,2007 年。

李焘撰,上海师范大学古籍整理研究所、华东师范大学古籍整理研究所点
   校:《续资治通鉴长编》,中华书局 2004 年。

李心传编撰,胡坤点校:《建炎以来系年要录》,中华书局 1988 年。

李心传撰,徐规点校:《建炎以来朝野杂记》,中华书局 2000 年。

李心传辑,朱军点校:《道命录》,上海古籍出版社 2016 年。

李埴撰,燕永成校正:《皇宋十朝纲要校正》,中华书局 2013 年。

林庆彰主编:《经义考新校》,上海古籍出版社 2010 年。

刘时举撰,王瑞来点校:《续宋中兴编年资治通鉴》,中华书局 2014 年。

刘挚撰,陈晓平、裴汝诚点校:《忠肃集》,中华书局 2002 年。

柳宗元撰,柳宗元集点校组:《柳宗元集》,中华书局 1979 年。

楼钥撰,顾大朋点校:《楼钥集》,浙江古籍出版社 2010 年。

陆佃撰:《陶山集》,《丛书集成初编》,中华书局1985年。

陆佃撰,王敏红点校:《埤雅》,浙江大学出版社2008年。

陆九渊撰,钟哲点校:《陆九渊集》,中华书局1980年。

陆心源著,王增清点校:《仪顾堂集》,浙江古籍出版社2015年。

陆游撰,李剑雄、刘德权点校:《老学庵笔记》,中华书局1979年。

罗大经撰,王瑞来点校:《鹤林玉露》,中华书局1983年。

吕惠卿撰,汤君集校:《庄子义集校》,中华书局2009年。

马端临撰:《文献通考》,中华书局2011年。

马永卿辑,王崇庆解:《元城语录解》,《丛书集成初编》,中华书局1985年。

欧阳修撰,徐无党注:《新五代史》,中华书局1974年。

欧阳修、宋祁撰:《新唐书》,中华书局1975年。

欧阳修著,李逸安点校:《欧阳修全集》,中华书局2001年。

彭乘撰,孔凡礼点校:《墨客挥犀》,中华书局2002年。

普济著,苏渊雷点校:《五灯会元》,中华书局1984年。

契嵩撰,钟东、江晖点校:《镡津文集》,上海古籍出版社2016年。

钱大昕撰,陈文和整理:《潜研堂文集》,凤凰出版社2016年。

钱绎撰,李发舜、黄建中点校:《方言笺疏》,中华书局1991年。

上海师范大学古籍整理研究所辑:《全宋笔记》,大象出版社2017年。

邵伯温撰,李剑雄、刘德权点校:《邵氏闻见录》,中华书局1983年。

邵博撰,刘德权、李剑雄点校:《邵氏闻见后录》,中华书局1983年。

石介撰,陈植锷点校:《徂徕石先生文集》,中华书局1984年。

舒大刚、李文泽主编:《三苏经解集校》,四川大学出版社2017年。

司马光撰:《资治通鉴》,中华书局1956年。

司马光撰,邓广铭、张希清点校:《涑水记闻》,中华书局1989年。

司马光撰,李之亮笺注:《司马温公集编年笺注》,巴蜀书社2009年。

司马光撰,李文泽、霞绍晖点校:《司马光集》,四川大学出版社2010年。

司义祖整理:《宋大诏令集》,中华书局1962年。

苏轼撰,孔凡礼点校:《苏轼诗集》,中华书局1982年。

苏轼撰,孔凡礼点校:《苏轼文集》,中华书局1986年。

苏洵撰,邱少华点校:《苏洵集》,中国书店出版社2000年。

苏舆撰,钟哲点校:《春秋繁露义证》,中华书局2015年。

苏辙撰,陈宏天、高秀芳点校:《苏辙集》,中华书局 1990 年。

孙复撰:《孙明复小集》,《文渊阁四库全书》影印本。

唐圭璋主编:《全宋词》,中华书局 1965 年。

陶元藻编,俞志慧点校:《全浙诗话》,中华书局 2013 年。

脱脱等撰:《宋史》,中华书局 1985 年。

王安石撰:《临川先生文集》,中华书局 1959 年。

王安石撰,唐武标点校:《王文公文集》,上海人民出版社 1974 年。

王安石撰,邱汉生辑校:《诗义钩沉》,中华书局 1982 年。

王安石著,秦克、巩军标点:《王安石全集》,上海古籍出版社 1999 年。

王安石撰,张宗祥辑,曹锦炎点校:《王安石〈字说〉辑》,福建人民出版社
　　2005 年。

王安石撰,李壁笺注,高克勤点校:《王荆文公诗笺注》,上海古籍出版社
　　2010 年。

王安石撰,罗家湘辑校:《王安石老子注辑佚会钞》,华东师范大学出版社
　　2013 年。

王安石撰,杨小召点校:《周官新义》,四川大学出版社 2016 年。

王安石撰,王水照主编:《王安石全集》,复旦大学出版社 2017 年。

王安石撰,张鹤鸣整理:《王安石全集》,崇文书局 2020 年。

王若虚撰,马振君点校:《王若虚集》,中华书局 2017 年。

王十朋著,梅溪集重刊委员会编:《王十朋全集》,上海古籍出版社 1998 年。

王先谦撰,沈啸寰点校:《庄子集解》,中华书局 1987 年。

王先谦撰,沈啸寰、王星贤点校:《荀子集解》,中华书局 1988 年。

王先慎撰,钟哲点校:《韩非子集解》,中华书局 1998 年。

王先谦撰,何晋点校:《尚书孔传参正》,中华书局 2011 年。

王应麟撰,吴秀成、赵庶洋校证:《玉海艺文校证》,凤凰出版社 2013 年。

王应麟撰,翁元圻辑注:《困学纪闻注》,中华书局 2016 年。

王梓材、冯云濠编撰,沈芝盈、梁运华点校:《宋元学案补遗》,中华书局
　　2012 年。

熊克撰:《中兴小记》,《丛书集成初编》,商务印书馆 1936 年。

徐世昌等编纂,沈芝盈、梁运华点校:《清儒学案》,中华书局 2008 年。

徐自明撰,王瑞来校补:《宋宰辅编年录校补》,中华书局 1986 年。

扬雄撰,汪荣宝注疏:《法言义疏》,中华书局 1987 年。

扬雄撰,司马光集注:《太玄集注》,中华书局 1998 年。

杨伯峻:《春秋左传注》,中华书局 1981 年。

杨时撰,林海权校理:《杨时集》,中华书局 2018 年。

叶绍翁撰,冯惠民、沈锡麟点校:《四朝闻见录》,中华书局 1989 年。

叶适撰,刘公纯、王孝鱼、李哲夫点校:《叶适集》,中华书局 2010 年。

佚名撰,汪圣铎点校:《宋史全文》,中华书局 2016 年。

元好问著,狄宝心校注:《元好问诗编年校注》,中华书局 2011 年。

元稹撰,冀勤点校:《元稹集》,中华书局 2010 年。

员兴宗:《九华集》,文渊阁四库全书影印本。

曾巩撰,陈杏珍、晁继周点校:《曾巩集》,中华书局 1984 年。

曾枣庄、刘琳主编:《全宋文》,上海辞书出版社 2011 年。

曾枣庄主编:《宋代序跋全编》,齐鲁书社 2015 年。

张栻撰,杨世文点校:《张栻集》,中华书局 2015 年。

张舜民撰:《画墁集》,中华书局 1985 年。

张载撰,章锡琛点校:《张载集》,中华书局 1978 年。

赵秉文撰,马振君整理:《赵秉文集》,黑龙江大学出版社 2014 年。

赵如愚编,北京大学中国中古史研究中心校点整理:《宋朝诸臣奏议》,上海
　古籍出版社 1999 年。

赵彦卫撰,傅根清点校:《云麓漫钞》,中华书局 1996 年。

周敦颐撰,陈克明点校:《周敦颐集》,中华书局 1990 年。

周密撰,张茂鹏点校:《齐东野语》,中华书局 1983 年。

朱熹撰,郭齐、尹波点校:《朱熹集》,四川教育出版社 1996 年。

朱熹撰,廖名春点校:《周易本义》,中华书局 2009 年。

朱熹撰:《四书章句集注》,中华书局 2012 年。

二、今(近)人著述

[美]包弼德:《斯文:唐宋思想的转型》,江苏人民出版社 2001 年。

本社编:《王安石诗文鉴赏辞典》,上海辞书出版社 2014 年。

蔡方鹿:《宋代四川理学研究》,线装书局 2003 年。

陈鼓应:《庄子人性论》,中华书局 2017 年。

陈来：《孔子·孟子·荀子》，生活·读书·新知三联书店 2017 年。

陈寅恪：《陈寅恪集》，生活·读书·新知三联书店 2001 年。

陈植锷：《北宋文化史述论》，中国社会科学出版社 1982 年。

陈钟凡：《两宋思想述评》，东方出版社 1996 年。

程民生：《宋代地域文化史》，安徽文艺出版社 2017 年。

邓广铭：《邓广铭学术论著自选集》，首都师范大学出版社 1994 年。

邓广铭：《邓广铭治史丛稿》，北京大学出版社 1997 年。

邓广铭：《北宋政治改革家王安石》，人民出版社 1999 年。

邓广铭：《邓广铭全集》，河北教育出版社 2005 年。

范文澜：《范文澜全集》，河北教育出版社 2002 年。

方笑一：《北宋新学与文学》，上海古籍出版社 2008 年。

冯达文、郭齐勇主编：《新编中国哲学史》，人民出版社 2004 年。

冯友兰：《中国哲学史新编》，人民出版社 1964—1989 年。

冯友兰：《中国现代哲学史》，广东人民出版社 1999 年。

冯友兰：《中国哲学史》，中华书局 2014 年。

高克勤：《王安石诗文选评》，上海古籍出版社 2002 年。

高克勤：《王安石与北宋文学研究》，复旦大学出版社 2006 年。

顾宏义：《宋代〈四书〉文献论考》，上海古籍出版社 2014 年。

关长龙：《两宋道学命运的历史考察》，学林出版社 2001 年。

郭朋：《中国佛教思想史》，福建人民出版社 1994 年。

郭绍虞：《中国文学批评史》，商务印书馆 2010 年。

韩钟文：《中国儒学史·宋元卷》，广东教育出版社 1998 年。

何俊：《南宋儒学建构》，上海人民出版社 2013 年。

侯外庐：《中国思想通史》，人民出版社 1956 年。

胡金旺：《王安石的哲学思想与〈三经新义〉》，光明日报出版社 2014 年。

胡适：《胡适学术文集》，中华书局 1991 年。

胡双宝：《汉语·汉字·汉文化》，北京大学出版社 1998 年。

胡昭曦、蔡东洲：《宋理宗宋度宗》，吉林文史出版社 1996 年。

胡昭曦：《宋代蜀学研究》，巴蜀书社 1997 年。

胡昭曦：《胡昭曦宋史论集》，西南师范大学出版社 1998 年。

胡昭曦：《旭水斋存稿》，四川大学出版社 2012 年。

胡昭曦：《旭水斋存稿续集》，四川大学出版社 2017 年。

姜国柱：《李觏评传》，南京大学出版社 1996 年。

姜国柱、朱葵菊：《中国人性论史》，河南人民出版社 1997 年。

康有为：《康有为政论集》，中华书局 1981 年。

柯昌颐：《王安石评传》，商务印书馆中华民国二十二年。

李昌宪：《司马光评传》，南京大学出版社 1998 年。

李存山：《范仲淹与宋学精神》，中国人民大学出版社 2019 年。

李德身：《王安石诗文系年》，陕西人民教育出版社 1987 年。

李华瑞：《王安石变法研究史》，人民出版社 2004 年。

李华瑞：《"唐宋变革"论的由来与发展》，天津古籍出版社 2010 年。

李申：《中国儒教史》，上海人民出版社 1999 年。

李祥俊：《王安石学术思想研究》，北京师范大学出版社 2000 年。

李震：《曾巩年谱》，苏州大学出版社 1997 年。

梁启超：《王安石传》，商务印书馆 2016 年。

刘成国：《荆公新学研究》，上海古籍出版社 2006 年。

刘成国：《变革中的文人与文学》，浙江大学出版社 2011 年。

刘成国：《王安石年谱长编》，中华书局 2018 年。

刘复生：《北宋中期儒学复兴运动》，台湾文津出版社 1991 年。

刘辉：《金代儒学研究》，中国社会科学出版社 2017 年。

刘泽华：《中国政治思想史》，浙江人民出版社 1996 年。

刘宗贤：《中国儒学》，四川人民出版社 1998 年。

卢广森：《洛学及其中州后学》，河南大学出版社 1999 年。

卢连章：《程颢程颐评传》，南京大学出版社 2001 年。

罗家祥：《朋党之争与北宋政治》，华中师范大学出版社 2002 年。

蒙文通：《蒙文通文集》，巴蜀书社 1995—1999 年。

苗春德：《宋代教育》，河南大学出版社 1992 年。

缪钺：《缪钺全集》，河北教育出版社 2004 年。

牟钟鉴：《儒佛道三教关系简明通史》，人民出版社 2018 年。

聂鸿音：《西夏文献论稿》，上海古籍出版社 2012 年。

潘富恩：《中国理学》，东方出版中心 2002 年。

庞朴：《三生万物——庞朴自选集》，首都师范大学出版社 2011 年。

皮锡瑞:《经学通论》,中华书局 1954 年。

皮锡瑞:《经学历史》,中华书局 2008 年。

漆侠:《宋代经济史》,上海人民出版社 1987 年。

漆侠:《王安石变法》,河北人民出版社 2001 年。

漆侠:《宋学的发展和演变》,河北人民出版社 2002 年。

漆侠:《漆侠全集》,河北大学出版社 2009 年。

祁润兴:《陆九渊评传》,南京大学出版社 1998 年。

钱冬父:《唐宋古文运动》,中华书局 1962 年。

钱穆:《中国近三百年学术史》,商务印书馆 1997 年。

钱穆:《诸子学提纲》,生活·读书·新知三联书店 2014 年。

钱锺书:《谈艺录》,中华书局 1984 年。

任继愈:《中国道教史》,上海人民出版社 1990 年。

任继愈:《任继愈文集》,国家图书馆出版社 2014 年。

粟品孝:《朱熹与宋代蜀学》,高等教育出版社 1998 年。

谭绍江:《李翱》,陕西师范大学出版社 2017 年。

田文军、吴根友:《中国辩证法史》,河南人民出版社 2004 年。

王夫之著,舒士彦点校:《宋论》,中华书局 1964 年。

王夫之著,舒士彦点校:《读通鉴论》,中华书局 1975 年。

王光松:《在"德"、"位"之间》,华东师范大学出版社 2010 年。

王水照主编:《新宋学》第一辑,上海辞书出版社 2001 年。

王水照:《苏轼评传》,南京大学出版社 2004 年。

王铁:《宋代易学》,上海古籍出版社 2005 年。

王曾瑜:《荒淫无道宋高宗》,河北人民出版社 1999 年。

王曾瑜:《凝意斋集》,兰州大学出版社 2003 年。

王曾瑜:《锱铢编》,河北大学出版社 2006 年。

王曾瑜:《纤微编》,河北大学出版社 2011 年。

韦政通:《中国思想史》,上海书店出版社 2003 年。

吴国武:《两宋经学学术编年》,凤凰出版社 2015 年。

吴雁南:《中国经学史》,福建人民出版社 2001 年。

夏海:《孟子与政治》,中华书局 2019 年。

夏微:《宋代〈周礼〉学史》,中国人民大学出版社 2018 年。

萧永明:《北宋新学与理学》,陕西人民出版社 2001 年。

邢舒绪:《陆九渊研究》,人民出版社 2008 年。

徐洪兴:《思想的转型——理学发生过程研究》,上海人民出版社 1996 年。

徐文明:《出入自在——王安石与佛禅》,河南人民出版社 2001 年。

杨东莼:《中国学术史讲话》,江苏教育出版社 2005 年。

杨倩描:《王安石"易"学研究》,河北大学出版社 2006 年。

杨世文:《走出汉学》,四川大学出版社 2008 年。

杨渭生:《两宋文化史研究》,杭州大学出版社 1998 年。

叶纯芳:《中国经学史大纲》,北京大学出版社 2016 年。

游彪:《宋代寺院经济史稿》,河北大学出版社 2003 年。

[美]余英时:《朱熹的历史世界》,生活·读书·新知三联书店 2004 年。

[美]余英时:《中国文化史通释》,生活·读书·新知三联书店 2012 年。

詹大和等撰,裴汝诚点校:《王安石年谱三种》,中华书局 1994 年。

张金岭:《宋理宗研究》,人民出版社 2008 年。

张立文:《道》,中国人民大学出版社 1989 年。

张立文:《走向心学之路》,中华书局 1992 年。

张培锋:《宋诗与禅》,中华书局 2009 年。

张祥浩:《王安石评传》,南京大学出版社 2006 年。

张跃:《唐代后期儒学》,上海人民出版社 1994 年。

章权才:《宋明经学史》,广东人民出版社 1999 年。

赵吉惠主编:《中国儒学史》,中州古籍出版社 1991 年。

郑晓江、杨柱才:《宋明时期江西儒学研究》,中国社会科学出版社 2014 年。

周予同:《周予同经学史论著选集》,上海人民出版社 1983 年。

朱东润:《中国文学批评史大纲》,上海古籍出版社 2016 年。

三、参考论文

高纪春:《论朱熹对王安石的批判》,《晋阳学刊》1994 年第 5 期。

高纪春:《秦桧与洛学》,《中国史研究》2002 年第 1 期。

郝明工:《南宋经学略说》,《重庆师范学院学报》(哲学社会科学版)1997 年
　　第 3 期。

金生杨:《王荆公〈易解〉考略》,《古籍整理研究学刊》2001 年第 3 期。

李宗桂:《试论王安石的哲学思想》,《四川师范学院学报》(社会科学版),
　1981 年第 4 期。

刘复生:《北宋儒学复兴要"复兴"什么》,《河北大学学报》(哲学社会科学
　版)2019 年第 5 期。

刘固盛:《论王安石学派的老学思想》,《海南师范学院学报》(哲学社会科学
　版)2002 年第 1 期。

刘坤太:《王安石〈周官新义〉浅识》,《河南大学学报》(哲学社会科学版)
　1985 年第 4 期。

卢连章:《洛学、新学、蜀学异同论》,《中州学刊》2002 年第 6 期。

罗家祥:《北宋新学的兴衰及其理论价值》,《河北学刊》2001 年第 2 期。

陶丰:《王安石新学兴废述》,《新宋学》第一辑,上海辞书出版社 2001 年。

魏福明:《王安石与老子哲学》,《江苏社会科学》2004 年第 3 期。

许怀林:《荆公晚年耽于佛屠辨》,《江西师范大学学报》(哲学社会科学版)
　1995 年第 3 期。

杨渭生:《王安石新学简论》,邓广铭、漆侠主编:《中日宋史研讨会中方论文
　选编》,河北大学出版社 1991 年。

周亮之:《王安石易学与其新学及洛学》,《周易研究》1997 年第 4 期。

朱瑞熙:《20 世纪中国王安石及其变法的研究》,《安徽师范大学学报》(哲
　学社会科学版)2003 年第 2 期。

朱修春:《近年来王安石新学研究综述》,《中国史研究动态》2000 年第
　2 期。

后　记

拙作是国家社科基金后期资助项目,项目是在博士后出站报告的基础上完善而成。值此拙作付梓之际,深切缅怀恩师漆侠先生、胡昭曦先生。

同时,向曾给予我热情指导和帮助的乔幼梅先生、王曾瑜先生、张邦伟先生、郭东旭先生、刘复生先生以及同门先进杨倩描君、程民生君、李华瑞君、陈峰君、姜锡东君、刘秋根君、苗书梅君、王善军君、粟品孝君,表示诚挚的谢意。

中华书局学术出版中心余瑾女史,为拙作的出版付出了心血,在此一并表示感谢。

由于本人学识所限,书中难免错讹,欢迎批评指正。

王书华

2020 年 7 月 31 日

于石门正心斋